泰和泰律师事务所青年律师发展委员会指导用书
四川省知识产权发展研究中心课题成果

TAHOTA 泰和泰

知识产权诉讼实战进阶教程

ADVANCED PRACTICE COURSES IN INTELLECTUAL PROPERTY LITIGATION

黄春海　编著

法律出版社 LAW PRESS · CHINA | 北京

图书在版编目(CIP)数据

知识产权诉讼实战进阶教程 / 黄春海编著. -- 北京：法律出版社，2023

ISBN 978 - 7 - 5197 - 7872 - 9

Ⅰ. ①知… Ⅱ. ①黄… Ⅲ. ①知识产权－民事纠纷－案例－中国 Ⅳ. ①D923.405

中国国家版本馆 CIP 数据核字(2023)第 071246 号

知识产权诉讼实战进阶教程
ZHISHI CHANQUAN SUSONG SHIZHAN JINJIE JIAOCHENG

黄春海 编著

策划编辑 邢艳萍
责任编辑 邢艳萍
装帧设计 汪奇峰 臧晓飞

出版发行 法律出版社
编辑统筹 法律应用出版分社
责任校对 裴 黎
责任印制 刘晓伟
经 销 新华书店

开本 710 毫米×1000 毫米 1/16
印张 20.25 **字数** 380 千
版本 2023 年 6 月第 1 版
印次 2023 年 6 月第 1 次印刷
印刷 永清县金鑫印刷有限公司

地址:北京市丰台区莲花池西里 7 号(100073)
网址:www.lawpress.com.cn
投稿邮箱:info@lawpress.com.cn
举报盗版邮箱:jbwq@lawpress.com.cn
销售电话:010 - 83938349
客服电话:010 - 83938350
咨询电话:010 - 63939796

书号:ISBN 978 - 7 - 5197 - 7872 - 9
定价:76.00 元
凡购买本社图书,如有印装错误,我社负责退换。电话:010 - 83938349

总　序

2000年,泰和泰律师事务所(以下简称泰和泰)创立。20载岁月峥嵘,泰和泰布局全国,展业全球,演绎出区域崛起突围的传奇故事。2020年,泰和泰创立20周年,时节如流,我们回眸20年,著书立言,凝练思想、沉淀方略,探索理论、互融经验,实践的艰苦磨砺与思想的精彩绽放,泰和泰期冀以"卓越、专业、远见、合作"的精神赢得未来。

改革开放42年,泰和泰半程陪伴,倍感荣光。"法者,治之端也。"全面推进依法治国、努力建设法治中国,泰和泰全体同人将秉持法治理念、坚守法治理想,培养专业人才、打造专业精神,风雨兼程,与国家同向,与时代同行。

深耕专业20年,泰和泰持续发力,深为自豪。"功以才成,业由才广。"泰和泰始终坚信品质提升和专业培养是落实发展规划的基石,不断升级人才培养战略,积极融入"一带一路"倡议大格局,致力于打造更加完善的全球法律服务网络体系。

过去20年,泰和泰以专业突破赢得了现在;未来,泰和泰以专业传承继往开来。20周年庆文丛的出版,是泰和泰人的经验总结、理性思考和执业探索,是泰和泰以专业虚心谋求行业互鉴的品格呈现,更是泰和泰建设百年律所进程中文化积淀的重要里程碑。

有字谜云:春夜喜雨。谜底为"泰"。好雨知时节,20华诞,泰风正劲、和帆正稳,泰和泰正全力构建全新云端知识管理体系,正强力布设以法律服务为引领的国际化、高端化、文化密集型服务产业生态集群,融于时代之变。

理查德·萨斯坎德写道:"法律机构和律师们正站在十字路口,20 年之内将会遭遇剧烈变革,其变化程度将超过过去两个世纪的总和。"值此文丛付梓之时,新冠疫情已经过去,世界经济格局和法律服务行业虽受影响,但危机与机遇并存,戢鳞潜翼,思属风云,泰和泰已然提前布局,进行深度思考。

我们深知:"志之所趋,无远弗届。志之所向,无坚不入。"泰和泰,志愈坚,行愈远,将在巨变中迎接未来。

泰和泰律师事务所

二〇二三年四月

自　序

近些年，我时常受邀做一些知识产权保护方面的讲座。囿于理论水平有限，我更多是采用案例分析的方式，以自己办理的知识产权诉讼案件为素材，与大家分享我在办案过程中的所思所想，反响还算不错。由是，我就萌生了写一本有关知识产权诉讼经验的小册子的想法。但是年复一年，却迟迟未能找到动笔的契机。

转眼到了2020年8月，我执业的泰和泰律师事务所推出了“青年律师导师制度”。这个制度以建立“内生式”律师培养模式为目标，通过在所内遴选业务能力强、具有较高行业认可度的高级合伙人和二级合伙人组成导师库，开放给全所青年律师以及律师助理自愿选择，双方结成“师徒式”的律师业务传授关系。制度要求入库导师只能选择一个自己擅长的专业作为培养领域，专业分类包括房地产/建设工程（含基础设施）；银行/金融/信托；公司商务/并购重组/破产清算；证券上市/资本市场；知识产权；政府与公共事务；劳动人事；跨境业务；争议解决；健康医疗；海事海商；环境保护；矿产资源与能源；婚姻家庭与私人财富管理；文化体育与TMT法律服务，以及导师自认为擅长的其他领域。有相关专业学习需求的青年律师和律师助理，可以从入库导师中选择一位作为自己的指导老师，进行为期6个月的实务训练学习。学习方式主要以案件分析、文书写作、办案经验传授、疑难问题讨论为主。

这样的“传、帮、带”既有助于青年律师的快速成长，也有利于加深律师间的交流沟通，增强事务所团队凝聚力。我忝列事务所执业年限最长的前几位，也受邀入库担任知识产权专业的导师。为了不辜负青年律师的信任，不耽误他们的执业前途,我参考外部讲座的经验,从我转型知识产权专业律师20年来承办的案件中,选出自认尚有一定价值和启发意义的十多件知识产权诉讼案件,将案卷材料中的证据材料和法院法律文书悉数发给他们阅读,要求他们在通览后提出自己的疑问,我再给出相应的说明或解释。他们没有疑问后,再要求他们以代理人身份,拟订案件各个阶段所需的相关文书材料,如诉状、答辩状、质证意见、代理词,然后与案卷中的文书进行对比,总结得失;最后再尝试提炼出案件涉及的法律争议并进行法理分析,提出自己的观点和意见。对能力较强的年轻律师,我还会要求他们就此撰写一篇小论文。

虽然我固执地认为这样的训练方式是有效的,但或许因为跟随我学习的青年律师在他自己所在团队的工作任务本就比较繁重,没有太多时间和精力来完成我安排的训练,抑或这样的训练方式并非他们所想象的,总之,我的案例解析式实战训练未能持续进行,尔后的指导更多是采用单纯的交流讨论方式来进行。挫折感让我不得不重新寻找更好的方式来完成导师的职责。

某天,我在准备一场企业知识产权战略规划讲座的课件时,突然产生了要写一本专门给青年律师阅读的知识产权实务手册的冲动,把经验分享和实务指导结合起来,于是便有了本书蓝图。

王国维先生曾说,古今之成大事业、大学问者,必经过三种境界。“昨夜西风凋碧树,独上高楼,望尽天涯路”,此第一境也。“衣带渐宽终不悔,为伊消得人憔悴”,此第二境也。“众里寻他千百度,蓦然回首,那人却在灯火阑珊处”,此第三境也。

我终究是一名再普通不过的律师,不敢妄言自己的人生境界。对律师职业而言,我也认为大致可分三层境界。第一层境界是专业境界,这个层次的律师已经掌握了自己执业领域内的基础法理知识,能够熟练运用法律规范处理一般案件,但还不能从容地处理复杂疑难案件。第二层境界是创新境界,这个层次的律师已经能发现现有法律制度的不足和缺陷,能提出自己的独到见解,形成了自己的理论体系,并能创造性地解决复杂疑难案件。第三层境界是洞见境界,这个层次的律师对复杂疑难案件已了然于胸,他们追求的已不单是当事人的利益最大化,而更多是希望案件得到公正处理,实现法律的最高价值。

如果问我处于哪个境界,我可能会说我在第一、第二境界的边缘。对知识产权、对法治、对社会、对人生,我都还有很多疑问和困惑。之所以敢斗胆写下这本《知识产权诉讼实战进阶教程》,单纯是为了与青年律师以及对知识产权感兴趣的朋友们进行经验分享，希望我的浅薄经验对朋友们有一些启发和帮助。

本书选择的案例也分三个层次，对应青年律师培养的三个阶段。第一个层次是基础入门案例，主要目的是传授青年律师基本的办案技能，包括证据的组织和证据清单的编制、案件适用法律规范检索和摘要、类案检索、案件分析报告撰写、代理词撰写等。第二个层次是进阶案例，选择一些具有一定难度和复杂性的案例，主要以分享办案思路和如何寻找案件突破口为主。第三个层次可能才是真正具有专业性要求的案例，这类案件往往涉及较为深入的技术或行业知识，或在法律理论上存在重大争议，需要借助专业人员和专家的力量，才能得到正确的处理。我把这部分案例分享出来，更多是请教于方家并供诸位讨论、批评之用。

在着手编写本书之时，恰逢我受邀担任四川省知识产权发展研究中心的特邀研究员，受托为中心提升知识产权保护运用能力课题组编写一本有关知识产权保护的书籍，多次与四川省知识产权发展研究中心交流沟通后，按照发展研究中心拟定的提纲进行编写。因利乘便，也以本书作为面向广大企业知识产权工作者的普及性读物，希望对企业认识知识产权、保护知识产权、应对知识产权诉讼提供一些帮助。

需要说明的是，案件材料中引用的法律条文，均是在办理案件当时有效的法律，在编写本书时未参照其后的修订或修正进行调整，但会标注相应的修订或修正年份。

此外，书中的错谬在所难免，请读者批评指正。

目　录

第一章　入门篇

第一节
初识知识产权诉讼的威力——天虎音乐网系列案件

【案号】(2003)成民初字第105号、(2003)成民初字第110号

一、案件背景

发生在2002年的天虎音乐网录音制作者权侵权纠纷系列案，是促使我往知识产权专业方向转型的肇始案件。在有幸承办这一系列案件之前，我已经有近7年的律师从业经历，也算是一名资深律师了，印象中也曾办理过两到三起商标侵权纠纷案。彼时的我正挣扎在从"万能"律师向专业律师转型的迷茫之中。机缘巧合，我得以和时任北京天为律师事务所律师的刘平老师(现为中国音乐著作权协会代理总干事)合作，接受了国际三大唱片公司——环球唱片有限公司、华纳唱片有限公司、正东唱片有限公司的委托，代理其诉四川公用信息产业有限责任公司录音制作者权侵权纠纷案件。

被告四川公用信息产业有限责任公司是中国电信股份有限公司下属全资子公司，主要从事各类增值电信业务。2001年，该公司开办了"天虎网"(网站域名:www.tyfo.com)，下设音乐频道，提供内地(大陆)和我国香港特别行政区和台湾地区知名歌手的MP3歌曲网络在线试听和下载服务。其中就包括该系列

案件所涉的环球唱片公司旗下艺人陈晓东的《质感》、《风一样的男子》、《黑色领带》、*Modern Age* 等专辑共计 34 首歌曲、华纳唱片公司旗下艺人郑秀文《X 派对》、《新曲 + 精选》、《去爱吧》、*Shocking Pink*、《完整》、*Ladies First*、《眉飞色舞》、《爱是...》以及郭富城《旅途》《新的喝彩》《无忌 VS 未来》《着迷》《新天地》等 13 张专辑共计 154 首歌曲。

该系列案件准备起诉之时，我国《著作权法》正经历第一次修改。2001 年 10 月 27 日，第九届全国人民代表大会常务委员会第二十四次会议审议通过了《全国人民代表大会常务委员会关于修改〈中华人民共和国著作权法〉的决定》，并于同日颁布实施。根据 2001 年修正的《著作权法》第 41 条第 1 款[1]的规定，录音录像制作者对其制作的录音录像制品，享有许可他人复制、发行、出租、通过信息网络向公众传播并获得报酬的权利；权利的保护期为 50 年，截至该制品首次制作完成后第 50 年的 12 月 31 日。原告环球唱片有限公司、华纳唱片有限公司、正东唱片有限公司正是基于上述规定，提起本案诉讼，主张四川公用信息产业有限责任公司侵害了其依法享有的录音制作者权。

二、原、被告的诉辩理由

原告环球唱片有限公司（UNIVERSAL MUSIC LIMITED）诉称，被告四川公用信息产业有限责任公司未经允许，在其开办经营的 http://www.tyfo.com（“天虎网”）网站上大量地向公众提供 MP3 格式歌曲的下载和在线试听服务，包括原告享有录音制作者权的四集陈晓东专辑的歌曲（包括：1.《我要的只是爱》含 10 首歌曲；2.《质感》含 12 首歌曲；3.《风一样的男子》含 10 首歌曲；4.《黑色领带》含 6 首歌曲；5. *Modern Age* 含 6 首歌曲。后原告在本案件中放弃了对专辑《我要的只是爱》录音制作者权的诉讼请求），共计 34 首歌曲（歌名清单见判决书附件）。被告的行为严重侵犯了原告依法享有的录音制作者权，给原告造成了巨大的经济损失。据此，诉请人民法院判令：被告停止侵权；在其经营的网站和全国性报纸上发表声明，公开赔礼道歉；赔偿原告经济损失 40 万元和合理费用 7 万元人民币。

被告四川公用信息产业有限责任公司辩称，对原告起诉的事实及理由无异

[1] 该法已经 2010 年、2020 年两次修改；2020 年新法为第 44 条第 1 款。

议,被告的行为侵犯了原告作为录音制作者享有的信息网络传播权,但被告在使用相关音乐制品时,作出了版权声明,在尊重著作权和相关权利人利益方面尽到了一定程度的注意义务;被告在收到法院送达的诉状后,立即停止了侵权行为;被告提供的歌曲试听和下载服务是免费的,未获利,原告的赔偿要求无依据。

三个案件原被告的诉辩主张基本雷同。被告在案件审理过程中比较尊重客观事实,对原告享有的权利以及自己从事了涉案歌曲的信息网络传播事实未作否认,其辩解主要集中在过错轻微以及无直接获利方面。

三、举证及质证意见

就该系列案件所涉事实,我们代表原告,分三组向法庭进行举证。

第一组证据,是有关原告主张的录音制作者权权属的证据,包括:

1. 2002 年 9 月 17 日,由国际唱片业协会(IFPI)亚洲区办事处出具的“版权认证报告”3 份及正版 CD 包装封面的影印件 4 份。上述文件经中国委托公证人公证。

2. 陈晓东 CD 专辑共 4 张,彩封背页分别标有版权标志 P&C 2000、1999 Universal Music Ltd. P & C1998 Polygram Records Ltd.(注:Polygram Records Ltd. 宝丽金唱片有限公司为 Universal Music Ltd. 环球唱片有限公司原名)。

第二组证据,是有关被告实施了被控侵权行为的证据,包括:

3. 2001 年 12 月 20 日,北京市长安公证处出具的(2001)长证内经字第 3160 号、3161 号“公证书”2 份;2002 年 12 月 26 日,四川省公证处出具的(2002)川省公证字第 14185 号“公证书”1 份(其中第 9 ~ 11 页载明的超出原告起诉范围的歌曲专辑除外)。

根据原告申请,法院于 2003 年 2 月 25 日到北京市长安公证处调取了封存的硬盘一个及从该硬盘上刻录下的 CDR 光盘 3 张(包括本案与另两案的证据),(2003)长证内经字第 00851 号公证书对此予以公证。

第三组证据,是有关原告经济损失以及为本案支出的合理开支的证据,包括:

4. 2002 年 9 月 6 日,北京市天为律师事务所出具的“发票”1 份。载明:服务项目为原告诉天虎网侵权案,金额为 7 万元。

5. 2002 年 10 月 23 日,北京市长安公证处出具的“发票”2 份。载明:服务项目为公证服务费,金额共计5000元(包括本案与另两案的公证费)。

6. 四川省公证处出具的公证费及复印费“收据”各1份,金额共计550元(包括本案与另两案的费用)。

7. 2002年9月16日,我国香港特别行政区(以下简称香港)伍李黎陈律师行出具的版权认证费及加章转递费清单1份,金额4135港元(折合人民币4383元);2002年11月20日,香港文志昌律师行出具的对起诉法律文书公证及加章转递费清单1份,金额4220港元(折合人民币4473元)。

被告为证明其在使用原告的音乐制品时尽到了一定程度的注意义务,举出如下证据材料:

1. 从http://www.tyfo.com网站下载的“版权声明”1份,时间不详。载明:“本站的音乐档案只作试听用途,请在下载后24小时内删除,多谢合作!全部歌曲的所有权均为其歌手及歌手所属的公司拥有。请购买正版的唱片以支持你们的偶像!”

被告为证明原告要求的赔偿额过高,举出如下证据材料:

2. 中国音乐著作权协会的“音乐著作权使用许可协议”(空白,无时间)。载明:使用人将中国音乐著作权协会管理的音乐作品载于网上时,以每首50元/季度支付著作权基本许可费。

庭审中,双方当事人对法院依法调取的证据材料无异议,被告对原告所举证据材料1~3、5、6、7无异议;对证据材料4即律师费的真实性、证明力有异议,认为发票背面无复写的痕迹,且收费标准不符合有关部门的规定。原告对被告所举证据材料1的证明力有异议,认为被告明知侵权;对证据材料2的关联性和证明力有异议。

针对双方证据,法院认证意见:双方当事人无争议的证据材料,因具备证据的真实性、关联性、合法性以及证明力,本院予以采信。本院认为,原告所举证据材料4不是加复写纸填制而成的,故背面无复写痕迹,且发票上加盖了律师事务所财务专用章,被告未举出相反证据予以推翻,故对该证据材料的真实性、关联性和合法性予以确认,其证明力问题将在本院认为部分予以分析认定。被告所举证据材料1载明的版权声明不能成为减轻被告的侵权责任或免责的法定事由,故不予采信;证据材料2仅是一份未填写内容的空白合同,因无证据的关联性和证明力,故本院不予采信。

四、判决认定事实

1. 原告为四集陈晓东专辑的歌曲(包括:1.《质感》含 12 首歌曲;2.《风一样的男子》含 10 首歌曲;3.《黑色领带》含 6 首歌曲;4. *Modern Age* 含 6 首歌曲),共计 34 首歌曲的录音制作者。

2. 2001 年 12 月 13 日,被告所开办和经营的 http://www. tyfo. com("天虎网")网站以直接提供下载 MP3 格式歌曲和在线试听的方式向公众传播上述 34 首歌曲。在提供上述服务的同时,被告还在网上登载了版权声明。该声明载明:"本站的音乐档案只作试听用途,请在下载后 24 小时内删除,多谢合作! 全部歌曲的所有权均为其歌手及歌手所属的公司拥有。请购买正版的唱片以支持你们的偶像!"

3. 原告为调查被告侵权行为及起诉所支出的合理开支为:律师费 7 万元;在香港发生的公证及加章转递费共计 8856 元;在内地发生的公证费共计 1833 元。

五、判决理由

法院经审理认为:

1. 案件管辖。原告系在香港注册的企业,在内地进行的诉讼活动应参照《民事诉讼法》规定的涉外民事诉讼程序进行。本案被告住所地在四川省成都市,故本院对本案有管辖权。

2. 法律适用。原告所诉侵权行为发生在内地,根据《民法通则》第 146 条第 1 款[1]之规定,侵权行为的损害赔偿,适用侵权行为地法律,原告所诉的侵权行为发生在内地,故应适用内地相关法律。原告所诉的侵权行为发生在 2001 年 12 月,故应适用修改后的《著作权法》(2001 年)的规定。

3. 著作权归属及法律效力。根据原告提交的 4 张 CD 唱片上原告的署名及国际唱片业协会亚洲区办事处所出具的 3 份版权认证报告,可以认定原告对涉案的 34 首歌曲享有录音制作者权,且该录音制作者权合法有效。

4. 被告行为的性质。根据《著作权法》(2001 年)第 10 条第 1 款第 12 项[2]

---

〔1〕 已废止,《民法典》未再保留该规定的内容,该内容体现在《涉外民事关系法律适用法》中。

〔2〕 该法已经 2010 年、2020 年两次修改;2020 年新法仍为第 10 条第 1 款第 12 项。

的规定,信息网络传播权,即以有线或无线方式向公众提供作品,使公众可以在其个人选定的时间和地点获得作品的权利。被告开办经营的网站是在国际顶级域名“. com”下注册的网站,而“. com”属于商业类用户,故被告的网站是以市场经营和营利为目的的商业网站。被告未经原告许可,擅自将原告享有录音制作者权的 34 首歌曲上载到其开办经营的网站上,以直接提供下载 MP3 格式歌曲和在线试听的方式向公众提供上述歌曲,使公众可以在其个人选定的时间和地点获得上述歌曲。所以,被告的上述行为侵犯了原告的信息网络传播权,应当承担相应的民事责任。被告作出的版权声明不能认为是其在尊重著作权和相关权利人利益方面尽到了一定程度的注意义务,不能以此减轻或免除其侵权的民事责任。

5. 赔偿数额。被告虽未从上述行为中收取违法所得,但侵权责任的承担不以侵权人是否获利为必要条件,故被告应对其侵权行为承担相应的民事责任。由于原告未提供相应证据证明被告的违法所得及自己的实际损失,本院决定采取法定赔偿的方式确定赔偿数额。本院综合考虑原告的权利类型为录音制作者权、作品类型为 CD 唱片、侵权数量为 34 首歌曲、侵权行为性质为信息网络传播权侵权、侵权行为开始时间为 2001 年 12 月 13 日、侵权范围为相应网域空间等事实因素,决定给予原告每张专辑 1 万元的赔偿。此外,赔偿数额还应当包括权利人为制止侵权行为所支付的合理开支。根据《最高人民法院关于审理著作权民事纠纷案件适用法律若干问题的解释》第 26 条[1]的规定,合理开支包括权利人或委托代理人对侵权行为进行调查、取证的合理费用以及符合国家有关部门规定的律师费用。本案原告主张的在香港发生的公证及加章转递费共计 8856 元,在内地发生的公证费共计 1833 元,因符合上述规定,予以支持;对原告主张的律师费 7 万元,该主张是基于诉讼请求 40 万元,而法院确定的实际赔偿数额小于 40 万元,故律师费应按比例降低,同时考虑到律师收费的行业惯例,确定合理的律师费为 1 万元。

---

〔1〕 此系 2002 年规定;2020 年修正后仍为第 26 条。

六、判决结果

法院判决：一、于判决生效之日起，四川公用信息产业有限责任公司立即停止以提供下载 MP3 格式歌曲和在线试听的方式向公众提供环球唱片有限公司享有录音制作者权的 34 首歌曲（歌名见本判决书所附清单）的侵权行为。

二、本判决生效之日起 10 日内，四川公用信息产业有限责任公司赔偿环球唱片有限公司经济损失 4 万元，并支付合理开支 20,689 元。

三、本判决生效之日起 10 日内，四川公用信息产业有限责任公司在 http://www.tyfo.com（“天虎网”）网站和《法制日报》[1]上刊登声明，就其侵权行为向环球唱片有限公司赔礼道歉（内容须经法院审核）。逾期不履行，环球唱片有限公司可以申请人民法院刊登本判决书的主要内容，费用由四川公用信息产业有限责任公司承担。

七、案件启示与学习要点

20 年后再回顾这个系列案件，很多细节已经记忆模糊了，唯记得案件结束后，天虎网关停音乐频道带给我的心理冲击。坦率地说，我当时也是天虎网音乐的用户，时不时会登录这个网站听一听喜欢的音乐。它一旦关闭，就像一个熟悉的朋友再也没有联络，心中难免怅然若失。

这个案件让我第一次亲身体会到知识产权诉讼可能对一个企业甚至对一个行业产生的严重影响。在我往知识产权专业律师方向转型路上的第一站就感受到了知识产权诉讼的可怕威力。

被告四川公用信息产业有限责任公司是中国电信股份有限公司的下属子公司，在电信增值业务领域曾经被寄予厚望，天虎网音乐频道上线后也曾位居国内音乐网站排名的前列，吸引了众多的年轻用户。版权意识薄弱，业务模式无法克服版权侵权问题，导致其在该系列案件审结后，不得不关闭音乐业务。这让后发的腾讯音乐等互联网音乐平台获得了宝贵的发展机遇。知识产权的专有性特点，往往成为企业竞争的利器。重视知识产权并能创造知识产权，能为企业带来竞争优势，助力企业发展。而忽视知识产权，很有可能会给企业带来灭顶之灾。知识产权侵权

---

[1] 2020 年 8 月 1 日，《法制日报》更名为《法治日报》。

诉讼是一柄利剑，原告、被告都不可掉以轻心，代理律师更需要慎之又慎。

在这一系列案件的举证方面，我们根据《最高人民法院关于民事诉讼证据的若干规定》(2001 年)第 14 条第 1 款[1]“当事人应当对其提交的证据材料逐一分类编号，对证据材料的来源、证明对象和内容作简要说明，签名盖章，注明提交日期”的规定，结合知识产权诉讼的特点，将证据分为三类基本组别，分别按权属证据、侵权行为、经济损失来组织和举证，形成了较为规范、合理的举证方式，并制作了表格式的证据清单，得到成都市中级人民法院民三庭(现知识产权审判庭)的肯定，并在该院其他各类知识产权案件中得到推广使用(表格式证据的样式和示例可参见表 1)。在知识产权类诉讼中，最高人民法院制定有专门的证据规则，即《最高人民法院关于知识产权民事诉讼证据的若干规定》。对代理知识产权诉讼的律师而言，证据规则是必须烂熟于心的，并且需要在《民事诉讼法》以及最高人民法院司法解释规定的举证期限内完成己方的举证。

表 1　证据材料清单

编号	证据来源	证据名称	证明对象	证据内容	份数	页数	备注
1	IFPI	版权认证报告(3 份)	原告是涉案录音制品的制作者，享有录音制作者权	2002 年 9 月 17 日，由国际唱片业协会(IFPI)亚洲区办事处出具的“版权认证报告”3 份及正版 CD 包装封面的影印件 4 份，证明案涉歌曲录音制作者权属原告所有	3	10	—
2	原告提供	音像出版物(4 张)		陈晓东 CD 专辑共 4 张，彩封背页分别标有版权标志 P & C 2000、1999 Universal Music Ltd.、P & C 1998 Polygram Records Ltd. 证明案涉录音制品源于合法出版物，且出版物署名录音制作者权属原告所有	4	8	物证
3	北京市长安公证处	第 3160 号、第 3161 号公证书 2 份	被告实施了被控侵权行为	2001 年 12 月 20 日，北京市长安公证处根据原告委托人申请，对被告天虎网试听案涉歌曲以及下载案涉歌曲过程进行的公证	2	55	—
4	四川省公证处	第 14185 号公证书 1 份		2002 年 12 月 26 日，四川省公证处根据原告委托人申请，对被告天虎网试听案涉歌曲以及下载案涉歌曲过程进行的公证	1	35	—

[1] 2019 年修正后为第 19 条第 1 款。

续表

编号	证据来源	证据名称	证明对象	证据内容	份数	页数	备注
5	北京市天为律师事务所	律师费发票	原告为本案支出的合理开支	2002年9月6日,北京市天为律师事务所出具的发票,载明:服务项目为原告诉天虎网侵权案,金额为7万元	1	1	—
6	北京市长安公证处	公证费发票		2002年10月23日,北京市长安公证处出具的发票2份。载明:服务项目为公证服务费,金额共计5000元	2	2	—
7	四川省公证处	公证费发票及收据		四川省公证处出具的公证费及复印费收据各1份,金额共计550元(包括本案与另两案的费用)	2	2	—
8	香港伍李黎陈律师行、香港文志昌律师行	证据公证及加章转递单据		2002年9月16日,香港伍李黎陈律师行出具的版权认证费及加章转递费清单1份,金额4135港元(折合人民币4383元);2002年11月20日,香港文志昌律师行出具的对起诉法律文书公证及加章转递费清单1份,金额4220港元(折合人民币4473元)	2	2	—

提供人: 提供时间: 年 月 日

在证据清单的编制环节,容易出现的问题主要有:

1. 漏列物证、证人证言、视听资料等证据。有的律师仅将书证纳入证据清单,而将物证、证人证言、视听资料等证据单独向法庭提交或提出出庭申请。严格来说,所有向法庭举出的证据都需要在证据清单中罗列出来,并有相应的编号,说明其证据来源及证明对象和证明内容。物证可以将其照片打印出来装订在证据清单中,也可以仅在证据清单中写明编号,备注以实物证据提交;证人证言可以写明证人姓名,拟作证的事实要点,也可以将证人出庭申请列在证据清单中;视听资料证据可以将其主要内容作个摘要,打印出来列入证据清单,备注其原始载体形式。

2. 混淆证明对象和证明内容。简单来说,证明对象可以理解为一个事实要点或法律关系,比如提交书面合同证明双方存在某种合同关系,此为其证明对象。而证明内容,是指证据能反映的与案件待证事实直接相关的信息,比如合同生效时间，可以通过合同中效力条款的具体约定，结合合同成立时间、合同签订时间等具体合同内容来加以证明。在证据清单中的证据证明内容可以尽量明确、具体，比如证明合理支出的票据，证明内容应该具体到何时支付了何种费用，金额是多少。如果一份证据有多个具体的证明事项，可以在证明内容栏内分序号标注清楚各个事项涉及的具体信息。

3. 欠缺证据制作者、提交人、提交时间等信息。证据在诉讼中具有决定性的作用。证据除受举证期限限制外，还需要确保其真实性和合法性，提交伪造证据、虚假证据的，需要承担法律责任。因此，律师需要注意提交法庭证据的来源和经手者，并在提交时标注清楚时间。

4. 补充证据的提交问题。诉讼实务中，经常出现在证据交换或法庭质证结束后，需要补充提交新的证据的情况。对提交的新的补充证据，仍应按证据清单的规范进行编制，写明其证明对象和证明内容，编号可在原已提交证据的序号之后顺序编号，也可以以补充证据重新进行编号，注意避免和原已提交证据发生混淆即可。

第二节
诉的基础——万达天府 1 号案名著作权侵权案

【案号】(2016)川 01 民初 1303 号

一、案件背景

2015 年，万达集团在成都天府新区投资开发了一个高端商业楼盘，通过公开比选方式征集选聘为项目提供营销策划的服务机构，包括项目案名的题名建议。本案原告成都九段青云文化传播有限公司(以下简称九段青云公司)参加了比选，提出了“万达天府 1 号”的案名，但并未中选。后九段青云公司发现,自己虽然没有中选该项目,但自己的“万达天府 1 号”案名题名却被项目采用,实际使用在该项目的案名以及各类宣传资料上。为此,九段青云公司提起了本案诉讼。

律师团队在审阅案件资料后,认为本案的核心争议在于“万达天府 1 号”案名是否构成作品,是否受著作权法保护。为此,团队一方面按一般应诉流程进行了案件事实的梳理和证据组织,另一方面进行类案检索和法律适用问题分析,形成了清晰的答辩思路(参见附一):认为“万达天府 1 号”案名不构成作品,不受著作权法保护,本案侵权不成立。

二、原、被告的诉辩理由

原告九段青云公司诉称:九段青云公司于 2016 年 3 月 6 日收到天府万达公司发送的《成都天府医院 2016 年度营销推广服务招标文件》(以下简称招标文件),邀请九段青云公司为其开发的“成都天府医院/成都万达瑞华中心”项目提供“广告策划、文案撰写、新媒体运营、活动及媒体推广”等服务进行投标。九段青云公司收到招标文件后组建了 10 人以上的“万达医院提案专案组”,专案组经过招标答疑、现场踩盘、资料研究、无数次头脑风暴、创意提出、修正提案、决议等,在几十个案名中确定了“万达天府 1 号”,并据此全面展开竞标创作。2016 年 3 月 27 日,九段青云公司向天府万达公司提交了投标文件。2016 年 4 月,九段青云公司收到了未中标通知。2016 年 6 月 14 日,天府万达公司正式以“万达天府 1 号”作为“成都天府医院”项目案名,并在发布会、项目现场、户外广告、网络媒体上广泛使用。“万达天府 1 号”是具有独创性的文字作品,九段青云公司对其享有著作权,天府万达公司的行为侵害了九段青云公司的发表权、署名权、复制权、信息网络传播权。故向法院提出诉讼请求:1. 天府万达公司立即停止在项目现场、户外广告、微博、微信公众号、报刊网络等媒体上使用九段青云公司享有著作权的“万达天府 1 号”作品;2. 天府万达公司赔偿经济损失人民币 50 万元;3. 天府万达公司赔偿九段青云公司为制止侵权行为而产生的合理费用 2 万元(包括律师费 18,000 元,公证费 2000 元);4. 天府万达公司在《中国食品报》《成都商报》上连续 5 个工作日就其侵权行为向九段青云公司赔礼道歉,消除影响。

被告天府万达公司辩称:“万达天府 1 号”案名不是九段青云公司投标方案的实质和核心部分,仅仅是该投标方案的一个细微要素,不能依据其投标方案整体著作权而独立受到著作权法保护。实践中,以开发商字号加楼盘项目所在地名称加 1 号的案名命名方式非常常见。“万达”“天府”“1 号”分别是天府万达公司的企业字号、地名、常见词,均非九段青云公司的独创,上述三个词的简单组合不具备独创性,属于常见的表达方式,加之该词组语句太短,难以完整表达作者的思想,不符合著作权法关于作品构成要件的规定,不受著作权法保护。

三、原、被告的举证

原告提交的证据共有 4 组 16 份。

第一组证据共 5 份,证明对象为原告对涉案作品享有著作权的证据,包括项目招标文件、补遗文件、项目组工作日志现场查勘照片等、投标书及其所附光盘、参与项目方案策划讨论的工作人员的证人证言,用以证明原告参与项目投标并创作“万达天府 1 号”案名的过程。

第二组证据共 7 份,证明对象是被告侵犯了原告著作权,包括参标感谢函、投标保证金银行回单、律政公证处公证书、被告项目现场照片、原告与被告微信聊天记录、另两家参与投标单位未提交“万达天府 1 号”案名的声明及聊天记录,上述证据用以证明原告参与了项目投标,但未中标,且其他投标人未提出“万达天府 1 号”案名,被告项目实际使用了“万达天府 1 号”案名。

第三组证据共 2 份,证明对象是案名价值,包括原告征集公告、其他类似项目案名中选的奖金数额等,用以证明原告索赔 50 万元具有合理性。

第四组证据共 2 份,证明对象是原告的合理支出,包括公证费发票和律师代理费发票等。

考虑到我们确定的答辩思路,我们未就本案提交任何事实方面的证据,但向法庭提交了我们检索到的类案判决书。

四、判决认定事实

2016 年 3 月 6 日，九段青云公司收到天府万达公司发送的招标文件，邀请九段青云公司为其开发的“成都天府医院/成都万达瑞华中心”项目提供“广告策划、文案撰写、新媒体运营、活动及媒体推广”等服务进行投标。2016 年 3 月 27 日，九段青云公司提交了《“成都天府医院”2016 年年度营销推广九段青云投标书》（以下简称投标书），投标书中确定该项目的案名“万达天府 1 号”。2016 年 4 月，九段青云公司收到了未中标通知。2016 年 6 月 14 日开始，天府万达公司将该项目案名确定为“万达天府 1 号”，并在项目发布会、项目现场、微信公众号、微博等网络媒体上使用。

五、判决理由

法院经审理认为：《著作权法实施条例》（2002 年）第 2 条[1]规定，《著作权法》所称作品，是指文学、艺术和科学领域内具有独创性并能以某种有形形式复制的智力成果。著作权法保护作者的创作成果，不仅要是独立创作的，还要具有最低限度的创造性，也就是能够以一定表现形式反映特定的思想内容。九段青云公司投标书是一完整的投标方案，而“万达天府 1 号”只是作为案涉项目名称；仅从这几个字本身来看，也仅系企业字号、地理位置、数字序号的简单组合，并不能表达出“率先在天府新区使用‘天府’二字来进行市场占位、体现了楼盘的高端定位”等九段青云公司所述的特定的思想内容，广大受众只有通过阅读整个投标书或者实地考察楼盘项目等方式，才能够了解到九段青云公司在创作时想要表达的全部思想或思想的实质部分。因此，“万达天府 1 号”案名本身不具有最低限度的创造性，不具有作品的属性，不应当受到著作权法保护。

六、判决结果

法院判决驳回原告九段青云公司的诉讼请求。

---

〔1〕 2013 年修订后仍为第 2 条。

七、案件启示与学习要点

本案的事实和争议的法律问题都比较简单,仅仅涉及“万达天府 1 号”案名是否构成著作权法意义上的作品,是否受著作权法保护这一个问题。

就律师代理知识产权案件来讲,无论是代理原告还是代理被告,首先要确定的问题就是案涉的知识产权权利是否清楚,是否有效,是否稳定可靠。著作权案件涉及作品是否具有独创性、是否存在抄袭剽窃他人作品以及权属证据是否充分等判断;商标案件涉及主张权利的商标是否具有显著性、商标注册类别和指定商品或服务项目是否存在被撤销或被宣告无效的情形的判断;专利案件主要涉及专利是否稳定,即是否容易被宣告无效的判断。只有在权利基础稳定可靠的情况下,后续的维权诉讼才能顺利推进,取得预期的胜诉目标。

对初入知识产权诉讼领域的律师而言,有时候要判断某项知识产权是否稳定可靠或许存在一定的困难,通过类案检索,从法院生效裁判文书中寻找问题的答案,是一个比较容易掌握,也是比较有效的方法。

通常,无论案件难易程度如何,我都会在开庭前做好如下几个方面的诉讼准备工作。

1. 适用法律摘要。针对案件可能涉及的法律规范,检索相关的法律、行政法规、司法解释等,将与本案适用相关的法条摘录出来,以备法庭审理时使用。

2. 证据摘要和索引。对证据材料比较繁多的案件,需要事先对证据进行梳理,将证据中具有证明内容的部分标注出来,如果证据体量过大,可以制作相应的索引,以便开庭时使用。

3. 类案检索报告。在中国裁判文书网或其他裁判文书数据库中对与本案类似的案例进行检索,归纳分析各地法院的裁判理由和裁判结果,印证我们对案件可能结果的分析是否与法院裁判思路一致,确定是否还存在其他未发现的问题或潜在风险点。

4. 代理词。在开庭前,根据案件事实和可能的争议焦点,撰写代理词,将对案件的观点和意见作一次系统的梳理和阐述,在开庭后再根据庭审情况进行相应的修订完善,以便作为书面代理意见提交法庭。

在本案的应诉准备过程中,我们就检索到上海一路发文化发展有限公司诉上海金陵股份有限公司“金领之都”楼盘名称著作权侵权纠纷案[上海市浦东新区人民法院(2012)浦民三(知)初字第 8 号]民事判决书,法院就是以“‘金领之都’的楼盘名称只有简短的四个字，‘之’的表达方式已经被广泛使用，‘之都’一词也早已被大量使用在对具有某种特色的城市的称呼、楼盘名称等中。‘金领’是社会上对于具有良好的教育背景，较高的收入，在某一行业中有所建树的一类人的称呼。因此‘金领之都’的名称只是两个固有的常用词汇的简单组合，缺乏必要的长度和创造性，不能充分体现该名称的独创性特征，不符合作品的独创性要求，因而不能成为我国著作权法意义上的作品而受到著作权法的保护。”作为判决理由，驳回了原告的全部诉讼请求。因此，如果本案原告九段青云公司能在起诉前进行必要的类案检索，即使其对著作权法不够了解，也会意识到其诉讼具有较大的败诉风险，从而寻求其他更合适的纠纷解决方案，避免出现完败的不利结果。

此外，本案虽然简单，但代理工作仍具有一定的示范意义，希望青年律师能从中学习到一些案件分析方法，领悟到一些案件办理经验。

附一：

民事答辩状

答辩人：成都天府万达置业有限公司

地址：四川省成都市天府新区××街道××街××号

法定代表人：齐某

答辩人因与被答辩人成都九段青云文化传播有限公司著作权侵权纠纷一案，认为被答辩人的起诉缺乏法律依据，不能得到法庭支持，应予驳回。具体答辩理由如下：

一、本案诉争“万达天府1号”案名不是被答辩人投标方案的实质和核心部分，不能依据其投标方案整体著作权而主张独立受到著作权法保护。

根据被答辩人的起诉，被答辩人主张答辩人构成侵权的行为是未经许可使用了其在投标方案中提出的“万达天府1号”案名。虽然被答辩人在诉状中并未明确主张其投标方案整体的著作权，但答辩人认为，本案所涉的投标方案和该方案中提出的案名提案，是容易被混淆的两个不同客体，有必要作明确的区分，以便法庭作出公正、正确的判决。

答辩人认为，被答辩人的投标文件记载了其对本案所涉房地产项目营销方案的认识、思路、建议和执行计划，作为整体，应当受著作权法保护，可以主张著作权。但是，该方案中案名提案，即“万达天府 1 号”案名，则仅仅是该投标方案的一个细微要素，不构成方案的实质部分或核心内容，不能依据该方案整体著作权而独立受到著作权法保护。

这一观点，在云南省高级人民法院（2003）云高民三终字第 16 号有关“五朵金花”作品名称著作权侵权纠纷案的民事判决书中有较充分的阐述。该判决认为：《五朵金花》剧本是一部完整的文学作品，“五朵金花”四字仅是该剧本的名称，是该剧本的组成部分，读者只有通过阅读整部作品才能了解作者所表达的思想、情感、个性及创作风格，离开了作品的具体内容，单纯的作品名称“五朵金花”因字数有限，不能囊括作品的独创部分，不具备法律意义上的作品的要素，不具有作品属性，不应受著作权法保护。

二、本案诉争“万达天府 1 号”案名不具备著作权法规定的作品独创性，不受著作权法保护。

根据被答辩人的起诉，其在本案中主张的是“万达天府 1 号”案名的著作权，即其实际主张的是由“万达”“天府”“1 号”三个词组合而成的词组作为一个独立作品的著作权。

答辩人认为，被答辩人的上述主张与我国著作权法关于作品的规定不符，没有法律依据，该主张不成立。根据我国著作权法及其实施条例的规定，著作权法意义上的作品，是指文学、艺术和科学领域内具有独创性并能以某种有形形式复制的智力成果，因此，独创性是判断某一智力成果是否构成作品的实质要件。虽然我国著作权法并未规定独创性的具体判断标准，但学界通说和司法实践均认为独创性至少应满足独立创作和最低创造高度这两个条件，也即有量和质两方面的要求。在量的方面，作品中必须有作者自己的创造性劳动成分，即作者运用自己的大脑，通过记忆、分析、演绎等活动从事了智力活动，产生了有创造性的成分，而非抄袭剽窃他人成果；在质的方面，作品应达到一定的创作高度方能受到保护，只有具备一定的创作高度，才能反映作者的个性，使不同作者的作品彼此得以区分。因此，作品独创性要求就排除了那些惯常的和通用的表达方式，以及无法表达作者思想、个性的简单的意思表达成为著作权法意义上的作品的可能。

本案中，被答辩人主张的“万达天府 1 号”案名，由“万达”“天府”“1 号”三个词组成。其中，万达是答辩人公司名称中的字号，也是答辩人母公司大连万达商业地产股份有限公司的注册商标;天府是成都平原天府之国的别称,也是新设的天府新区的行政区划名称,同时还是答辩人公司名称中的字号;1号是序数词。上述三个词分别是答辩人企业字号和商标、常见词,均非被答辩人的独创,三个词的组合也是简单组合,不具备独创性。在实践中,以开发商字号或商标,加楼盘项目所在地的地名,加1号的案名命名方式也非常常见;以某地域或地址加1号的表达方式作为商标申请注册的例子也非常多。上述事例均说明,本案的"万达天府1号"案名,属于常见的表达方式,加之该词组语句太短,难以完整表达作者的思想,故不符合著作权法关于作品构成要件的规定,不能主张著作权。

事实上,上海市浦东新区人民法院在与本案类似的"金领之都"案名著作权侵权纠纷案[(2012)浦民三(知)初字第8号]的判决中就明确指出,"金领之都"的名称只是两个固有的常用词汇的简单组合,缺乏必要的长度和创造性,不能充分体现该名称的独创性特征,不符合作品的独创性要求,因而不能成为我国著作权法意义上的作品而受到著作权法的保护。

答辩人认为,该案的判决理由,无疑对本案具有重要的参考意义。

答辩人请求人民法院及时查明本案事实,正确适用法律,判决被答辩人的主张缺乏法律依据,不予支持并驳回其全部诉讼请求。

此致

成都市中级人民法院

答辩人:成都天府万达置业有限公司

诉讼代理人:×××

二〇一六年十月十日

附二:

代　理　词

尊敬的审判长、审判员:

泰和泰律师事务所接受成都天府万达置业有限公司(以下简称万达公司)委托,指派李鹏、黄春海律师代理成都九段青云文化传播有限公司(以下简称九段公司)诉万达公司著作权权属、侵权纠纷案。现该案已庭审结束,根据双方证据材料以及庭审情况,代理人发表如下代理意见,供贵院参考。

一、"万达天府 1 号"案名不满足著作权法关于作品构成要件的规定，不是著作权法意义上的作品，不受著作权法保护

《著作权法实施条例》(2002 年)第 2 条(前述已注明)规定:"著作权法所称作品，是指文学、艺术和科学领域内具有独创性并能以某种有形形式复制的智力成果。"也就是说，作品必须同时具备四个构成要件:①领域要件，作品应当属于文学、艺术或科学领域;②实质要件，作品应当具有一定的独创性;③形式要件，作品能够以某种有形形式复制，再现;④属性要件，作品应当是一种人为有意识创造的智力成果，而非自然形成的物体。而代理人认为，本案诉争的"万达天府 1 号"案名，不满足上述作品构成要件的第①、②两项法律特征。

(一)"万达天府 1 号"是单纯以文字表达的房地产项目的案名，属于商业识别标志，不属于文学，也不属于艺术或科学领域。

根据《现代汉语词典》(修订版)解释，文学，是以语言文字为工具形象化地反映客观现实的艺术;艺术，是指用形象来反映现实但比现实有典型性的社会意识形态;而科学，是指反映自然、社会、思维等的客观规律的分科的知识体系。显然，本案"万达天府 1 号"仅是以文字方式表达的案名，不涉及美术、图形或任何技术性方案、内容，与艺术、科学的上述固有概念完全无关，不属于艺术、科学领域的智力成果。虽然"万达天府 1 号"是以文字表达的案名，但其价值仅在于区别不同的商品房项目，具有商业识别标志的作用，却不具备任何文学作品所需要的反映客观现实、表达思想情感的功能，无法纳入文学领域内诗歌、小说、散文或其他任何文学体裁的分类，故将其视为文学作品，显然也难以成立。

(二)"万达天府 1 号"的表达方式不具有独创性。

虽然我国著作权法并未规定独创性的具体判断标准，但学界通说和司法实践均认为独创性至少应满足独立创作和最低创造高度这两个条件，也即有量和质两方面的要求。在量的方面，作品中必须有作者自己的创造性劳动成分，即作者运用自己的大脑，通过记忆、分析、演绎等活动从事了智力活动，产生了有创造性的成分，而非抄袭剽窃他人成果;在质的方面，作品应达到一定的创作高度方能受到保护，只有具备一定的创作高度，才能反映作者的个性，使不同作者的作品彼此得以区分。因此，作品独创性要求就排除了那些惯常的和通用的表达方式，以及无法表达作者思想、个性的简单的意思表达成为著作权法意义上的作品的可能。

这一观点在各地人民法院及最高人民法院的判决中均有较充分的阐述。例如，在云南省高级人民法院(2003)云高民三终字第 16 号有关"五朵金花"作品名称著作权侵权纠纷案的判决中，法院认为：《五朵金花》剧本是一部完整的文学作品，“五朵金花”四字仅是该剧本的名称，是该剧本的组成部分，读者只有通过阅读整部作品才能了解作者所表达的思想、情感、个性及创作风格，离开了作品的具体内容，单纯的作品名称“五朵金花”因字数有限，不能囊括作品的独创部分，不具备法律意义上的作品的要素，不具有作品属性，不应受著作权法保护。同样道理，“万达天府 1 号”所表述的营销思想，必须通过营销策划方案中的图片、文字描述等内容，甚至宣传手段才能被读者知晓，所以，“万达天府 1 号”六个字不能囊括九段公司营销策划方案中的独创部分，不具备著作权法意义上的作品的要素。

再如，在最高人民法院(2015)民申字第 1665 号有关马琦与乐山市文化广播影视新闻出版局、唐长寿著作权权属、侵害著作权纠纷再审案[该案作为典型案例在“最高人民法院知识产权案件年度报告(2015 年)”予以摘录公示]中，最高人民法院明确指出，“作品的独创性应体现在作品的表达方式而非思想或观点之中，具有独创性的表达方式应由作者独立完成且不同以往”。也就是说，作品的独创性不在于其提出的思想或观点是否由作者独立完成且不同于以往，而在于作品的表达方式是否由作者独立完成且不同于以往。在庭审中，九段公司一再强调案名决定了项目定位及营销策划思路。假设九段公司的前述理解正确，那么，代理人认为“万达天府 1 号”所希望表达的项目定位及营销策划思路，并不属于著作权法保护的对象。

同时，“万达天府 1 号”也不是不同于以往的表达方式。“万达天府 1 号”由万达、天府、1 号三个词组成。其中，万达为万达公司的企业字号，也是万达公司母公司大连万达商业地产股份有限公司的注册商标，不是九段公司独创；天府是成都平原天府之国的别称，也是新设的天府新区的行政区划名称，同时还是万达公司名称中的字号，不是九段公司独创；1 号是序数词，更加不是九段公司独创。还需特别指出的是“企业名称 + 地名 + 序数词”这种表达方式，也不是九段公司独立完成且不同于以往的表达方式。在庭审过程中，代理人出示了大量证据证明在房地产案名、注册商标方面，以“企业名称 + 地名 + 序数词”的表达方式非常常见，例如，“中海城南 1 号”“正成东区 1 号”，等等。且九段公司申请出庭作证人员(其中包括创作人员)都明确表示他们知晓其他以“地名 +1 号”方式命名的楼盘，如“中海城南 1 号”。也就是说，“企业名称 + 地名 + 序数词”这种表达方式不仅常见，且不是九段公司独立完成的不同于以往的表达方式。因此，代理人认为“万达天府1号”不符合独创性的法律特征。

上述观点更为直接地体现在上海市浦东新区人民法院关于“金领之都”案名著作权侵权纠纷案[(2012)浦民三(知)初字第8号]的判决中,该案与本案具有高度相似性。该案判决明确指出,“金领之都”的名称只是两个固有的常用词汇的简单组合,缺乏必要的长度和创造性,不能充分体现该名称的独创性特征,不符合作品的独创性要求,因而不能成为我国著作权法意义上的作品而受到著作权法的保护。

(三)假如“万达天府1号”构成著作权法意义上的作品,将使创作受限,且其本身也涉嫌侵权。

如上所述,“万达天府1号”只是简单词组的简单组合,甚至不能构成一个完整的句子,更谈不上必要的创作高度。如果简单六个字可以构成作品,那么将极大地限制他人的创作空间,不能发挥著作权法鼓励创作的立法目的。同时,如上所述,在本案“万达天府1号”案名提出之前,已有大量相类似的案名或商标,假设该表达方式构成著作权法意义上的作品,那么,它因与其他“作品”之间存在高度相似,本身也涉嫌对在先其他类似案名“作品”著作权的侵权。

二、房地产项目案名本身并不具备价值

一个房地产项目之所以能够成功,并不是因为它叫什么名字,而是因为项目本身的品质以及实施了得当的营销推广方案。营销推广方案是由图片、宣传方案等共同组合成的一个综合体系,该体系既可包括案名,也可不包括案名。假如该营销推广方案中包括了案名,那么,该案名也仅在该特定营销推广方案中具有价值,离开营销推广方案,其本身没有任何价值。而在本案中,万达公司并没有使用九段公司的营销策划方案。

同时还需特别指出两点:第一,“万达天府1号”是按一个极其普通、常见的方式所命名的项目名称,即使“万达天府1号”案名与九段公司所提案名相同,也不能认为万达公司使用了九段公司所提案名,否则,其他已以“企业名称+地域+1号”命名楼盘名称的开发商也可因万达公司使用了相同的命名规则而向万达公司主张责任。第二,万达公司本次招标范围并不包括案名。

庭审过程中,九段公司还多次提到其他项目的征名活动,并以该征名活动宣传的奖金来证明案名本身的价值。但实际上,九段公司包括九段公司的创作人员,从没有在任何一个项目中因案名而获得过任何报酬或奖金,也并不知道这些征名活动中宣传的奖金是否已真实给付。而依代理人的经验,这类活动的主要目的并不是获得案名,而且希望通过这样的征名活动实现项目宣传推广的目的,而且奖励金额设定得越高,越能达成项目宣传推广的目的。所以,不能以该类征名活动中的奖金金额来证明案名的价值。

综上所述,代理人认为,“万达天府1号”并不构成著作权法意义上的作品,由于九段公司对“万达天府1号”不享有著作权,所以,万达公司使用“万达天府1号”作为案名并不构成侵权。由于万达公司没有侵权行为,万达公司不应向九段公司承担赔偿责任,也不应承担九段公司为制止侵权行为而产生的合理费用。

此致

成都市中级人民法院

代理人:×××

二〇一六年十一月十六日

第三节
专业的价值——青春旋律冰淇淋外观设计专利侵权案

【案号】(2018)川01民初351号

一、案件背景

本案被告四川龙旺食品有限公司(以下简称龙旺公司)在2018年8月初向我们提出案件咨询时,该案已经在成都市中级人民法院知识产权审判庭进行了一次庭审。龙旺公司是一家台资企业,公司管理比较规范,外聘有常年法律顾问为公司提供法律服务。本案的第一次庭审,就是由公司法律顾问作为代理人出庭应诉。因公司法律顾问并非知识产权专业律师,庭审效果让参与旁听的公司法务人员不太满意,故拟改委托由我的团队代理应诉。

我们在查阅了龙旺公司提供的案件资料后,拟定了应诉代理方案(参见附一),但并未发现有力的案件突破口,仅提出了此类外观设计专利侵权纠纷常规的两点应诉抗辩思路,即现有设计抗辩和先用权抗辩,这导致我对案件的预期极不乐观。

虽然如此,当龙旺公司委托我们后,团队仍然紧急启动起来,委托国家知识产权局对案涉专利外观设计的主要设计要点,“产品的形状”(三角形)包装进行了外观设计专利评价,并收集了六种近似包装的使用证据,在法院通知第二次开庭前,提交给了合议庭。

未曾料想,案件的第二次庭审意外地顺利。在质证环节,当我们发现原告提交的侵权产品包装上标注的生产日期是在原告专利授权日之前时,就对案件胜诉充满信心。本案第二次开庭时间是 2018 年 9 月 12 日,于次年 7 月作出判决,不出所料,法庭支持了我们的抗辩意见,判决驳回原告沈阳中街冰点城食品有限公司(以下简称冰点城公司)的全部诉讼请求。

二、原、被告的诉辩理由

原告冰点城公司诉称:冰点城公司取得了案外人杨某某就其专利号为 ZL 2016 3044 × × × ×. 7 的外观设计专利权(以下简称涉案专利)的独占实施许可权,而后在市场上发现龙旺公司生产、销售的“青春旋律 · 冰淇淋披萨”(以下简称被控产品)的样式和包装装潢与其取得涉案专利独占实施许可权而生产的“青春派 · 冰淇淋披萨”的相同,龙旺公司的行为侵害了冰点城公司的合法权益,故提起本案诉讼。诉讼请求:1. 判令龙旺公司立即停止侵权并登报赔礼道歉;2. 判令龙旺公司赔偿冰点城公司经济损失 20 万元;3. 判令龙旺公司承担冰点城公司维权合理开支共 29, 159. 5 元。

被告龙旺公司辩称,虽然其生产、销售了被控产品,但被控产品有自己的外观设计专利;被控产品的生产时间早于涉案专利授权日,且冰点城公司取证时的销售主体为案外人,并非龙旺公司,故龙旺公司并未侵害冰点城公司的涉案专利权;被控产品的外观设计与涉案专利有明显区别,既不近似也不相同。综上,龙旺公司不构成侵权。

三、原、被告的举证

原告提交的证据共有 3 组 7 份。

第一份证据为外观设计专利证书。证明专利设计人于2016年8月30日向国家知识产权局申请“包装盒(青春派)”的外观设计专利,2017年4月19日,专利设计人取得了国家知识产权局颁发的外观设计专利证书。

第二份证据是独占实施许可协议。证明原告于2017年4月20日取得了该外观设计专利(包装袋)的独占实施许可权,原告为本案适格主体。

第三份证据是2017年3月15日律师函。证明原告发现被告生产、销售的被控产品的样式和包装装潢侵犯了原告的权利后,曾于2017年3月15日向被告发出律师函,要求其停止侵权、销毁产品,并要求被告向原告赔礼道歉。

第四份证据是被告回函。证明2017年3月24日,被告给原告回函,称被告已经取得了外观设计专利权。

第五份证据是外观设计专利权评价报告。证明2017年6月3日,原告向国家知识产权局提出专利检索。经检索发现,被告并未取得外观设计专利权。被告生产、销售被控产品的行为侵犯了原告的权利,而且被告对此是明知的。

第六份证据是2017年11月16日律师函。证明被告在明知侵犯原告权益的情况下仍在继续生产、销售被控产品。

第七份证据是证据保全公证书。证明2017年11月20日,原告与成都公证处一起走访了多家销售被告生产的侵权产品的零售店后,选取了两家具有代表性的零售店进行了证据保全。证明被告侵权事实的存在及侵权行为处于持续状态。

如前所述,我们在本案未开庭前,仅根据书面案卷材料(原告公证书所附购买侵权产品图片经复印后存在模糊不清的问题),并未发现有力的抗辩理由。故我们组织并提交法庭的抗辩证据比较薄弱,有2组7份。

第一组证据是证据一,外观设计专利评价报告,用以证明涉案专利外观设计的主要设计要点,即其“产品的形状”(三角形)为惯常设计。

第二组证据由证据二到七组成,均是采用近似形状或图案的产品包装以及其设计、形成时间方面的证据,用以证明涉案专利外观设计的主要设计要点,即其含有坚果碎的“图案”为现有设计。包括龙旺“千层脆”雪糕印刷制版确认图;龙旺“千层脆”雪糕包装印刷发票、记账凭证、付款凭证;龙旺“千层脆”雪糕销售单、入库单;龙旺“花生汤圆”“黑芝麻汤圆”印制制版确认图;龙旺“花生汤圆”

“黑芝麻汤圆”包装印刷发票、记账凭证、付款凭证;龙旺“花生汤圆”“黑芝麻汤圆”销售发票等。

四、判决认定事实

1. 涉案专利的情况

外观设计名称:包装盒(青春派),专利权人:杨某某,专利号为 ZL 2016 3044××××.7,申请日期为2016年8月30日,授权日期为2017年4月19日,即涉案专利。涉案专利产品的用途为“一种雪糕包装盒”,设计要点在于产品的形状、图案及图案与文字的排版布局,最能表明涉案外观设计产品设计要点的图片或照片为俯视图。

2. 冰点城公司的权利基础情况

2017年4月20日,冰点城公司与涉案专利权的专利权人杨某某就涉案专利签订《专利实施许可合同》。合同约定,许可标的为涉案专利,许可种类为独占实施许可,许可范围同涉案专利使用范围,许可期限为10年,自2017年4月20日起至2027年4月19日止,年许可费用为人民币3万元。

3. 关于被控行为的实施情况

2017年11月2日下午,申请人冰点城公司的委托代理人赵某某与公证员曾林刚、公证人员郭林霞来到位于成都市双流区锦华路四段123号店招为“南丰超市”等字样的商铺,赵某某在此店铺购买了一盒标有“青春旋律”等字样的冰淇淋,并当场取得由南丰超市出具的编号为01201711029080的电脑小票一张及标有“南丰超市”等字样的食品袋一个。购物结束后,赵某某将购买的上述商品、电脑小票、食品袋均交由公证员曾林刚保管,公证员曾林刚对所购上述商品的包装盒、电脑小票及食品袋进行了拍照和封存。随后,赵某某与公证员曾林刚、公证人员郭林霞来到位于成都市双流区簇马路三段59号标有“鸿福超市”等字样的商铺,赵某某进入该商铺并购买了一盒标有“青春旋律”等字样的冰淇淋,并当场取得由鸿福超市出具的编号为00187113的电脑小票一张。购物结束后,赵某某将购买的上述商品和电脑小票交由公证员曾林刚保管,公证员曾林刚对所购上述商品的包装盒和电脑小票进行了拍照和封存。现场取得的上述电脑小票和购得的上述商品包装盒和食品袋封存后交申请人保管。针对上述证据保全过程,四川省成都市成都公证处出具了(2017)成证内经字第34062号公证书。在南丰超市所购的被控产品上印有生产日期为2017030701,制造商为龙旺公司。在鸿福超市所购的被控产品上印有生产日期为2017032401,制造商为龙旺公司。

庭审过程中,龙旺公司认可其制造、销售了被控产品。

五、判决理由

法院经审理认为:涉案专利至今处于有效状态,冰点城公司作为涉案专利的独占实施许可权人,其有权以自己的名义提起诉讼。

关于冰点城公司主张龙旺公司制造、销售了被控产品。龙旺公司在庭审中认可其制造、销售了被控产品,被控产品实物上亦印制有制造商为龙旺公司。故,法院认为龙旺公司制造、销售了被控产品。

关于冰点城公司主张龙旺公司制造被控产品的行为侵害涉案专利权。本案中,被控产品实物上印制的生产日期最晚为2017年3月24日,早于涉案专利授权公告日2017年4月19日。对于被控产品生产日期早于涉案专利授权公告日这一问题,首先,冰点城公司在庭审中不认可被控产品上的生产日期,但未明确说明不认可的理由;其次,冰点城公司亦未对该问题作出合理解释;最后,法庭要求冰点城公司在庭审结束后7个工作日内补充提交关于涉案专利授权公告日之后龙旺公司制造被控产品的证据,但法院至今尚未收到要求其提交的证据材料。《专利法》(2008年)第11条第2款[1]规定:"外观设计专利权被授予后,任何单位或者个人未经专利权人许可,都不得实施其专利,即不得为生产经营目的制造、许诺销售、销售、进口其外观设计专利产品。"第40条[2]规定:"……实用新型专利权和外观设计专利权自公告之日起生效。"法院认为,外观设计专利权的权利生效之日为授权公告日,也即外观设计专利权受司法保护的期限应从授权公告日起计算。本案中,冰点城公司不能证明龙旺公司在涉案专利授权公告日之后制造了被控产品。故,法院对于冰点城公司关于龙旺公司制造被控产品的行为侵害涉案专利权的主张不予支持。

---

〔1〕 2020年修订后仍为第11条第2款。

〔2〕 2020年修订后仍为第40条。

关于冰点城公司主张龙旺公司销售被控产品的行为侵害涉案专利权。依照《民事诉讼法》(2017年)第64条第1款[1]规定:“当事人对自己提出的主张,有责任提供证据”,《最高人民法院关于适用〈中华人民共和国民事诉讼法〉的解释》(2015年)第90条[2]规定:“当事人对自己提出的诉讼请求所依据的事实或者反驳对方诉讼请求所依据的事实,应当提供证据加以证明,但法律另有规定的除外。在作出判决前,当事人未能提供证据或者证据不足以证明其事实主张的,由负有举证证明责任的当事人承担不利的后果。”法院认为,虽然龙旺公司承认其销售了被控产品,但冰点城公司是于案外人处公证购买到被控产品,并非直接在龙旺公司处购买到被控产品,且被控产品的最晚生产日期早于涉案专利授权公告日,故法院无法确定龙旺公司销售被控产品的具体时间。在无法确定龙旺公司销售被控产品的具体时间,且冰点城公司又无直接证据加以证明其主张的情况下,不排除龙旺公司于涉案专利授权公告日之前销售被控产品的可能性。因此,冰点城公司对其该主张应承担举证不力的不利后果。故,法院对于冰点城公司关于龙旺公司销售被控产品的行为侵害涉案专利权的主张不予支持。

综上,法院认为,冰点城公司不能证明龙旺公司制造、销售的被控产品的行为均晚于涉案专利授权公告日,也即不能证明龙旺公司存在侵害涉案专利权的行为。因此,法院对于冰点城公司的全部诉讼请求不予支持。

六、判决结果

法院判决驳回原告冰点城公司的全部诉讼请求。

七、案件启示与学习要点

龙旺公司“青春旋律”冰淇淋外观设计专利侵权案,案情简单,法律关系也不复杂,但简单案件往往也能折射出有价值的问题。这起案件,就体现出了专业律师的力量。龙旺公司先前委托的代理律师不熟悉知识产权诉讼,对专利法也

[1] 2021年修正后为第67条第1款。
[2] 2022年修正后仍为第90条。

不够了解，忽略了专利权保护期限起算时间和专利权生效时间的区别，在第一次庭审中轻易放过了对核心证据——被控侵权产品的质证，没有及时发现和提出这个足以扭转诉讼走向的不侵权抗辩理由，这可能是非知识产权专业律师比较容易发生的失误吧。

专利的申请日、授权公告日是两个重要的时间节点，其法律效力截然不同。申请日是用以区别现有技术或现有设计的时间界限，也是专利权保护期限的起算时间。授权公告日是专利权产生法律效力的起始时间。根据《专利法》(2008年)第40条〔1〕的规定，实用新型和外观设计专利申请经初步审查没有发现驳回理由的，由国务院专利行政部门作出授予实用新型专利权或者外观设计专利权的决定，发给相应的专利证书，同时予以登记和公告。实用新型专利权和外观设计专利权自公告之日起生效。《专利法》(2008年)第11条第2款规定，外观设计专利权被授予后，任何单位或者个人未经专利权人许可，都不得实施其专利，即不得为生产经营目的制造、许诺销售、销售、进口其外观设计专利产品。由以上两条规定可知，外观设计专利权自授权公告之日起生效，专利权人始有权禁止他人为生产经营目的制造、许诺销售、销售、进口其外观设计专利产品。换言之，在该专利的授权公告日之前的制造、许诺销售、销售、进口与其外观设计专利产品相同或近似产品的行为，并不侵犯其在后取得的专利权。需要注意的是，发明专利有临时保护制度，与实用新型和外观设计专利的效力起始时间略有不同。《专利法》(2008年)第13条〔2〕规定，发明专利申请公布后，申请人可以要求实施其发明的单位或者个人支付适当的费用。根据该条规定，发明专利在申请公布后到授权公告日之间的这段时间，专利权人可以要求实施其发明的单位或者个人支付适当的费用，但也不是基于侵权责任，实施人在此期间的实施行为仍不属于侵权行为。而专利的申请日是指国务院专利行政部门收到专利申请文件之日。根据《专利法》(2008年)第42条的规定，发明专利权的期限为20年，实用新型专利权和外观设计专利权的期限为10年，均自申请日起计算(需注意，《专利法》在2020年修订后，第42条规定的外观设计专利权保护期限已修改为15年)。

除对法律的准确理解外，专业律师的精神和价值还应当体现在法律服务工

---

〔1〕 2020年修订后仍为第40条。

〔2〕 2020年修订后仍为第13条。

作的方方面面。在接受本案当事人第一次咨询后,我们团队提交了一份较为详尽的法律分析及代理方案。在案件庭审结束后,又在第一时间向当事人提交了书面庭审报告。这些工作方式可以供青年律师借鉴和参考。

律师在向当事人提供咨询意见时,需要全面地分析案情,阐述自己对于案件的理解和处理建议。对于知识产权诉讼案件而言,因当事人更具有专业性,所以更习惯于用书面的、比较正式的方式来和律师进行沟通交流。由此,律师在接受当事人的案件咨询后,提交书面的代理方案,将律师对案件事实的归纳、对案件所涉法律问题的分析和应对处理意见全面呈现出来,就显得尤为重要。书面代理方案有利于当事人决策,也有助于律师确立案件代理思路,推进案件的后续工作。

有律师会担心,在自己和当事人还没有正式建立委托代理关系的情况下,就进行比较实质性的案件事实整理、归纳和法律分析工作,甚至还需要提出案件处理建议,会不会无法保障自己的利益?如果当事人全盘掌握了律师的代理思路以后,可能就不会再支付费用委托律师,而会选择自己去出庭。这样的话,律师所付出的工作不就白费了吗?

这样的担心不能说没有道理,但从长远来看,我认为律师在接受委托前就能对案件提出比较完整、详细的书面代理方案,仍有其必要性。一方面,这可以体现律师的职业素养和专业能力;另一方面,这也能反映律师对案件本身的重视程度。律师要和当事人建立长久密切的合作关系,一定是基于相互认同和相互尊重。我相信律师在前期的付出,如果得到了当事人的认可,它的价值在后续的服务中一定能得到体现。此外,代理方案也是案件后续工作的一个指引性文件,这也有助于在正式建立代理关系后,律师能更快速地展开案件后续工作。

在案件庭审结束以后,我也建议律师向当事人提交书面庭审报告。作为律师代理诉讼重中之重的法庭审理环节,律师有义务,也有必要将庭审中的重要信息及时地通报给当事人。庭审报告是对整个庭审活动的简要归纳和总结,对可能影响案件裁判结果的主要争议问题及双方诉辩观点客观呈现,根据庭审情况对案件可能的裁判结果进行客观分析和预测,为当事人是否选择和解、如何提出调解方案提出合理的建议。同时,准备和撰写庭审报告也是律师反思自己出庭表现的最佳时机。通过回顾庭审过程,发现自己是否存在失误和欠缺,是否需要通过提交补充代理意见进行弥补。开庭结束后提交庭审报告,同样是律师专业素养和专业水准的一种体现。通过庭审报告,能够让当事人对律师的工作方式、工作态度有更好的直观感受,能够增强当事人对于律师的信任。

案件代理方案和庭审报告的撰写,可以参考本案附二。

附一:法律分析及代理方案

关于沈阳中街冰点城食品有限公司与四川龙旺食品有限公司外观设计专利侵权纠纷案法律分析及代理方案

致:四川龙旺食品有限公司

惠承信任,贵公司向我所咨询关于贵公司与沈阳中街冰点城食品有限公司(以下简称中街冰点)外观设计专利侵权纠纷案相关应诉事宜。鉴于本案对贵公司的利益具有较大的影响,本所对此高度重视,自我所与贵公司初步接洽后,律师工作组召开内部会议,熟悉和分析案情。根据目前律师掌握的案件资料和相关事实,我们归纳了案件的焦点问题并进行了初步的法律分析,现提出如下初步法律分析及服务方案,专呈报告,供贵公司参考决策。

一、基本案情梳理

1. 2016年8月30日,杨某某向国家知识产权局提出外观设计专利申请,该外观设计专利于2017年4月19日授权公告,专利号为:ZL 2016 3044××××.7,该外观设计产品的设计要点“在于产品的形状、图案及图案与文字的排版布局”。

2. 2017年4月20日,中街冰点与杨某某签订了《专利实施许可合同》,杨某某将专利号为ZL 2016 3044××××.7的外观设计专利以独占许可的方式许可给中街冰点,年许可费为人民币3万元。

3. 2017年11月2日,中街冰点委托成都公证处在两处商铺内分别购买了一盒标有“青春旋律”等字样的冰淇淋,两盒冰淇淋外包装上均有“制造商:四川龙旺食品有限公司”的字样,两盒冰淇淋售价均为人民币4元。

4. 2017年11月23日,中街冰点向成都市中级人民法院提起诉讼,要求贵公司“立即停止侵权、赔礼道歉”“赔偿经济损失人民币20万元”“承担本案诉讼费、律师费等费用”。

5. 2018年5月15日,该案进行了第一次开庭审理,并进行了庭前证据交换。

贵公司向法院提交了专利号为 ZL 2017 3009××××.2 的外观设计专利证书及专利年费缴纳票据，未提供书面答辩意见。

二、本案争议焦点

1. 贵公司生产制造的“青春旋律”冰淇淋产品，其外包装是否侵犯第 ZL 2016 3044××××.7 号外观设计专利权？

2. 若“青春旋律”冰淇淋外包装被认定侵权，侵权赔偿数额如何确定？

三、代理思路分析

1. 根据对前述本案焦点问题的分析，律师工作组认为，依据现有材料及法律规定，可考虑从以下两个方面组织证据作不侵权抗辩。

(1) 现有设计抗辩。《专利法》(2008 年) 第 62 条[1]规定，在专利侵权纠纷中，被控侵权人有证据证明其实施的技术或者设计属于现有技术或者现有设计的，不构成侵犯专利权。贵公司可检索和提交相关证据，证明被控侵权产品采用的是现有设计。一旦现有技术抗辩成立，即如果能证明贵司产品所用外包装为杨某某申请专利之前的现有设计，则本案不构成侵权。

(2) 先用权抗辩。根据《专利法》(2008 年) 第 69 条[2]的规定，有下列情形之一的，不视为侵犯专利权：……(二) 在专利申请日前已经制造相同产品、使用相同方法或者已经做好制造、使用的必要准备，并且仅在原有范围内继续制造、使用的……如果能证明贵公司在杨某某申请专利之前已经进行该产品的生产活动，或者做好了进行该产品生产的物质技术准备，则先用权抗辩成立，根据《专利法》的上述规定，不视为侵犯专利权。

2. 贵公司拥有的第 ZL 2017 3009××××.2 号外观设计专利不能作为不侵权抗辩的理由。

《最高人民法院关于审理侵犯专利权纠纷案件应用法律若干问题的解释（二）》(2016 年) 第 23 条[3]规定，被诉侵权技术方案或者外观设计落入在先的涉案专利权的保护范围，被诉侵权人以其技术方案或者外观设计被授予专利权为由抗辩不侵犯涉案专利权的，人民法院不予支持。即被控产品使用的专利是已被授予专利权的专利，其获批的事实也不能作为不侵权抗辩的理由。

---

[1] 2020 年修订后为第 67 条。
[2] 2020 年修订后为第 75 条。
[3] 2020 年修正后仍为第 23 条。

四、关于主张贵公司涉案产品不侵权的证据收集方向

1. 现有设计抗辩的证据收集方向

现有设计，是指申请日以前在国内外为公众所知的设计。

第 ZL 2016 3044××××.7 号外观设计专利简要说明中未请求保护色彩，故属于以形状与图案构成的外观设计。该外观设计专利的形状为三棱柱，图案构成包括坚果碎图案、“爱就爱青春派”等文字。被控侵权产品与第 ZL 2016 3044××××.7 号外观设计专利的相同点在于：三棱柱形状、坚果碎图案。

因此，贵公司应收集在 2016 年 8 月 30 日前，与被控产品外观设计中的三棱柱、坚果碎图案相同的现有设计，以表明涉案产品采用的是涉案专利申请日之前的现有设计，现有设计抗辩成立。在此情况下，无论涉案产品外观设计是否落入涉案专利保护范围，侵权均不成立。

2. 先用权抗辩的证据收集方向

(1)贵公司已经在 2016 年 8 月 30 日前生产、销售被控侵权产品的证据，包括：在申请日前已经生产的被控产品订单，在申请日前被控产品的售货清单、发票，在申请日前被控产品的广告宣传资料等。

(2)贵公司已经在 2016 年 8 月 30 日前作好制造、使用的必要准备的证据，包括：已经完成实施生产所必需的主要设计图纸或者工艺文件（如印刷封样等）；已经制造或者购买实施生产所必需的主要设备或者原材料等。

以上为本所根据贵公司现阶段提供的资料所作出的法律分析、律师代理方案。

再次衷心感谢贵公司给予泰和泰的充分信任，泰和泰将竭尽所能，为贵公司提供高效优质的法律服务！

顺颂

商祺！

泰和泰律师事务所

二〇一八年八月三日

附二：庭审报告

关于沈阳中街冰点城食品有限公司诉四川龙旺食品有限公司侵害外观设计专利权纠纷案庭审情况的报告

致：四川龙旺食品有限公司

敬启者：

贵公司与原告沈阳中街冰点城食品有限公司（以下简称中街冰点城）的侵害外观设计专利权纠纷案，成都市中级人民法院已于2018年9月12日下午进行了第二次开庭审理。我们作为贵公司的诉讼代理人，参加了本案的庭审活动，现将本次庭审情况向贵公司作书面汇报，供贵公司决策时参考。

一、本次庭审基本情况

本次庭审于2018年9月12日下午1:30，在成都市中级人民法院知识产权审判庭第四法庭进行，本所根据贵公司的委托，指派黄春海律师、吴茜律师作为贵公司的诉讼代理人参加了本次庭审。中街冰点城委托的代理律师参加了庭审。

鉴于第一次庭审时原、被告双方未完成证据交换，且贵公司变更了代理律师，我方又补充提交了证据材料，故在庭审前，主审法官再次组织进行了证据交换。

原告首先就其合理开支出示证据，我方代理人对其真实性、合法性予以认可，但主张关联性不够，因为我方主张不侵权抗辩，故无须承担原告所有支出。然后，原告就被控侵权产品设计与涉案专利设计发表了比对意见，其主张二者系相同设计。我方代理人发表比对意见，认为二者不属于相同设计，亦不构成近似。

我方按证据清单逐一向法庭出示证据。证据交换结束后，法庭于下午3:00组织开庭审理。

在合议庭的主持下，双方按照证据交换的顺序进行了举证、质证。

法庭审理过程中，我方代理律师向法庭明确以下5点答辩意见：

1. 涉案专利的申请日是2016年8月30日，授权公告日是2017年4月19日，结合现有证据，贵公司侵权产品的制造日早于涉案专利的授权公告日，而此时原告的涉案外观设计专利权尚未生效,故现有证据不能证明在原告涉案专利被授予后贵公司实施了制造行为;虽然销售行为发生在涉案专利的授权公告日之后,但该行为的实施主体并非贵公司,而系案外人(公证证据保全的两家商铺),故现有证据不能证明是贵公司实施了销售行为。

2. 涉案专利是食品包装,系形状、图案和图案与文字结合的外观设计。该设计中,形状和底纹图案(花生等坚果碎)均为现有设计,原告将现有设计按照常用的设计表现手法进行简单拼合、替换,与现有设计不存在明显的区别,不符合外观设计专利授权条件。

3. 我方被控侵权产品设计与原告的涉案专利不相同、不近似,我方是对现有设计(三角形包装盒的形状、花生等坚果碎等图案)的合理使用,且双方的商业标识、广告语等图案、文字完全不同。

4. 原告的涉案专利仅为食品包装物,与冰淇淋产品无关,而包装物占该商品价值的比例很低,故假设我方侵权成立,法庭在确定赔偿数额时应当考虑包装物本身的价值,以及其在冰淇淋产品利润中的作用等因素。

5. 专利权是一种财产权,故专利侵权不应适用赔礼道歉这种主要针对侵犯人身权的法律责任承担方式。

二、对案件后续走向及和解的特别说明

结合现有证据,仅能证明我方在涉案专利授权日之前实施了生产行为,故我方代理人作了不侵权的抗辩。但对于我方在专利授权日(2017 年 4 月 19 日)之后是否实施了生产、销售行为,法庭将该举证责任分配给原告,并要求原告在休庭后 7 个工作日内将相关证据提交法庭。

结合庭审情况和法庭态度,律师工作组就本案后续走向及和解等问题作出以下特别说明:

1. 建议公司开展市场摸排,确保市场中无使用了被控侵权产品设计的商品仍在销售。

2. 建议公司开展"青春旋律"冰淇淋(使用被控侵权产品设计的产品)生产情况的梳理,着重注意 2017 年 4 月 19 日之后的生产、销售情况,并向律师反馈。

3. 主审法官目前较为积极地促成原、被告双方和解,鉴于贵公司在 2017 年 4 月 19 日之后是否存在生产、销售"青春旋律"商品的情况具有一定的不确定性;即使贵公司在 2017 年 4 月 19 日之前就停止了生产、销售,法庭对于由原告出具的对该消极事实的书面陈述证据的证明力的判定仍具有一定的主观性,故代理律师在庭审时表达了同意和解的意愿。但庭审结束时,原告代理律师尚未给出明确的和解方案。代理律师将与主审法官保持沟通,了解原告和解方案后会及时告知贵公司,并由贵公司决策本案是否需要主动协商和解。

专此汇报。

泰和泰律师事务所

黄春海律师　吴茜律师

二〇一八年九月十三日

第二章　进阶篇

第一节

诉讼策略运用——远洋商标权侵权及不正当竞争案

【案号】(2014)成民初字第242号

一、办案感想

从第二章进阶篇开始,我们需要改变一下案件学习方法。入门篇的案件,案件事实比较清楚,法律关系也比较简单,委托人也没有特别的诉求需要代理律师去努力争取实现。对入门篇的基础案例,我们只需要按照办案规范,梳理清楚案件事实,寻找准确请求权基础,规范拟定相应的诉讼法律文书,依照法庭要求完成举证,做好充分的出庭准备,准时参加庭审,全面阐述辩论意见,就可以比较成功地完成诉讼案件代理工作,获得预期的诉讼结果。

但我想告诉有志于律师事业的青年律师,在你们开始自己的律师职业生涯时,请务必记得以下定理:1. 现实是复杂的,永远不会按照既定的剧本进行演绎。2. 世界上也不存在完全相同的案件,没有一成不变的招数可以让你应付所有的诉讼。3. 案件裁判权不在代理律师手中,而是在法庭。4. 律师自以为准备得足够充分、分析得足够全面足够深入的案件,都有可能出现新变数和新问题而让你措手不及。

因此,在进阶篇的案例学习中,我将更多地呈现不同类型案件各自的复杂面,引导读者深入案件的细节。这些复杂性也是当初我不得不面对的，并且不得不想尽办法努力去克服和处理的。我希望青年律师在学习进阶篇案例时，能以案件承办律师视角，而不是旁观者的视角去阅读案件材料，思考案件中的问题。因此，在这之后，我不再去归纳案件的启示或提出过多的学习要点，而是会简单交代一些我当初办案时面临的客观困难和主观压力，以及我的办案感想，以有助于青年律师理解案件材料中为何会存在一些不好理解的模糊的提法或反复特别强调的内容。

远洋商标权侵权及不正当竞争案，当事人提出的诉求简单明确，希望能实现让侵权方变更公司名称的目标。

如何实现这一目标，是我们制定本案诉讼策略的唯一考量因素，也是检验我们执行自己制定的诉讼策略能力的唯一指标。

在我们为本案准备和撰写的所有文书中，都能看到这个目标带给我们的压力和影响。我们原设想的诉讼方案，是拟在庭审中，通过较高诉讼索赔额给被告带来的压力，促使其主动放弃对侵权企业名称的使用，以换取双方和解。在法庭对是否需要判决被告变更名称存在较大不确定性的情况下，如何实现委托人给出的诉讼目标，成了我们赢得本案的唯一也是最大的难题。

要实现诉讼方案提出的以诉促和的目的，务必建立和被告的直接沟通。开庭当天，对索赔额超过 200 万元的案件，被告竟然缺席不到庭，完全出乎我们的意料，也直接导致诉讼方案无法实现。因此，在庭审结束后，我们除了全力组织有关“远洋”商标知名度的补充证据材料外，把突破口确定在与被告负责人见面这个问题上。为此，我们逐个拜访被告的门店，向其门店负责人详细说明案件情况以及案件可能对公司造成的不利影响，说服其中一个门店负责人当即向公司法定代表人进行了电话汇报，才终于约见到了被告的法定代表人。在见面沟通中我们了解到，法院通过邮政专递送达的应诉通知书以及开庭传票，公司工作人员未及时转交给负责人，导致其根本不知道被诉的情况。解决了不能见面沟通的问题后，案件后续发展就一如我们原设想的诉讼方案，原、被告很顺利地达成了和解协议，实现了委托人的诉求，我也如释重负。

二、在代理方案中提出的诉讼策略

针对当事人有特殊诉求的案件，律师的代理思路和代理方案需要对当事人的诉求给出明确的回应，并且围绕实现当事人诉求这一目标，对建议开展的代理工作和预期可能获得的诉讼效果进行比较全面的阐述。在远洋案件的代理方案中，我们除了在案件基本事实和法律分析部分进行了详细阐述外，也针对如何实现当事人在本案中要求被告更名的诉求提出了相应的工作计划，并得到了当事人的认可。

在知识产权诉讼中，特别是代理原告的维权诉讼，律师采取风险代理或者半风险代理收费模式是比较普遍的现象。知识产权侵权诉讼的风险代理自有它内在的价值逻辑，是正常的。根据《司法部、国家发展和改革委员会、国家市场监督管理总局印发〈关于进一步规范律师服务收费的意见〉的通知》（司发通〔2021〕87 号），律师事务所与当事人约定风险代理收费的，可以按照固定的金额收费，也可以按照当事人最终实现的债权或者减免的债务金额（以下简称标的额）的一定比例收费。律师事务所在风险代理各个环节收取的律师服务费合计最高金额应当符合下列规定：标的额不足人民币 100 万元的部分，不得超过标的额的 18%；标的额在人民币 100 万元以上不足 500 万元的部分，不得超过标的额的 15%；标的额在人民币 500 万元以上不足 1000 万元的部分，不得超过标的额的 12%；标的额在人民币 1000 万元以上不足 5000 万元的部分，不得超过标的额的 9%；标的额在人民币 5000 万元以上的部分，不得超过标的额的 6%。律师事务所应当与当事人签订专门的书面风险代理合同，并在风险代理合同中以醒目方式明确告知当事人风险代理的含义、禁止适用风险代理的案件范围、风险代理最高收费金额限制等事项，并就当事人委托的法律服务事项可能发生的风险、双方约定的委托事项应达成的目标、双方各自承担的风险和责任等进行提示。

对从事知识产权维权诉讼的青年律师来说，风险代理的收费模式需要特别注意，风险收费的比例不能超过规定的标准；对于小额诉讼，宜采用定额收费，不宜采用风险代理收费。

附：

关于远洋商标权侵权与不正当竞争纠纷案的代理方案

致　远洋地产有限公司

敬启者：

泰和泰律师事务所惠承贵公司信任，现就贵公司垂询之四川远洋房地产经纪有限公司侵犯远洋商标权及不正当竞争纠纷一案,在对相关案件事实进行初步调查了解后,提出如下代理方案,敬请贵公司参考。

一、案件相关事实分析

1. 权利人远洋地产有限公司基本情况

据国家工商行政管理总局[1]网上查询,贵公司作为被侵害的权利人,公司登记成立时间为1993年6月12日,属台港澳合资有限责任公司,公司经营范围含房地产开发、经营及房地产相关咨询、物业管理等。

从贵公司官方网站(网址:http://www.sinooceanland.com)披露的信息来看,远洋地产有限公司是远洋地产控股有限公司下属子公司,于1993年6月成立。1995年1月,代表中远集团行使行业管理职能,管理中远集团房地产企业投资开发项目。1999年2月,经原建设部[2]批准,远洋地产有限公司取得房地产开发一级资质。2001年12月,中国中化集团公司入股,与中远集团各占50%股权。2003年4月,公司引入新股东,改制成为合资企业。2007年9月,远洋地产控股有限公司在香港联合交易所主板成功上市。

远洋地产有限公司主要经营中高端住宅、高级写字楼、酒店式公寓及酒店等多种物业类型的开发、销售。公司重点市场在北京,是北京最大开发商之一。目前,远洋地产有限公司在北京、天津、秦皇岛、大连、沈阳、长春、青岛、上海、杭州、黄山、武汉、中山、海口、三亚、重庆、成都等地共有50余个处于不同开发阶段的项目。

远洋地产有限公司在成都的项目主要是大慈寺项目。

2. 诉争远洋商标注册基本情况

本案涉及“远洋”文字商标。根据本所律师对国家商标总局数据库的查询,目前以“远洋”文字商标注册的共有220件,涉及120名商标注册人。

其中,仅有2件,即第4056498号在第36类、第7540757号在第45类商品和服务上注册的“远洋”文字商标注册人(权利人)为远洋地产有限公司。第4056498号商标申请日为2004年5月10日,核准注册日为2007年4月14日,该商标原注册人为中国远洋运输(集团)总公司,先以许可使用方式授权远洋地产有限公司使用,后以转让方式将商标专用权让与远洋地产有限公司持有。第7540757号商标申请日为2009年7月13日,核准注册日为2011年4月14日。

---

〔1〕 2018年机构改革后为国家市场监督管理总局,下同。

〔2〕 2008年机构改革后为住房和城乡建设部,下同。

“远洋”文字商标在与本案商品和服务相同或相似类别第36类上，共有5件，分别是远洋地产有限公司的第4056498号商标，中国远洋运输(集团)总公司第1955481、9236569、1955271、1287303号等4件商标。其中，第1955271号“远洋”文字商标申请日期为2001年6月20日，核准注册时间为2004年2月21日，核准使用的商品或服务包括了不动产中介、经纪，且也由中国远洋运输(集团)总公司以许可使用方式授权远洋地产有限公司在不动产中介服务上使用。不过，该商标目前删减了在不动产中介项目上的注册。

此外，“远洋”商标已有2件驰名商标，分别是辽宁省大连海洋渔业集团公司在第29类，江西远洋保险设备实业集团有限公司在第6类上注册的“远洋”商标。

3. 侵权方四川远洋房地产经纪有限公司基本情况

根据本所律师从成都市企业信用信息网站查询，侵权方四川远洋房地产经纪有限公司成立于2007年9月12日，属个人投资的企业，经营范围包括房屋经纪、房地产营销策划、房地产信息咨询等，目前已开办逸都分公司、鹭岛分公司等分支机构。

从网络查询信息来看，四川远洋房地产经纪有限公司在成都市已开有6家门店，在其营业场所存在突出使用“远洋地产”文字的现象。

4. 案件现有证据情况

目前本所律师尚未接触到贵公司就本案纠纷提供的任何证据材料，所有相关案件事实，均来自本所律师根据贵公司提供的前期法律文件中涉及的信息，通过国家商标局、国家工商行政管理总局、成都市工商局及网络等渠道和方式进行的初步检索。

二、律师法律意见

1. 案件基础法律关系

本案构成侵权法律关系的权利冲突主要表现在如下几个方面：

(1)企业名称权冲突。远洋地产有限公司与四川远洋房地产经纪有限公司字号上的相同和相似问题。

(2)企业名称权与商标专用权冲突。四川远洋房地产经纪有限公司以他人在先注册的“远洋”商标中相同文字“远洋”作为其名称中字号的问题。

(3)不规范使用企业名称进行不正当竞争。四川远洋房地产经纪有限公司突出使用“远洋地产”，造成与贵公司“远洋”商标及企业名称间的混淆问题。

2. 侵权构成分析

本案存在的上述3个不同方面的利益冲突，可构成独立的侵权关系，但本质上都属于不正当竞争的范畴。

（1）企业名称权侵权。根据《反不正当竞争法》（1993年）第5条[1]规定，擅自使用他人的企业名称或者姓名，引人误认为是他人的商品的，属于不正当竞争行为。这里的擅自使用他人的企业名称通常指使用企业名称的全称，《最高人民法院关于审理不正当竞争民事案件应用法律若干问题的解释》（2007年）第6条第1款[2]规定："……具有一定的市场知名度、为相关公众所知悉的企业名称中的字号，可以认定为反不正当竞争法第五条第（三）项规定的'企业名称'。"因此，本案中远洋地产有限公司的"远洋"字号登记在先，且在国内房地产行业具有相当知名度，可以主张字号名称权。四川远洋房地产经纪有限公司在后使用"远洋"作为其企业名称中的字号，引人误认，构成对远洋地产有限公司名称权的侵权。

（2）商标权侵权。本案中四川远洋房地产经纪有限公司将"远洋"文字商标中的"远洋"作为其企业名称的字号且突出使用，根据《最高人民法院关于审理商标民事纠纷案件适用法律若干问题的解释》（2002年）第1条[3]"将与他人注册商标相同或者相近似的文字作为企业的字号在相同或者类似商品上突出使用，容易使相关公众产生误认的，属于商标法第五十二条第（五）项规定的给他人注册商标专用权造成其他损害的行为"的规定，四川远洋房地产经纪有限公司构成商标权侵权。

（3）不正当竞争侵权。四川远洋房地产经纪有限公司在其经营场所突出使用"远洋地产"文字，属于错误使用其企业名称，显然，"远洋地产"不是"远洋房地产经纪"的简称，而是远洋地产有限公司的简称。这一行为属于《反不正当竞争法》（1993年）第5条（前文已注明）规定的擅自使用他人的企业名称的不正当竞争行为，构成不正当竞争侵权。

3. 法律责任分析

根据上述分析，我们认为四川远洋房地产经纪有限公司存在对远洋地产有限公司的侵权，其侵权行为具有多重性，但都可纳入不正当竞争侵权的范畴。根据《反不正当竞争法》及《商标法》的规定，本案四川远洋房地产经纪有限公司应

---

[1] 该法已经2017年、2019年两次修正，2019年修正后为第6条。

[2] 2020年修正后仍为第6条第1款且该解释已废止，下同。

[3] 2020年修正后仍为第1条。

当承担的侵权责任包括停止侵权、赔偿损失等。停止侵权，包括停止其在企业名称中继续使用“远洋”字号、停止突出使用“远洋”“远洋地产”等侵权行为。

根据本案事实，要求四川远洋房地产经纪有限公司停止在其经营场所突出使用“远洋”“远洋地产”等侵权行为较易实现，但要求其停止在企业名称中继续使用“远洋”字号，则有一定的难度，需要加强相关证据的收集和举证。一方面，可以考虑在诉讼中请求认定第4056498号“远洋”商标为驰名商标，以强化保护；另一方面，也可以强调贵公司“远洋”商标及远洋地产名称的知名度，在引人误认方面加强举证，以避免混淆。

三、维权行动建议

1. 可选择的救济途径

商标权侵权和不正当竞争侵权作为民事侵权纠纷，可选择的救济方式一般包括协商、行政投诉和民事诉讼三种。

行政投诉受《国家工商行政管理总局关于解决商标与企业名称中若干问题的意见》(已失效)有关“自商标注册之日或者企业名称登记之日起五年内提出请求”的案件处理条件限制，立案的难度较大。

因此，我们认为本案最佳的维权途径是直接提起民事诉讼。《最高人民法院关于审理注册商标、企业名称与在先权利冲突的民事纠纷案件若干问题的规定》(2008年)第4条[1]规定，被诉企业名称侵犯注册商标专用权或者构成不正当竞争的，人民法院可以根据原告的诉讼请求和案件具体情况，确定被告承担停止使用、规范使用等民事责任。这提供了贵公司直接向法院起诉要求四川远洋房地产经纪有限公司停止侵权的法律依据。

2. 行动步骤及方案

从目前本所律师了解的情况看，案件证据方面还存在相当多的问题。因此，维权行动的第一步应该是证据收集和固定，其后再决定具体诉讼思路。

(1)证据收集固定阶段

证据收集与固定主要涉及两方面，一方面是对侵权方侵权证据的收集和固定，另一方面是贵公司权利依据的证据收集与组织。

①对侵权方证据的收集固定

A. 全面调阅对方公司登记材料，含分支机构登记信息；

---

〔1〕 2020年修正后仍为第4条。

B. 对对方全部门店进行实地取证、固定(公证证据保全),主要固定其“远洋”“远洋地产”标识的使用情况;

C. 对对方是否存在直接或间接暗示其与远洋地产有限公司存在特定关系的现象进行重点取证;

D. 争取取得其经营业绩的证据材料。

②贵公司权利证据的收集与组织

A. 收集贵公司开业登记信息,确认“远洋”字号启用时间;

B. 收集贵公司商标权取得、使用及受让证据材料,包括两件36类商品和服务上的“远洋”商标的注册证书、许可使用协议及备案证明、转让协议及转让登记证明等;

C. 全面收集贵公司与知名度、行业排名、国内各项荣誉、经营业绩、广告宣传与投放等有关的证据材料(重点在2007年9月之前的材料);

D. 收集客户反馈的对四川远洋房地产经纪有限公司与贵公司关系产生误认的材料。

(2)诉讼阶段

在完成第一阶段的证据收集与固定后,再次确定维权方案,拟定诉讼材料。诉讼争取在成都市中级人民法院提起,初步诉讼请求设想为:

①停止不正当竞争行为,包括但不限于停止在被告名称中使用“远洋”字样以及虚假宣传行为,停止在房地产经纪活动、铺面门脸、印刷品、网站和名片上使用“远洋”字样相同或相近似的行为;

②在《四川早报》、《成都日报》和网址为“www. sinooceanland. com”的网站上向原告公开赔礼道歉并发表声明以消除影响;

③赔偿原告经济损失及因诉讼支出的律师费、公证费、复印费等合理费用共计人民币××万元并承担本案诉讼费用(诉讼索赔额可以适当提高,以利于案件的处理);

④法院受理案件后再继续补充完善证据材料。

(3)宣传造势阶段

根据贵公司策略需要,本案在法院立案后,贵公司也可以适时开展宣传造势活动,以提升品牌知名度,让消费者、合作伙伴关注案件进展。

(4)达成目标

在诉讼中,可以通过协商、法院调解等方式达成对方主动变更企业名称,停止侵权的目标。如不能奏效，则积极争取法院形成对我方有利的判决。

特别说明由于侵犯商标专用权和不正当竞争为2个案由，以上纠纷有可能被法院分成2个案件处理，各有侧重，我们争取设计为一案，具体方案在诉讼方案中确定。

关于驰名商标的认定是实现诉讼目标的手段，是否在诉讼请求中列明，亦根据证据收集情况在诉讼方案中列明。

3. 目标确定与策略运用

本案涉及是否需要启动驰名商标认定问题，同时，还涉及是否联合中国远洋运输(集团)总公司共同诉讼的问题。因诉争"远洋"商标原注册人为中国远洋运输(集团)总公司，且侵权方成立时该商标专用权尚处于中国远洋运输(集团)总公司持有状态中，该公司与本案部分侵权事实具有利害关系，可以考虑加入诉讼。

此外，诉讼过程中是否需要启动媒体宣传造势等策略问题，也还需要贵公司作深入评估，作出决策。

四、我们的服务报价

1. 总体报价思路

可以预见，本案会是一场持久的、充满挑战的诉讼。不仅需要律师运用专业知识，也需要具备较丰富的疑难案件处理经验并运用一定的诉讼策略，才可能争取理想的结果。

本所经全面评估，提出半风险的代理费方案，请贵公司审酌。

2. 分项费用

代理费用中：

诉讼方案设计、前期取证费用计报酬×万元；

诉讼代理费×万元(含一审、二审)；

如终审判决或调解结果，责令被告停止侵权包括但不限于停止在房地产经纪活动、铺面门脸、印刷品、网站和名片上使用"远洋"字样相同或相近似的行为，则额外奖励律师费×万元；

如终审判决或调解结果，责令被告停止侵权包括停止在被告名称中使用"远洋"字样以及虚假宣传行为，则额外奖励律师费×万元。

以上法律服务不包括相关行政、司法、鉴定、公证等部门收取的费用以及成都市外的差旅费、食宿费。

如最终诉讼方案确定以商标侵权和不正当竞争2个案件分案处理，以上报价包含了2个案件的律师代理费用。

以上说明仅供贵公司参考，最终收费标准我所将在与贵公司协商后确定。本所将以优质、高效的法律服务来实现对贵公司的郑重承诺，并确保最大限度维护贵公司的合法权益。

以上为我们关于四川远洋房地产经纪有限公司侵犯贵公司商标专用权的初步维权方案，根据我国现行有效的法律法规及相关司法解释，结合贵公司实际情况出具，仅供贵公司处理上述事宜时参考使用。

如有任何疑问，请与本所律师联系。

商祺。

泰和泰律师事务所

远洋地产律师工作组

二〇一三年三月二十五日

三、针对委托人提出疑问的补充说明

代理方案提供给当事人以后，当事人就案件中涉及的如下几个具体问题又再次提出了咨询。我们针对当事人提出的新问题又进行了详细的分析，形成了补充法律意见。对大中型的企业来说，他们的法务部门在评估律师提供的诉讼方案时会更谨慎，也更专业，因此，通常一个案件会有多轮次的意见沟通和补充需求。面对这些客户，律师需要做更细致的准备，提供更深入更全面的意见，给予更及时的回应。

1. 关于"远洋"商标在先权问题

远洋地产有限公司提出，若"远洋"商标核准使用在后，四川远洋房地产经纪有限公司名称使用在先，是否能够以侵犯商标专用权为由要求对方停止使用其企业名称？

根据《商标法》(2001年)第37条[1]的规定，注册商标的有效期为10年，自核准注册之日起计算。因此，事实真如公司假设，四川远洋房地产经纪有限公司

[1] 该法历经2013年、2019年两次修订，2019年修订后为第39条。

名称权取得在先，远洋地产有限公司“远洋”商标权取得在后，根据“保护在先合法权利人利益”的基本原则，本案自然难以指控四川远洋房地产经纪有限公司侵犯远洋地产有限公司商标权，更难以据此请求禁止四川远洋房地产经纪有限公司继续使用企业名称。

不过，根据律师初步查询所知，四川远洋房地产经纪有限公司成立于 2007 年 9 月 12 日，考虑到名称预先核准问题，其可能提出名称预先核准的时间最早是 2007 年 3 月 12 日。远洋地产有限公司第 4056498 号“远洋”商标核准注册日为 2007 年 4 月 14 日，确实可能与四川远洋房地产经纪有限公司名称权取得时间存在先后争议。但我们也注意到，中国远洋运输（集团）总公司于 2001 年 6 月 20 日，在第 36 类商品和服务上申请了第 1955271 号“远洋”文字商标，该商标核准注册时间为 2004 年 2 月 21 日，远早于四川远洋房地产经纪有限公司名称权取得时间。且该商标核准使用的商品和服务涵盖了不动产中介、经纪，与四川远洋房地产经纪有限公司的经营类别属于相同类别。

因此，本案可以将被侵权商标确定为第 1955271 号和第 4056498 号“远洋”文字商标，以有效避免可能存在的在先权确认问题。

2. 诉讼中请求认定驰名商标问题

驰名商标的价值，除经济和商誉价值外，在法律保护上主要体现在跨类保护、防止商标淡化以及对未注册驰名商标的专有权保护上，此外，在侵权赔偿方面也是决定赔偿数额的一个考虑因素。

对本案而言，“远洋”商标是否驰名，对案件处理，特别是对禁止对方继续使用含有“远洋”商标的企业名称的诉讼请求能否得到支持，影响比较大。通过认定“远洋”为驰名商标，可以有效解决远洋地产有限公司行业类别与对方类别不同带来的商标专用权保护范围问题，以及是否导致公众混淆的认定标准的确定等问题。

根据《最高人民法院关于审理涉及驰名商标保护的民事纠纷案件应用法律若干问题的解释》（2009 年）第 13 条[1]的规定，法院对于商标驰名的认定，仅作为案件事实和判决理由，不写入判决主文，因此不能作为独立的诉讼请求提出。

此外，在申请认定驰名商标的驰名时间节点上，应以被诉侵犯商标权或者不正当竞争行为发生时为节点。对本案而言，如主张四川远洋房地产经纪有限公司以“远洋”驰名商标作为其企业名称进行侵权使用，就应以其使用该名称的时间为节

---

〔1〕 2020 年修正后仍为第 13 条。

点，证明在此之前，“远洋”商标已属驰名，目前推断该时间节点为 2007 年 3 月 12 日至 9 月 12 日，这一方案举证难度较大，但若能被认定，则禁止对方继续使用企业名称的诉请被支持的可能性就很高。如主张四川远洋房地产经纪有限公司在其经营场所突出使用“远洋”标志，造成消费者混淆，则可以以当前发现其侵权行为为时间节点，只需证明“远洋”商标在当前已驰名即可，举证难度相对较小，但以此理由要求禁止对方继续使用企业名称的可能性就较低。

主张商标驰名应提供的证据包括但不限于：

(1)使用该商标的商品的市场份额、销售区域、利税等，包括核准注册前持续使用的情形；

(2)该商标的持续使用时间，包括核准注册前持续使用的情形；

(3)该商标的宣传或者促销活动的方式、持续时间、程度、资金投入和地域范围，包括核准注册前持续使用的情形；

(4)该商标曾被作为驰名商标受保护的记录；

(5)该商标享有的市场声誉；

(6)公司行业排名、相关市场调查报告、商标或品牌市场价值评估报告等能证明该商标已属驰名的其他事实。

目前司法认定驰名商标是个案认定，司法认定与行政认定并无冲突。根据《最高人民法院关于审理涉及驰名商标保护的民事纠纷案件应用法律若干问题的解释》(2009 年)第 7 条[1]的规定，如被诉侵犯商标权或者不正当竞争行为发生前，商标曾被法院或者国务院工商行政管理部门认定驰名的商标，被告对该商标驰名的事实不持异议的，人民法院应当予以认定。被告提出异议的，原告仍应当对该商标驰名的事实负举证责任。由此可见，司法认定具有相对独立性，并不当然受行政认定的约束。反之，如果行政认定驰名商标未能成功，这一结果就可能会影响法院的司法认定。

3. 关于诉讼请求和并案问题

本案存在多种侵权行为，虽然远洋地产有限公司最关注的是四川远洋房地产经纪有限公司以“远洋”为其企业名称中的字号可能导致的消费者混淆的结果，但归纳起来，本案可提出的侵权事实包括：

(1)在后名称权侵犯在先名称权。根据《最高人民法院关于审理注册商标、

---

[1] 2020 年修正后仍为第 7 条。

企业名称与在先权利冲突的民事纠纷案件若干问题的规定》(2008年)第2条[1]规定,原告以他人企业名称与其在先的企业名称相同或者近似,足以使相关公众对其商品的来源产生混淆,违反《反不正当竞争法》(1993年)第5条第3项的规定为由提起诉讼,符合《民事诉讼法》(2012年)第108条规定的,人民法院应当受理。本案远洋地产有限公司可主张在先的"远洋地产有限公司"名称权,以四川远洋房地产经纪有限公司在后使用相同或相近名称为由主张其侵权。(此主张需要进一步核实公司2007年4月23日名称变更前使用的企业名称,如名称与"远洋地产有限公司"相近,此主张仍可成立)

(2)在后名称权侵犯在先商标权。四川远洋房地产经纪有限公司在同类或近似商品和服务上,在后使用与第1955271号和第4056498号"远洋"文字商标相同的企业名称,构成对在先商标权的侵权。

(3)突出使用"远洋地产"标志侵犯名称权。根据《最高人民法院关于审理不正当竞争民事案件应用法律若干问题的解释》(2007年)第6条第1款的规定,具有一定的市场知名度、为相关公众所知悉的企业名称中的字号,可以认定为《反不正当竞争法》第5条第3项规定的"企业名称",受到法律保护,其权利人有权禁止他人以此字号作引人误认的使用。据此,远洋地产有限公司可主张"远洋地产"为具有广泛市场知名度、为相关公众所知悉的字号(简称和惯用名称),将其纳入公司名称权的保护范围。四川远洋房地产经纪有限公司不规范使用其名称,突出使用"远洋地产"标志,引起消费者误认,侵犯了公司名称权。

(4)突出使用"远洋地产"标志侵犯商标权。四川远洋房地产经纪有限公司在同类或近似商品和服务上,在其经营场所和宣传资料上突出使用与第1955271号和第4056498号"远洋"商标相同文字的标志,构成对远洋地产有限公司商标权的侵权。

(5)抄袭模仿他人驰名商标作为企业名称和商业标志使用,造成消费者混淆,淡化了驰名商标的显著性。

以上几项侵权事实和行为,本质上都属于"搭便车"的不正当竞争行为。根据《最高人民法院关于审理注册商标、企业名称与在先权利冲突的民事纠纷案件若干问题的规定》(2008年)第3条、第4条[2]的规定,人民法院应当根据原

---

〔1〕 2020年修正后仍为第2条。

〔2〕 2020年修正后仍为第3条、第4条。

告的诉讼请求和争议民事法律关系的性质，按照民事案件案由规定，确定注册商标或者企业名称与在先权利冲突的民事纠纷案件的案由，并适用相应的法律。被诉企业名称侵犯注册商标专用权或者构成不正当竞争的，人民法院可以根据原告的诉讼请求和案件具体情况，确定被告承担停止使用、规范使用等民事责任。因此，远洋地产有限公司在本案中可以将上述各项侵权行为都作为对方不正当竞争的手段提出指控，将案件主要争议确定在不正当竞争的范畴，争取一案处理。即使其中涉及商标权侵权法律关系，因属同一原告对同一被告提出的有关联的诉讼，法院一般也会同意将两案之诉合并。

4. 关于赔偿问题

在现有证据材料下，本案认定四川远洋房地产经纪有限公司构成侵权应较有把握。类似侵权，赔偿损失无疑是侵权方不可避免的一种法律责任。根据《最高人民法院关于审理不正当竞争民事案件应用法律若干问题的解释》(2007年)第17条第1款[1]的规定，与注册商标相关的不正当竞争纠纷，其侵权损害赔偿额，可以参照确定侵犯注册商标专用权的损害赔偿额的方法进行。根据《商标法》(2001年)第56条[2]的规定，侵犯商标专用权的赔偿数额，为侵权人在侵权期间因侵权所获得的利益，或者被侵权人在被侵权期间因被侵权所受到的损失，包括被侵权人为制止侵权行为所支付的合理开支。侵权人因侵权所得利益，或者被侵权人因被侵权所受损失难以确定的，由人民法院根据侵权行为的情节判决给予50万元以下的赔偿。

因此，本案的赔偿额度，主要根据诉讼举证情况决定。一般而言，此类侵权案件在侵权人因侵权所得利益和被侵权人因被侵权所受损失方面，都较难举证，或即使举证被法院采信的可能性也不大，通常法院会采用法定赔偿方式确定赔偿额，即50万元以下确定。

5. 关于中国远洋运输(集团)总公司的诉讼地位问题

中国远洋运输(集团)总公司作为本案主要争议标的第36类商品和服务上注册的“远洋”商标的注册人，并非必须以原告身份参与本案诉讼，但考虑到本案实际情况，律师还是建议由公司联合中国远洋运输(集团)总公司作为共同原告起诉，理由主要有如下三点：

---

[1] 2020年修正后仍为第17条第1款。

[2] 该法历经2013年、2019年两次修订，2019年修订后为第63条。

（1）商标权主体考虑。根据本案主要争议标的第36类商品和服务上注册的第4056498号“远洋”商标的权利转移过程看，远洋地产有限公司于2011年10月20日才通过转让方式取得该商标专用权，在此之前，远洋地产有限公司只是该商标的被许可使用人。而该商标在本案侵权事实发生之时，其所有人为中国远洋运输（集团）总公司。另一件可以主张权利的第1955271号“远洋”商标，权利人至今仍为中国远洋运输（集团）总公司。根据《商标法》（2001年）第53条〔1〕规定，因侵犯注册商标专用权引起纠纷的，商标注册人或者利害关系人可以向人民法院起诉。《最高人民法院关于审理商标民事纠纷案件适用法律若干问题的解释》（2002年）第4条〔2〕规定，有权起诉的利害关系人，包括注册商标使用许可合同的被许可人、注册商标财产权利的合法继承人等。其中，独占使用许可合同的被许可人可以向人民法院单独提起诉讼；排他使用许可合同的被许可人可以和商标注册人共同起诉，也可以在商标注册人不起诉的情况下，自行提起诉讼；普通许可使用合同的被许可人经商标注册人明确授权，可以提起诉讼。考虑到本案侵权行为发生时，商标权人为中国远洋运输（集团）总公司，远洋地产有限公司作为被许可人，可以通过与商标注册人共同起诉的方式主张权利。

（2）驰名商标认定因素考虑。本案诉讼过程中如需申请认定第36类上的“远洋”为驰名商标，其驰名的时间节点有2个方案选择，一是2007年之前已驰名，二是当前驰名。这两个方案在举证难度和认定后对案件处理结果的影响上是有区别的。如果由中国远洋运输（集团）总公司作为原告提起诉讼，则其使用“远洋”商标的持续时间、使用地域范围、行业影响力等，相较远洋地产有限公司单独起诉，要更容易说服法院。

（3）名称权侵权考虑。远洋地产有限公司的企业名称是于2007年4月23日才使用，距侵权方四川远洋房地产经纪有限公司成立时间并未提前太长时间，则很难说服法院“远洋”名称为具有一定的市场知名度、为相关公众所知悉的企业名称中的字号，从而主张名称权侵权。如果中国远洋运输（集团）总公司作为原告提起诉讼，则由其主张“远洋”为具有一定的市场知名度、为相关公众所知悉的企业名称中的字号，较易为法院采纳。

如中国远洋运输（集团）总公司不能与公司作为共同原告参与本案诉讼，则

〔1〕 2019年修订后为第60条。
〔2〕 2020年修正后仍为第4条。

至少需要其配合远洋地产有限公司提供相应的证据材料，包括但不限于商标使用许可证明、商标注册证等。

6. 关于行政投诉问题

本案涉及《反不正当竞争法》《商标法》等，根据法律规定，违反《反不正当竞争法》和《商标法》，构成违法侵权的，侵权人除应承担民事侵权责任外，还应承担行政违法责任，市场监督管理部门有权依法对其违法侵权行为进行查处。因此，本案可以考虑通过行政投诉方式，启动行政查处程序，以明确侵权方的违法行为性质，追究其行政违法责任，并以行政查处结果为依据，向法院提出民事责任追究。

行政投诉可能存在的问题，主要是法律适用方面，原国家工商行政管理总局于 1999 年 4 月 5 日颁布了《国家工商行政管理总局关于解决商标与企业名称中若干问题的意见》(已失效)，在该文件第 7 条规定了“自商标注册之日或者企业名称登记之日起五年内提出请求(含已提出请求但尚未处理的)”的案件受理条件。本案侵权方的主要侵权行为是使用“远洋”作为其企业名称的行为，已经超过 5 年，因此，根据实践经验判断，市场监督管理部门极有可能会以该规定为由，拒绝作出要求四川远洋房地产经纪有限公司停止使用其企业名称的处理决定。但是，法院判决适用的法律主要还是《反不正当竞争法》、《商标法》及相关司法解释等。况且，法院审理民事侵权诉讼适用调解原则，远洋地产有限公司也可以充分利用法院的调解程序，争取取得侵权方主动变更其公司名称的有利结果。

四、诉状撰写要点

诉状的撰写是律师的一项基本技能。诉状看似简单，但要写得好，律师需要具备较高的综合能力。首先，律师需要对案件适用的法律规范具有准确的理解，才能提出适当的诉讼请求；其次，律师需要具有足够的洞察力，才能从复杂的案件事实中归纳提炼出与诉讼请求相关的关键事实；再次，律师需要具有较高的文字表达能力，才能作到条理清晰、简明扼要、要素完整。可以说，诉状撰写的优劣在很大程度上能决定诉讼的成败。

简单划分，诉状可以分为五个部分。第一部分是标题。如民事起诉状、行政起诉状，能直观地区别案件的属性。第二部分是当事人信息。需要列明原告、被告的身份信息。如果当事人是自然人，至少需要写明其姓名、性别、出生年月、住址，以及相应的身份证编号、联系电话等；如果当事人是企业或者其他单位，则至少需要写明其单位准确名称、联系地址以及法定代表人或者负责人的姓名、职务，相应的联系电话等。第三部分是诉讼请求。诉讼请求是当事人向法院请求裁判的争议事项，是诉讼的核心问题，也是法院审理案件的基础和审理范围的确定依据。诉讼请求的表述需要清晰准确、简明扼要，而且需要有相应的法律依据作为支持。如果诉讼请求不明，或者诉讼请求缺乏相应的法律依据，都有可能会导致败诉的不利后果。在列明诉讼请求时需要注意诉讼费用的负担问题，目前法院都认为诉讼费用负担属于法院依职权裁决的事项，不需要当事人将其作为一个争议事项纳入诉讼请求的范围，所以诉讼请求中可以不列诉讼费用由被告承担这项请求。第四部分也是诉状最主要的部分，是起诉的事实和理由部分。事实和理由部分的陈述不宜过于烦琐，但是也不宜过于简单，需要根据诉讼请求事项，将与之相关的案件基础事实进行客观、准确的陈述。尽量做到事实部分的具体事实都有相应的证据加以证明。起诉理由的陈述则通常以具体法律规范为依据，结合前述事实，简要说明应当适用该法律规范对当事人的具体行为予以法律评价和作出处理的原因。第五部分是诉状的尾部。写明起诉的法院以及起诉的主体，即原告的姓名或名称，并签字或盖章，写明诉状的签署日期。

判断一份诉状的优劣，主要看诉讼请求是否清晰、明确，是否有法律依据；起诉的事实陈述是否精练、是否准确；起诉的理由陈述是否充分、是否符合逻辑。

附件是我们针对本案撰写的诉状，供参考。

附：

民事起诉状

原告：远洋地产有限公司

地址：北京市朝阳区×××路××号××中心

法定代表人：李某　董事长

联系电话：

被告：四川远洋房地产经纪有限公司

地址：成都市武侯区×××路×号附×号

法定代表人:于某某　执行董事

联系电话:

诉讼请求:

1. 判令被告立即停止其侵犯原告远洋地产名称权及远洋商标专用权的不正当竞争行为,禁止其继续使用侵权企业名称及含有远洋商标的侵权店招、名片;

2. 判令被告赔偿原告经济损失200万元以及原告为制止其侵权行为的合理支出30.2万元,以上合计230.2万元。

事实和理由:

原告原名中远房地产开发公司,成立于1993年6月12日,是由中国远洋运输(集团)总公司投资设立,经国家工商行政管理总局注册登记的国有房地产企业。原告经营范围含房地产开发、经营及房地产相关咨询、物业管理等,主要经营业务为中高端住宅、高级写字楼、酒店式公寓及酒店等多种物业类型的开发、销售。

2001年6月20日,中国远洋运输(集团)总公司在第36类商品和服务上申请了第1955271号"远洋"文字商标,该商标于2004年2月21日核准注册,核定使用的商品和服务包括经纪、不动产中介等。2004年5月10日,中国远洋运输(集团)总公司又在第36类商品和服务上申请了第4056498号"远洋"文字商标,并于2007年4月14日核准注册,核定使用的商品和服务包括不动产出租、不动产估价、不动产管理、不动产代理、商品房销售等。

原告作为中国远洋运输(集团)总公司的子公司,经总公司授权,于2001年远洋商标提出注册申请之日起,就开始以"远洋地产"作为公司的品牌,并在房地产开发经营活动中持续使用该商标。2007年4月23日,原告经国家工商行政管理总局核准,将公司名称变更为现名。2011年10月20日,原告受让了中国远洋运输(集团)总公司的第4056498号远洋商标。

截至目前(指本案起诉时的2013年7月),原告在全国设立有80余家分公司或子公司,在北京、天津、秦皇岛、大连、沈阳、长春、青岛、上海、杭州、黄山、武汉、中山、海口、三亚、重庆、成都等主要城市开发了70余个远洋楼盘项目。原告现注册资本达636,824万元,2009~2011年的房地产主营业务收入为129亿元。原告凭借多年的经营积累和持续推广宣传,已确定了在中国房地产行业的领先地位,远洋地产的企业名称、商标和品牌形象已广为公众所知。

近来,原告多次接到消费者反映,称四川成都有家房地产经纪公司,以"远洋地产”作为其店招，引起误认。原告经调查发现，被告四川远洋房地产经纪有限公司成立于2007年9月12日，经营范围包括房屋经纪、房地产营销策划、房地产信息咨询等。被告目前已开办了四川远洋房地产经纪有限公司逸都分公司、四川远洋房地产经纪有限公司鹭岛分公司等2家分支机构以及龙腾店、逸都店、鹭岛店、顺和店、华宇店5个门店。被告在其开办的所有门店，均显著以“远洋地产”作为其店招标识，在其工作人员使用的名片上，也以“远洋地产”作为其公司识别标识（间或有以“远阳地产”作为其名片上的公司识别标识的情况）。同时，被告除经营房屋出租、买卖中介服务外，也在从事商品房销售的经营活动。在原告调查过程中，被告员工也明确承认，确有很多消费者误以为被告与原告为同一家公司。

原告认为，首先，自己是经国家工商行政管理总局依法登记的企业，公司名称权受法律保护。原告作为全国范围内具有较高知名度的房地产企业，对自己登记在先的“远洋地产有限公司”这一企业名称中已具有一定的市场知名度、为相关公众所知悉的“远洋”字号，以及“远洋地产”的企业名称简称，也应依法纳入名称权保护范围。被告以原告受法律保护的企业名称及字号作为自己的企业名称和店招、名片上的公司识别标识的行为，构成《反不正当竞争法》（1993年）第5条（前文已注明）规定的擅自使用他人的企业名称，引人误认的不正当竞争行为。其次，原告经远洋商标注册人中国远洋运输（集团）总公司授权，依法享有远洋商标在不动产中介、代理及商品房销售等商品和服务上的合法使用权，并有权以自己的名义对任何未经授权在相同或类似商品和服务上的侵权行为提起诉讼。现被告以远洋商标作为其公司名称中的字号，并在其经营场所、店招、名片上使用与远洋商标相同的文字作为识别标识，构成《商标法》（2001年）第52条第5项[1]规定的给他人注册商标专用权造成其他损害的商标权侵权行为。最后，原告已依法取得远洋商标在第36类商品和服务上的商标专用权，且该商标符合驰名商标的认定标准，应依法作为原告的驰名商标予以保护。被告故意在其经营活动中对消费者隐瞒真实的公司名称，突出使用“远洋地产”标识，存在明显的搭便车、傍名牌的恶意，且被告行为已在消费者中造成了混淆和误认，应作为不正当竞争行为予以惩处。

为保护自己的合法权益不受损害，原告特依法提起本案诉讼，请法院对被告

---

[1] 前文已注明，2019年修订后为第57条第7项。

的不正当竞争行为依法予以禁止，判如以上诉请。

此致

成都市中级人民法院

具状人：远洋地产有限公司

二〇一三年七月十五日

五、回应法庭关于诉讼请求的疑问

律师在参与民事诉讼活动时，与案件承办法官的沟通交流会比较频繁。立案后，承办法官或其助理、书记员除送达相关举证通知书、开庭通知书等常规诉讼文书外，也可能会就案件事实、法律关系等问题，要求代理律师提供进一步的说明。有经验的律师可以从法官关注问题的视角，窥见其内心对案件的理解和思考方向。法官提出的问题，通常是对案件处理有影响的事实认定或法律适用方面的争议问题，需要律师谨慎作答。

在本案审理过程中，法官也曾就我们提出的第一项诉讼请求，要求给予详细说明，我们回复如下：

1. 原告起诉被告的侵权行为主要表现为：被告在后名称权侵犯原告在先名称权；被告在后名称权侵犯原告在先商标权；被告突出使用"远洋地产"标志侵犯原告名称权；被告突出使用"远洋地产"标志侵犯原告商标权；被告抄袭模仿原告驰名商标作为企业名称和商业标志使用，造成消费者混淆，淡化了原告驰名商标的显著性。

2. 以上几项侵权事实和行为，本质上都属于"搭便车"的不正当竞争行为。根据《最高人民法院关于审理注册商标、企业名称与在先权利冲突的民事纠纷案件若干问题的规定》规定（前文已注明），人民法院应当根据原告的诉讼请求和争议民事法律关系的性质，按照民事案件案由规定，确定注册商标或者企业名称与在先权利冲突的民事纠纷案件的案由，并适用相应的法律。被诉企业名称侵犯注册商标专用权或者构成不正当竞争的，人民法院可以根据原告的诉讼请求和案件具体情况，确定被告承担停止使用、规范使用等民事责任。

3. 原告提出的第一项诉讼请求属于诉的客体的合并，即该诉讼请求同时包含了商标专用权和不正当竞争两项客体。此类案件通过诉的客体的合并，可以节约诉讼成本,便于纠纷的全面解决。在最高人民法院公布的《2011 年中国法院知识产权司法保护 10 大案件和 50 件典型案例的通知》中,就涉及尚杜·拉菲特罗兹施德民用公司与深圳市金鸿德贸易有限公司、湖南生物医药集团健康产业发展有限公司侵害商标权、不正当竞争纠纷上诉案[湖南省高级人民法院(2011)湘高法民三终字第 55 号民事判决书]等 7 件侵犯商标权、不正当竞争纠纷合并审理的案件。

最高人民法院公布的《2012 年中国法院知识产权司法保护 10 大案件、10 大创新性案件和 50 件典型案例的通知》中,也有三一重工股份有限公司与马鞍山市永合重工科技有限公司(原名马鞍山市三一重工机械制造有限公司)侵害商标权及不正当竞争纠纷上诉案[湖南省高级人民法院(2012)湘高法民三终字第 61 号民事判决书];姚明与武汉云鹤大鲨鱼体育用品有限公司侵犯人格权及不正当竞争纠纷上诉案[湖北省高级人民法院(2012)鄂民三终字第 137 号民事判决书];腾讯科技(深圳)有限公司与上海虹连网络科技有限公司、上海我要网络发展有限公司侵害计算机软件著作权及不正当竞争纠纷上诉案[湖北省武汉市中级人民法院(2011)武知终字第 6 号民事判决书];宝马股份公司与广州世纪宝驰服饰实业有限公司、北京方拓商业管理有限公司、李淑芝侵害商标权及不正当竞争纠纷上诉案[北京市高级人民法院(2012)高民终字第 918 号民事判决书];法国轩尼诗公司与郑维平、昌黎轩尼诗酒庄有限责任公司、上海华晋贸易有限公司、秦皇岛玛歌葡萄酿酒有限公司侵害商标专用权及不正当竞争纠纷案[安徽省合肥市中级人民法院(2012)合民三初字第 29 号民事判决书];河南杜康酒业股份有限公司与汝阳县杜康村酒泉酒业有限公司、河南世纪联华超市有限公司侵害商标权及不正当竞争纠纷案[河南省郑州市中级人民法院(2011)郑民三初字第 74 号民事判决书]等多起知识产权领域内通过诉的合并方式审理的案件。

综上,本案将被告存在的侵犯商标权和不正当竞争纠纷合并起诉,是符合司法实践实际的。

六、调解协议主要条款

调解协议

一、被告就其使用原告远洋驰名商标及知名企业名称作为自己企业名称中的字号的行为，向原告表示歉意，并同意于本协议生效后45日内变更企业名称，变更后的企业名称不得含有“远洋”文字以及与之相近、容易引起误认的文字，并同时拆除公司所有门店内外含有“远洋”文字的店招、标志标识等，销毁相关含有侵权内容的宣传资料、名片等，变更公司网站上相关文字内容；

二、被告于本协议生效后7日内支付原告经济损失（含原告合理开支费用）××万元；

三、如被告不按上述调解协议履行（双方达成执行和解原告同意的除外），则按原告诉讼请求列明的×××万元进行赔偿。

本案诉讼费××××元由被告承担。

七、结案报告

结案报告是律师在代理完成一个完整的民事案件后，就案件的办理过程向当事人作出的全面总结。结案报告和代理方案、庭审报告一样，都是律师通过书面的、比较正式的、规范的方式向当事人汇报自己代理工作的文件，同样能够充分展示律师的专业素养和职业能力。

此外，结案报告还有另外一个非常重要的作用，撰写结案报告的过程也是代理律师对办案过程进行全面复盘的过程，可以帮助律师总结得失、不断积累经验、提升自己的职业能力。

附件是我们在本案件执行完毕以后，向当事人提交的一个结案报告，供读者参考。

附：

泰和泰律师事务所关于远洋商标权侵权与不正当竞争纠纷案的结案报告

致　远洋地产有限公司

敬启者：

惠承信任，泰和泰律师事务所受贵公司委托，为贵公司诉四川远洋房地产经纪有限公司（以下简称四川远洋）侵犯远洋商标权及不正当竞争纠纷一案提供诉讼代理服务。本案经成都市中级人民法院主持调解,已于2014年5月29日结案。本所现将案件诉讼过程以及最终处理结果等情况,书面呈报贵公司,敬请参考。

一、案件缘起

贵公司原系中国远洋运输(集团)总公司(以下简称远洋集团)依法设立的子公司,公司原名称为中远房地产开发公司。2007年4月23日,贵公司经国家工商行政管理总局核准,将公司名称变更为现名。2007年5月16日,贵公司经远洋集团授权,取得了远洋集团在第36类商品和服务上注册的第1955271号和第4056498号“远洋”商标的非独占、非排他的普通使用权。2011年10月20日,贵公司受让取得了远洋集团的第4056498号远洋商标所有权。

2012年3月,贵公司发现四川远洋在其房地产中介经营活动中存在突出使用“远洋地产”标识的行为,引起消费者误认。为此,贵公司委托北京市某律师事务所律师分别于2012年3月13日和2012年10月15日,向四川远洋发出律师函,要求其立即停止将“远洋”作为商标、企业字号使用,并对贵公司进行道歉及赔偿。但均未获四川远洋的回应。

在此背景下,贵公司将本案争议提交本所律师咨询。本所律师于2013年3月25日提出了书面分析意见及维权方案。本所律师在全面分析了本案事实和现有证据的情况下,认为四川远洋存在对贵公司的侵权,其侵权行为可纳入不正当竞争侵权的范畴。根据《反不正当竞争法》及《商标法》的规定,本案四川远洋应当承担的侵权责任包括停止侵权、赔偿损失等。本所律师同时认为,根据本案事实,要求四川远洋停止在其经营场所突出使用“远洋”“远洋地产”等侵权行为较易实现,但要求其停止在企业名称中继续使用“远洋”字号,则有一定的难度。根据贵公司诉求,本所律师认为本案最佳的维权途径是直接提起民事诉讼,在诉讼程序中通过协商、法院调解等方式达成对方主动变更企业名称,停止侵权的目标。此后,应贵公司要求,本所律师又于2013年4月8日对本案部分问题提出了书面补充法律意见。

本所律师的意见,幸蒙贵公司采纳,遂将本案正式委托本所律师代理。

二、本案诉讼过程

本所律师在接受贵公司委托后,于2013年6月28日委托公证处,完成了对四川远洋的实地调查取证和证据保全工作。2013年7月17日,本所律师拟定了本案民事起诉状。

2013年12月,贵公司取得了远洋集团出具的商标许可使用证明这一关键证据。2013 年 12 月 18 日，本所律师完成了案件证据组织，并随后将本案起诉至成都市中级人民法院。成都市中级人民法院在审查立案时，要求本所律师对案件诉讼请求进行明确，本所律师于 2013 年 12 月 31 日提交了关于诉讼请求的说明，法院于当日正式受理了本案，并安排本案于2014 年3 月11 日下午1 时30 分开庭审理。

2014 年 3 月 11 日下午 1 时 30 分，本案在成都市中级人民法院第 14 法庭开庭审理。本所由北京沈志君律师、成都黄春海律师作为贵公司代理人出庭参加庭审。

被告四川远洋经法院传票传唤未到庭，故本案缺席审理（关于本案庭审情况，详见庭审情况报告）。法庭按程序完成庭审后休庭，择日宣判。

三、本案诉讼目标的实现

依照本所律师原诉讼方案，是拟在庭审中，通过较高诉讼索赔额给被告带来的压力，促使其主动放弃对侵权企业名称的使用，以换取双方和解。但因被告的缺席，这一方案未能实现。

庭审结束后，本所律师与承办法官进行了意见交换，法庭虽然同意贵公司可再补充相应能证明远洋商标在2007 年前就已具有广泛知名度的证据，且庭后经贵公司努力收集，确也补充了相关证据，但从法庭释放的消息看，仍认为通过判决要求被告变更公司名称的诉讼请求要得到支持还是存在困难。

为了实现贵公司预期诉讼目标，本所律师在庭审结束后，多次试图联系四川远洋的负责人，但均无积极回应。2014 年3 月18 日，经本所律师的努力，终于与四川远洋负责人见面进行了沟通，四川远洋委托了四川某律师事务所的律师参加协商，该公司虽表示其行为不侵权，但仍表达了可以协商的态度。这为本案的解决提供了契机。

2014 年 5 月 29 日，经本所律师与承办法官沟通，法庭再次组织召开了本案的调解会议，本所代理律师和贵公司相关部门负责人参加了调解。经法庭主持，本案最终以调解方式，达成被告就其侵权行为向贵公司致歉，并变更公司名称，赔偿相应经济损失的处理方案，当日，成都市中级人民法院制作了（2014）成民初字第 242 号民事调解书，并送达双方当事人。该调解书业已生效，本案要求四川远洋变更公司名称的诉讼目标遂得以实现。

本所律师认为，本案在现有证据以及案件关键事实的时间节点对贵公司极为不利的情况下(2007 年四川远洋公司成立时，贵公司尚未取得远洋商标专用权，且该商标在当时也还不具备驰名商标的知名度，见表 2），能以调解方式结案，实现贵公司的主要诉讼目标，是非常有利的结果。本案的处理，为贵公司未来依法维权,制止各种恶意傍名牌、搭便车的侵权行为,也会带去有益启示。

专此报告,敬请审阅。

泰和泰律师事务所

远洋案件工作组

二〇一四年六月四日

表2 证据材料清单(原告)

编号	证据来源	证据名称	证明对象	证据内容	份数	页数	页码
1	国家工商行政管理总局	公司开业登记	原告公司开业登记情况及投资人	原告成立于1993年6月,由中国远洋运输(集团)总公司投资设立,经国家工商行政管理总局登记成立			
2	中国远洋运输(集团)总公司	商标注册证	第1955271号远洋商标注册有效期限及核定服务项目	第1955271号远洋商标注册有效期为2004年2月21日起至2014年2月20日止;核定服务项目包括经纪、代管产业、不动产中介			
3	原告	商标许可使用证明书	原告对第1955271号远洋商标享有的权利	原告经中国远洋运输(集团)总公司授权,有权在不动产中介等服务项目上使用远洋商标,并有权针对任何侵犯该商标专用权的侵权行为单独以被许可人自己的名义提起民事诉讼			
4	原告	商标注册证	第4056498号远洋商标注册有效期限及核定服务项目	第4056498号远洋商标注册有效期为2007年4月14日起至2017年4月13日止;核定服务项目包括不动产出租、不动产估价、不动产管理、不动产代理、商品房销售			
5	原告	商标许可使用证明书	原告对第4056498号远洋商标享有的权利	原告经中国远洋运输(集团)总公司授权,有权在不动产代理、商品房销售等服务项目上使用远洋商标,并有权针对任何侵犯该商标专用权的侵权行为单独以被许可人自己的名义提起民事诉讼			
6	原告	核准商标转让证明	第4056498号远洋商标权利归属	2011年10月20日,原告以受让方式取得了第4056498号远洋商标所有权			

续表

编号	证据来源	证据名称	证明对象	证据内容	份数	页数	页码
7	国家工商行政管理总局	名称变更核准通知	原告名称权取得时间及依据	原告于2007年4月23日,经国家工商行政管理总局核准,将公司名称变更为现名			
8	原告	楼盘命名批准文件	原告使用远洋商标和品牌的情况	原告最早以远洋为开发项目名称的时间为××××年××月××日			
9	原告	驰名商标认定申请资料	远洋商标的驰名性及远洋地产名称知名度	远洋商标符合驰名商标认定标准;远洋地产名称具有较高市场知名度	举证期限内单独提交		
10	原告	远洋楼盘照片	远洋地产在成都的楼盘开发建设情况	远洋地产有限公司在成都市已成功开发销售了远洋·朗郡等知名项目,享有较高知名度			
11	原成都市工商局	公司设立登记申请书	被告公司登记时间	被告于2007年9月11日提出设立登记			
12	原成都市工商局	企业法人营业执照	被告公司成立时间	被告营业执照载明成立时间是2007年9月12日			
13	原成都市工商局	营业执照	被告开办分公司情况	被告开办有四川远洋房地产经纪有限公司逸都分公司、四川远洋房地产经纪有限公司鹭岛分公司2家分公司			
14	原告	(2013)川律公证内民字第40170号公证书	被告的侵权行为	被告在其经营的5家门店店招使用了"远洋地产"的标识;被告工作人员使用的名片上使用了"远洋地产"的标识;被告在从事商品房销售业务			
15	原告	录像资料及摘要	被告行为导致消费者混淆	被告工作人员承认很多消费者误认为被告与原告为一家公司			光盘
16	原告	被告工作人员名片	被告的侵权故意	被告同时使用"远洋地产"和"远阳地产"两套标识,说明其明知"远洋地产"具有侵权性			

续表

编号	证据来源	证据名称	证明对象	证据内容	份数	页数	页码
17	原告	律师函	被告的侵权故意	原告曾于2012年3月、10月两次委托律师致函被告,告知其侵权,但被告至今未予停止侵权行为			
18	原告	公证费发票	原告的合理支出	原告为证据保全,支出了公证费2000元			
19	原告	律师费发票	原告的合理支出	原告为制止被告侵权行为,支出了律师费×万元			

提供人：　　　　　　　　　　　　　　　　　　提供时间：　年　月　日

第二节

像法官一样思考——电视剧《王保长后传》案

【案号】(2004)成民初字第832号

一、办案感想

某省经济电视制作中心、刘某波、吴某峰、吴某南诉高某强、峨眉电影制片厂因拍摄电视连续剧《王保长后传》侵犯其《王保长新篇》影视作品著作权纠纷一案,是我从事律师职业以来经历的审理期限历时最长的案件。本案于2004年起诉受理,在2005年经过4次开庭审理后,直到2012年7月12日法院才作出一审判决,历时7年之久。

本案也是当时引起社会广泛关注的重大案件。在起诉前,原告一方已经通过媒体将本案争议进行了广泛报道,四川省内《华西都市报》《成都商报》等媒体还进行了追踪报道。中央电视台《社会与法》栏目对庭审的全部过程进行了录像,网络媒体的报道更加广泛。本案案情复杂,涉及4部文字作品、3部影视作品的内容对比。

我代理被告一方。案件虽然历时7年,迎来了驳回原告全部诉讼请求的胜诉判决,但是对涉案电视剧《王保长后传》的投资人来说,损失却已无法挽回。7年的马拉松诉讼,电视台都在谨慎观望,没有一家电视台敢于在诉讼过程中大胆购买播出该剧,导致制片方投资无法收回。待到一审判决作出时,该剧的热度已不复存在,制片方只得到了一个另类的“赢了诉讼、输了市场”式的悲哀结局。

在庭审结束后,法庭要求我针对本案争议焦点提交详细的书面代理意见,从著作权理论层面,论述清楚我不认为本案存在侵权的具体理由。在撰写代理意见时,我尝试过多种角度,最后,我觉得站在法官的视角,从裁判的角度来表达,或许对本案来说是比较合适的。

二、原告主张的事实及其诉讼请求

某省经济电视制作中心、刘某波、吴某峰、吴某南四原告认为:

1. 原告依法取得话剧《抓壮丁》的专有使用权。2003年6月28日,原告某省经济电视制作中心和刘某波与话剧《抓壮丁》的四位著作权人(继承人)签订授权使用《抓壮丁》专有使用权的《协议书》共4份,协议约定由原告取得为期3年的《抓壮丁》改编权,为此,原告一次性付给四人每人1万元,共4万元。协议同时约定,在原告享有专有使用权的3年内,著作权人不得以任何形式向其他单位和个人再转让《抓壮丁》使用权,原告有权对《抓壮丁》进行再创作和艺术加工。同年6月29日,原告又与《抓壮丁》健在的著作权人戴碧湘签署《补充协议》,约定在3年期内,著作权人不得再以任何形式向其他单位和个人再转让《抓壮丁》中的王保长、三嫂子、李老栓、潘驼背等艺术形象改编的电影、电视剧和音像制品的专有使用权,以及在《抓壮丁》基础上改编的《王保长全传》(暂名)和该剧后续集的再改编权。《王保长新篇》剧名最开始使用的名称是《王保长末传》,在签订《补充协议》时使用的名称是《王保长全传》,在向原国家广播电视总局申报时使用的名称是《王保长末传》,最后定名为《王保长新篇》。

2. 原告对电视剧《王保长新篇》的著作权依法成立。《王保长新篇》不仅取得了话剧《抓壮丁》著作权人授予的3年专有使用权,还取得了电视剧《王保长歪传》著作权人和其文字作品作者授予的权利。原告改编话剧《抓壮丁》并拍摄的电视剧《王保长新篇》的著作权依法成立。原告吴某峰和吴某南因为投资《王保长新篇》,参与了制作,是该片的著作权人。

3. 两被告的行为共同侵犯了电视剧《王保长新篇》的著作权。2003 年 7 月 3 日,被告高某强将改编的侵权作品《王保长后传》在四川省版权局注册登记著作权,后又将其提供给被告峨眉电影制片厂拍摄,并参与摄制电视剧《王保长后传》。《王保长后传》是从《抓壮丁》和《王保长歪传》《王保长新篇》演绎的作品,也是继《抓壮丁》之后的《王保长歪传》《王保长新篇》两部作品之后改编的。王保长、三嫂子、李老栓、潘驼背这些人物的形象是《抓壮丁》的独创,使用这些人物就是对《抓壮丁》作品的一个改编。从故事情节、人物关系到主要人物的语言形象特征、故事背景都是随着《抓壮丁》《王保长歪传》《王保长新篇》的演绎过程改编的。被告高某强对《王保长后传》没有改编权。诚然,被告高某强是《王保长歪传》《王保长新篇》的文字作品著作权人,有权单独行使自己的著作权,但文字作品是为阅读而创作的,因此被告高某强可以将自己的文字作品以出版等方式单独地使用,但不得侵犯话剧《抓壮丁》、电视剧《王保长新篇》、电视剧《王保长歪传》的著作权。被告以电视连续剧的方式摄制和改编的行为,在自己行使著作权的时候侵害了原作品的著作权,即侵害了原告对《抓壮丁》的专有使用权及电视剧《王保长歪传》《王保长新篇》的著作权。被告在拍摄电视剧《王保长后传》时将原告在电视剧《王保长新篇》的拍摄现场"龙隐镇"创作的街道、镇名、匾牌、灯笼及主要建筑等场景,全部纳入《王保长后传》电视剧的画面中。这是以拍摄电视剧的方式抄袭或剽窃《王保长新篇》的著作权。

据此,四原告诉请人民法院判令:被告停止对原告依法享有著作权的影视作品《王保长新篇》的侵害;在《成都商报》公开赔礼道歉;停止制作和发行侵权作品《王保长后传》;支付原告为制止侵权行为所支付的合理费用 9 万元及赔偿经济损失 48 万元。

三、编剧高某强主张的事实及其答辩意见

被告高某强称:

(一)在案件事实方面

2001 年 10 月,沈某和四川信某公司总经理张甲观看话剧《抓壮丁》演出后,

萌发了把话剧改编成电视连续剧的念头。后由我牵头创作了20集电视连续剧《王保长歪传》。2002年,剧本创作完成后,由重庆一家公司投资,聘请张乙为导演,沈某主演,完成了该剧,在中央台播出后,取得了一定的社会效益和经济效益。2002年11月,张乙专程到成都要我续写《王保长新篇》,我们议定以"美军运钞机坠毁"这一真实事件为主线创作。12月3日晚上,我和张乙、沈某在重庆渝北新华宾馆连夜就《王保长新篇》大纲长达数千字的故事、人物关系进行了认真的讨论,并决定拍了《王保长新篇》后,接着拍反映川西剿匪的《王保长后传》。12月8日,我将完成的《王保长新篇》(原名《王保长末传》)长达数万字的分集提纲,在四川省版权局进行了版权登记。2003年3月,完成了以川西剿匪为故事主线的《王保长后传》故事大纲和分集提纲,并于2003年7月3日到四川省版权局进行了版权登记。

2003年2月,《王保长新篇》剧本经反复修改后完成,电视剧拍摄权原定是交给重庆圣火公司和四川泰发建筑工程有限责任公司,由张乙执导,沈某主演。后因原告采用不正当手段取得了拍摄权,并以某省经济电视制作中心的名义申报立项,改为陈某黔任导演,李某田主演。在北京,李某田、王某安、陈某黔和我对剧本进行了认真讨论,最主要的意见是将20集变为26集,增加《抓壮丁》和《王保长歪传》的内容。剧本的修改由我一个人完成。《王保长新篇》开机后,张乙和沈某召开新闻发布会,表示要打官司。陈某黔让我去见张乙和沈某,承诺《王保长后传》让他们拍,请他们不要干扰《王保长新篇》的拍摄。《华西都市报》详尽报道了双方达成协议,各拍一戏,互不干扰的协调结果。吴某峰给沈某写下了书面承诺。

2003年10月,我和廖某云、治安等共同完成了20集《王保长后传》剧本。为了信守诺言,我们将剧本寄给张乙,没有回音。我又找到陈某黔,他不肯买。后来,廖某云把剧本卖给了峨眉电影制片厂音像公司(以下简称峨影音像公司)。

(二)在法律方面

1. 本案原告刘某波、吴某峰、吴某南不享有电视剧著作权,原告主体不适格。电视剧作品的著作权属于制片者,我国对制作电视剧采取了严格的行政许可制度,只有持有电视剧制作许可证的单位,才享有作为电视剧制片者的权利能力,也才具有取得电视剧著作权的主体资格。三原告不具有制作电视剧的资格,不是合法的制片投资主体,不享有《王保长新篇》的著作权。

2. 原告没有提出任何指控我侵权的事实。我没有侵犯电视剧《王保长新篇》署名、发表、修改、保护作品完整权的任何一项，也没有复制其电视剧拷贝甚至任何一个独立镜头，没有发行其电视剧，没有广播、放映、利用网络传播其电视剧，没有出租其电视剧，没有翻译其电视剧，没有剪接其片段用以进行汇编，《著作权法》规定的17种著作权权项，我没有侵犯任何一项。

3. 我创作《王保长后传》剧本和峨眉电影制片厂摄制电视剧不侵犯任何人的著作权。本案所涉两个剧本作品《王保长新篇》和《王保长后传》，我都是剧本作者，依法享有剧本著作权。其中《王保长新篇》是答辩人单独创作，因使用了《抓壮丁》《王保长歪传》文字作品的部分内容，涉及改编权问题，故在授予原告摄制权时明确告知其在摄制前应征得有关权利人许可。而《王保长后传》是我以及另外四名合作作者在《抓壮丁》《王保长歪传》《王保长新篇》文字作品基础上续写的新作品，没有使用前三部作品的任何一点故事内容，故应属版权独立的新作品。我们授权原告以及峨眉电影制片厂根据这两部作品摄制电视剧，正是行使自己著作权的表现。

4. 电视剧《王保长后传》摄制过程中使用了与电视剧《王保长新篇》相同的场景、道具，并不构成侵权。首先，电视剧中故事发生的地点“龙隐镇”以及民居建筑、家具布置、场景，都是在剧本中有所交代且从《王保长歪传》摄制时即已使用，并非原告创作的作品。拍摄场地、场景、道具，都是与当地影视基地租借来的，原告对租借的财产并不享有可以禁止其他制片单位使用的专有权。其次，场景也好，道具也好，都是影视创作的工具，而不是影视创作本身。《著作权法》保护的是创作成果，而不是创作的方法，更不是创作的工具。对电视剧作品而言，创作是指导演如何将剧本表现出来的思想或内容，通过调动演员表演、使用拍摄技艺、创造性地将这一思想或内容通过画面再现出来。因此，电视剧中的场景、道具不受著作权法的保护，原告认为电视剧《王保长后传》在拍摄中使用了与电视剧《王保长新篇》相同的场景和道具构成侵权的理由是错误的。

5. 人物名称并不享有著作权。我国《著作权法》并不保护作品名称以及作品中的抽象人物。本案“王保长”这个人物称谓，并没有著作权可言，原告认为《王保长后传》使用了王保长、三嫂子、李老拴、潘驼背这些人物形象构成侵权的观点，也是错误的。

6.《王保长后传》不是话剧《抓壮丁》的改编作品。原告只是取得了话剧《抓壮丁》的电视剧改编权，但和《王保长后传》剧本作品和电视剧作品无关，因为《王保长后传》不是话剧《抓壮丁》的改编作品，而是续写作品，因此，原告认为被告侵犯了其享有的《抓壮丁》《王保长新篇》改编权的观点，是完全不能成立的。

据此，被告高某强请求人民法院驳回原告的全部诉讼请求。

四、被告峨眉电影制片厂的答辩意见

被告峨眉电影制片厂认为：

1. 峨眉电影制片厂不是《王保长后传》的制片人。峨眉电影制片厂只是这部电视连续剧的出品人，负责立项、审看通过、申办和领取发行许可证及收取管理费 3 万元。该剧由成都天音文化传播有限公司（以下简称天音公司）、峨影音像公司负责提供剧本，全额投入摄制资金，组建摄制组并承担该剧的一切债权债务和法律责任。它们才是《王保长后传》的制片人。目前，该剧还没有申办发行许可证，未侵犯另一电视连续剧《王保长新篇》的著作权。

2. 峨眉电影制片厂依法立项的行为不侵权。峨眉电影制片厂申报电视剧题材规划立项前，就得到了《王保长后传》剧本作者及授权人廖某云关于著作权权属的确认和承诺。开机拍摄时，摄制方天音公司提交承诺书，作出如发生版权纠纷由其承担全部责任的承诺。两部电视剧题材相同与立项行为无关。

综上，峨眉电影制片厂认为其不是本案的被告，剧本是否侵权，系原告与编剧的纠纷，拍摄是否侵权，是原告与制片方和摄制方的纠纷，请求法院驳回原告对峨眉电影制片厂的起诉。

五、双方无争议的事实

被告高某强，笔名栈桥，于 2002 年与其他合作作者一起，创作了电视剧剧本作品《王保长歪传》。

2002 年，《王保长歪传》剧本由重庆电视台等制作单位摄制成 20 集电视连续剧，该剧导演为张乙，剧中主角王保长由沈某扮演。

同年 12 月，高某强又创作了电视剧剧本《王保长末传》，并于 2003 年 3 月 3 日向四川省版权局申请对该作品进行著作权登记，四川省版权局于 2003 年 3 月

11 日颁发了登记号为 21 –2003 – A –（0852）–0006 的《著作权登记证》，登记证上载明的作品完成时间是 2002 年 12 月 8 日。

2003 年 2 月 25 日，某省经济电视制作中心、四川泰发建筑工程有限责任公司作为甲方，共同与乙方高某强签订了一份《协议》，约定高某强将 20 集电视连续剧《王保长末传》剧本以每集 8000 元，共 16 万元的价格转让给甲方。双方约定，由于剧本沿袭话剧《抓壮丁》的人名，须取得原作者授权并付给《抓壮丁》原作者吴某等四人费用，此笔费用由甲方承担，乙方协助办理。《协议》还约定，甲方委任高某强为剧本统筹。同时又约定，甲方取得剧本拍摄权之日起 2 年内必须投入电视剧拍摄，逾期乙方有权收回剧本。

2003 年 7 月 1 日，某省经济电视制作中心又与高某强签订了一份《补充协议》，约定《王保长末传》改名为《王保长全传》，由 20 集改为 26 集。高某强创作的 20 集《王保长末传》的基本内容应被保留，扩展话剧《抓壮丁》及王保长在新生活运动中的戏由高某强创作调整为 26 集。同时约定甲方，即某省经济电视制作中心付给《王保长歪传》其他两位作者每人 1 万元，作为乙方即高某强使用《王保长歪传》部分情节进行再创作的素材使用费。

2003 年 7 月 1 日，高某强又向四川省版权局申请对《王保长后传》文字作品进行著作权登记，四川省版权局于 2003 年 7 月 3 日颁发了登记号为 21 –2003 – A –（0908）–0062 的《著作权登记证》，登记证上载明的作品完成时间是 2003 年 6 月 18 日。

2003 年 8 月 11 日，原国家新闻出版广电总局[1]向原告某省经济电视制作中心颁发了第 16271 号《电视剧制作许可证》，准许原告某省经济电视制作中心拍摄 26 集电视剧《王保长末传》，联合、合作单位为西藏音像出版社。该剧拍摄完成后，原四川省新闻出版广电局[2]于 2004 年 2 月 25 日颁发了（川）剧审字第（2004）第 003 号《国产电视剧发行许可证》，准许原告某省经济电视制作中心制作的 26 集电视剧《王保长新篇》在全国播出，发行许可证载明的电视剧制作许可证编号为 16271，即《王保长末传》的电视剧制作许可证、发行许可证载明的合作单位为西藏音像出版社。2004 年 5 月 28 日，四川省版权局颁发了登记号为 21 –2004 –1 –（1052）–0078 号的《著作权登记证》，载明：影视作品《王保长新

---

〔1〕 2018 年 3 月更名为国家广播电视总局。

〔2〕 2018 年 3 月更名为四川省广播电视局。

篇》著作权人为原告某省经济电视制作中心，作品完成时间为2004年2月26日。电视剧《王保长新篇》导演为陈某黔，剧中主角王保长由李某田扮演。

2004年1月11日，峨影音像公司作为甲方，与廖某云签订了一份《协议书》，约定由甲方购买20集电视连续剧《王保长后传》剧本的电视拍摄许可使用权，费用为16万元。

2004年5月17日，天音公司与峨影音像公司作为甲方，共同与乙方即被告峨眉电影制片厂签订了一份《关于摄制电视连续剧〈王保长后传〉（暂名）（20集）的协议书》，约定由甲方提供剧本，并全额投入摄制资金500万元，该剧摄制组以甲方为主，乙方协助组建。乙方负责为该剧申办和领取发行许可证。该剧著作权归甲乙双方共有。

2004年3月4日，原国家新闻出版广电总局在广发编字(2004)206号《关于进一步规范电视剧题材规划管理暨2004年（第一批）电视剧题材规划立项剧目的通知》中，同意被告峨眉电影制片厂申报的《王保长后传》立项。该剧拍摄完成后，原四川省新闻出版广电局于2004年12月28日颁发了（川）剧审字(2004)第21号《国产电视剧发行许可证》，准许峨眉电影制片厂制作的20集电视剧《王保长后传》在全国范围发行、播出。该发行许可证载明的该剧合作单位为天音公司和峨影音像公司。电视剧《王保长后传》的导演为张乙，剧中主角王保长由沈某扮演。

另外，原、被告双方还对《王保长歪传》《王保长新篇》《王保长后传》三部作品都是对话剧作品《抓壮丁》演绎后形成的后续作品的观点一致。双方对话剧作品《抓壮丁》完成于1943年，作者有丁洪、陈戈、吴雪、戴碧湘的事实不持异议。《抓壮丁》的主要人物有：王保长，又称王麻子、王大爷；李老拴，又称拴老爷；三嫂子，又称三媳妇；大娃；二娃；三娃；幺妹子；李妻；卢队长；姜国富；姜子，又称姜大贵；姜媳妇；潘驼背；花蝴蝶；芋子娃儿的婆娘。双方均认可在《王保长歪传》中增加的人物有：蒋县长、陈参议长、孔院长、宋局长、卢队长的夫人。关于在电视剧《王保长新篇》和电视剧《王保长后传》中人物相同的部分，双方均认可的有：王保长，又称王麻子、王耀祖、王大爷；李老拴，又称拴老爷、干爹；三嫂子，又称银凤她妈、三媳妇；卢队长，又称卢铁汉；潘驼背，又称潘龙；幺妹子；二娃子，又称李元禄；三娃子，又称李元寿；杨柳；小银凤，又称王银凤；姜大贵；姜媳妇，又称姜大嫂；芋子娃儿的婆娘；蒋县长，又称蒋忠诚；王金彪；唐鸡屎；斗鸡娃；李妻，又称干妈；师爷。两部作品的人物关系相同，《王保长后传》增加了游连长这个人物。关于拍摄地点，双方一致认可的是，电视剧《王保长歪传》、电视剧《王保长新篇》、电视剧《王保长后传》都是在绵阳市安县一影视基地拍摄，在电视剧《王保长歪传》剧中，该处地名被命名为“溜溜乡”，在电视剧《王保长新篇》和电视剧《王保长后传》中，该处地名均被称为“龙隐镇”。双方也认可该处还拍摄过一部叫《淘金记》的电视剧。

六、本案存在争议的问题

1. 四原告是否是影视作品《王保长新篇》的著作权人，原告刘某波、吴某峰、吴某南是否是适格原告，以及影视作品《王保长新篇》的著作权权利范围。

2. 被告峨眉电影制片厂是否为影视作品《王保长后传》的制片人。

3. 原告某省经济电视制作中心和刘某波是否享有《抓壮丁》话剧剧本的专有使用权。

4. 原告某省经济电视制作中心是否享有《王保长歪传》的改编权。

5.《王保长后传》剧本作品是改编作品还是原创作品，以及是否属于职务作品。

6. 电视剧《王保长新篇》有没有剧本文字作品，《王保长新篇》剧本作者是谁，以及《王保长末传》文学剧本与《王保长新篇》《王保长后传》剧本的关系。

7. 影视作品《王保长后传》与《王保长新篇》在主题思想、时代背景、人物关系、人物形象、人物特征、主要角色的语言特征、故事情节、剧作结构、表现形式以及置景和影视画面相同是否属于剽窃。

8. 影视作品的人物名称和作品名称是否涉及《反不正当竞争法》的调整。

9. 道具、场景、服饰、发饰是否享有著作权，影视剧中人物名称是否享有著作权。

10. 四原告主张在影视作品《王保长新篇》中新建的景点和场景有哪些。

11. 被告高某强的哪些行为侵犯了原告影视作品《王保长新篇》的著作权。

12. 被告峨眉电影制片厂的哪些行为侵犯了原告影视作品《王保长新篇》的著作权。

13. 被告是否应该赔偿原告经济损失及其数额。

七、关于争议问题的各方意见

1. 四原告是否是影视作品《王保长新篇》的著作权人，原告刘某波、吴某峰、吴某南是否是适格原告以及影视作品《王保长新篇》的著作权权利范围。

就这一争议焦点，四原告提交证据原告电视制作中心的营业执照副本和经营许可证，证明原告电视制作中心具有制作电视剧《王保长新篇》的合法资格；原告提交电视剧《王保长新篇》VCD，以剧中对原告刘某波、吴某峰、吴某南的制片人、制片主任等署名来证明其享有该剧著作权，是适格原告。原告还提交关于电视剧《王保长新篇》的制作许可证和发行许可证来证明原告电视制作中心是该剧摄制单位，与其他三原告共同享有该剧著作权。

四原告认为，社会投资人进入电视剧制作市场是国家倡导的行为，前不久《广播电视节目制作经营管理规定》(2020 年被修订)采取的就是积极支持的态度。国家行政管制电视剧的市场准入者只能是被许可的制作单位，这是从行政许可的角度实施的电视剧制作、发行的管理行为，它与著作权属或者说著作权人没有必然排他性。另外，原告吴某峰作为《王保长新篇》的投资人，享有投资回报收益权，与本案侵权法律关系具有直接的关系，不存在是否适格问题。

被告高某强对原告证据的三性无异议，但对证明力有异议，认为原告刘某波、吴某峰、吴某南不是本案适格主体，理由是：(1)根据《电影管理条例》第 5 条和《电视剧管理规定》[1]第 4 条的规定，我国对电影、电视剧的制作实行严格的行政许可制度，任何未取得电影拍摄许可证或电视剧制作许可证的单位和个人，均不得从事拍摄电影、电视剧的活动。也就是说，作为受法律特别规制的电影和电视剧创作活动，不是一般民事主体都可以实施的。本案三位自然人原告，不具有电视剧制作资格，也就不能成为电视剧这类作品的制片者。(2)《著作权法》(2001 年)第 15 条[2]规定的制片者，对于电影和电视剧这种特殊作品而言，只能是具有合法的制作资格并依法办理了相关行政审批手续的，对其制作的电影、电视剧能享有权利并承担义务的影视制作单位。不具有制作资格的个人或单位拍摄了电影或电视剧，必将因其行为违法而得不到相应的法律保护。(3)三位原告在电视剧《王保长新篇》中“制片人”或“制片主任”的署名，是表明其参与了

---

〔1〕《电视剧管理规定》已于 2008 年 1 月 1 日废止，下同。

〔2〕该法已经 2010 年、2020 年两次修正，2020 年修正后为第 17 条。

该电视剧作品的创作，表明其在剧组中的具体职务的署名，而不是证明其作为该电视剧的摄制单位的署名，这样的署名不具有判断著作权归属的意义。因此，原告刘某波、吴某峰、吴某南不享有电视剧《王保长新篇》的著作权，其原告主体资格不适格。

被告峨眉电影制片厂同意被告高某强的意见，同时还认为：(1)电视剧《王保长新篇》是合作制作的作品，合作拍摄者是原告某省经济电视制作中心和西藏音像出版社，没有三个自然人原告。(2)以原告电视制作中心名义登记的影视作品《王保长新篇》的著作权登记证书，也说明该剧著作权人不属三个自然人原告。(3)三个自然人原告也没有《王保长新篇》剧本著作权的使用权，没有《王保长歪传》的改编权，没有《抓壮丁》的专有使用权，因此，原告刘某波、吴某峰、吴某南作为原告，主体资格不适格。

对此，我在代理意见中阐明的观点是：

该争议问题涉及的《王保长新篇》是一部电视剧作品，属于《著作权法》(2001 年)规定的"电影作品和以类似摄制电影的方法创作的作品"这一作品类型，为了叙述的简便，本案中通称为影视作品。《著作权法》(2001 年)第 15 条第 1 款规定，电影作品和以类似摄制电影的方法创作的作品的著作权由制片者享有，但编剧、导演、摄影、作词、作曲等作者享有署名权。根据该条款规定，著作权法理论认为，电影和电视剧这样的影视作品，属于集体创作的作品，其中编剧、导演、摄影、作词、作曲等主创人员，还包括演员、摄像等，都是影视作品的作者，但法律规定，影视作品的著作权由这些作者法定转让给了制片者，成为法人作品的一种。

本案中，原告刘某波、吴某峰、吴某南在剧中确实有"制片人"或"制片主任"的署名，但这样的署名在本质上和编剧、导演、摄影、作词、作曲等人员的署名并无不同，不能简单根据"制片人"的署名就认定其享有影视作品的著作权。《著作权法》规定的制片者和原告刘某波、吴某峰、吴某南等人"制片人"的署名是不同的两个概念。首先，在影视创作术语中，制片人一般指电影公司的负责人或出资方的代理人，负责统筹指挥影片的筹备和投产，有权改动剧本情节，决定导演和主要演员的人选等。制片主任是摄制组的行政领导者与组织者，根据分镜头剧本及导演的创作意图编制和执行摄制计划和成本核算，参与选择演员，确定外景地点，审核布景设计等工作。因此，不论是"制片人"还是"制片主任"，都是摄制组里的一个具体职务，各自负责整个剧组创作的一定分工。而《著作权法》里的制片者,是指对整个影视作品创作承担法律责任的组织者、投资者、制作者,不仅要具备影视制作的资格,还必须履行广播电视行政管理机关规定的选题立项、样片送审等法定义务。《电影管理条例》第15条明确规定,电影制片单位对其摄制的电影片,依法享有著作权。从该规定可知,尽管电影作品中也存在诸如“制片人”“制片主任”一类的人员和署名,但能够成为电影作品著作权人的权利主体,仅指制片单位,而非在剧组中担任“制片人”职务的剧组成员,同理,在电视剧制作中,其作为判断著作权归属依据的制片者,也应是电视剧的制作单位及其署名的合作制作方,而不是在剧组中担任“制片人”职务的剧组成员。其次,虽然国家鼓励社会各界以投资、资助的方式参与制作电视剧,但这并不是说投资人就可以理所当然地取得电视剧的制作资格。恰恰相反,法律禁止出租、出借、出卖、转让或变相转让电视剧各类许可证。根据《电视剧管理规定》第7条的规定,设立电视剧制作单位,应当经国家广播电影电视总局批准。制作电视剧必须持有电视剧制作许可证。第8条又规定,申请电视剧制作许可证,必须符合下列条件:(1)有与其业务相适应的组织机构和专业人员;(2)有与其业务相适应的资金;(3)有适应业务需要的专用设备。由此规定可见,目前法律仍是排除自然人作为影视作品制作者的。至于原告吴某峰称其同时是电视剧《王保长新篇》的投资人,对其投资享有回报收益权,但并未提供相关证据予以证明。在案的电视剧《王保长新篇》制作许可证和发行许可证都证明,该剧的合作制片单位是西藏音像出版社,而不是三个自然人原告。

据此,我们认为,原告的证据虽能证明原告刘某波、吴某峰、吴某南在电视剧《王保长新篇》中享有制片人的署名,但该署名并不具有证明其是该剧制片者的证明力,因此,原告刘某波、吴某峰、吴某南不享有电视剧《王保长新篇》的著作权,其原告主体资格不适格。原告电视制作中心是电视剧《王保长新篇》的著作权人,且两被告均未对其诉讼主体资格提出异议,应是本案适格原告。

2. 被告峨眉电影制片厂是否为影视作品《王保长后传》的制片人。

就这一争议焦点,四原告提交的证据有:2004年度全国电视剧题材规划申报表,证明被告峨眉电影制片厂申报了电视剧《王保长后传》选题;《王保长后传》故事梗概、2004年度全国电视剧题材规划批复剧目表,证明电视剧《王保长后传》是峨眉电影制片厂取得制片权;中国影视节目信息网上的资料,证明峨眉电影制片厂拍摄了电视剧《王保长后传》,而使得原告电视制作中心申报的《王保长新篇-2》不能立项。

四原告认为，发行许可证上载明的制作单位至少是在行政许可制度意义上的制作者，这个制片者对电视作品享有著作权。本案中，《王保长后传》电视剧的制作单位是峨眉电影制片厂，被告高某强是共同侵权的行为人，所以两者作为本案的被告十分恰当。

被告高某强对原告证据的三性无异议，但对证明力有异议。其认为，被告峨眉电影制片厂是电视剧《王保长后传》的摄制单位之一是毫无疑问的。但如按照原告逻辑，被告峨眉电影制片厂却可能不是《王保长后传》电视剧的著作权人。因为《王保长后传》剧中署名也有“总制片人”“制片人”“制片主任”等，被告峨眉电影制片厂的署名不是“制片人”。从这一点，也可以看出原告对电视剧制片人和摄制单位的理解是自相矛盾的。

被告峨眉电影制片厂对原告证据的三性无异议，但对证明力有异议。同时提交峨影音像公司、天音公司与被告峨眉电影制片厂的摄制合同，证明该剧投资、摄制都是天音公司和峨影音像公司的责任，峨眉电影制片厂只是出品人，不是制片人。四原告对被告峨眉电影制片厂证据的三性无异议，但对证明力有异议。被告高某强对峨眉电影制片厂的证据无异议。

峨眉电影制片厂认为，根据峨眉电影制片厂和天音公司、峨影音像公司的合同，峨眉电影制片厂作为出品方，只负责该剧的申报立项，审查通过和领取发行许可证，而拍摄的具体事务和法律责任是由制作方负责。这种出品方和制作方的合作方式，已成为行业的约定俗成和实施惯例。因此，峨眉电影制片厂是出品人而不是制片人。原告诉状中指向的具体侵权事实是《王保长后传》的摄制过程，而摄制峨眉电影制片厂没有参与，具体承担摄制工作的一方不到庭，不利于客观事实的调查、认定。

对此，我的代理意见为：如同对本案第一个争议焦点的分析一样，电视剧《王保长后传》的制片者是峨眉电影制片厂。天音公司、峨影音像公司作为合作制片单位，根据与峨眉电影制片厂的合同，对电视剧《王保长后传》享有共有著作权。虽然合同双方在合同中约定了各自合同义务的分配和法律责任的承担方式，但这样的约定不具有对抗第三人的效力。被告峨眉电影制片厂不能据此免除该剧拍摄过程中可能出现的侵权责任。因此，本案被告峨眉电影制片厂应认定为电视剧《王保长后传》的制片单位。至于该剧的另外两家合作制片单位，依法也应对该剧拍摄过程中可能出现的侵权行为承担连带责任，但原告并未对其提起诉讼，同时，这两家单位不参加诉讼也不会影响本案审理，因此，本案诉讼可以继续进行,不需要追加被告。

3. 原告电视制作中心和刘某波是否享有《抓壮丁》话剧剧本的专有使用权。

就这一争议焦点,四原告提交的证据有:某省经济电视制作中心和四川泰发文化传媒有限责任公司于 2003 年 6 月 28 日,分别与著作权人戴碧湘、著作权继承人陈某康、吴某凝、丁某签订的四份协议书,其中四川泰发文化传媒有限责任公司未在协议上加盖印章,但有原告刘某波的签名,原告以此证明,电视制作中心和刘某波取得了话剧《抓壮丁》的专有使用权;与丁某的协议,乙方由陈某康和戴碧湘代签,丁某于 2004 年 4 月 10 日出具委托书,委托陈某康和戴碧湘代为领取稿费 1 万元,以此证明前述证据有效;某省经济电视制作中心和四川泰发文化传媒有限责任于 2003 年 6 月 29 日与戴碧湘签订的补充协议,其中四川泰发文化传媒有限责任公司未在协议上加盖印章,但有原告刘某波及案外人陈某的签名,原告以此证明其享有《抓壮丁》充分的专有使用权;戴碧湘、吴某凝、丁某、陈某康出具的收款凭证,其中丁某的收条由陈某康代为出具,原告以此证明其依约支付款项。

四原告认为,根据原告电视制作中心与话剧《抓壮丁》的四位著作权人及继承人签订授权使用《抓壮丁》专有使用权的四份协议及与唯一健在的具有著作权人身权和财产权的戴碧湘签订的补充协议,说明原告享有该作品中王保长、三嫂子、李老拴、潘驼背等艺术形象改编的电影、电视剧和音像制品的专有使用权,以及在《抓壮丁》基础上改编的《王保长全传》(暂名)和该剧后续集的再改编权。但是因为《抓壮丁》已故作者的继承人不能全部找齐,以及我们经验不足等原因,造成权利瑕疵,因此我们不再主张这项权利。

被告高某强质疑原告举出的上述证据的真实性,并认为,即使原告的协议是真实的,根据协议内容和收据内容,都反映权利人出让的只是《抓壮丁》的电视改编权,而不是所有的著作权。同时,高某强提交 2004 年 5 月 21 日的《华西都市报》,证明原告某省经济电视制作中心的法人代表陈某黔在接受该报记者采访时,明确表示他们是在 2004 年 5 月 20 日与戴碧湘签订的补充协议,高某强以此证明原告证据,即 2003 年 6 月 29 日原告与戴碧湘签订的补充协议不具有真实性。

被告高某强认为,对《抓壮丁》四位作者的著作权予以尊重,但原告关于享有《抓壮丁》话剧作品专有使用权的提法是不正确的。所谓著作权专有使用权,不是独立的一项权利,而是指著作权人在许可他人使用某一项或几项具体的著作财产权权利时,赋予被许可人的该项著作财产权权利的权限,这种专有权的设定,必须附着于具体的被许可的著作财产权权利上。原告在本案中利用了协议用词的不规范,企图主张其对《抓壮丁》话剧作品的全部著作权都享有专有使用权,是无根据地扩大了其权利,同时也是损害《抓壮丁》著作权人合法权利的行为。同时,协议约定的所谓使用艺术形象的改编权以及后续作品的再改编权等,都是没有法律依据的,无效的。

被告峨眉电影制片厂对原告证据的"三性"和证明力都质疑,对第一被告证据没有异议。峨眉电影制片厂认为,原告不能证明其提交的协议中对方主体身份的证明材料,因而不能证明这些证据本身的真实性,也就不能证明其已获得了《抓壮丁》的专有使用权。因此,被告是否能使用《抓壮丁》中的人物关系及人物名称就是被告与《抓壮丁》权利人之间的事情,与原告无关。原告将这四份协议的作用进行演绎和扩大,变成阻碍第三人艺术创作的武器,这也是违背四位老艺术家的本意的。

该争议问题在本案中比较重要,对此,我在代理意见中提出:

虽然原告在庭审中放弃将其主张的《抓壮丁》专有使用权作为一项独立的诉讼请求,但这一争议也涉及原、被告关于王保长等人物形象的使用是否侵权这一本案基本问题的审理,因此仍应作出相应的裁判。

对于原告证据的真实性、合法性问题,《最高人民法院关于审理著作权民事纠纷案件适用法律若干问题的解释》(2002 年)第 7 条第 1 款[1]规定,当事人提供的涉及著作权的底稿、原件、合法出版物、著作权登记证书、认证机构出具的证明、取得权利的合同等,可以作为证据。被告既然不否认《抓壮丁》是受著作权法保护的作品,也承认该作品是由四位作者合作创作,因此,根据举证责任分配的原则,在原告已经提交其取得权利的合同作为证据的情况下,被告负有举出反驳原告证据合法性的举证责任,如被告不能举证,应承担举证不能的后果。对于《抓壮丁》已故作者继承人的问题,根据《著作权法实施条例》(2002 年)第 9 条[2],合作作品不可以分割使用的,其著作权由各合作作者共同享有,通过协商一致行使;不能协商一致,又无正当理由的,任何一方不得阻止他方行使除转让以外的其他权利,因此,即使存在《抓壮丁》作品其他合作作者已故,其继承人并

---

〔1〕 2020 年修正后仍为第 7 条第 1 款。

〔2〕 2013 年修订后仍为第 9 条。

未全部参与本案《抓壮丁》许可使用合同签订的事实,也并不当然导致合同无效。但是,原告取得权利的四份协议,其中三份不是《抓壮丁》作者本人所签,作为继受取得权利的继承人或其法定代理人,应提供其具有合法继承权和监护权的证据。

对于原告取得的话剧作品《抓壮丁》的使用权是何种著作权的问题,我认为,著作权是一种法定权利,是法律赋予作者对其创作的作品所享有的专有权利。《著作权法》(2001 年)第 24 条第 2 款[1]关于许可使用合同的主要内容第 2 项,有“许可使用的权利是专有使用权或者非专有使用权”的规定,从这一规定可知,所谓著作权专有使用权的概念,不是独立的一项著作权权利,也不包括在《著作权法》(2001 年)第 10 条[2]规定的 4 项著作人身权和 13 项著作财产权中。因为著作权本身即是一种专有权,其中著作人身权固属于作者,不得转让也不得许可他人使用,其他的著作财产权依法可以转让,也可以通过许可使用的方式进行处分,转让的著作财产权,固然也是专有性质的,只有在著作财产权许可使用合同中,才存在是否需要赋予被许可方专有使用权的问题。因此,单独将“专有使用权”作为一项著作权来主张,是没有著作权法律依据的。本案中,原告通过合同形式取得的话剧《抓壮丁》的使用权,究竟属于何种著作财产权,合同并未明确约定,这一点,原告在其向法院重新提交的证据分类目录中关于上述协议的证明内容里,也是承认的。针对许可使用合同约定不明的问题,《著作权法》(2001 年)第 26 条[3]规定,许可使用合同和转让合同中著作权人未明确许可、转让的权利,未经著作权人同意,另一方当事人不得行使。由此可见,本案中《抓壮丁》的权利人在其收条中仅写明“收到《抓壮丁》电视剧改编权费用”,而在协议中约定的则是“将《抓壮丁》改编权授给甲方”,即便是在《补充协议》中,第 1 条约定的也是将《抓壮丁》改编权独家授给甲方。因此,我认为,根据原告与《抓壮丁》作者戴碧湘签订的协议及支付许可费的收条,应认定原告电视制作中心实际取得的是话剧作品《抓壮丁》的专有电视改编权。

4. 原告电视制作中心是否享有《王保长歪传》的改编权。

就这一争议焦点,四原告提交的证据有:电视剧《王保长新篇》VCD,原告以

---

[1] 2020 年修正后为第 26 条第 2 款。
[2] 2020 年修正后仍为第 10 条。
[3] 2020 年修正后为第 29 条。

在其电视剧《王保长新篇》中为电视剧《王保长歪传》的制片方进行了署名,来说明其为取得电视剧《王保长歪传》改编权付出了代价;由被告高某强与原告某省经济电视制作中心签订的补充协议,原告以协议第5条、第6条的约定,说明已向《王保长歪传》剧本作者支付了2万元使用费;被告高某强出具的2万元收条,说明原告依约支付了《王保长歪传》剧本版权转让费2万元。

四原告认为,电视剧的改编权属于原作品电视剧的著作权人,重庆东方影视制作公司是《王保长歪传》的著作权人。原告拍摄《王保长新篇》时,改编和采用了《王保长歪传》的部分内容,是在《王保长歪传》的著作权人重庆东方影视制作公司的许可下进行的,征得了重庆东方影视制作公司的明确同意,所以原告电视制作中心取得了《王保长歪传》的改编权。

被告高某强对原告证据的"三性"无异议,但认为没有证明力。高某强认为:(1)从《王保长歪传》和《王保长新篇》两部电视剧作品的关系来看,在电视剧作品的表达方式,即画面和画面组合上看,两部电视剧作品没有相互改编或复制问题,应该属相互独立的两部电视剧作品。(2)从《王保长歪传》剧本文字作品和《王保长新篇》剧本文字作品的关系上看,《王保长新篇》剧本涉及使用了《王保长歪传》剧本部分内容的地方,在著作权法意义上,是一种部分复制使用,也就是说《王保长新篇》剧本文字作品部分复制了《王保长歪传》剧本的内容,这种使用不属于改编使用。(3)原告电视制作中心在其《王保长新篇》电视剧中使用了《王保长歪传》剧本文字作品的部分内容,只能说是合法使用。虽然《王保长歪传》剧本作者向原告许可使用《王保长歪传》剧本作品时,使用了"改编"权的概念,但这是当事人对法律的错误认识所致,要正确判断他们之间的法律关系还是应根据原告对《王保长歪传》剧本的使用事实和《著作权法》的规定来进行,原告对《王保长歪传》剧本的使用符合复制使用的规定,而不符合改编的规定。

被告峨眉电影制片厂同意被告高某强的意见。

我在代理意见中提出:著作权是法律赋予作者对其作品享有的专有权,作者以外的人,如需使用受著作权法保护的作品,除法律规定的合理使用和法定许可使用外,均应取得著作权人的许可或通过转让取得使用权。本案中,《王保长歪传》同时存在剧本文字作品和电视剧影视作品这样两部独立的作品。原告主张享有《王保长歪传》的改编权,就应承担其分别取得《王保长歪传》剧本文字作品和电视剧影视作品的著作权人授予或转让改编权的举证责任。原告是否享有改编权和事实上原告是否实施,以及如何实施对这两部作品的改编使用,是两个不同的问题。就本争议焦点,原告所举出的证据,并不能证明其依法取得了《王保长歪传》剧本文字作品和《王保长歪传》电视剧作品的改编权。

5.《王保长后传》剧本作品是改编作品还是原创作品,以及是否属于职务作品。

就这一争议焦点,四原告以法院调取的《王保长末传》《王保长后传》文字作品著作权登记档案两套来说明,《王保长后传》剧本是职务作品;同时,原告提交的证据有:由原告某省经济电视制作中心和四川泰发建筑有限责任公司与被告高某强签订的购买《王保长末传》剧本的协议,来证明该剧本已转让给了原告;高某强出具的《王保长末传》剧本定金和稿费收条,证明2003年4月8日为剧本交付时间;高某强书写的关于《王保长后传》版权之争真相说明材料,证明《王保长新篇》是从《王保长末传》演变而来;关于购买《王保长末传》剧本协议的补充协议,证明原告电视制作中心聘请高某强做剧本统筹工作;高某强领取统筹费的收条,证明高某强履行职务行为。

四原告认为,《王保长后传》电视剧剧本的作者是高某强,作为文字作品被告享有文字方面的著作权。原、被告双方都承认《王保长后传》是《王保长新篇》的续写或续集。续写正是演绎作品最为基本的特征。《王保长后传》是从《王保长新篇》改编而来,他们并不否认《王保长后传》具有一定的独创内容,但《王保长后传》是演绎作品还是创作作品丝毫不影响《王保长后传》侵权的事实成立。因为《王保长后传》大量使用了《王保长新篇》独创的内容。例如,《王保长后传》与《王保长新篇》主体思想相同,都是"狗变人";时代背景直接衔接;主要人物关系相同;王保长、三嫂子等人物形象、特征及服饰相似;故事情节大量雷同,在中心情节线上一脉相承;都是发生在龙隐镇、龙隐山。

被告高某强对原告证据的"三性"无异议,但认为这些证据对证明原告的观点均无证明力,但对证明《王保长后传》是原创作品,且不是职务作品具有证明力。高某强就本争议焦点,提交的证据有:被告制作的《作品关系图》和《作品比较和鉴别》,对本案涉及的四部有关王保长的文字作品故事内容和相应影视作品情况进行了归纳比较,以此说明《王保长后传》剧本属于续写的原创作品。四原告认为上述证据都是其自己的陈述,不具备证据三性。

关于《王保长后传》剧本是原创还是改编问题,高某强认为,《王保长后传》剧本是在《抓壮丁》《王保长歪传》《王保长新篇》等三部有关"王保长"的作品的基础上续写的全新作品,是原创作品,不是改编作品。原告认为续写也是一种改编行为，并且将演绎作品也等同于改编作品，是没有法律依据的。理由是，《著作权法》意义上的改编作品，是指在原有作品的基础上，通过改变作品的表现形式或者用途，创作出具有独创性的新作品。演绎作品，顾名思义，即从原有作品中派生出的新作品。这种派生作品中虽有后一创作者的精神成果在内，但又并未改变原作之创作思想的基本表达形式。而续写并非我国现行《著作权法》规定的对作品的使用方式，也即不是《著作权法》给予作者的一项著作权权利。《王保长后传》对于前三部作品的使用，不是改编使用，只是借用了其中的人物和环境，独创了全新的情节和内容，属于目前法律没有规定的续写使用。

关于《王保长后传》剧本是否属于职务作品的问题，高某强认为：首先，原告在诉状中两处明确自己是《王保长后传》剧本的作者，在庭审中仍不否认这一事实，并且原告也从来没有主张其对《王保长后传》剧本享有著作权。其次，从作品完成时间看，在没有相反证据的情况下，著作权登记证上载明 2003 年 6 月 18 日应被认定为该作品的完成时间。至于《王保长后传》剧本最后定稿的内容与登记时存在差异问题，是完全正常的修改作品的现象。原告所说被告高某强是在担任《王保长新篇》剧本统筹时创作的《王保长后传》，完全与事实不符，根据双方的补充协议，被告是在 2003 年 7 月 1 日才接受委托担任《王保长新篇》的剧本统筹，这时间已经是在《王保长后传》剧本创作完成时间之后了。再次，原告也没有任何证据证明《王保长后传》剧本创作具有职务行为的性质。最后，即使存在职务作品的问题，根据《著作权法》的规定，在双方没有相反约定的情况下，职务作品的著作权也属于作者。

被告峨眉电影制片厂同意高某强的意见。

对此争议问题，我在代理意见中认为：

关于《王保长后传》是改编还是原创的问题，涉及如何理解《著作权法》对改编的定义。《著作权法》(2001 年)第 10 条第 1 款第 14 项[1]规定，改编权，即改变作品，创作出具有独创性的新作品的权利。法理通说认为，所谓改编作品，一般是指在不变动作品实质内容的前提下，将作品由一种类型改变成另外一种类型。原文化部[2]在《图书、期刊版权保护试行条例实施细则》(已失效)里，对“改编”作了更加具体的解释，这个解释是说，“改编”是指将已经发表的作

---

〔1〕 2020 年修正后仍为第 10 条第 1 款第 14 项。

〔2〕 2018 年机构改革后为文化和旅游部，下同。

品由一种类型改变成另一种类型(如将小说等非戏剧、电影作品变成戏剧、电影作品,或者相反;或将戏剧作品变成电影作品,或者相反;或将小说、剧本等变成连环画等),或不改变作品类型而将一部作品变成适合特定对象需要的作品(如将科学专著改变成科普读物)。因此,改编,在著作权法意义上,是指在原有作品的基础上,通过改变作品的表现形式或者用途,创作出具有独创性的新作品的作品使用方式。一般来说,改编使用了原作品的基本内容,如果基本内容不一致,就是重新创作了,改编还必须是对原作的内容进行了修改,否则就是复制了。

本案原、被告双方对《王保长后传》是《抓壮丁》《王保长歪传》《王保长新篇》的续写作品这一观点并无异议,只是双方对续写作品的性质存在分歧。我认为,作品的续写权,并不是现行《著作权法》规定的著作权权利,著作权理论认为,续写是对现有作品在时间上和(或)空间上进行延伸和拓展,拓展者借用现有作品的主要角色或典型艺术形象,综合理论或线索等进行延伸和拓展而成的作品,是基于原有作品而创作出的全新作品,在新作品中已看不出原作品的基本情节和结构,但可以看出它与原作品是一脉相承的。续写作品不属于演绎作品,比演绎作品具有更多的独创性。对比著作权理论对于改编和续写的解释,可以得出结论,续写不属于改编权的范畴。

原告认为对作品的改变都属于改编,并将续写作品认定为演绎作品、改编作品的观点是错误的。从著作权理论分析,著作财产权可以分为复制权、演绎权和传播权三大类。著作财产权中的翻译权、改编权、制片权等都属于演绎权的范畴,现行《著作权法》并未将演绎权作为单独的著作权权利。改编权只是演绎权的一种,而不是与之等值的同位概念。而改变作品是一种事实行为,不是作品著作权中的一种,对作品进行翻译、改编、制片、汇编、甚至于修改,都可以视为对作品的改变,但显然,不能将上述全部对作品的使用方式都称为改编,也不能将上述对作品的使用形成的成果都称为改编作品。

本案中,原告列举的《王保长后传》剧本内容和《王保长新篇》内容相同或相似的地方,其实质并非故事内容和情节的相同或相似,而是《王保长后传》故事完全承袭了《王保长新篇》的故事发展脉络,是对在《王保长新篇》作品中已经发生的故事的延续。而且两部作品中的故事情节都是作者虚构的,故事的延续动力并非源自自然规律运动的必然结果,而是完全受作者主观创作意志控制的结果,这也正是作者独创性或原创性的体现。在《王保长后传》剧本作品中,人物命运的发展变化和故事情节的设计、描写,和已有的关于王保长的三部作品《抓壮丁》《王保长歪传》《王保长新篇》中已经存在的故事内容、情节,也不存在法律上的实质相同或相似关系,这一点,对于阅读了几部作品的人来说,结论是显而易见的。至于因为人物相同而出现的生活场景、性格、行为特征、语言、生活细节的相同和相似,是属于后续作品的特征,不是据以判断两部作品是否具有改编与被改编关系的特征。因此,我认为,原告认为《王保长后传》是改编作品的观点不能成立,《王保长后传》剧本作品具有原创性。

关于《王保长后传》剧本是否属于职务作品,原告的观点存在相互矛盾。原告虽然承认高某强是《王保长后传》剧本的作者,也承认其对该作品享有"文字方面的著作权",却又在庭审中多次提出该作品是高某强履行《王保长新篇》剧本统筹职务期间创作的,属于职务作品。但从原告举证来看,并没有相应证据证明就《王保长后传》剧本的创作,是由原告指派作者高某强进行的职务创作。因此,我认为,《王保长后传》剧本作品是高某强的个人作品,不是职务作品。

6. 电视剧《王保长新篇》有没有剧本文字作品,《王保长新篇》剧本作者是谁,以及《王保长末传》文学剧本与《王保长新篇》《王保长后传》剧本的关系。

就这一争议焦点,四原告提交的证据《王保长·抓壮丁新篇》工作台本,证明故事的主题、人物关系和情节发展的过程;原告与被告高某强签订的关于购买《王保长末传》剧本的协议及补充协议,证明委托了高某强担任剧本统筹,改编剧本属于职务行为。

四原告认为,《王保长新篇》的电视剧剧本以书面形式表现的名称是《王保长·抓壮丁新篇》工作台本,其作者有被告高某强,但作者是多人而非一人。《王保长新篇》文字作品是职务作品,理由是:(1)被告高某强与原告某省经济电视制作中心形成了类似劳动法律关系。双方于2003年7月1日签订的《补充协议》约定了聘请高某强负责剧本修改的全过程,被告也两次在剧组以演职员身份领取了酬金,该酬金就是被告被聘为剧本统筹完成工作任务所得到的劳动报酬。(2)被告高某强完成《王保长新篇》的改编工作是履行原告以及摄制组交给的工作任务。《王保长新篇》的产生不是被告独立主动创作的结果。(3)被告改编创作《王保长新篇》是代表原告单位意志或摄制组的意志所进行的改编创作过程。因为要求提出改编的意思和故事发展的需要不是被告的意志,而是原告和剧组的意志。(4)被告是利用原告提供的改编作品的改编权进行的改编工作。因为原告取得了《抓壮丁》文字作品的改编权、《王保长歪传》文字作品的改编权、《王保长末传》文字作品的改编权,原告为被告改编创作提供了必要的工作条件,改编工作中唯一的基本必备条件就是获取改编权。(5)《王保长新篇》这部文字作品由原告承担相应的法律责任。原告在与被告就《王保长末传》改编权转让的时候约定,如果原告逾期不使用这部作品,被告将收回。在与《抓壮丁》作者的协议中也有违约责任。因此,被告高某强不是《王保长新篇》的著作权人,而仅仅是编剧。

被告高某强对原告的证据“三性”无异议,但认为没有证明力。高某强就本争议焦点提交证据《王保长末传》文字作品著作权登记证,证明该作品完成时间是2002年12月8日,不是在担任《王保长新篇》剧本统筹期间;提交载有《王保长新篇》剧本文字作品电子文档的软盘,证明《王保长新篇》剧本是由高某强创作完成;提交由陈某黔手书的“李保田及专业人士对剧本的几条意见”,证明修改《王保长末传》形成《王保长新篇》的起因,并证明原告等只是提出了修改意见而没有参与修改或创作;提交2003年4月8日、2003年5月27日、2003年7月23日由原告方出具的《王保长末传》及《王保长·抓壮丁新篇》剧本收条,证明《王保长末传》《王保长·抓壮丁新篇》与《王保长新篇》剧本作品都是同一作品,是由高某强修改完成。四原告对高某强举出载有《王保长新篇》剧本文字作品电子文档的软盘的证据,提出异议,认为不具有“三性”,对其他证据的“三性”无异议。

被告高某强认为,关于《王保长新篇》是否存在文字作品及其作者问题,原告前前后后却出现了四种不同的说法。第一种说法:在诉状中,原告有三处明确提到《王保长新篇》文字作品,更在诉状第7页明确承认被告高某强是《王保长新篇》的文字作品著作权人。第二种说法:在证据交换过程中,原告明确否认存在《王保长新篇》这样一个文字作品。第三种说法:在法庭调查过程中,原告又回到承认有《王保长新篇》剧本的说法,并承认被告高某强是剧本的执笔,认为《王保长新篇》剧本是委托作品或职务作品,著作权归原告。第四种说法:在法庭辩论阶段,原告竟然又说《王保长新篇》剧本作者不是被告高某强,不是一人而是多人,其表达的意思概括来说是认为《王保长新篇》剧本不是自然人的作品而是法人作品。且不说根据证据规则的规定,原告改变其在诉状中自认的事实需要提供充足的反证,就是原告现有的证据,比如《王保长·抓壮丁新篇》工作台本编剧的署名、电视剧《王保长新篇》中编剧的署名以及补充协议等，加以被告的证据如《王保长新篇》三份修改稿、收条等，足以证明不仅存在《王保长新篇》剧本文字作品，其作者是被告高某强的事实也是不能被抹杀的。

关于《王保长末传》文学剧本与《王保长新篇》《王保长后传》剧本的关系问题，被告高某强认为，首先应先看所谓《王保长末传》与《王保长新篇》的关系。原告在其诉状第4页讲得很清楚，诉状讲到：有关《王保长新篇》剧名的变更，最开始与被告高某强签合同时使用的名称是《王保长末传》，在与戴碧湘签订补充协议时使用的名称是《王保长全传》，在向原国家广播电视总局申报时使用的名称是《王保长末传》，最后定名为《王保长新篇》。所以，上述四个名称（《王保长末传》《王保长与三嫂子》《王保长全传》《王保长新篇》）都是指同一作品。原告的叙述是正确的，也与客观事实相符，具有证明力。但原告在法庭审理过程中却又一次否定了自己，把《王保长末传》和《王保长新篇》说成是两个作品，将《王保长新篇》界定为《王保长末传》的改编作品。事实上，《王保长新篇》剧本文字作品是在最初完稿的20集电视剧《王保长末传》剧本基础上经多次修改完成的。主要的修改体现在扩展了6集内容，而这扩展的6集加入了话剧《抓壮丁》作品中抓壮丁、新生活运动等故事内容和情节，还加入了《王保长歪传》剧本文字作品中王保长开当铺等故事内容和情节。故最后定稿形成的《王保长新篇》剧本文字作品涉及了对话剧《抓壮丁》电视剧改编权及《王保长歪传》剧本文字作品部分内容的复制权。

就《王保长新篇》剧本与《王保长末传》剧本因名称不同而生产的关系问题，如同《红楼梦》与《石头记》的关系一样，是一个作品的不同名称而已。就《王保长新篇》剧本与《王保长末传》剧本因内容增加而生产的差异，其关系也如今本《红楼梦》小说，被认定为曹雪芹和高鹗合作作品一样，没有人会因高鹗补写《红楼梦》而增加甚至修改了曹雪芹原作内容，而认定高鹗版的《红楼梦》小说是改编作品。因为作为一部小说，不管是曹雪芹亲自创作的部分还是高鹗补写的部分，它们一起构成了《红楼梦》的完整性和独立性。因此，高某强认为《王保长新篇》剧本和《王保长末传》是经修改、扩写后的同一作品，而不是两个作品。

关于《王保长新篇》剧本文字作品和《王保长后传》剧本文字作品的关系，高某强认为，要判断这两个作品的关系，必须从它们二者作品内容的联系上入手。在主要人物称谓及人物间身份关系方面，《王保长新篇》和《王保长后传》，以及

《抓壮丁》《王保长歪传》，这四部文字作品都有共同处；从作品内容及故事情节方面对比，《王保长新篇》剧本文字作品中使用了话剧《抓壮丁》中抓壮丁、新生活运动等故事情节，使用了《王保长歪传》剧本文字作品中的部分内容，《王保长后传》剧本文字作品在故事发生的时间、社会背景、具体故事内容和情节上与前三部文字作品均不相同。因此，《王保长后传》剧本文字作品应属《王保长新篇》剧本的续写作品，同时也是《抓壮丁》《王保长歪传》的续写作品。

被告峨眉电影制片厂同意高某强的意见，对被告高某强举出的证据无异议。峨眉电影制片厂认为：(1)原告提交的证据都证明《王保长新篇》有影视剧剧本，且文字作者是高某强。(2)《王保长后传》与《王保长新篇》是续集关系，不是改编关系。写续集是被告高某强的权利，原告享有的仅仅是电视剧的版权，高某强对剧本有权单独使用，当然包括写续集的权利。(3)《王保长新篇》剧本不是职务作品。

关于《王保长新篇》有没有影视剧本的问题，我在代理意见中认为：

影视作品创作的基本规律是首先应有成熟的剧本，通常被称为文学剧本，以区别于导演根据文学剧本制作的分镜头剧本或工作台本。本案原告提交了电视剧《王保长新篇》的工作台本作为证据，却否认存在相应的文学剧本，显然于常理不合。至于电视剧《王保长新篇》所依据的剧本实际名称是否也叫《王保长新篇》，并不具有实质意义，根据本案原、被告双方举出的证据来看，最终定稿的剧本，实际名称是《王保长·抓壮丁新篇》，但将其称为《王保长新篇》剧本也是完全符合客观事实的。

至于如何确定剧本作品《王保长·抓壮丁新篇》作者的问题，根据《著作权法》(2001 年)第 11 条第 4 款[1]的规定，如无相反证明，在作品上署名的公民、法人或者其他组织为作者。从原告提交的该作品工作台本上编剧署名为栈桥以及电视剧《王保长新篇》中编剧的署名为栈桥的事实，以及原告在庭审中的相关陈述，加之被告高某强，即栈桥提供了该作品的原始底稿，以电子文档形式固定下来的该作品，均可以认定被告高某强即为《王保长·抓壮丁新篇》也即《王保长新篇》剧本文字作品的作者。

关于《王保长末传》剧本与《王保长新篇》剧本的关系问题，我认为，虽然从内容上来看，最终定稿的，也即是原告投拍的《王保长新篇》剧本与最初完成的，

---

〔1〕 2020 年修正后为第 12 条第 1 款。

也即是在四川省版权局登记的《王保长末传》的内容有了改变，但主要内容仍是一致的，都是以美军运钞机坠毁龙隐山为故事发展的背景，以王保长和三嫂子情感发展为主线而引申出的长篇电视剧故事。所不同的是，在原《王保长末传》剧本创作的故事前，加入了话剧作品《抓壮丁》中独创的抓壮丁、新生活运动等故事情节，还加入了《王保长歪传》剧本作品中独创的王保长开当铺等故事内容和情节。这样的变化，在行为上是对作品进行的扩充，但因为其作品表现形式仍为电视剧剧本，且这一扩充并未在根本上改变原作的创作思想和作品内容，故在性质上，应认定为是对原作进行的修改，而不是改编。改编的含义，在前一个争议焦点中已经作了阐述，改编是对原作的再创作，并形成新的作品，而本案中《王保长末传》和《王保长新篇》剧本，不管对于原、被告双方，还是对原国家新闻出版广电总局来说，都不是作为两个作品来看待的。这一点在 2003 年 8 月 11 日，原国家新闻出版广电总局颁发的 26 集《王保长末传》剧目的《电视剧制作许可证》就可以清楚地说明，原告的电视剧《王保长新篇》拍摄所依据的也是这份许可证，并未因为《王保长新篇》和《王保长末传》产生了作品名称和内容的变化而作为两个不同的剧目重新申办制作许可证。而且原告以书面形式向作者提出对原作的意见后，作者在 2003 年 5 月 27 日和 7 月 23 日两次交付修改成果时，原告方面的收据也是清楚写明其收到的是修改稿，而不是改编新作。原告与被告高某强签订的协议中涉及作品修改的约定，也是使用“修改”的措辞，而非定义为改编创作。再者，对于作品因修改而产生了变化，就视为形成了新的改编作品，也不符合著作权法的立法精神，如果这样，就会导致作品可以不断进行修改而获得新的著作权保护，导致著作权的保护期限失去意义。因此，根据在案证据，应当认定《王保长末传》剧本，以及在原告与高某强签订的补充协议中涉及的《王保长全传》剧本，与最终形成的《王保长新篇》剧本为同一作品。至于在作品修改过程中涉及对《抓壮丁》和《王保长歪传》作品的使用应如何认定性质的问题，并不属本案的审理范围，相关权利主张，应由这两部作品的权利人提出。

关于原告主张《王保长新篇》剧本是职务作品的问题，我认为，《著作权法》(2001 年)第 16 条第 1 款[1]规定，公民为完成法人或其他组织工作任务所创作的作品是职务作品。由此可见，职务作品应具备以下三个特征：一是作者与所在

---

〔1〕 2020 年修正后为第 18 条第 1 款。

工作机构具有劳动关系，而不是临时专为创作某作品而缔结的非劳动关系；二是创作的作品应当属于作者的职责范围；三是对作品的使用应当属于作者所在单位的正常工作任务或业务范围内。显然，职务作品是作者以建立劳动关系方式进入单位之后履行职责所产生的作品。本案《王保长新篇》剧本与《王保长末传》剧本是同一作品，其创作完成时间，也即是享有著作权的时间，在没有相反证据的情况下，应认定为著作权登记证载明的完成时间，即 2002 年 12 月 8 日。原告与剧本作者，被告高某强形成剧本统筹委托合同关系时间是在 2003 年 7 月 1 日，剧本创作完成时双方尚未建立任何法律关系，因此，不具备被告创作是履行职责的前提条件。况且，从合同内容分析，原告与被告高某强建立的也不是劳动法律关系，而是一般的劳务委托合同关系，依据双方合同约定，被告承担的合同义务主要是提供修改剧本劳务活动以及对剧本进行统筹的劳务，合同没有要建立具有隶属关系的劳动关系的约定。而高某强依据与原告的合同约定，履行的是对剧本进行完善修改和统筹的义务，其履行合同义务的结果，并不产生新的作品，因而不能将高某强受原告委托而承担的对原有的《王保长全传》剧本的修改、统筹职责，认定为创作新的《王保长新篇》剧本的创作任务。

关于《王保长新篇》剧本与《王保长后传》剧本的关系问题，我认为，原、被告双方对《王保长后传》剧本是《王保长新篇》剧本的续写作品这一观点并无异议，分歧在于原告认为续写作品就是改编作品，因此《王保长后传》剧本是《王保长新篇》剧本的改编作品。关于这个问题，在本案第五点争议的分析中，我已提出了相应的观点，因为续写作品的内容并未使用原作的内容，并非在原有作品的基础上，通过改变作品的表现形式或者用途，创作出具有独创性的新作品，因而续写作品不是改编作品。本案中《王保长后传》剧本作品也没有对《王保长新篇》剧本作品的内容进行改编使用，因此，我认为《王保长后传》剧本与《王保长新篇》剧本是续写关系，而非改编关系。

7. 影视作品《王保长后传》与《王保长新篇》在主题思想、时代背景、人物关系、人物形象、人物特征、主要角色的语言特征、故事情节、剧作结构、表现形式以及置景和影视画面相同是否属于剽窃。

就这一争议焦点，四原告提交证据电视剧《王保长新篇》VCD 以及本院依法复制的电视剧《王保长后传》录像带，证明两部电视剧中存在主题思想、时代背景、人物关系、人物形象、人物特征、主要角色的语言特征、故事情节、剧作结构、表现形式以及置景、画面相同的事实。

四原告认为,《王保长后传》影视片改编了《王保长新篇》影视片的第 25 集和第 26 集,将其故事内容拍进了《王保长后传》的前 7 集,构成对《王保长新篇》的改编和剽窃,理由是:(1)两剧有相同的历史时空,《王保长新篇》第 25 集、第 26 集描述从“成都方向传来的炮声”到“龙隐镇解放”这段历史时空发生的故事,《王保长后传》前 7 集也反映这段历史的故事。(2)相同的故事展开,在《王保长新篇》第 25 集、第 26 集中,很多故事只是以很短的时间展示,如解放军解放龙隐镇在《王保长新篇》中仅用了几十秒钟,但在《王保长后传》中被演绎成整整一集,把故事内容展开了。(3)相同的人物名称和相关关系。(4)画面、道具布景的抄袭,如《王保长新篇》的几个特色布景,包括街头的人丹广告、膏药灯笼、龙隐镇镇门、二娃子的烟馆、王记当铺、潘家茶楼、王保长办公室、王保长新房的红蚊帐等。

被告高某强对原告举出的证据三性无异议,但认为没有证明力。同时提交证据《王保长 · 抓壮丁新篇》和《王保长后传》两部剧本,证明两部影视剧中出现的主题思想、时代背景、人物关系、人物形象、人物特征、主要角色的语言特征、故事情节、剧作结构、表现形式等相同或相似,是剧本创作的原因,两部电视剧是根据剧本拍摄;一份《合作协议》,证明《王保长后传》拍摄使用的场地是通过租赁取得使用权,场地与电视剧《王保长新篇》的拍摄场地一致;作品关系图、作品的对比和鉴别、载有《王保长新篇》剧本的软盘,证明《王保长后传》作品和《王保长新篇》作品的故事内容是不同的,并不存在剽窃问题。

被告高某强认为,《著作权法》保护的是文学、艺术和科学领域内具有独创性并能以某种有形形式复制的智力成果。换言之,受《著作权法》保护的是一个完整的成果,创造这个成果的过程、劳动、方法、原料,等等,都不是成果,所以不是著作权的客体,原告提出的作品主题思想、时代背景、人物关系,等等,都不是受著作权法保护的客体,两部电视剧存在的上述相同或相似,都不构成著作权法意义上的实质相似,不属于剽窃。

被告峨眉电影制片厂对原告证据的“三性”没有异议,但认为没有证明力,对第一被告的证据无异议。峨眉电影制片厂认为,原告在庭上所列举的 15 个情节相同之处,实际上情节都是完全不同的,只是前剧和后剧在故事情节上保持的连续性,这种连续性不是相同性,这同时也恰恰说明是创作不是剽窃。另外,被告从未使用过影视剧《王保长新篇》,两剧主要人物、人物关系、人物名称同样是源于《抓壮丁》,两部剧都选择龙隐镇作为主要场景地,剧本都是同一个作者,被告高某强创作的,两剧聘请的美工都是廖某安,因此,造成所谓相同和相似都是自然的,不是剽窃。

关于本争议焦点,其核心问题在于如何理解著作权领域内的剽窃或抄袭侵权现象。我的代理意见为,剽窃和抄袭是一个意思,是指那种把他人创作的作品冒充为自己的作品加以使用的侵权行为。剽窃有各种手法,常见的有两种,一种是不加粉饰,原封不动地将他人的作品当作自己创作的作品使用,或者把别人的作品穿插在自己的作品中,不加标注,不加区别地当作自己的作品使用,使读者误认为全部是使用者创作的行为。另一种是抄袭他人创作文学作品的结构和内容,利用他人设计的故事情节和人物,改头换面,变更词汇,然后当作自己的原创作品加以使用的行为。例如,将小说中的人物名称、故事发生的年代、地点等作了变动,或者其中个别情节略作变化,其主要内容,表现手法都是抄袭他人的作品。原告在论述这个问题时,将改编和剽窃混为一谈,这是错误的,改编使用他人作品,属于行使他人作品的改编权的问题,而剽窃并不是一种改编使用,理论上认为是一种复制使用,侵犯的是著作权人的复制权。

被告方也不否认电视剧《王保长后传》在主题思想、时代背景、人物关系、人物形象、人物特征、主要角色的语言特征以及置景方面与电视剧《王保长新篇》存在的部分相同或相似,但否认两剧在故事情节、画面上具有相同或相似性。根据对原告举出的电视剧《王保长新篇》和法院调取的电视剧《王保长后传》进行播放,对比两部电视剧的画面和内容的情况来看,两部电视剧的拍摄明显具有相互独立性,这表现在两剧的主创人员不同、拍摄时间不同、镜头角度不同、镜头内容不同、镜头剪接不同、台词不同、配音不同、音乐不同等方方面面,两部电视剧在上述方面的不同,是任何人凭感官感受即可作出判断的。而且,原告也不否认两部电视剧是由两个不同的摄制组分别根据《王保长新篇》剧本和《王保长后传》剧本拍摄完成的事实,电视剧《王保长后传》并未直接使用电视剧《王保长新篇》的任何一个镜头,这是和本争议焦点有关的基本案件事实。因此,原告关于两部电视剧作品存在剧作结构、表现形式以及置景和影视画面相同的主张,与案件事实不符。

关于两部电视剧在故事情节方面是否存在相同或相似而构成剽窃的问题,首先应从两部剧本是否存在情节相同或相似上进行分析。

对于《王保长新篇》剧本文字作品和《王保长后传》剧本文字作品是否存在情节相同或相似而构成剽窃侵权的问题,我认为,情节,是指事情的变化和结果,本案剧本文字作品的情节,是指剧本描写的具体故事内容的变化和结果。本案中,《王保长后传》剧本作品表达的主要内容是反映解放后,王保长等人在蒋县长的胁迫下参加反共救国军,上山为匪,解放军进驻龙隐镇剿匪,王保长最终在党的政策感召下,在三嫂子的爱情呼唤下,弃暗投明,完成人性转变的故事。《王保长新篇》剧本作品表达的主要内容是在解放战争末期,国民党反动政府抓壮丁,王保长等地方官僚和地主借机鱼肉、欺压百姓,以及美军运钞机坠毁龙隐山,大量关金券散落引发的故事,揭示了人性的贪婪和国民党政府的腐败。因此,两部作品实际在故事内容上存在明显区别。在作品设计的具体情节方面,原告列举的两部作品中情节相同或相似的地方有多处,主要集中在电视剧《王保长新篇》后两集和电视剧《王保长后传》前四集中,但经法院播放比对,原告所谓相同或相似情节,实际上明显不存在相同或相似问题。比如原告在法庭播放电视剧《王保长新篇》中关于飞机票一节,是表现李老大送逃往我国台湾地区的飞机票给李老栓的故事发展和结果,但原告用以对比的电视剧《王保长后传》中,关于飞机票的故事,并非重复李老大送飞机票给李老栓的故事,而是李老栓拿着这张机票赶往成都的过程中发生的故事,显然两部作品虽然都有关于飞机票的故事,但故事内容和情节是不同的。在《王保长后传》剧本中出现的部分故事是源于《王保长新篇》的故事线索发展而来,这正是续写作品的特征,而不能被认定为情节相同或相似,更不属于剽窃侵权的行为。因此,基于两部不存在剽窃侵权关系的剧本文字作品再创作而形成的影视作品,在情节上也不存在剽窃侵权的问题。另外,本案中原告并未举证证明其在《王保长新篇》影视作品中创作了《王保长新篇》剧本作品所没有的故事情节,也未证明电视剧《王保长后传》使用了其有别于《王保长新篇》剧本作品的,由原告独创的故事情节。因此,原告关于两部电视剧情节相同或相似构成剽窃侵权的主张,是不能成立的。

关于两部作品中主题思想、时代背景、人物关系、人物形象、人物特征、主要角色的语言特征相同和相似是否属于剽窃侵权的问题,根据上述关于剽窃的论述,判断一部作品是否存在对另一作品的剽窃行为,是依据两部作品在主要内容、表达方式上是否存在相同或相似为判断标准的。主题思想、时代背景、人物关系、人物形象、人物特征、主要角色的语言特征的相同和相似,属于具有承前启后关系的续写作品的特点,不属于判断两部作品是否属于剽窃的内容实质相似的特征。况且,《王保长新篇》剧本作品和《王保长后传》剧本作品同属一个作者,也就不存在剽窃作品中将他人作品冒充自己作品使用的前提。因此,原告关于两部电视剧作品中主题思想、时代背景、人物关系、人物形象、人物特征、主要角色的语言特征相同和相似构成剽窃侵权的主张,同样不能成立。

8. 影视作品的人物名称和作品名称是否涉及《反不正当竞争法》的调整。

因为本争议焦点是法律适用的争议,原、被告双方均无证据举出。

四原告认为,被告制作、发行电视剧的行为属于营利性服务,故可以由《反不正当竞争法》调整。被告利用《王保长新篇》在市场上的巨大影响、良好形象和前期的宣传优势,在《王保长新篇》上就地取材,采用"搭便车"的方法、"克隆"的手段和"双胞胎"的形式以图获利,占据和排挤《王保长新篇》的市场份额,其行为已构成不正当竞争。《王保长新篇》事实上已经形成了一个以"王保长"和"三嫂子"为标志的有一定影响的商品,对有一定影响的商品的不正当竞争,即在同一市场使用与其特有的名称、装潢相同或者相近的标识的,应当受到法律的禁止。

被告高某强认为:(1)原告不是争议的所谓的人物名称和作品名称的创造者。人物名称以及作品名称都不是著作权的客体,不是受著作权法保护的作品。即便把人物名称和作品名称看作一种创造,其创造者也是文字作品的作者。"王保长"称谓是《抓壮丁》作者创造出来的,《王保长新篇》作品名称也不是原告的创造。(2)本案是著作权侵权纠纷,不论人物名称和作品名称是否适用《反不正当竞争法》来调整,都不是本案的审理范围,而是另案处理的问题。(3)抽象的人物名称和作品名称不具有任何专有权。

被告峨眉电影制片厂认为:(1)《王保长新篇》摄制在前,并且在已经发行、播出后,《王保长后传》才开始拍摄,《王保长后传》对《王保长新篇》的摄制、发行未造成任何阻碍,两者不存在竞争关系。(2)被告的行为不符合《反不正当竞争法》关于不正当竞争行为的规定,没有任何不正当竞争行为。(3)原告要拍的《王保长新篇》续集不能立项是行政审批的问题,不是市场竞争的结果。

我的代理意见为,本着民事诉讼不告不理的原则,本案原告提出的诉讼请求是判令被告停止对其影视作品《王保长新篇》著作权的侵害,本案诉讼标的是原告主张的电视剧作品《王保长新篇》的著作权。《反不正当竞争法》是调整市场经济活动中经营者之间以及经营者和消费者之间法律关系的专门法律部门,和《著作权法》是两个不同的法律部门。因此,原告主张被告的经营行为涉及不正当竞争,损害了原告的合法权益,应属一项独立的诉讼请求,不在本案审理范围中。

9. 道具、场景、服饰、发饰是否享有著作权,影视剧中人物名称是否享有著作权。

本争议焦点涉及对《著作权法》的理解,原、被告双方均无证据举出。

四原告认为,龙隐镇是原告电视制作中心所取,属于原告的著作权范畴。根据《著作权法》的规定,著作权的保护客体的内涵是作品,其外延并没有作出限制,因此,道具、场景、发生地、人物名称,只要具有独创性,都应受到著作权法的保护。此外,道具、场景、发生地、人物名称都是电视剧作品的不可分割的重要组成部分,是电视剧的重要"个性",《王保长后传》对《王保长新篇》的模仿使《王保长新篇》的个性减损和稀释。《王保长后传》对《王保长新篇》道具、场景、发生地、人物名称等内容的侵犯也就是对《王保长新篇》著作权的侵犯。

被告高某强认为:(1)《著作权法》所称的电影作品,是摄制完成的影片,而不是其中的阶段性成果,也不是电影艺术中的构成要素。电影作品受《著作权法》保护的是"有伴音或无伴音的一系列画面"。道具、场景、服装等对于电影作品来说,不具有独立创作成果的意义,不具有单独的著作权,在电影作品中,只是属于必要元素而已。(2)《王保长后传》电视剧在场景、道具、服饰、发饰上与电视剧《王保长新篇》的相同不构成侵权。本案中,原告在安县影视基地拍摄《王保长新篇》电视剧,因剧情需要,而投资修建了部分建筑,这些建筑风格都是力求真实反映川西民居特色,就建筑设计来说,这些设计属公有领域的建筑模式,不具有创造性,这些建筑本身不享有著作权。被告因拍摄《王保长后传》也选择了在安县影视基地进行拍摄,并通过与这些建筑物的所有权人和管理者,蜀龙旅游公司签订租用合同的方式取得这些建筑的使用权,因此,被告在拍摄中使用原告原先修建的建筑的行为,属于合法的物权行为,不构成侵权。(3)电视剧《王保长新篇》和《王保长后传》在拍摄选景上相同,导致电视剧画面中存在若干画面元素相似的问题,两部电视剧中被摄对象的相同并不否定拍摄活动的相互独立性,不能依据画面中包含的被摄事物相同就认定画面相同。电视剧作品的独创性体现在画面的独立拍摄和画面的衔接上,而不要求被拍物具有独创性。以摄影作品为例,就同一名胜风景创作的摄影作品,多不胜数,这些作品因其被摄对象相同而存在不同程度的相似性是必然的,只要某一摄影作品是由摄影者独立拍摄,即使作品因被摄景象的相同而造成与别的受著作权法保护的作品相同或相似,也不应认定是复制或侵权行为。本案中两部电视剧作品因被摄场景相同而造成的部分画面元素的相似,同理也不构成画面的复制,不是一方对另一方权利的侵犯。

被告峨眉电影制片厂认为:(1)原告所称的道具都不是作品。(2)原告主张的场景也不是其出资修建,原告没有所有权。(3)原告并没有就服饰申请专利,且被告并没有使用与原告剧中一样的服饰。(4)发饰不能单独存在,不具有可复制性,不是作品。

对此争议问题,我的代理意见为:本争议焦点涉及对著作权客体的理解。原告以逻辑学的方式对著作权客体进行了分析,但我认为其分析存在逻辑错误。首先,内涵和外延是概念的两个逻辑特征,概念的内涵是指概念所反映的客观事物本质属性的总和,概念的外延是指具有概念内涵的客观事物的总和。因此,著作权客体如果作为一个概念进行分析,其内涵应是:著作权法的保护对象。作品与著作权客体,是属于具有同一逻辑关系的两个概念,而不是其内涵。其次,根据《著作权法实施条例》(2002 年)第 2 条[1]的规定,作品的内涵是:文学、艺术和科学领域内具有独创性并能以某种有形形式复制的智力成果。根据《著作权法》(2001 年)第 3 条[2]的规定,作品的外延是:(1)文字作品;(2)口述作品;(3)音乐、戏剧、曲艺、舞蹈、杂技艺术作品;(4)美术、建筑作品;(5)摄影作品;(6)电影作品和以类似摄制电影的方法创作的作品;(7)工程设计图、产品设计图、地图、示意图等图形作品和模型作品;(8)计算机软件;(9)法律、行政法规规定的其他作品。因此,本争议焦点涉及的道具、场景、服饰、发饰,并不属于可以归类于上述作品外延的任何一类,且在本案中原告提出权利主张的道具、场景、服饰、发饰,都是客观存在的日常事物,不属于文学、艺术和科学领域内具有独创性的智力成果,因而不享有著作权。

关于原告认为道具、场景、发生地、人物名称都是电视剧作品的不可分割的重要组成部分的观点,我的代理意见为,事物的组成部分是相对于事物的整体的一个概念。在影视作品中,影视创作使用的道具、场景、发生地是创作的工具,与作为创作成果的影视作品,不是事物整体与部分的关系,而是作品与元素的关系。道理非常浅显,事物的部分,可以从其整体中分离出来,并且分离出来的部

---

〔1〕 2013 年修订后仍为第 2 条。

〔2〕 2020 年修正后仍为第 3 条。

分，仍具有整体的特有属性，而元素是不可从物质中分离的，或者分离出来以后，元素就根本不具有该物体的特有属性了。道具、场景、发生地，事实上不可能从影视作品中分离出来，即使能将作为物体的道具和场景从拍摄现场单独取出，独立的道具和场景也不可能被当作影视作品来使用，因为独立出来的道具和场景，并不具有影视作品“由一系列有伴音或无伴音的画面组成”的特征。比如本案的电视剧《王保长新篇》，其整体是被记录于磁带上的全部 26 集的电视节目，单独将其中一集，甚至是将其中一分钟或数秒钟的节目进行播放都是可行的，因为不管是一集还是一分钟或数秒钟的画面，都是它的一部分，但不可能将其中的道具或场景从画面中分离出来单独进行播放使用，因为被固定在画面中的道具和场景并非电视剧的一部分，而只是构成电视剧的元素。另外，从影视创作的理论分析，电影画面由三种元素组成，第一种是表演元素，指演员的动态表演；第二种是造型元素，泛指画面中可视的物体，包括道具、服装、布景等；第三种是镜头组合元素，是指镜头或画面之间运动组合的方式，也被称为蒙太奇元素。可见，原告将影视作品中元素当作作品的部分，是违反逻辑和常识的，缺乏事实和法律依据。

关于人物名称在影视作品中是否属于著作权客体问题，我的代理意见为，影视作品中的人物具有双重性，一方面，抽象的影视人物是由文字作品塑造出来的艺术形象，其艺术形象的形成是基于文字作品作者的成功创作。另一方面，在影视作品中的具体人物形象，依附于扮演这个人物的演员的个体形象而存在，但又独立于演员本人。对于文字作品中人物形象和人物名称，在本案前几个争议焦点里已经分别进行了阐述，我认为，文字作品中的人物形象和人物名称，并不具备独立作品的特性，不是著作权的客体。使用已有文字作品中的人物进行再创作，属于作品的续写使用，并不为现行《著作权法》所禁止。影视作品通常是依据文学原作著作权人授予的摄制权，进行改编以后投入影视拍摄而创作形成的演绎作品。影视作品区别于文学原作的独创性在于，影视作品是以现代摄像技术，通过演员的表演，将文学原作创作的故事内容固定为影像形式所形成的新作品。因此，影视作品中抽象的人物形象或人物名称，是使用的文学原作作品的人物形象和人物名称，而非影视作品作者的创作。影视作品中的具体人物形象，或称为角色形象，即由演员扮演的剧中人物所形成的艺术形象，则是属于影视作品的表演元素的范畴，也不是影视作品的著作权客体。因此，影视作品中的人物形象或人物名称不能享有著作权。

10. 四原告主张在影视作品《王保长新篇》中新建的景点和场景有哪些。

就这一争议焦点，四原告提交的证据有：共 71 组、200 张剧照，证明原告在《王保长新篇》中使用的场景以及被告在《王保长后传》中使用的场景相同或相似；原告聘请《王保长新篇》美工人员、置景人员、道具人员的合同以及有关场景的创作说明、美术阐述，以此证明在该剧中使用的场景和道具属于创作；原告关于搭建场景的票据，证明原告搭建场景的支出情况；山寨、门楼设计图、李家大院设计图、木楼设计图，以此证明原告搭建的景点。

四原告认为，在拍摄《王保长新篇》时，原告搭建、制作了大量的场景，这些场景都是原告的独创，应受到保护。

被告高某强对上述证据的"三性"没有异议，但认为没有证明力。高某强认为，被告并不否认原告在拍片时搭建了部分场景，任何剧组拍片都会搭建场景，但原告的证据并不能证明那些场景就是原告搭建的。龙隐镇是一个影视基地，从最初的《淘金记》到《王保长歪传》，都是在该处拍摄，每个剧组都会搭建不同景点，《王保长后传》拍摄时的现有景点，不是全部都是原告搭建的。况且，场景不是影视作品的著作权客体，被告即使使用了原告搭建的场景，也和侵权无关。

被告峨眉电影制片厂对原告证据的"三性"提出异议，认为大部分的证据缺乏真实性。而且从原告举出的票据来看，只有不到 20 万元的支出，对于原告主张的场景来说，这么一点钱是根本不能够建成的，说明这些场景不可能是原告出资搭建的。

我的代理意见为，影视创作中的场景，是指拍摄场地，有实景和人工场景之分，场景中任何装饰、布置用的可移动物件称为道具。本争议焦点中，原告举出的证据材料所能反映的，有一部分是场景，有一部分是属于道具，还有一部分是剧组成员的聘用合同，与本争议焦点的审理无关。在直接与场景修建有关的证据中，李家大院的设计图、设计说明以及龙隐寨、木楼设计方案图等材料，显示该场景设计不是原告自行设计，而且也不是专为原告设计，图纸上的建设项目名称是"安县寻龙山风景旅游区"，原告并未就上述场景搭建举出相关建筑承包合同，从其提供的支出票据也不能证明搭建资金是由原告投入，因此，我认为原告关于李家大院、龙隐寨、木楼场景为原告修建的证据不足。

11. 被告高某强的哪些行为侵犯了原告影视作品《王保长新篇》的著作权。

就这一争议焦点，四原告认为，《王保长新篇》剧本文字作品是职务作品，被告高某强创作《王保长后传》是对《王保长新篇》进行的改编，并参与《王保长后传》的拍摄，构成侵权。

被告高某强认为，原告始终讲不清楚被告是如何侵犯其《王保长新篇》电视剧著作权的，事实上被告没有任何侵权行为。

被告峨眉电影制片厂同意高某强的意见。

我的代理意见为，影视作品是指摄制在一定介质上，由一系列有伴音或者无伴音的画面组成，并且借助适当装置放映或者以其他方式传播的作品。影视作品的著作权，是《著作权法》（2001 年）第 10 条（前文已注明）规定的 4 项著作人身权和 13 项著作财产权中的部分权利，根据作品性质，13 项著作财产权中的部分权利，影视作品是并不具备的。侵犯著作权的行为，就是违反《著作权法》的规定，对受著作权法保护的作品进行无权使用或以其他方式，损害著作权人依法享有的《著作权法》（2001 年）第 10 条规定的著作权权利的行为。本案原告主张被告高某强的行为侵犯了其享有的影视作品《王保长新篇》的著作权，举证责任应在原告，原告应举出被告实施侵权行为，损害原告享有的 17 项著作权权利的具体事实。关于高某强创作《王保长后传》不侵犯原告权利的意见，在前面的代理意见中已经作出详细阐述。原告并无其他证据证明被告高某强还实施了其他侵犯其影视作品《王保长新篇》著作权的行为，因此，原告关于被告高某强侵权的主张不成立。

12. 被告峨眉电影制片厂的哪些行为侵犯了原告影视作品《王保长新篇》的著作权。

就这一争议焦点，四原告提交的证据有：电视剧《王保长新篇》VCD 和电视剧《王保长后传》VCD，以此证明两剧存在大量情节相似，构成改编和剽窃侵权。

四原告认为，《王保长后传》剧本创作，存在大量随意的或者突发性的“创作自由”，其结果是歪曲了《王保长新篇》的事实，用尽了原有创作，使得《王保长新篇》无法继续拍摄续集。被告峨眉电影制片厂拍摄的《王保长后传》侵犯了《王保长新篇》的改编权，还侵犯了原告《王保长新篇 -2》的摄制权、发行权、修改权、收益权和署名权。

被告高某强对原告证据“三性”无异议，但认为没有证明力。高某强认为，被告峨眉电影制片厂和原告的地位一样，都是从剧本作者手中取得了摄制权然后投资拍摄电视剧的。原告有什么权利禁止剧本作者依法行使自己的著作权？

被告峨眉电影制片厂依法摄制《王保长后传》电视剧的行为是完全合法的,不侵害任何人的权利。

被告峨眉电影制片厂对原告证据“三性”无异议,但认为没有证明力。峨眉电影制片厂认为,《王保长后传》是一部独立的影视作品,没有使用影视作品《王保长新篇》的一分一秒,不是抄袭剽窃,也不是改编,不存在侵权。原告说被告侵犯了所谓《王保长新篇》续集的摄制权、发行权、修改权和署名权和后续集收益权,完全是原告想象的权利。所谓《王保长新篇》续集还没有出现,没有任何权利可言。

我的代理意见为,原告在本争议焦点中提出的关于电视剧《王保长新篇》和电视剧《王保长后传》之间情节相似问题,在本案前几个争议焦点中都已经进行了阐述。原告所说的两剧情节相似,与事实不符。将电视剧《王保长新篇》和电视剧《王保长后传》分别播放,可以明显得出判断,作为影视作品的两部电视剧,在各自画面和画面连接上,在两剧伴音方面,均无相同处,两部影视作品的区别是显而易见的。被告峨眉电影制片厂在拍摄《王保长后传》的过程中,并没有使用电视剧《王保长新篇》作品,不构成著作权侵权。

关于原告认为被告的行为导致其不能再拍《王保长新篇》续集的观点,我认为没有法律依据。所谓著作权侵权行为,必然是对已完成作品的著作权的侵犯,对还没有完成,甚至还没有进入创作的“作品”,是不存在侵犯著作权的条件的。

13. 被告是否应该赔偿原告经济损失及其数额。

就这一争议焦点,四原告举出证据共 23 组支出票据及相关合同,证明因本案支付的各种合理费用及损失,合计金额为 604, 594. 73 元。

两被告对原告的上述证据三性均不予认可,认为与本案无关且大部分费用是虚假的,其中还有送给记者的非法开支。

我的代理意见为,本案只有在被告确实存在侵权行为的情况下,因被告侵权行为造成的损失,才具有进一步审查的意义。根据对上述 13 点争议焦点的分析论述,本案被告并未对原告的著作权造成损害,也就没有需要进行赔偿的义务。

八、与本案有关的几个理论问题

1. 续写权是否受著作权法保护？

本案中，原、被告双方对《王保长后传》是《抓壮丁》《王保长歪传》《王保长新篇》的续写作品这一观点，都没有异议。只是原告认为续写属于改编行为，被告认为续写是不受著作权法保护的合理使用行为。

关于作品的续写利用，特别是名著的续写，并不少见，但通常是原作者本人续写，自然不存在侵权问题。但如果由作者以外的人对尚在保护期内的作品进行续写利用，法律要不要进行规制，就是一个需要探讨的问题了。

对作品进行续写，在本质上也是对作品的一种使用，但确实不属于《著作权法》(2010 年修正)规定范围内的使用方式。续写在使用形式上，是利用原作已有的人物和人物关系，沿着原作的故事发展脉络，进行新的故事创作，续写的作品在内容上和原作必然是不同的，如果内容相同，就是剽窃而不是续写了。从利用作品的角度看，续写似乎也应被纳入著作权法的保护范围，有的学者意见是纳入第 17 项，其他使用作品的权利里。但反对的意见认为，从新旧《著作权法》对著作权权利的不同规定来看，原有的对作品注释、整理、编纂等使用权，《著作权法》(2010 年修正)中没有被单列，都被归为其他使用方式了。因此，《著作权法》(2010 年修正)第 17 项权利，不应被扩大解释为包含续写这种完全有别于注释、整理、编纂等直接使用作品的方式。续写作品在创作上比起注释、整理、编纂来，作者投入的心血，付出的创作劳动显然要多得多。将续写与注释、整理、编纂等使用方式并列，对续写作者是不公平的。

关于续写是否是受著作权法保护的使用方式的争议，本书出版时没有更权威的意见，如果从鼓励创作的角度，续写是一种有益的创作行为，如本案关于王保长三部续写作品，都是从《抓壮丁》开始的续写，一方面并未损害《抓壮丁》原作者的著作权，另一方面又丰富了群众文化生活，并取得了较好的社会效益和经济效益。

鉴于法律并没有禁止性规定，我个人意见是续写应视为合理使用，不属侵权行为，即使从保护原作者利益的角度需要对续写权进行规制，也可从不正当竞争角度进行处理。当然，本案原告并非《抓壮丁》著作权人，也非《王保长新篇》文字作品著作权人，《王保长后传》续写行为是否侵权，与本案审理结果无关。在本案法律意见中，可以不对此问题作出直接判断。

2. 续写行为是否属于改编行为？

原告认为续写是改编行为，理由是《著作权法》(2001 年)规定的改编是指改变作品，创作出具有独创性的新作品的权利。续写就是改变作品。至于被告以原《著作权法实施条例》关于改编的定义[1]来否定续写属于改编的观点，原告以该定义依据的法律依据已经失效，该定义不具有法律效力为由进行辩驳。

我认为，续写是利用原作的人物和故事发展脉络，创作新的内容和故事情节，而改编是利用原作的主要内容，不改变原作已有人物和故事情节。由此可见，两者对原作的利用方式具有本质的区别，不能一概而论。而且，原告认为改变作品就是改编的观点明显是错误的，著作权中的翻译、摄制、修改等，都会改变作品，但显然不能都被视为改编。从立法方面讲，法律概念是具有固定性的，一个法律概念的内涵并不因为法律的立废而变化，因此，《著作权法实施条例》(1991 年)里对于改编的定义仍旧是正确的，不存在概念失效的问题。

3. 影视作品中的道具、场景是否享有著作权？

这个问题，是本案原告积极主张的一个观点。我认为，仅从人们的日常生活经验法则就可以知道，一部影片指的是什么。没有人会认为电影里面的山山水水、房屋道路以及生活、生产用具、用品是电影，因为那些只不过是被“搬”到银幕上去了的，人们身边的实实在在的物，不会存在创作的问题。

《著作权法》对影视作品的定义也很清楚，影视作品是指摄制在一定介质上，由一系列有伴音或者无伴音的画面组成，并且借助适当装置放映或者以其他方式传播的作品。简言之，影视作品就是画面和画面组合。影视作品中的道具和场景对于影视作品的创作意义，显然不能和剧本、音乐、表演相比，影视作品的著作权人尚且不能对剧本、音乐、表演主张著作权，更何况是其中根本不具有创作意义的道具、场景了。

被告以摄影作品为例说明照片和照片里的被摄事物的区别是很有说服力的。电影，在技术上就是一系列的照片加上声音而已。如果很容易理解照片和照片里的被摄事物的区别，也就不难分清电影和道具、场景的区别了。

---

[1] 指 1991 年《著作权法实施条例》第 5 条规定：“著作权法和本实施条例中下列使用作品方式的含义是：……(八)改编，指在原有作品的基础上，通过改变作品的表现形式或者用途，创作出具有独创性的新作品；……”该条例已废止。

4. 影视作品中的人物形象的权利保护问题。

本案涉及对影视作品典型或有名的人物形象的法律保护问题,原告是主张人物名称和人物形象享有著作权。但我认为这个观点缺乏法律依据。

目前法学界关于影视作品人物形象保护问题的论述不少,但都是针对影视人物的商品化权利冲突立论的。像本案基于续写使用原作人物名称出现的问题,尚未见以人物形象单独作为权利保护对象的观点存在,而是包括在续写权里面去讨论的。

至于原告的电视剧《王保长新篇》中王保长角色形象,在本案中并无权利冲突的事实。原告剧中的王保长是李保田扮演的,被告剧中的王保长是沈伐扮演的,并未出现后者使用前者角色形象的问题。因此,本案中也不宜对电视剧角色形象的商品化权利进行判断,而在作品著作权冲突中,人物名称和人物形象都不是著作权的客体,不能依据著作权法获得保护。

5. 关于作品剽窃抄袭以及对比鉴定问题。

首先,关于两部作品的联系,在前面已经谈到,因为是续写,《王保长后传》在人物和人物关系上与《王保长新篇》一样,在故事承接方面,《王保长后传》沿袭了《王保长新篇》的故事发展,但故事内容和情节是不同的。通常的剽窃,是改变人物名称、时间、地点等作品中的形式内容,而抄袭他人独创的故事情节等作品中的实质内容,本案两部作品的联系恰好相反,是人物等形式相同,而实质的故事情节不同,因此,不属于剽窃。况且,理论上也没有人认为续写属于剽窃。此外,《王保长新篇》《王保长后传》剧本都是被告高某强的作品,权利人混同,也不存在侵权的问题。

关于鉴定的问题,如果将续写作品和原作品提交鉴定,恐会贻笑大方。对于电视剧《王保长后传》和电视剧《王保长新篇》也是同样的道理,没有对比鉴定的必要,因为两部电视剧的画面完全不同,其联系在于道具、场景、人物名称相同、相似,这些相同、相似不需要技术鉴定即可得出结论,对于这些相同、相似是否涉及侵权,是属于法律适用的问题,不属于鉴定能解决的问题。

九、法院判决结果

法院判决认为:

根据《著作权法实施条例》(2002 年)第 2 条的规定,著作权法所称作品,是指文学、艺术和科学领域内具有独创性并能以某种有形形式复制的智力成果。著作权法所保护的是作品的表达形式，而作品的思想内容不属于著作权法保护的范畴。因此对于《王保长新篇》电视剧而言，只有采用了与《王保长后传》电视剧相同或实质性相似的表达形式才可能侵犯权利人对《王保长后传》电视剧所享有的包括摄制权及改编权在内的著作权。

在本案中，根据双方的陈述及作品的比对，《王保长新篇》电视剧是以《王保长新篇》文学剧本为剧本所拍摄的电视连续剧；《王保长后传》电视剧是以《王保长后传》文学剧本为剧本所拍摄的电视连续剧。在此基础上比较《王保长新篇》文学剧本与《王保长后传》文学剧本或者《王保长新篇》电视剧与《王保长后传》电视剧，可以发现权利作品与被控侵权作品在主要人物的选择，人物外在形象及其社会关系的勾勒以及承载情节发展的地理环境的设定上体现出了一定程度的一致性。但除此之外，权利作品与被控侵权作品在所表现的人物性格、历史背景、故事情节上完全不同，简言之，权利作品讲述了旧社会坏人如何坏的故事，被控侵权作品讲述新社会坏人如何被转变的故事。因此二者在人物形象特别是人物精神性格、环境描写特别是历史环境、故事情节等表达方式上作出了完全不同的选择，因此二者属于不同的作品，相互之间不存在著作权法意义上的复制、剽窃、改编关系。需要予以说明的是，从文学、艺术创作的角度分析，《王保长后传》电视剧和《王保长新篇》电视剧存在续写或续拍的关系，但这种不同于改编的续写或续拍并未被法律规定为侵犯著作权的行为。另外，《王保长后传》电视剧和《王保长新篇》电视剧都在绵阳市安县民俗影视城拍摄，由于拍摄内容均处于解放前后这一历史时期，那么上述拍摄基地的建筑、街道及场景在《王保长后传》电视剧和《王保长新篇》电视剧的剧中出现是不可避免的。因此，不能认为《王保长新篇》电视剧的镜头中出现上述背景就侵犯了原告所享有《王保长后传》电视剧的著作权。此外，影视创作使用的道具、服饰、发饰是创作的工具，其一方面与作为创作成果的影视作品不是部分与整体的关系，而是元素与作品的关系；另一方面具有写实性的作品，本就应该采用特定历史、区域中曾经存在过的道具、服饰、发饰。因此本案中两部作品使用了相同的地理环境、建筑风貌、道具、服饰、发饰等情形并不构成著作权侵权。至于人物名称及其相应的形象、行为、语言特征相同的问题，首先，人物名称、外在形象系源于话剧《抓壮丁》，即使属于著作权法所保护的作品，原告也不享有权利；其次，上述人物所特有的行为、语言特征尚不能脱离作品而独立存在，不属于作品范畴，原告不能主张著作权法保护。综上,原告关于被告侵犯其著作权并应承担相应民事责任的主张因缺乏事实和法律依据不能成立,法院不予支持。对被告的相反主张法院予以支持。

鉴于被控侵权作品不属于侵犯原告著作权的作品,故法院对双方争议的原告是否享有著作权以及《王保长新篇》电视剧的制作人或制作单位是谁等问题也就不再评述。

综上所述,依照《著作权法》(2001 年)第 10 条、第 11 条、第 15 条,《著作权法实施条例》(2002 年)第 2 条,《民事诉讼法》(2007 年)第 108 条、第 134 条第 1 款、第 2 款、第 3 款之规定[1],判决如下:

驳回原告某省经济电视制作中心、刘某波、吴某峰、吴某南对高某强、峨眉电影制片厂的诉讼请求。

第三节
像侦探一样破案——飞机灯外观设计专利侵权案

【案号】(2014)成民初字第 854 号

一、办案感想

在我代理过的数百起诉讼案件中,没有哪一件能比飞机灯外观设计专利侵权案更让我觉得无助,到最后甚至是愤怒。奇怪的是,当我耗时 5 年,历经千辛万苦最终收到二审胜诉判决时,心情却出奇的平静淡然,并没有想象中的激动和兴奋,每每回想起来,仍觉得不可思议。

让我们先从案件历程记录来了解这起案件曲折的应诉之路。

---

[1] 该法历经 2012 年、2017 年、2021 年三次修正,2021 年修正后,第 108 条内容改为第 122 条;第 134 条第 1 款、第 2 款、第 3 款内容改为第 151 条第 1 款、第 2 款、第 3 款。

二、案件背景

原告四川天剑机械设备制造股份有限公司(以下简称天剑公司)诉被告四川众兴华业市政照明工程有限公司(以下简称华业公司)、中铁建大桥工程局集团第五工程有限公司(以下简称中铁建公司)外观设计专利侵权案。

2014 年 3 月 17 日,原告向成都市中级人民法院提起本案诉讼;

2014 年 4 月 14 日,法院审查后正式受理本案,并向被告送达了应诉通知、举证通知、调解通知等;

2014 年 5 月 12 日,法院作出财产保全裁定,冻结了被告华业公司的银行账户,民事裁定书(2014)成知民保字第 2 -1、2 -2 号;

2014 年 6 月 6 日,被告委托我们代理本案诉讼;

2014 年 6 月 8 日,我们联系了涉案路灯原始设计公司,取得关键证据;

2014 年 6 月 10 日,我们向国家知识产权局原专利复审委员会提出宣告涉案专利无效申请,并同时向成都市中级人民法院申请中止审理;

2014 年 6 月 19 日,补交第一次无效宣告请求的补充理由和证据材料;

2014 年 7 月 3 日,成都市中级人民法院驳回第二被告中铁建公司提出的管辖权异议,民事裁定书(2014)成知民管字第 4 号;

2014 年 7 月 22 日,中铁建公司提出管辖异议上诉,我们代表华业公司提交不侵权证据;

2014 年 8 月 6 日,法院通知进行第一次庭前交换证据;

2014 年 9 月 23 日,本案进行第一次证据交换,我们提交被告第一次补充证据,网页新闻(与三纵一横应用涉案路灯设计相关);

2014 年 9 月 25 日,向法庭申请调取证据,并提交补充说明;

2014 年 9 月 26 日,向法庭提交对比说明(样灯照片与涉案外观设计的对比);

2014 年 10 月 17 日,向法庭提交被告第二次补充证据(陈某某在第一次无效口审时的出庭庭审笔录);

2014 年 11 月 27 日,成都市中级人民法院依申请调取证据,形成调查笔录及有关复印件(高投、国基合同、三方协议、开工报告、竣工报告);

2014 年 12 月 31 日,国家知识产权局原专利复审委员会作出第一次无效宣告决定,以华业公司不是在先权利人为由驳回无效宣告申请,维持专利有效,第

24730 号《无效宣告请求审查决定书》；

2015 年 1 月 21 日，办理样灯照片来源等事实的证据保全公证，律政公证书(2015)川律公证内民字第 5634、5635、5636 号；

2015 年 2 月 10 日，案外人成都市郎世宁环境设计公司作为在先权利人提出第二次专利无效宣告申请；

2015 年 3 月 5 日，被告第三次补充证据，提交第一次无效宣告请求审查决定、杜某个人及郎世宁公司证明、三份公证书(附光盘)；

2015 年 3 月 26 日，法院通知进行第二次证据交换；

2015 年 4 月 9 日，本案进行第二次证据交换及第一次庭审；

2015 年 4 月 14 日，向法庭提交代理词；

2015 年 8 月 18 日，国家知识产权局原专利复审委员会对第二次无效宣告请求进行口审；

2015 年 8 月 19 日，法院裁定继续保全；

2015 年 8 月 28 日，四川省高级人民法院裁定同意中铁建公司撤回管辖异议上诉，(2015)川知民终字第 86 号；

2015 年 9 月 16 日，成都市中级人民法院通知第二次开庭；

2015 年 10 月 9 日，本案第二次庭审；

2016 年 1 月 6 日，国家知识产权局原专利复审委员会作出第二次无效宣告请求决定，仍维持专利有效，第 28014 号《无效宣告请求审查决定书》；

2016 年 1 月 13 日，成都市中级人民法院对本案作出一审判决，判决侵权成立，被告华业公司赔偿原告 50 万元人民币；

2016 年 1 月 19 日，我们就本案提起上诉，提交上诉状；

2016 年 3 月 7 日，向北京知识产权法院提起针对第 28014 号《无效宣告请求审查决定书》的行政诉讼，(2016)京 73 行初 1097 号；

2017 年 9 月 14 日，北京知识产权法院就专利无效行政诉讼开庭审理；

2018 年 1 月 31 日，四川省高级人民法院就本案二审进行开庭审理；

2018 年 6 月 26 日，北京知识产权法院就专利无效行政诉讼作出一审判决，判决撤销国家知识产权局原专利复审委员会作出的第 28014 号《无效宣告请求审查决定书》，重新作出审查决定；

2018 年 10 月 30 日，天剑公司就北京知识产权法院(2016)京 73 行初 1097 号《行政判决书》提出上诉；

2018 年 11 月 28 日，北京市高级人民法院就行政诉讼二审进行开庭审理，案号：(2018)京行终 6219 号；

2019 年 2 月 25 日，北京市高级人民法院作出二审判决，判决驳回上诉，维持原判；

2019 年 3 月 22 日，四川省高级人民法院对本案作出终审裁定：撤销四川省成都市中级人民法院(2014)成民初字第 854 号民事判决；驳回天剑公司的起诉[(2017)川民终 1236 号]。

自原告提起本案诉讼之日起，到终审驳回其起诉日止，刚好 5 年零 5 天。

三、不侵权答辩的主要理由

（一）原告所持专利号为 ZL 2012 3056 × × × ×.7、名称为灯(飞机)的涉案外观设计，是他人享有在先合法权利，且在申请日前已公开的现有设计，答辩人制造涉案路灯的行为不构成专利权侵权

1. 原告主张专利权的涉案外观设计，是剽窃他人设计成果、侵犯他人在先合法权利的设计，依法不应享有专利权保护

2012 年 3 月，案外人成都市郎世宁环境设计有限公司(以下简称郎世宁公司)为应征参加“成都机场高速道路维修整治工程路灯及光彩工程”，开始着手设计该项目工程的整治方案，包括改造路段的路灯设计工作。2012 年 5 月，郎世宁公司已基本拟定工程项目路灯的设计方案，并制作出辅道灯图、灯头设计图、外灯杆形图、效果图若干，其中包括了涉案外观设计，郎世宁公司将该路灯外观设计命名为路灯(魅影)。

2012 年 7 月，郎世宁公司在由市建委总工程师王峰君组织召开的成都市机场路综合治理工程(高新段)方案的审查会议上将基本完成的成都市机场路整治工程的方案设计进行汇报，其中包括路灯的全部相关设计图及效果图，至此，郎世宁公司已将关于涉案路灯的相关设计图、效果图，对相关第三人公开。

原告于 2012 年 10 月承接了成都机场高速道路维修整治工程路灯及光彩工程项目中的路灯制造及安装工程，并由此获取了郎世宁公司的路灯(魅影)设计文件。2012 年 11 月 21 日，原告剽窃了郎世宁公司的路灯(魅影)设计，

以自己公司的名义提出了外观设计专利申请。2012 年 12 月 24 日，另一家曾参与成都机场高速道路维修整治工程路灯及光彩工程路灯制造及安装工程投标的灯具制造公司——四川华体照明科技股份有限公司也将郎世宁公司的路灯(魅影)设计申请了外观设计专利，并在其专利申请文件中将设计产品名称命名为“灯(魅影)”。2012 年 12 月 28 日，原告承接的路灯制造及安装工程完工。

由上述事实可见，涉案路灯外观设计的设计者并非原告，而是郎世宁公司。该设计作为具有审美意义的实用艺术作品，受我国著作权法保护，郎世宁公司对该设计成果享有著作权。原告剽窃他人设计成果申请外观设计专利权的行为，侵害了设计成果所有权人的合法权益，其专利申请违背了《专利法》(2008 年)第 23 条第 3 款〔1〕的规定，不应被授予专利权。

2. 原告主张专利权的涉案外观设计，在该专利申请日前已被原告使用公开，属于现有设计，答辩人制造涉案路灯的行为不构成专利权侵权

如前所述，本案涉案路灯外观设计是由郎世宁公司为成都机场高速道路维修整治工程路灯及光彩工程项目所设计。该设计成果早于 2012 年 7 月即已在相关项目会议中被公开展示，为公众所知。更重要的是，项目业主为确认涉案路灯的生产质量和安装使用效果，要求原告先生产一件样灯在该工程现场安装、展示。原告于 2012 年 11 月 14 日之前，就将涉案路灯样品安装在了该工程现场。由此，涉案外观设计在原告专利申请日 2012 年 11 月 21 日前，已被公开，属于《专利法》规定的现有设计。

根据《专利法》(2008 年)第 62 条〔2〕的规定，答辩人制造涉案路灯的行为不构成专利权侵权。

(二)原告主张的涉案外观设计专利依法应被宣告无效，其专利权侵权诉讼不成立，应予驳回

原告所持有的涉案外观设计专利系侵犯他人在先的合法权利而获得，并且该涉案外观设计专利在申请日前已被公开丧失了新颖性，属于现有设计，根据我国《专利法》(2008 年)第 23 条的规定，不应被授予专利权，即使被授予专利权后，也应宣告其专利权无效。因此，本案专利权侵权诉讼不成立。

---

〔1〕 2020 年修订后仍为第 23 条第 3 款。

〔2〕 2020 年修订后为第 67 条。

综上所述,涉案外观设计的原始创作者系郎世宁公司,原告为了获取不正当利益剽窃了郎世宁公司的作品申请专利,侵犯了他人的在先的著作权;并且在申请日之前通过使用公开了涉案外观设计,丧失了新颖性,不符合专利权授权条件即不应当被授予专利权。被告制造的路灯设计使用的是现有设计,并未侵犯原告的任何权利,原告并未因此产生损失,被告恳请贵院判决驳回原告的起诉。

四、答辩证据

被告四川众兴华业市政照明工程有限公司提交的证据材料见表3。

表3 证据材料清单

编号	证据来源	证据名称	证明对象	证据内容	页数	页码	备注
1	郎世宁公司提供	关于成都机场高速道路维护工程项目高新区管养辅道路灯工程的设计说明	涉案外观设计路灯(魅影)的设计者及设计过程证明	涉案外观设计路灯(魅影),是由案外人郎世宁公司于2012年3月至8月,应成都机场高速公路有限责任公司之邀,受四川省交通运输厅公路规划勘察设计研究院委托完成的设计	2	1~2	
2	成都市工商局	公司登记信息		郎世宁公司是合法存续的法律主体	1	3	
3	郎世宁公司提供	“成都机场高速道路维修整治工程路灯及光彩工程”设计方案征集邀请函	郎世宁公司设计涉案外观设计的合同依据	2012年3月1日,成都机场高速公路有限责任公司向郎世宁公司发出涉案路灯设计方案的征集邀请函	9	4~12	1. 原件电子扫描件 2. 加鲜章复印件

续表

编号	证据来源	证据名称	证明对象	证据内容	页数	页码	备注
4	郎世宁公司提供	机场高速道路维护工程高新区产权段辅导路面、交安及路灯工程设计建设工程设计合同	郎世宁公司设计涉案外观设计的合同依据	2012年6月,成都机场高速公路有限责任公司委托省交通运输厅公路规划勘察设计研究院承担成都机场高速道路维护工程项目高新区产权段辅导路面及交安工程和路灯工程设计工作	12	13~24	1. 原件电子扫描件 2. 加鲜章复印件
5		机场高速道路维护工程高新区产权段辅导路面及交安工程和路灯工程设计技术合作协议		2012年7月18日,省交通运输厅公路规划勘察设计研究院委托郎世宁公司完成成都机场高速道路维护工程项目高新区管养辅道路面及交安工程和路灯设计工作	5	25~29	1. 原件电子扫描件 2. 加鲜章复印件
6	郎世宁公司提供	方案3D模型	涉案路灯外观设计的真实设计人不是原告,而是案外人郎世宁公司设计完成的	郎世宁公司在2012年3月13日建成的涉案路灯造型3D模型	3页/1张图	30~32	电子数据;3DMAX格式文件;第二部分/02方案设计阶段
7		天府第一路——成都机场高速道路维修整治工程——路灯及光彩工程设计		2012年3月20日~4月13日,郎世宁公司完成了应征方案设计,向成都机场高速公路有限责任公司提交了涉案路灯魅影的设计方案	9页/17张图	33~41	电子数据;PPT格式;第二部分/02方案设计阶段/4月13日提交方案
8		涉案路灯设计效果图15幅		郎世宁公司在2012年4月5日完成了涉案路灯的效果设计,绘制了效果图若干	8页/15张图	42~49	电子数据;图片格式;第二部分/02方案设计阶段/方案过程文件
9		电子邮件截图		2012年5月21日,郎世宁公司设计师通过电子邮件将涉案外观设计的3幅效果图发送给了建设单位	1	50	第二部分/02方案设计阶段/方案过程文件

续表

编号	证据来源	证据名称	证明对象	证据内容	页数	页码	备注
10	郎世宁公司提供	路灯设计图15份	涉案路灯外观设计的真实设计人不是原告，而是案外人郎世宁公司设计完成的	2012年5月16日，郎世宁公司绘制的涉案路灯具体设计图纸	15	51~65	电子数据；Autocad图形文件；第一部分/05施工图设计过程/辅道灯/辅导灯
11		施工图设计文件4套		郎世宁公司自2012年5月到6月28日先后完成涉案“成都机场高速道路维护工程项目”的施工图设计文件送审稿和修改稿等4套工程文件；文件多处包含涉案外观设计	184	66~249	电子数据；autocad图形文件；Word；第一部分/05施工图设计过程/辅道灯/6.19、6.28、变更、修改参考
12		施工图设计预算及工程量清单		郎世宁公司于2012年5月制作的涉案工程施工图设计预算及工程量清单	174	250~423	电子数据；Excel；Word；第一部分/05施工图设计过程/辅道灯/施工图/最新版本
13		成都市机场路整治工程方案设计		郎世宁公司于2012年7月10日参加涉案工程方案审查会提交的汇报材料	43页/67张图	424~466	电子数据；PPT、图片文件；第一部分/04方案审查/01方案报市上_69252
14		关于机场路综合整治工程（高新段）方案审查会的会议纪要		2012年7月10日，由市建委总工程师王峰君组织召开了成都市机场路综合治理工程（高新段）方案的审查上包含对路灯进行了审查，成都郎世宁公司参与会议	4	467~470	加鲜章

续表

编号	证据来源	证据名称	证明对象	证据内容	页数	页码	备注
15	郎世宁公司提供	施工图设计文件审查中间意见	涉案路灯外观设计的真实设计人不是原告，而是案外人郎世宁公司设计完成的	2012年7月25日，四川中宇建设工程咨询有限公司提出了对于成都机场高速道路维护工程项目施工图设计文件的审查中间意见	7	471~477	电子数据；Word；第一部分/05施工图设计过程/辅道灯/转发
16		电子邮件截图		2012年8月30日郎世宁公司向项目业务发送涉案工程的设计图纸电子文档	1	478	电子数据；第一部分/05施工图设计过程
17	郎世宁公司提供	路灯样灯安装现场照片17张图	涉案路灯外观设计为现有设计	郎世宁公司在2012年11月14日对涉案路灯样灯的安装现场进行了拍照，以便作样灯审查	9/17张图	479~487	电子数据；图片文件；第一部分/06样灯审查
18	被告收集	样灯安装现场当前情况照片2张图		被告于2014年6月24日在原路灯样灯安装现场所拍摄照片，现场情况已完全不同	1/2张图	488	电子数据；图片文件
19	国家知识产权局	原告外观设计专利文件	原告以及四川华体照明科技股份有限公司（以下简称华体公司）都剽窃了郎世宁公司的设计提出专利申请	原告于2012年11月21日提出涉案外观设计专利申请；设计师署名为樊洪斌	3	489~491	
20	原告公司网站	原告公司网站网页9页		原告承接了涉案机场路辅道维修整治工程中路灯的制造安装项目；该项目于2012年12月28日就已完工	9	492~450	电子数据；网页文件
21	国家知识产权局	外观设计专利文件		华体公司于2012年12月24日也就涉案设计提出了专利申请；该申请使用的设计名称为“灯（魅影）”与郎世宁公司设计名称相同	4	451~454	

五、补充证据

被告四川众兴华业市政照明工程有限公司提交的补充证据材料见表4。

表4 补充证据材料清单

编号	证据来源	证据名称	证明对象	证据内容	页数	页码	备注
1	网络	成都机场高速道路维护工程项目施工招标公告(第二次)	成都机场高速道路维护工程业主为成都机场高速公路有限责任公司	“成都机场高速道路维护工程”仍由成都机场高速公路有限责任公司负责建设,该工程于2012年7月13日发布了招标公告	3	1~3	http://www.soci.com.cn/project/345 31.html
2	网络	高新区机场高速路辅道整治工程施工及监理招标公告	高新区机场高速路辅道整治工程业主为成都高投建设开发有限公司	“高新区机场高速路辅道整治工程”则以成都高投建设开发有限公司作为建设单位,另行组织工程的招标投标和施工,成都高投建设开发有限公司于2012年7月24日发布了招标公告	2	4~5	http://www.scztb.gov.cn/web/gao/cd/201207/52628.html
3	网络	高新区机场高速路辅道整治工程(高新区机场高速路辅道整治工程施工)中标候选人公示	高新区机场高速路辅道整治工程施工总包方为河南国基建设集团有限公司	高新区机场高速路辅道整治工程(高新区机场高速路辅道整治工程施工)中标候选人第一名是河南国基建设集团有限公司	2	6~7	http://www.projectbidding.cn/zbxx/zbgs/2012/09/29085728898174.html
4	网络	高新区机场高速路辅道整治工程监理中标结果	高新区机场高速路辅道整治工程监理方为四川省城市建设工程监理有限公司	高新区机场高速路辅道整治工程监理中标单位是四川省城市建设工程监理有限公司	1	8	http://www.bidcenter.com.cn/newscontent-10775800-4.html

六、向一审法院提交的调取证据申请书

民事诉讼实行“谁主张，谁举证”的基本举证规则，当事人有义务向法庭提供支持自己诉讼请求的证据。对于当事人因客观原因不能自行收集的证据，可以申请人民法院调查收集。当事人因客观原因不能自行收集的证据包括：(1)证据由国家有关部门保存，当事人和其他诉讼参加人无权查阅调取的；(2)涉及国家秘密、商业秘密或者个人隐私的；(3)当事人和其他诉讼参加人因客观原因不能自行收集的其他证据。当事人因客观原因不能自行收集的证据，可以在举证期限届满前书面申请人民法院调查收集。

申请人民法院调查收集证据，需要由当事人或诉讼代理人作为申请人，并写明需要法院调查收据的证据名称、证据所在处所、拟证明的案件事实，以及申请人因客观原因不能自行收集，需要申请法院调查收集证据的具体理由。

本案因涉及向案外人调取相关工程设计资料，所以我们向法院提交了调取证据的申请，并根据法院调取证据的情况提交了相应的变更申请，供读者参考。

附一：

调取证据申请书

申请人：四川众兴华业市政照明工程有限公司

地址：成都市武侯区××××号

法定代表人：张某某

申请事项：请求法院依法向成都高投建设开发有限公司、四川省交通运输厅公路规划勘察设计研究院调取机场高速道路维护工程项目高新区管养辅道路路灯工程的设计资料

事实与理由：

贵院受理的四川天剑机械设备制造股份有限公司诉四川众兴华业市政照明工程有限公司外观设计专利侵权纠纷一案，申请人为举证证明涉案路灯的实际设计人、设计完成时间、样灯安装展示时间等案件事实，向成都市规划局、成都市交通运输委员会等相关机构进行了调查取证，以期能与申请人举证的成都市郎世宁环境设计有限公司提供的证据相互印证，从而支持申请人提出的抗辩。但

相关被调查机构均称并无该项目工程资料。

申请人根据成都市郎世宁环境设计有限公司提供的证据，向该工程项目的原建设单位成都机场高速公路有限责任公司以及项目实际建设单位成都高投建设开发有限公司、涉案路灯设计的委托方四川省交通运输厅公路规划勘察设计研究院进行了调查取证，但均被拒绝。

为查明本案事实，公正处理纠纷，申请人特根据《最高人民法院关于民事诉讼证据的若干规定》(2001 年)(以下简称《证据规定》)第 3 条第 2 款、第 17 条第 3 项[1]之规定，向贵院提出申请，请贵院依法调取为盼。

此致

成都市中级人民法院

申请人：四川众兴华业市政照明工程有限公司

诉讼代理人：黄春海律师

二〇一四年八月六日

附二：

关于变更调取证据内容的申请书

成都市中级人民法院：

贵院受理的四川天剑机械设备制造股份有限公司诉四川众兴华业市政照明工程有限公司外观设计专利侵权纠纷一案[(2014)成民初字第 854 号]，就本案诉争路灯外观设计涉及剽窃及属于现有设计的事实，申请人已向贵院举出相应证据材料，并在法定期限内申请贵院对相关单位进行调查取证。现根据调查取证过程中反映出的问题，为使本案审理能顺利进行，申请人特将调取证据内容变更如下：

一、关于原告剽窃他人设计成果的证据调取请求

1. 向四川省交通运输厅公路规划勘察设计研究院调取其于 2012 年 6 月 25 日与成都机场高速公路有限责任公司、成都高投建设开发有限公司三方签订的《机场高速道路维护工程高新区产权段辅导路面、交安及路灯工程设计建设工

[1] 2019 年修正后为第 2 条第 2 款，第 17 条已删去。

程设计合同》；

2. 向四川省交通运输厅公路规划勘察设计研究院调取其接收的成都市郎世宁环境设计有限公司提交的机场高速路辅道整治工程路灯工程的设计文件（含效果图、施工图），或请四川省交通运输厅公路规划勘察设计研究院证实被告证据6、7、8、10、11是否为成都市郎世宁环境设计有限公司向其提交的设计文件；

二、关于涉案路灯外观设计为现有设计的证据调取请求

3. 向成都高投建设开发有限公司调取“高新区机场高速路辅道整治工程”竣工资料；

4. 向成都高投建设开发有限公司调取“高新区机场高速路辅道整治工程”路灯产品有业主代表、监理工程师、施工单位共同签证全部进场验收单据及质量检测报告；

5. 向成都高投建设开发有限公司调取“高新区机场高速路辅道整治工程路灯工程”开工通知；

6. 如成都高投建设开发有限公司不能提供上述证据，则请向施工总包单位河南国基建设集团有限公司调取上述证据3、4、5；

7. 如河南国基建设集团有限公司不能提供上述证据，则请向监理单位四川省城市建设工程监理有限公司调取上述证据3、4、5；

8. 如上述三家单位均不能提供上述证据3、4、5，则请责令原告提交。

请予准许。

申请人：四川众兴华业市政照明工程有限公司

诉讼代理人：

二〇一四年十一月二十二日

七、侵权案一审代理意见

（一）被告实施现有设计的行为不构成侵犯专利权，不需承担侵权责任

案外人郎世宁公司的路灯“魅影”设计，早在2012年6月就已设计完成，并应用在“成都机场高速道路维修整治工程”项目的路灯制造及安装工程中。该设计于2012年11月14日，通过样灯安装的方式，进行了使用公开，成为现有设计。被告实施的设计、原告享有的专利号为ZL 2012 3056××××.7的外观设

计,均与该现有设计相同。

本案涉嫌侵犯的专利号为 ZL 2012 3056 × × × ×.7 的“灯(飞机)”外观设计专利权,申请日为 2012 年 11 月 21 日。根据庭审中原被告双方的举证质证足以认定,涉案路灯外观设计的设计者是案外人郎世宁公司,其设计的涉案路灯外观设计名称是路灯“魅影”,其设计过程及交付关系是:郎世宁公司路灯“魅影”设计于 2012 年 3 月启动(邀请函);2012 年 6 月底完成(机场高速道路维护工程高新区产权段辅导路面及交安工程和路灯工程设计技术合作协议、调查笔录);2012 年 7 月进行方案审查(关于机场路综合整治工程新段方案审查会的会议纪要);2012 年 7 月底之前通过总包方四川省交通运输厅公路规划勘察设计研究院提交给建设单位成都高投建设开发有限公司进行工程招标;承建方河南国基建设集团有限公司中标并获得了路灯“魅影”设计(高投调查笔录);2012 年 11 月 14 日设计公司郎世宁公司对施工现场的路灯样灯进行了拍摄、审查(郎世宁公司证明、证人证言、样灯照片电子文档)。

笔者认为,涉案路灯外观设计属于现有设计,被告的行为不构成专利权侵权。具体理由如下:

1. 与原告取得专利权的外观设计相同的,由郎世宁公司设计的路灯“魅影”,已在原告专利申请日前公开,属于现有设计

根据《专利法》的规定,现有设计是指于申请日以前为公众所知的设计。从法庭审理查明的事实看,本案由郎世宁公司设计的路灯“魅影”至少有三次对不特定公众的公开,构成现有设计。

第一次公开是在 2012 年 7 月 10 日的机场路综合整治工程(高新段)方案审查会中的公开,因其参会人员人数众多,且并非仅限于受合同保密条款约束的设计合同的当事方,还包括市规划局、市林业和园林局、市城管局、市公安交管局、高新区规划建设局、市交投集团派出的人员。上述单位指派哪些人员参加审查会,对设计者郎世宁公司而言,是无法事先预知的,也难以要求上述人员对其参会后获知的该外观设计进行保密,存在通过这些人员再次将该设计公之于众的可能,故其应属对不特定人的公开。对比《专利法》关于不丧失新颖性的展会和学术会议的规定,该次审查会显然不能主张新颖性宽限期,在该类会议上的公开,应视为丧失了新颖性,也就成为现有设计。

第二次公开是在设计定稿后,由项目建设单位成都高投建设开发有限公司将该设计作为招标文件的一部分,对不特定的投标人的公开。根据本案机场路

辅道整治工程的性质，其包含路灯的制作安装分项工程在内的总承包合同，是通过公开招标投标方式确定的。招标文件包含了郎世宁公司设计的路灯，这也是原告以及另外一家参与路灯投标的公司，华体照明公司能获取涉案外观设计的原因。通过招标文件的公开，可以使存在投标意向，购买了招标文件的不特定主体获取涉案外观设计，也属于专利法意义上的公开。

第三次公开是在2012年11月14日前，由机场路辅道整治工程路灯制造安装分项工程的承包方，通过在施工现场安装样灯的方式，对不特定的公众进行了公开。安装样灯的施工现场位于机场路辅道，属于市政道路，具有开放性，任何人均可通行并观看到安装于道路旁的样灯，从而获知该设计。即使考虑到该路段尚在施工中，设置有围栏等安全设施，但因该样灯高度超过了10米，且围栏设置只是为了安全考虑，并非完全禁止行人通行，故对于在该路段通行的人，以及对在周边路段通行、生活、工作的人而言，是完全可以自由观察、获知该路灯外观设计的，属于专利法意义上的公开。

因此，笔者认为，即便第一次公开和第二次公开是否使得涉案路灯外观设计成为现有设计存在争议，但第三次公开显然完全符合专利法关于使用公开的规定，使得路灯"魅影"设计成为现有设计。

2. 被告方举出了完整、真实、可信的证据，足以证明郎世宁公司设计的路灯"魅影"公开时间至迟是在2012年11月14日

本案被告为证明涉案路灯外观设计的公开时间，特别是第三次以样灯安装展示方式公开的时间，向法庭举出了经公证的样灯照片电子文档、设计公司郎世宁公司出具的证明、证人陈某某的证词这三份能直接证明样灯照片拍摄时间为2012年11月14日的证据。

原告虽然以该样灯照片不能提供原件（原始载体），且易修改电子数据时间为反驳理由，但笔者认为，在原告不能举出真实有效的反证的情况下，上述证据能相互印证，且与其他证据形成了完整的证据链条，应作为认定案件事实的依据。

首先，原告认为样灯照片不能提供原件故不应采信的观点，缺乏法律依据。根据《证据规定》第10条[1]的规定，当事人向人民法院提供证据，应当提供原

〔1〕 2019年修正后为第11条。

件或者原物。同时,《证据规定》第 49 条[1]还规定,对书证、物证、视听资料进行质证时,当事人有权要求出示证据的原件或者原物。但有下列情形之一的除外:①出示原件或者原物确有困难并经人民法院准许出示复制件或者复制品的;②原件或者原物已不存在,但有证据证明复制件、复制品与原件或原物一致的。由以上规定可见,如证据原件或原物已不存在,仍可以提交其复制件作为证据。本案关于样灯的照片,即属于第 49 条规定的原件或原物已不存在的情形。该样灯照片证据源于郎世宁公司,是郎世宁公司作为路灯设计者,为履行设计合同约定的审查义务,而对工程承包单位安装的样灯进行审查时所拍摄,故该证据的来源合法,且真实可信。该证据原件不存在的原因,则是郎世宁公司在使用数码相机对样灯进行拍摄后,即将拍摄所得电子数据(数码照片文件)拷贝(转移)到公司工作电脑中,而相机存储卡因需要反复使用,故未继续保留。因此,该证据原始载体不存在或不能提供,具有正当、合理的理由,完全符合日常经验法则。显然,没有任何理由要求郎世宁公司会预见到本案纠纷的发生,从而要求其保留两年以前拍摄的数码照片的存储卡作为证据。本案被告提供的样灯照片电子文档,虽然是复制件,但对于电子数据而言,其复制件和原始文件在内容、信息上是完全一致的,不会对其证明力产生丝毫影响。更重要的是,被告也提供了郎世宁公司出具的,能证明该照片拍摄时间的证据材料,也与证人陈某某的证词内容一致,故该证据属于《证据规定》第 49 条规定的,有证据证明复制件、复制品与原件或原物一致的证据,故其能作为本案的定案依据。

其次,样灯照片电子数据证据和郎世宁公司的证明、证人陈某某的证词,与本案其他证据能相互印证,形成了完整的证据链。郎世宁公司参与并完成了"机场高速道路维护工程高新区产权段辅道"的路灯工程设计,有相关的合同、往来邮件和设计图稿为证。因此,可以确认,郎世宁公司作为路灯"魅影"的设计人,其参加样灯审查并进行拍摄是合乎情理的。样灯照片证据来自设计公司,设计公司对样灯进行拍摄,是履行其设计合同的义务,其拍摄动机和原因合理。且成都市中级人民法院于 2014 年 11 月 27 日在成都高投建设开发有限公司的调查笔录确证在 2012 年 11 月内样灯已安装,也佐证了该事实。

最后,原告质疑样灯照片电子文档的真实性,缺乏合理的怀疑理由。电子数据作为新型的证据类型,其内容确实存在可编辑或可修改性,但其可修改的,是

---

[1] 2019 年修正后为第 61 条。

电子数据的内容而非数据的形成时间，比如一个 Word 文档，确实比较容易在文档中增加、删除一些内容文字，但该文档一旦生成，其生成时间，即文档属性，并非轻易可修改的。特别是对于数码照片而言，对照片内容——影像的修改虽然有可能，即通常所说的 PS，但任何经修改的照片内容，都是可以通过技术鉴定进行鉴别的。数码照片的文件属性——生成时间，因为是在数码相机拍摄时直接生成，而非在电脑上生成，故其文件属性的修改是困难的，且修改必然留下信息，也是可以通过鉴定进行确定的。单个的数码照片或许可能修改，但本案多达 16 张不同角度的照片要全部修改，则几乎是不可能的。因此，原告仅仅以该照片的形式就质疑其真实性，是缺乏依据的。况且，该照片并非被告拍摄，而是源于案外人郎世宁公司，该公司与本案并不具备直接的利害关系，认为该公司会提供伪证，显然是无法令人信服的。

因此，笔者认为，被告的证据已经形成了完整的证据链，且证据来源、形成原因、取得过程真实、可信，应予采信。

3. 原告主张本案样灯安装时间在申请日以后的证据不足，不能采信

原告用以证明其主张，样灯安装时间在其专利申请日之后的证据仅有一份，即送货单，为了证明送货单上收货人为施工总承包单位人员，又举出其与河南国基的路灯采购合同。上述证据，显然不足以支持其证明目的，也不能反驳被告的证据证明力。

首先，送货单这一证据是在法庭明确要求其提交相关路灯制造、安装的全部文件资料的情况下，原告才提供的，且原告并未按照法庭要求提供全部的证据，而仅仅是提出一份孤证。很显然，法庭要求原告提供的有关其路灯的制造、安装、施工、质检方面的证据材料，原告均有能力提供，但原告拒绝提供，这已经证明原告未能完成法庭分配的举证责任，应承担举证不能的后果。

其次，该送货单只是原告单方制作的材料，缺乏真实性。送货单虽有收货人签字，但没有其他证据能证明收货人真实身份信息。该送货单一式两联均在原告处，也有违一般交易常识。因此，作为无法确认真实性的孤证，该送货单不能作为认定案件事实的依据。

再次，原告用以证明收货人身份的路灯采购合同，很明显，该合同第二页存在被替换的问题，因其纸张与第一页、第三页存在明显色差，显然不是一次打印所得的文件，且第一页、第三页均存在两处订书机装订痕迹，但第二页仅有一处，上述两方面的细节，均说明第二页不是与第一页、第三页同时打印形成的原始合

同内容,是属于事后替换的。因该替换页并无河南国基的签章,故其真实性不能得到确认,不具备证明力。即使对其上的河南国基项目负责人签名,与原告提交送货单上的签名笔迹相比较,送货单的笔迹也不够流畅、自然,存在伪造签名的嫌疑。

最后,从证据优势角度,笔者认为,本案的事实争议焦点是样灯的安装时间,对此同一事实,原告和被告举出了相反的证据,原告以送货单为证,认为样灯的安装时间至少在 2012 年 11 月 26 日之后,被告以样灯照片及有关的系列证据为证,认为样灯的安装时间至少在 2012 年 11 月 14 日之前。原告所举出的证据源于自身,且能够直接证明样灯安装时间的证据仅此一份,系孤证。被告所举出的证据源于没有利害关系的第三人,且是多个不同形式证据所相互印证构成的系列证据,显然被告一方证据的证明力应大于原告一方证据的证明力。

据此,笔者认为,本案证据已经证明,原告剽窃了郎世宁公司的设计,将其作为自己的设计申请外观设计专利,这足以说明该公司缺乏基本的诚实信用,且其提供的路灯采购合同存在明显的变造痕迹,再次证明其缺乏基本的法律意识,因此,对原告在本案中的陈述以及其提交的送货单应严格审查,不能采信其为认定案件事实的证据。

(二)原告剽窃他人设计并取得专利权,具有主观恶意,应承担全部诉讼费用

1. 原告享有的专利号为 ZL 2012 3056 × × × ×. 7 的外观设计最可能的设计来源是郎世宁公司的路灯(魅影)设计。

首先,根据前述调查笔录,河南国基建设集团有限公司从成都高投建设开发有限公司处取得了源于郎世宁公司的路灯图纸,而原告作为路灯制作单位,从河南国基建设集团有限公司取得图纸是合乎情理的。其次,原告拒不提供灯(飞机)设计来源的有关资料。最后,同样参与机场路辅道路灯工程招标的案外人四川华体照明科技股份有限公司于 2012 年 12 月 24 日也就同样的外观设计提出了名为“灯(魅影)”的专利申请。由此种种不难推断原告享有的专利号为 ZL 2012 3056 × × × ×. 7 的外观设计最可能的设计来源就是郎世宁公司的路灯(魅影)设计。

2. 申请专利的权利属于设计人,原告明知自己不是涉案路灯外观设计的设计人,也未取得实际设计人的合法授权而申请专利,由此获取不当利益,违背了诚实信用原则。

本案被告于2014年6月19日向国家知识产权局原专利复审委员会提出了针对涉案专利的无效宣告请求,被告在无效宣告过程中提供了源于郎世宁公司的同样的样灯照片复印件。国家知识产权局原专利复审委员会于2014年12月11日作出第24730号无效宣告请求审查决定书,维持专利权有效,该决定书中初步确认了郎世宁公司为路灯"魅影"的实际设计人,对于样灯照片的真实性和关联性未予确认,认为没有其他证据佐证照片的来源和形成时间。

案外人郎世宁公司在获知该审查结果后,配合被告完成了有关证据的公证,并就涉案专利另行提出了无效宣告请求,目前后一无效宣告请求正在审查中。由于前述决定书中已经初步确认了郎世宁公司为路灯"魅影"的实际设计人,郎世宁公司享有对该设计的著作权,根据《专利法》(2008年)第23条,授予专利权的外观设计不得与他人在申请日以前已经取得的合法权利相冲突,故涉案外观设计专利权被宣告无效的可能性较大。

原告明知自己不是涉案外观设计的设计人,也未取得实际设计人的合法授权而申请专利,并企图通过恶意诉讼获取不当利益,违背了诚实信用原则,浪费了司法资源,这种行为不应得到支持。

八、无效宣告请求审查决定及其主要理由

国家知识产权局无效宣告请求审查决定书第28014号决定:维持ZL 2012 3056××××.7号外观设计专利权有效。

决定的主要理由:

请求人郎世宁公司对成都机场高速道路维护工程项目高新区管养辅道路灯工程设计说明,实际上属于当事人的意见陈述,在本案中不作为证据加以考虑。

合议组认为,根据证据可以确认如下事实:2012年3月机场高速公司就成都机场高速道路维修整治工程路灯及光彩工程设计方案向请求人发出过邀请函;2012年6月,机场高速公路公司与设计研究院签订了《机场高速道路维护工程高新区产权段辅道路面、交安及路灯工程设计建设工程设计合同》;2012年7月,设计研究院又就前述工程中的路灯工程设计与诸求人签订委托设计协议,委托请求人完成路灯工程的方案设计和施工图设计。对于上述事实,双方均予以确认。但是上述事实尚不能证明请求人主张的路灯魅影(双头)的著作权何

时产生及归属。请求人提交的有关路灯魅影(双头)的设计证据均是其公司电脑中存储的电子文档证据,且其中没有显示请求人为设计者的相关信息,在设计时间上也存在矛盾,加之也没有其他证据可以证明请求人所主张的著作权的产生及归属的事实,因此合议组对请求人关于其在申请日前设计出与涉案专利相同的设计、涉案专利不符合《专利法》第 23 条第 3 款的主张不予支持。

请求人主张样灯公开时间由证据样灯照片的拍摄时间证明,包括证人证言所述的公开时间也可证明,具体对比设计也记载于证据样灯照片。合议组认为,证据样灯照片是证人证言及照片打印件,虽然证人就其证言出庭作证,但该证人为请求人公司员工,上述照片也均是保存在请求人公司电脑中,且电子照片的数据信息如经过修改打印件也不会显示,因此上述证人证言的证明力较低。综上,在没有其他证据支持的情况下,不足以认定证据样灯照片中显示的路灯已在涉案专利申请日前处于公开状态,因此请求人据其认为涉案专利不符合《专利法》第 23 条第 1 款的主张不能成立。

九、专利无效宣告案行政起诉状的主要起诉理由

原告郎世宁公司针对第三人天剑公司的专利号为 ZL 2012 3056××××.7、名称为"灯(飞机)"的外观设计专利(以下简称涉案专利)提起无效宣告请求。被告国家知识产权局原专利复审委员会针对该无效宣告请求作出第 28014 号专利无效宣告请求审查决定书(以下简称被诉决定),维持专利权有效。

原告认为被诉决定在对多份请求证据的认证及采信上违反了《审查指南》和《民事诉讼法》的规定,导致案件事实认定错误,审查决定不当。涉案专利不符合《专利法》(2008 年)第 23 条的规定,应当宣告专利权无效,具体理由如下:

(一)关于证据 1

根据《审查指南》第四部分第八章"1 引言"的规定,无效宣告程序中有关证据的各种问题,适用本指南的规定,本指南没有规定的,可参照人民法院民事诉讼中的相关规定。根据《民事诉讼法》(2012 年)第 63 条[1]的规定,证据包括

---

〔1〕 该法历经 2017 年、2021 年两次修正,2021 年修正后为第 66 条。

当事人的陈述。证据1是原告对成都机场高速道路维护工程项目高新区管养段辅道路灯工程设计说明，属于《民事诉讼法》规定的法定证据类型之一，复审委合议组将其不作为证据加以考虑，显然与上述法律规定不符。

（二）关于证据2至4、5至10、22

复审委合议组认可了证据2至4的真实性及其所欲证明的事实，即确认了原告完成的与本案有关的路灯设计的任务来源。

复审委合议组认定了证据22公证书及光盘的真实性，认为证据5至10确实存在于请求人的电脑中，对于证据要证明的待证事实，即原告为路灯魅影的作者这一事实，复审委合议组认为仍然无法确定。

证据5中，原告署名的辅道灯魅影的效果图，为单头灯的图纸，但其灯臂设计与涉案专利实质相同，可以清楚地反映原告的创作思想和过程。证据6为辅道灯魅影的效果图，包含了三种设计方案，即单头、双头（不等高）、双头（等高）。证据7为成都机场高速道路维护项目的施工设计文件，包含有路灯设计图纸，其中灯杆外形图反映的设计与涉案专利实质相同。证据8为证据7图纸中的一张，即灯杆外形图。证据9为原告公司工作人员拍摄的16张样灯照片。证据10为原告公司设计师设计的机场路辅道灯多个备选设计方案的效果图。

复审委合议组认为，虽然案外人四川省交通运输厅公路规划勘察设计研究院（以下简称设计研究院）已经就机场高速辅道的路灯工程设计，与原告签订了《成都机场高速道路维护工程项目高新区管养辅道路面及交安工程和路灯工程设计技术合作协议》，但上述事实尚不足以证明路灯魅影（双头）的著作权何时产生及归属。原告认为，复审委合议组的上述认证理由缺乏逻辑性。上述证据结合本案其他在案证据，已形成了完整的证据链条，能清楚证明路灯魅影（双头）设计图的作者及著作权归属问题，并能证明路灯魅影（双头）设计著作权的产生时间早于涉案专利的申请日。

《著作权法》（2010年）第11条第3款、第4款[1]规定，由法人或者其他组织主持，代表法人或者其他组织意志创作，并由法人或者其他组织承担责任的作品，法人或者其他组织视为作者。如无相反证明，在作品上署名的公民、法人或者其他组织为作者。《最高人民法院关于审理著作权民事纠纷案件适用法律若

〔1〕 2020年修正后为第11条第3款，第4款已删去。

干问题的解释》(2002 年)第 7 条[1]规定,当事人提供的涉及著作权的底稿、原件、合法出版物、著作权登记证书、认证机构出具的证明、取得权利的合同等,可以作为证据;在作品或者制品上署名的自然人、法人或者其他组织视为著作权、与著作权有关权益的权利人,但有相反证明的除外。

关于路灯魅影(双头)的设计者及著作权归属问题,证据 5 至 8、证据 10 属于当事人提供的涉及著作权的底稿,其表现形式为电子数据,原始文档存储于原告公司电脑,原告在无效请求程序中提交的复制件经公证证明与原始文档一致,故上述证据的真实性能够确认,因此,根据上述规定,应当作为认定作者身份及著作权归属的证据。第一,上述证据中有部分证据已载明原告为设计者;第二,证据 2 至 4 已证明原告受托担负了涉案路段的路灯设计任务,可以推定依合同形成的相应设计成果应为原告设计;第三,在作品上署名是作者的权利而非义务,即使没有署名,也不影响作者身份的确定及著作权归属的判断,在作品上没有署名的情形下,可以通过作品原件或底稿持有情况,或结合其他证据来证明作者的身份。本案原告持有该设计的底稿,且有证据 2 至 4 证明自己是设计任务的承担者,更有相同设计风格的设计成果直接署名为原告,故,以上证据已形成了相互印证的证据链条,足以认定原告是涉案路灯的设计者,即作者。此外,证人杜某在口审时还明确证明,其是涉案路灯的设计师,作品为职务作品,著作权及其他知识产权属于原告。

复审委合议组对上述证据的认定逻辑是:证据 5 中虽然有原告的名称,但证据 5 中不包括与涉案专利相同的设计图纸;证据 5 为电子文档,证明力较低,故而不能认定原告为涉案路灯的设计者。原告认为,复审委合议组的认定逻辑是错误的。首先,合议组割裂了具有相互印证作用的一组证据,而仅以单个证据作为认定事实的依据,这是错误的。本案不论是证据 5 反映的单头路灯,还是证据 6 至 10 中反映的单头、双头(不等高)、双头(等高)路灯,均属同一个设计任务、使用于同一个工程项目、由同一个设计单位完成,且设计风格一致,应当认定为同一设计者的设计成果。其次,所谓证据证明力高低问题,也是相对于证明内容相反的正反证据而言。本案在涉案路灯的原始设计图来源及其设计者身份确认的争议问题上,并不存在反证,因此,证据 5 既然具有证据效力,就应该作为认定案件事实的依据,而不能以所谓证明力较低为由,拒绝采信。合议组的这种认定

[1] 2020 年修正后仍为第 7 条。

逻辑,缺乏法律依据。

需要说明的是,本案涉案路灯设计虽然是委托创作的作品,但根据《著作权法》(2010年)第17条的规定,受委托创作的作品,著作权的归属由委托人和受托人通过合同约定。合同未作明确约定或者没有订立合同的,著作权属于受托人。在原告与委托方的合同中,虽然有保密义务等约定,但并未明确约定设计成果的著作权归属,因此,有关路灯产品设计图的著作权应属于设计的受托方,即本案原告。

关于涉案路灯设计成果的形成时间问题,首先,作品的创作及完成时间与著作权的归属认定无关,合议组以不能确定具体完成时间为由而否定原告著作权是缺乏法律依据的。其次,根据本案证据20,成都市中级人民法院的调查笔录,证明了涉案路灯设计的交付过程,涉案路灯在原告交付设计院起就应视为完成,这个时间显然早于第三人提出专利申请的时间。至于证据7中显示的设计时间是在2012年5月,早于高投公司与设计院签订的建设工程设计合同时间及设计院委托原告的时间,这是该项目存在业主变更,经历了两次招标的原因。从证据2可见,本项目最初是由机场高速公司作为业主,在2012年3月即开始工程准备,邀请原告进行相关路灯设计,其后因为辅道的产权单位不是高速公司,故重新由高投公司作为业主,委托设计院设计,设计院又再转委托原告,故,事实上原告在2012年3月以后即开始了设计工作,只是因为业主变更,后确定的委托合同关系。因此,证据7的时间具有合理的解释,与工程项目中经常存在的先部分或全部履行合同义务再补签合同的事例也吻合,不能成为否定原告为设计者的理由。最后,关于涉案专利设计的设计者问题,在被告作出的第24370号无效宣告请求审查决定书(证据12)第11页第3点的认定中,已经明确地认定原告为涉案路灯的设计者,也就是说,被告已在其在先的决定中认定的事实,在本案中又自行否定,得出相矛盾的结论,显然是不能服人的。

(三)关于证据11

侵权诉讼中的当事人四川众兴华业市政照明工程有限公司(以下简称华业公司),于2014年6月19日针对涉案专利提出过无效宣告请求,针对该请求的24370号无效宣告请求审查决定书(以下简称24370号决定)现处于有效状态。原告在该请求的审理过程中,向华业公司提供过若干图纸作为证据,同时也提供了与证据11同样的材料作为证据,这可以通过查证24370号决定的审理档案确定。在24370号决定中,复审委合议组在无推翻证据的前提下初步确认了证据11的真实性(在24370号决定中相同证据的编号为附件2至14),而被诉决定在同样没有推翻证据的前提下,仅以未提交原件要其他真实性核实方式为由就否认了证据11的真实性,否定了复审委合议组自己作出的24370号决定中的认定。这一点原告尤其不能理解。对于同样一份证据的真实性,难道仅仅因为参与主体的不同,复审委就可以在不同的案件中作出相互矛盾的认定吗?

(四)关于证据12至证据20

首先是证据12至证据14,复审委合议组认可了所述证据的真实性,但对于所述证据的证明力是否足够,要证明的事实究竟是否成立,复审委合议组未作表述。

在华业公司针对涉案专利的无效宣告请求的审理过程中,以及本案原告针对涉案专利的无效宣告请求的审理过程中,均举出了所述的证据,证明了这样的“不约而同”:在涉案专利授权公告以前,还有另外的案外人称华体公司就与涉案专利相同的路灯设计申请了名称为“路灯(魅影)”的外观设计专利。如此惊人的巧合,用常理推断,二者必然存在同一来源,事实上华体公司申请和涉案专利的同一设计来源就是原告提供给设计研究院的图纸。原告在审理中指明了这一待证事实,但复审委合议组仅仅认定了所述证据的真实性,而回避了可由所述证据证明的并与本案相关联的关键事实的认定。

其次,对于证据15和证据16至证据19,复审委合议组均对相应证据的真实性予以认可,并确认了其所欲证明的事实。但复审委合议组在评述中认为,证据12至证据20对于请求人主张的著作权的产生和归属无关,不能支持请求人的主张。原告认为,证据12至证据20已经清楚地证明了涉案专利原创设计的图纸走向,清楚地证明了涉案专利登记在案的设计人既非实际的设计人,涉案专利登记在案的专利权人也没有从实际的作者那里受让申请专利的权利。试问:复审委合议组是否清楚,被诉决定将维持的是一份剽窃而得的专利权,进而为专利权人获取非法利益披上合法外衣,是否违反了专利法“鼓励发明创造、推动发明创造的应用、提高创新能力”的宗旨?被诉决定究竟在鼓励什么?

虽然原告的电子文档底稿中并没有明确的署名,但这不能否认原告为涉案专利设计作者的身份,在两次无效宣告请求程序中由原告提供出来的各份设计文档,充分表明了路灯魅影连贯的设计来源、设计过程和交付过程。追根溯源,涉案专利的实际作者为原告,涉案专利的实际设计人为原告公司员工,涉案专利侵犯了原告的著作权。

（五）关于证据21

对证据21的表述，复审委合议组是前后矛盾的，前面认为其从形式上以及证人出庭作证的情况而言，未发现明显瑕疵，后面认为，是照片打印件，因为证人是原告的公司员工，照片是保存在原告的公司电脑中，故电子照片的数据信息仅从照片打印件不会显示修改痕迹，因此，证人证言的证明力较低。

原告认为，证明力的高低是对于待证事实同时存在相反的两份证据而言的，只有在内容相互冲突的两份证据相互比较时，才需要依据证明力的高低来决定所能采信的证据。而本案没有任何证据来反驳原告主张的样灯安装时间及样灯照片拍摄时间为2012年11月14日的主张，故，不能以证据21证明力较低为由而对其不予采信，这混淆了有无证据力和证明力大小的不同概念。

况且，本案原告拟证明涉案路灯样灯在2012年11月14日公开的事实，不仅举出了证据21所载的证明材料，还有证人杜某当庭的证言，以及证据22所证明的样灯照片电子数据文档，上述证据分属独立的证据类型，而不是同一份证据的不同体现，上述三方面证据能相互印证，也与前述设计来源证据、设计成果证据、证据20法院调查笔录所证明的事实构成完整闭环，证明原告所主张的事实，故，应作为认定案件事实的依据。

需要说明的是，复审委合议组认为“虽然证据20中也提及样灯审查的事实，但并没有明确审查的具体是什么样灯，也不能与证据21加以印证”，这明显存在故意曲解证据的问题。证据20是成都市中级人民法院在审理本案涉案路灯外观设计专利侵权案件时进行调查所形成的证据，其调查的内容就是涉案路灯的设计来源、设计成果的交付过程、路灯样灯的安装审查等问题，不是本案的路灯，还会是什么路灯？合议组可曾调查到第三人在该工程项目中还制造安装了其他设计样式的路灯？虽然成都市中级人民法院的调查未能准确确定样灯安装具体日期，但其时间范围却锁定在2012年11月，与原告的证据能相互印证，特别是在第三人无法提出真实可信的相反证据的情况下，理应认定本案样灯安装时间是在2012年11月14日之前，也即是在申请日之前。

由于样灯的安装属于使用公开，其发生在样灯照片的拍摄日期2012年11月14日之前，因此，涉案专利已在申请日之前公开，不符合《专利法》（2008年）第23条第1款的规定，应当被宣告无效。

十、民事侵权案上诉状的主要上诉理由

本案涉及外观设计专利侵权纠纷。上诉人华业公司作为一审被告，提出了涉案专利为抄袭、剽窃他人在先设计成果；涉案外观设计已于专利申请日前使用公开，属现有设计的两点不侵权抗辩理由，并提供了相应的证据。

一审判决事实上间接确认了上诉人的第一个抗辩理由，即认定涉案外观设计是由案外人（也是本案重要的证据提供方）郎世宁公司设计（见判决书第8～9页），由郎世宁公司将该名称为路灯魅影的外观设计交付给四川省交通运输厅公路规划勘察设计研究院（以下简称勘察设计院），再由勘察设计院将该外观设计交付给建设单位成都高投建设开发有限公司（以下简称高投公司），高投公司又将该外观设计交付工程承建方河南国基建设集团有限公司（以下简称河南国基公司），河南国基公司最后委托被上诉人生产制造涉案路灯。由此事实可知，被上诉人事实上是通过河南国基公司取得了涉案外观设计，并将其作为自己的设计提出专利申请，其行为无疑是抄袭剽窃他人设计成果的侵权行为。虽然就专利法规定而言，侵犯他人在先权只是宣告专利权无效的理由，不是直接的不侵权理由，但上诉人认为，被上诉人抄袭剽窃他人设计成果，谎称为自己的设计申请专利，却可以作为其品格证据，证明其缺乏基本的诚实信用。一审法院理应对其在本案一审庭审中的陈述和举证进行更仔细、更严谨的分析、认证，而不应对此明显的当事人品格问题视而不见。

对于上诉人的第二点抗辩理由，即涉案外观设计已于申请日前使用公开，属现有设计的不侵权理由，是本案最核心和最关键的争议。一审判决对该核心争议事实采取了回避态度，不作直接、清楚的审查认定；对上诉人提交的多份能直接证明涉案外观设计使用公开——涉案路灯样灯审查安装时间的证据，故意漏审，排除在本案审理范围之外；对被上诉人存在明显伪造变造嫌疑的反驳证据，视而不见，不予依法处理；对被上诉人违反法庭举证要求，拒绝提交相应证据的行为刻意维护，不追究其举证不能的责任，却武断、轻率地以上诉人提交的数码照片为电子数据证据“电子文档相关数据易于修改”为由，对上诉人证据不予采信。

一审法院如此明显地偏袒一方，违反诉讼程序隐匿证据，对关键事实模糊处理的审理和判决，如何能令人信服？

1. 一审判决回避了本案最关键的事实,即样灯的审查安装时间这一基本事实,存在认定事实不清的错误

如前所述,上诉人提出的不侵权抗辩理由主要为涉案外观设计已于申请日前使用公开,属现有设计。这一抗辩是否成立,关系到本案侵权是否成立,故是案件基本事实,一审法院理应予以查明,作出明确且清楚的判决。

根据在案证据,涉案专利申请日是 2012 年 11 月 21 日。上诉人主张该外观设计在 2012 年 11 月 14 日,以安装样灯的方式进行了使用公开。上诉人为支持该主张,提供了样灯数码照片 16 张(电子数据证据)、证人陈某某的证言、设计公司郎世宁公司出具的书面证明材料、成都市律政公证处对 16 张样灯数码照片进行提取公证的公证书(2015 川律公证内民字第 5635 号)等证据予以证明。上述证据均能直接证明该样灯审查安装时间为 2012 年 11 月 14 日,是直接证据,且来自第三方,均具有证据效力。

被上诉人提供的反驳上述主张的证据仅有 2 份,一份是 2012 年 11 月 26 日的送货单,另一份是其与河南国基公司于 2012 年 12 月 3 日签订的购销合同。其中,购销合同本身不能证明样灯安装时间,被上诉人拟用该证据来证明送货单上的收货方签字人为河南国基公司的工作人员,因而其不是该争议事实的直接证据。送货单是被上诉人针对样灯安装时间这一关键事实的唯一直接证据。更重要的是,被上诉人上述证据存在明显的真实性问题,因而不能作为认定该案件事实的依据。

在本案双方当事人均有相应证据的情况下,一审判决对该关键事实的认定是:“高投公司将路灯设计图交付国基公司,国基公司委托天剑公司生产路灯,并于 2012 年 11 月安装了路灯样灯。”在这里,一审判决使用了“11 月”这样一个不确定的时间范围,而不直接认定样灯审查安装时间究竟是被上诉人主张的 11 月 26 日之后的某天,还是上诉人主张的 11 月 14 日。样灯审查安装的具体时间,决定着其是否属于现有设计,决定着本案侵权是否成立,不容模糊。更进一步,样灯的安装是一个事实,对样灯安装的审查又是一个事实,一审判决仅认定了样灯安装的时间段在 11 月,但对样灯安装的审查事实却未予审理认定。一审判决在双方当事人均有相应证据的情况下,却对双方证据均不予认定,不作为认定案件事实的依据,也不给出不认定不采信的具体理由,令人无法理解。

上诉人认为,一审判决对本案样灯审查安装时间这一基本事实不置可否,模糊处理,导致案件关键事实认定不清,是极不负责任的审判方式。

2. 一审法院对上诉人提交的能证明本案基本事实——样灯审查安装时间的证人证言、设计公司证明材料、对数码照片提取过程进行证据保全的公证书故意漏审，不作为认定案件事实的依据，存在违反程序隐匿证据的问题

如前所述，上诉人为证明样灯审查安装时间这一基本案件事实，向法庭提供了样灯数码照片 16 张（电子数据证据，证据 17 号）、证人陈某某的证言（于 2015 年 4 月 9 日证据质证过程中出庭作证）、设计公司郎世宁公司出具的书面证明材料（证据 1 和 2015 年 3 月 4 日提交的补充证据第 2 号）、成都市律政公证处对 16 张样灯数码照片进行提取公证的公证书（2015 川律公证内民字第 5635 号，2015 年 3 月 4 日提交的补充证据第 4 号）等证据。上述证据已在法庭审理时经过举证和质证，理应作为认定案件事实的依据。

上诉人认为，《民事诉讼法》（2012 年）第 64 条第 3 款[1]，以及《证据规定》（2001 年）第 66 条[2]规定，人民法院应当按照法定程序，全面地、客观地审查核实证据。审判人员对案件的全部证据，应当从各证据与案件事实的关联程度、各证据之间的联系等方面进行综合审查判断。但在本案中，一审法院却对上诉人提交的关键证据不予审查、不予核实认定。一审判决除了对数码照片有武断、轻率的认定叙述外，对上诉人的其他能证明样灯审查安装事实的证据均未予载明，也未予审理认定，故意违反上述法律规定，隐匿了上诉人的关键证据，这是导致样灯审查安装时间这一基本事实无法查明的根本原因。

此外，根据《最高人民法院关于适用〈中华人民共和国民事诉讼法〉的解释》（以下简称《民诉法解释》）（2015 年）第 92 条[3]的规定，一方当事人在法庭审理中，或者在起诉状、答辩状、代理词等书面材料中，对于已不利的事实明确表示承认的，另一方当事人无需举证证明。本案被上诉人在其起诉状中陈述“原告于 2012 年 11 月 21 日就安装位于成都市天府新区‘三纵一横’飞机型路灯的外观设计向国家知识产权局申请了专利保护”，从这一陈述可知，被上诉人在提出涉案专利申请前，该外观设计的路灯已安装在了“三纵一横”道路上。被上诉人在诉状中的自认陈述，在庭审时也引起了合议庭人民陪审员的注意，陪审员专门就此问题当庭询问了被上诉人，被上诉人支支吾吾，无法自圆其说。因此，上诉

---

〔1〕 2021 年修正后为第 67 条第 3 款。

〔2〕 2019 年修正后为第 88 条。

〔3〕 该解释历经 2020 年、2022 年两次修正，2022 年修正后仍为第 92 条。

人的举证，结合一审法院调查收集到的证据，并与被上诉人的诉状中的陈述，均可以相互印证，证明路灯样灯是在专利申请日前就已经安装在了涉案工程路段，属于现有设计。

3.一审法院对被上诉人提交的存在明显伪造变造痕迹的证据——路灯采购合同，视而不见，不予依法处理，存在刻意偏袒一方的问题

本案一审过程中，被上诉人为主张其样灯安装时间是在2012年11月26日以后，向法庭提交了2份证据，即前文所述的2012年11月26日的送货单，一份是其与河南国基公司于2012年12月3日签订的购销合同。其中，购销合同本身不能证明样灯安装时间，被上诉人拟用该证据来证明送货单上的收货方签字人为河南国基公司的工作人员，因而其不是该争议事实的直接证据。送货单是被上诉人针对样灯安装时间这一关键事实的唯一直接证据。

在法庭审理的质证环节，上诉人经对上述证据原件的审查，发现上述2份证据均存在明显的伪造和变造痕迹，其真实性不能确认，不能作为认定案件事实的依据。

被上诉人提交的路灯采购合同，该合同第二页存在被替换的问题，因其纸张与第一、第三页存在明显色差，显然不是一次打印所得的文件，且第一、第三页均存在两处订书机装订痕迹，但第二页仅有一处，上述两方面的细节均说明第二页不是与第一、第三页同时打印形成的原始合同内容，是属于事后替换的。因该替换页并无河南国基公司的签章，故其真实性不能得到确认，不具备证据效力。

而送货单只是被上诉人单方制作的材料，缺乏真实性。送货单虽有收货人签字，但没有其他证据能证明收货人真实身份信息。该送货单一式两联均在被上诉人处，也有违一般交易常识。因此，作为无法确认真实性的孤证，该送货单不能作为认定案件事实的依据。对照合同上河南国基项目负责人的签名，与送货单上的签名笔迹相比，送货单的笔迹不够流畅、自然，存在伪造签名的嫌疑。

在本案庭审中，合议庭也注意到了合同第二页被替换的问题，并询问了被上诉人，但被上诉人无法给出合理的解释。合议庭在闭庭后对合同原件进行了扣留。根据《民事诉讼法》(2012年)第111条〔1〕的规定，诉讼参与人或者其他人

〔1〕 2021年修正后为第114条。

有伪造、毁灭重要证据,妨碍人民法院审理案件的,人民法院可以根据情节轻重予以罚款、拘留;构成犯罪的,依法追究刑事责任。上诉人明确要求法庭对此进行调查处理,如果查明被上诉人提供伪造变造的证据,应依法追究其法律责任。

但在一审判决中,对被上诉人是否存在伪造证据的问题,一审法院却完全避而不谈,存在明显的偏袒。

4. 一审法院对被上诉人拒不按照法庭举证要求提供证据不予处理,对电子数据证据的认定理由不符合司法解释的规定,存在适用证据规则错误的问题

被上诉人提交的上述2份反驳证据,是在法庭组织证据交换时,法庭明确分配给被上诉人的举证责任。法庭当时明确要求被上诉人在2014年10月11日之前,向法庭提供其承接涉案路灯工程的工程资料,包括合同、图纸、开工竣工资料、样灯质检证明、验收证明等。但被上诉人并未按法庭要求举证,而是仅提交了送货单作为唯一的直接证据,而拒绝提交样灯质检证明、设计图纸、开工资料等能证明样灯生产、安装时间的其他证据。根据《民事诉讼法》(2012年)、《民诉法解释》(2015年)、《证据规定》(2001年),当事人对自己提出的诉讼请求所依据的事实或者反驳对方诉讼请求所依据的事实,应当提供证据加以证明;在作出判决前,当事人未能提供证据或者证据不足以证明其事实主张的,由负有举证证明责任的当事人承担不利的后果;有证据证明一方当事人持有证据无正当理由拒不提供,如果对方当事人主张该证据的内容不利于证据持有人,可以推定该主张成立。本案关于样灯的制造及安装事实,无疑证据应在制造和安装单位持有,即被上诉人才持有上述证据,这也是法庭当时责令其在限定期限内提供证据的原因。但被上诉人并未按法庭要求提供相应证据,仅仅是提交了存在真实性问题的一份孤证和一份间接证据,显然没有完成法庭分配的举证责任,应判决其承担不利后果。但一审法院对此也不予处理,显然有故意偏袒的问题。

此外,一审判决认为"电子文档相关数据易于修改,在无其他证据予以佐证的情况下,对被告证据不予采信"。这一判决理由显然与案件审理实际不符,也太过武断、轻率,存在基本的逻辑错误,与最高人民法院相关司法解释确立的证据审查及认定规则不符。

首先,上诉人针对样灯数码照片的证据,不仅仅只有电子文档,还有证人陈某某的证言,证明该数码照片的形成过程及时间准确无误;同时,还有涉案路灯外观设计的设计单位,也是样灯审查单位,郎世宁公司出具的书面证明材料,证明该外观设计的来源及数码照片的拍摄原因、过程、时间,确认本案样灯安装审

查时间为 2012 年 11 月 14 日；为避免提交法庭的数码照片电子文档的来源争议，上诉人还通过公证处对数码照片提取过程进行了公证，证明提交法庭的电子文档和郎世宁公司保存的文档一致。以上可见，上诉人支持自己关于样灯安装时间为 2012 年 11 月 14 日的证据为 4 份，而非孤立的数码照片电子文档一份。此外，样灯审查安装时间为 2012 年 11 月 14 日的事实，还能与法庭调查笔录中"国基公司委托天剑公司生产路灯，并于 2012 年 11 月安装了路灯样灯"相互印证，显然，一审判决所谓"在无其他证据予以佐证的情况下"，与案件的实际审理情况不符。《民诉法解释》（2015 年）第 105 条〔1〕规定，人民法院应当按照法定程序，全面、客观地审核证据，依照法律规定，运用逻辑推理和日常生活经验法则，对证据有无证明力和证明力大小进行判断，并公开判断的理由和结果。本案一审法院显然没有按照上述规定，对上诉人的证据进行全面、客观地审核，也没有对证据有无证明力和证明力大小进行判断，并公开判断的理由和结果。

其次，一审法院以"电子文档相关数据易于修改"为由否定这一类证据的证据效力，也是缺乏事实和法律依据的，存在逻辑错误。一审法院认为数码照片的电子文档数据易于修改属于主观臆断，实际上，对数码照片而言，其生成时间的数据信息是难以修改的。本案的 16 张数码照片，其来源是设计单位郎世宁公司，与本案无利害关系；其拍摄原因是为进行样灯审查，具有合理性；其拍摄地点是在涉案工程所在路段，拍摄的前后时间差只有 10 多分钟，完全符合日常经验法则，且这些数码照片电子文档也没有任何被修改的可疑之处，一审判决径行否定其证据效力，太过武断、轻率。从逻辑上讲，"易于修改"与"已被修改"或"存在修改痕迹"是有本质不同的。一审判决也仅认为电子数据"易于修改"，而没有认为其"已被修改"或"存在修改痕迹"，此为或然状态，而非已然状态，事实上，上诉人提交的 16 份数码照片，没有任何真实性疑点，被上诉人也提不出任何怀疑理由，根本不存在修改痕迹。一审判决将或然当已然，直接作出不予采信的结论，犯了基本的逻辑错误。

从对电子数据证据的审查认定规则来看，虽然《民事诉讼法》及其司法解释对此缺乏具体的规定，但《最高人民法院关于适用〈中华人民共和国刑事诉讼法〉的解释》（法释〔2012〕21 号，以下简称《刑诉法解释》）第 94 条〔2〕规定，视听

---

〔1〕 2022 年修正后仍为第 105 条。

〔2〕 该解释已被废止，2021 年新解释为第 109 条、第 114 条。

资料、电子数据具有下列情形之一的，不得作为定案的根据：①经审查无法确定真伪的；②制作、取得的时间、地点、方式等有疑问，不能提供必要证明或者作出合理解释的。众所周知，刑事案件的裁判标准最严格，但即使是刑事案件涉及的电子数据类证据，法院也需要在"制作、取得的时间、地点、方式等有疑问，不能提供必要证明或者作出合理解释的"的情况下，才不得作为定案依据。反言之，电子数据证据只要在制作、取得的时间、地点、方式等方面没有疑问，或者虽有疑问，但能提供必要证明或者作出合理解释的，仍可以作为定案依据。此外，根据《最高人民法院关于行政诉讼证据若干问题的规定》第 12 条、第 40 条、第 64 条的规定，当事人向人民法院提供计算机数据或者录音、录像等视听资料的，应当提供有关资料的原始载体。提供原始载体确有困难的，可以提供复制件。对书证、物证和视听资料进行质证时，当事人应当出示证据的原件或者原物。但原件或者原物已不存在，可以出示证明复制件、复制品与原件、原物一致的其他证据。以有形载体固定或者显示的电子数据交换、电子邮件以及其他数据资料，其制作情况和真实性经对方当事人确认，或者以公证等其他有效方式予以证明的，与原件具有同等的证明效力。由此可见，对电子数据证据而言，最高人民法院在司法解释中并未规定必须具有原始载体才能作为证据，即使原始载体不能提供，但能提供证明其来源、与原件一致的其他证据，仍具有证据效力。本案中，上诉人虽不能提供数码照片的原始载体，但提供了其拍摄单位的书面证明材料、证人证言，并对提取过程进行了公证，完全符合司法解释的规定，且根据《民事诉讼法》(2012 年)第 69 条[1]的规定，经过法定程序公证证明的法律事实和文书，人民法院应当作为认定事实的根据，但有相反证据足以推翻公证证明的除外。因此，本案上诉人提交的证据，应作为认定案件事实的依据。一审法院简单、武断地不予采信，是不符合最高人民法院司法解释确定的证据规则的。

5. 一审法院对上诉人提出的调取证据申请未能全面、认真地进行调查取证

上诉人在一审证据交换前，向法院提出了对高投公司、勘察设计院调取成都机场高速道路维护工程项目高新区管养辅道路灯工程相关资料的申请，法院也予以受理，并对高投公司相关负责人进行了询问，调取了高投公司与河南国基公司的施工合同。但在询问高投公司负责人有关样灯安装时间的事实时，对其"在 2012 年 11 月安装了样灯"这样一个不准确的回答，却未能进一步

[1] 2021 年修正后为第 72 条。

作更全面、深入的询问，不明确具体的日期，从而未能通过该公司确定这一关键事实。此外，一审法院未对勘察设计院进行调查，也未要求高投公司提供路灯工程开工报告、路灯样灯质检报告、路灯工程竣工验收报告等证据，存在敷衍了事的问题。

6. 一审法院完全无视被上诉人抄袭剽窃他人设计成果申请专利的事实，重判50万元赔偿，无异于公开鼓励不诚信、恶意的专利抄袭行为，判决不公

一审法院在罔顾案件证据的情况下，重判上诉人赔偿50万元，每件产品赔偿金达到2336元，几近上诉人产品单价的一半，远超实际获利，显属不公。

既然一审法院已认定涉案专利并非被上诉人的设计，而是郎世宁公司的设计，被上诉人抄袭剽窃他人的设计成果申请专利，显然具有不正当性，是极恶劣的行为。一审法院无视这一事实，重判上诉人，无异于公然鼓励和支持被上诉人的恶意行为，难言公正。

十一、专利无效行政诉讼一审、二审判决结果及主要理由

一审北京知识产权法院(2016)京73行初1097号行政判决：撤销被诉决定，国家知识产权局原专利复审委员会重新作出审查决定。

北京知识产权法院认为：根据新证据的记载可知，成都市于2012年11月6日起在市内部分重要公共场所和主干道设置了关于庆祝中国共产党第十八次全国代表大会召开的道旗，内容为“奋力打造西部经济核心增长极，以优异成绩迎接党的十八大胜利召开”“热烈庆祝中国共产党第十八次全国代表大会胜利召开”等。上述道旗内容与证据样灯照片中部分照片显示的道旗标语内容一致。根据新证据的记载可知，中共成都市委宣传部于2012年10月24日发函，商请成都交通投资集团有限公司在2012年11月5日至16日在机场高速路段投放200组道旗公益广告，广告模板由市委宣传部提供；成都机场高速公路有限责任公司同意在机场高速路灯杆安装道旗宣传广告200幅，画面由市委宣传部提供。安装时间为2012年11月5日，拆除时间为2012年11月16日；成都机场高速公路有限公司与金牛区鼎盛美工部于2012年11月2日签订了关于在成都机场调整两侧灯杆广告安装、拆除200根道旗的维护合同。安装、维护时间为2012年11月2日至16日。金牛区鼎盛美工部确认根据新证中其与成都机场高速公路

有限公司签订的《机场高速公路道旗灯杆广告安装维护合同》,于2012年11月16日如期拆除了道旗灯杆广告。其中照片截图中道旗内容是“热烈庆祝中国共产党第十八次全国代表大……”“奋力打造西部经济核心增……以优异成绩迎接党的十八大……”上述内容与前述证据显示的道旗标语内容一致。四川旭日司法鉴定所司法鉴定意见书记载未发现送检光盘内“样灯照片”中16个数码照片的画面内容及拍照时间进行修改而留下的痕迹。同时,鉴定意见对拍摄时间介于2012年11月14日15:16至15:53的照片中,“拍照时间”与“修改时间”不一致给出了合理解释,认为可能原因是竖版数码照片在拍照时以横版方式存储,在导入电脑浏览后以竖版方式存储所致。综合上述新证据,结合无效阶段证据样灯照片中的道旗内容可以确认,上述照片的拍摄时间为2012年11月14日15时至15时30分,至迟不超过道旗拆除的2012年11月16日,早于本专利的申请日。因此,可以认定证据样灯照片中的路灯在本专利申请日之前已经公开,其可以作为现有设计与本专利进行比较,进而判定本专利符合《专利法》第23条第1款的规定。郎世宁公司的起诉理由成立,予以支持。

二审北京市高级人民法院行政判决书(2018)京行终6219号判决:驳回上诉,维持原判。

北京市高级人民法院认为:

《专利法》第23条规定:“授予专利权的外观设计,应当不属于现有设计;也没有任何单位或者个人就同样的外观设计在申请日以前向国务院专利行政部门提出过申请,并记载在申请日以后公告的专利文件中。授予专利权的外观设计与现有设计或者现有设计特征的组合相比,应当具有明显区别。授予专利权的外观设计不得与他人在申请日以前已经取得的合法权利相冲突。本法所称现有设计,是指申请日以前在国内外为公众所知的设计。”

根据当事人的主张,本案二审的争议焦点是:现有证据能否证明本专利在申请日前已经被公开。判断数码照片的画面内容是否进行过修改,通常要采用计算机技术手段。结合四川省司法厅网站的文字表述分析,计算机司法鉴定和声像资料司法鉴定的业务范围并非泾渭分明,而可能存在一定的交叉。因此,现有证据并不足以证明四川旭日司法鉴定所出具的司法鉴定意见书超出其业务范围。此外,原审法院并非仅依据该司法鉴定意见书作出判决。即使该司法鉴定意见书存在瑕疵,郎世宁公司提交的证据仍然具有明显的优势,其证据9和新证据1~9之间可相互印证,证明证据9、证据21、证据22照片中的路灯在2012年

11 月 16 日前(早于本专利申请日)已经公开。天剑公司向法院提交的送货单系其单方制作的证据,证明系证人证言且证人未出庭作证,证明力明显较低,不足以推翻原审判决认定的事实。从照片内容来看,涉案路灯安装于公路两侧,涉案照片拍摄于公共场所,不存在侵犯商业秘密的情形。天剑公司的上诉主张缺乏事实与法律依据,不予支持。

附:

北京市高级人民法院
行政判决书

(2018)京行终 6219 号

上诉人(原审第三人):四川天剑光电科技股份有限公司(原名四川天剑机械设备制造股份有限公司),住四川省成都市新都区××××路××号。

法定代表人:贺某,总经理、董事。

委托代理人:杜某仲,北京德恒(成都)律师事务所律师。

委托代理人:罗某君,北京德恒律师事务所律师。

被上诉人(原审原告):成都市郎世宁环境设计有限公司,住所地四川省成都市青羊区××××路××号。

法定代表人:廖某某,总经理。

委托代理人:黄春海,泰和泰律师事务所律师。

原审被告:国家知识产权局专利复审委员会,住所地北京市海淀区北四环西路 9 号银谷大厦 10~12 层。

法定代表人:葛某,副主任。

委托代理人:刘某某,国家知识产权局专利复审委员会审查员。

委托代理人:刘某,国家知识产权局专利复审委员会审查员。

上诉人四川天剑机械设备制造股份有限公司(以下简称天剑公司)因外观设计专利权无效行政纠纷一案,不服北京知识产权法院(2016)京 73 行初 1097 号行政判决,向本院提起上诉。本院 2018 年 10 月 30 日受理本案后,依法组成合议庭进行了审理。2018 年 11 月 28 日,上诉人天剑公司的委托代理人杜某仲、罗某君,被上诉人成都市郎世宁环境设计有限公司(以下简称郎世宁公司)的委托代理人黄春海,原审被告国家知识产权局专利复审委员会(以下简称专利复审委员会)的委托代理人刘颖杰、刘亚到本院接受了询问。本案现已审理终结。

北京知识产权法院查明:

本专利为2013年4月24日授权公告的名称为“灯(飞机)”的外观设计专利,其专利号为ZL 2012 3056××××.7,申请日为2012年11月21日,专利权人是天剑公司。

针对本专利,郎世宁公司于2015年2月10日向专利复审委员会提出了无效宣告请求,其理由是:本专利不符合《专利法》(2008年)第23条第1款和第3款的规定,故请求宣告本专利权无效。郎世宁公司提交了如下证据:

证据1:成都机场高速道路维护工程项目高新区管养辅道路灯工程设计说明的复印件。其中记载了,成都机场高速高新区辅道路灯工程是由郎世宁公司受正式邀请和签约完成的设计项目,设计工作从2012年3月至8月完成,并记载了设计工作主要过程。该说明落款是郎世宁公司,日期是2014年6月20日。

证据2:“成都机场高速道路维修整治工程路灯及光彩工程”设计方案征集邀请函——(2015)川律公证内民字第5636号“影印本与原本相符”公证书复印件。其中记载了,2012年3月1日成都机场高速公路有限责任公司邀请郎世宁公司参加成都机场高速道路维修整治工程路灯和光彩工程设计方案的设计。

证据3:机场高速道路维护工程高新区产权段辅道路面、交安及路灯工程设计建设工程设计合同复印件。其中记载了,发包人是成都机场高速公路有限责任公司,设计单位是四川省交通运输厅公路规划勘察设计研究院,道路产权业主是成都高投建设开发有限公司,发包人签字日期是2012年6月29日,设计单位签字日期是2012年6月25日。

证据4:机场高速道路维护工程高新区产权段辅道路面及交安工程和路灯工程设计技术合作协议——(2015)川律公证内民字第5635号“影印本与原本相符”公证书复印件。其中记载了,合同甲方是四川省交通运输厅公路规划勘察设计研究院,合同乙方是郎世宁公司,合同依据为《成都机场高速道路维护工程项目高新区管养辅道路面及交安工程和路灯设计合同》,工作内容为成都机场高速道路维护工程项目高新区管养辅道路面及交安工程和路灯工程设计工作中的路灯工程设计的方案设计(代初步设计)及施工图设计(含概预算文件的编制)工作,签订日期是2012年7月18日。

证据5:自行制作的天府第一路——成都机场高速道路维修整治工程——路灯及光彩工程设计内容打印件。其署名为郎世宁公司,其中包括名称为“魅影”的辅道灯图片,其为单头路灯。

证据6:三组设计效果图共6幅复印件。其中显示了一种双头路灯及一种单头路灯,未显示设计时间及设计者。

证据7:路灯设计图三套复印件。其中图纸封面(路灯),显示有“成都机场高速道路维护工程项目施工图设计文件”“道路照明(送审稿)”“四川省交通运输厅公路规划勘察设计研究院”“二〇一二年五月”等字样,在其余的设计页的框图下方也标明“四川省交通运输厅公路规划勘察设计研究院”“2012. 05”的字样。

证据8:辅道灯图纸复印件。其中图纸下方显示其为“灯杆外形图”。该图纸与证据7中的相关页面相同,未显示设计时间及设计者。

证据9:样灯照片(安装现场)复印件,未显示拍摄时间,相关页面显示了一种双头路灯及天剑公司铭牌。

证据10:15张设计效果图复印件。其中显示了名为“魅影”的辅道灯,包括一种双头路灯及一种单头路灯,未显示设计时间及设计者。

证据11:《关于机场路综合整治工程(高新段)方案审查会的会议纪要》(以下简称《会议纪要》)复印件。其中记载了,2012年7月10日成都市建委召开方案审查会,郎世宁公司派员工杜某参加了该审查会。

证据12:专利复审委员会第24730号无效宣告请求审查决定(以下简称第24730号决定)复印件。在该无效决定中,维持了本专利权有效。该决定中,对于附件2至14(本案证据11)作出了如下认定:该附件文件末尾显示参会人员有成都郎世宁公司杜某。该附件从形式看符合公文文件形式,无明显瑕疵。该附件与附件2至4(本案证据3)第1条、第2条相对应。尽管无成都市城乡建设委员会的红章,但作为参会单位的郎世宁公司获得《会议纪要》复印件是合理的,因此在无推翻证据的情况下,对该附件的真实性予以初步确认。

证据13:本专利公告文本打印件。

证据14:2012 30648410. X号中国外观设计专利授权公告文本打印件,专利名称为“灯(魅影)”,申请日为2012年12月24日,专利权人为四川华体照明科技股份有限公司。

证据15:天剑公司网站消息“专利产品——灯(飞机)用于天府新区建设”网

页打印件。

证据16：搜材网上关于成都机场高速道路维护工程项目施工招标公告（第二次）的网页打印件。

证据17：四川省人民政府政务服务中心招投标网上关于高新区机场高速路辅道整治工程施工及监理招标公告的网页打印件。

证据18：中国建设工程招标网上关于高新区机场高速路辅道整治工程（高新区机场高速路辅道整治工程施工）中标候选人公示的网页打印件，其中记载了河南国基建设集团有限公司（以下简称国基公司）是中标候选人。

证据19：中国采招网上关于高新区机场高速路辅道整治工程监理中标结果的网页打印件。

证据20：成都市中级人民法院调查笔录复印件，其中记载了，成都高投建设开发有限公司员工陈述，成都高投建设开发有限公司将交通厅勘察设计院交付给其的设计图纸全部交付给了国基公司，国基公司委托天剑公司生产样灯，并于2012年11月安装了样灯。

证据21：杜某的证人证言及样灯照片（安装现场）复印件，其中记载：郎世宁公司设计师杜某于2012年11月14日15时到15时30分，在成都市机场路辅道高新段拍摄了16张路灯（魅影）的样灯照片。

证据22：四川省成都市律政公证处出具的（2015）川律公证内民字第5634号公证书复印件，其中记载：2015年1月20日，公证员从郎世宁公司的电脑中拷贝了部分文件刻录成光盘。其中，在“样灯照片”文件夹中包括证据9中的16张照片（IMG_5208.JPG至IMG_5223.JPG）。其显示的拍摄时间介于2012年11月14日15:16至15:53，相关照片显示了一种双头路灯及天剑公司铭牌。在部分照片中，道路围挡外远处路灯上悬挂有道旗，道旗可见内容是“热烈庆祝中国共产党第十八次全国代表大……”“奋力打造西部经济核心增……以优异成绩迎接党的十八大……”等。光盘信封上写明公证号是“（2015）川律公证内民字第5635号”。

天剑公司于2015年8月17日向专利复审委员会提交了如下反证：

反证1：营业执照副本，显示主项资质等级为城市及道路照明工程专业承包壹级。

反证2：三份中国专利文献公告文本复印件，专利号分别为2012 3021××××.7、2012 3035××××.1、2014 3003××××.3。

反证 3:专利复审委员会第 20705 号无效宣告请求审查决定复印件,其中记载了维持 2011 3016××××.5 号外观设计专利权有效。

反证 4:本专利授权公告文本复印件。

2015 年 8 月 18 日,专利复审委员会进行了口头审理。在口头审理过程中,郎世宁公司明确其无效宣告请求的范围、理由和证据使用方式为:明确无效宣告请求理由是本专利不符合《专利法》第 23 条第 1 款和第 3 款规定,依据的证据是证据 1 至证据 22。

天剑公司对郎世宁公司提交的证据 2、4、12 至证据 20、22 的真实性不持异议。不认可证据 1 能够作为证据使用,不认可证据 3、5 至证据 11、21 的真实性。

2016 年 1 月 15 日,专利复审委员会作出第 28014 号无效宣告请求审查决定(以下简称被诉决定),认为:

1. 关于一事不再理

郎世宁公司在本案中主张本专利不符合《专利法》第 23 条第 1 款的主要证据包括证据 21,该证据在第 24730 号决定的案件中并没有涉及,属于在本案中新提出的证据,郎世宁公司将该新提交的证据与其他在第 24730 号决定中涉及的证据相结合证明相关事实,不属于以同样的理由和证据再次提出的无效宣告请求,不属于一事不再理的情形,天剑公司的主张不能成立。

2. 关于证据认定

(1)关于证据 1

证据 1 是郎世宁公司对成都机场高速道路维护工程项目高新区管养辅道路灯工程设计说明,其实际上属于当事人的意见陈述,在本案中不作为证据加以考虑。

(2)关于证据 2 至证据 4

郎世宁公司出示了证据 2、证据 4 的公证书原件,但没有证据 3 的原件,天剑公司对证据 2、4 公证书的真实性予以认可,对证据 3 真实性不予认可。经查,证据 2 至证据 4 在第 24730 号决定涉及的案件中郎世宁公司也提交过,在该案中天剑公司对证据 2 至证据 4 的真实性予以认可;而且在本案中,虽然口头审理时天剑公司表示对证据 3 的真实性不予认可,但天剑公司在提交的书面意见陈述中对证据 2 至证据 4 的真实性表示认可,并且在本案的整个审理过程中,天剑公司对证据 2 至证据 4 所证明的事实都是予以认可的。综合上述事实考虑,专利复审委员会对证据 2 至证据 4 的真实性及其所欲证明的事实予以确认。

(3)关于证据5至证据10及证据22

证据5至证据10为郎世宁公司提供的设计图、效果图及照片，郎世宁公司主张上述证据均为电子数据证据，存于该公司的电脑中，并通过经公证处工作人员对该公司电脑进行公证，将证据5至证据10的内容复制在光盘上，证据22记载了上述公证行为。在口头审理时，经专利复审委员会当庭拆封光盘，其中所载内容与证据5至证据10一致。

对于天剑公司的意见，专利复审委员会认为，证据22公证书从形式上看无明显瑕疵，在无相反证据情况下，对其真实性予以确认。对于该光盘，其封存完好，带有公证处封条，光盘中的文件与公证书所述内容可以对应。虽然其光盘信封上写明公证号是“(2015)川律公证内民字第5635号”，而证据22公证号是“(2015)川律公证内民字第5634号”，两者不对应，但“(2015)川律公证内民字第5635号”对应的是证据4，而该证据中并不涉及任何光盘；在本案中郎世宁公司同提交了三份公证书，分别是(2015)川律公证内民字第5634号至第5636号，因此公证处在同时制作三份公证书时存在写错光盘公证号的可能性较大。对于光盘中文件的时间与公证时间不符的情形，证据22公证书中记载了“回到本处后，公证员将U盘中‘20150121现场拷贝’的文件夹对应的全部内容刻录成光盘”，其说明光盘并不是在公证现场制作的，而是回到公证处制作的，因此时间上与公证时间稍晚是正常的。综上，虽然封存光盘的信封存在一点瑕疵，但是其尚不足以影响整个公证证据的真实性，因此专利复审委员会对证据22公证书及光盘的真实性予以确认，可以认定证据5至证据10所示内容确实存在于郎世宁公司电脑，对于上述证据能否支持郎世宁公司主张的事实还需结合其他证据进一步论述。

(4)关于证据11

证据11为《会议纪要》，郎世宁公司未提交原件，天剑公司对真实性不予认可。专利复审委员会认为，郎世宁公司未提交该证据的原件，也没有提供其他可以核实其真实性的方式，天剑公司对其真实性亦不予认可，因此专利复审委员会对证据11的真实性不予确认。

(5)关于证据12至证据14

证据12是第24730号决定，证据13、14是专利文献，天剑公司对上述证据真实性未提出异议，经审查，专利复审委员会对上述证据的真实性予以确认。

(6)关于证据15

郎世宁公司主张证据15源于天剑公司网站,证明天剑公司参与了路灯工程,天剑公司对该主张予以认可。专利复审委员会对证据15的真实性及其所欲证明的事实予以确认。

(7)关于证据16至证据19

郎世宁公司主张证据16至证据19证明机场高速辅道整治工程招投标过程,中标人是河南国基公司,天剑公司从河南国基公司得到路灯施工工程。天剑公司对上述事实予以认可。因此专利复审委员会对于证据16至证据19的真实性及其所要证明的事实予以确认。

(8)关于证据20

郎世宁公司主张证据20调查笔录是从法院复印的,没有原件,该案原告是天剑公司,天剑公司认可该证据在侵权诉讼中质证过。专利复审委员会认为,可以确认证据20的真实性,调查笔录中被调查人陈述内容的真实性及其是否能证明郎世宁公司所主张的事实还需结合其他证据进一步认定。

(9)关于证据21

证据21是郎世宁公司员工提供的证言及照片打印件,出具证言的证人出庭进行了质证。专利复审委员会认为,证据21从形式上以及证人出庭作证的情况而言,未发现明显瑕疵,但该证言能否证明其所主张的事实还需结合其他证据进一步认定。

3.关于《专利法》第23条第3款

根据证据2至证据4可以确认如下事实:2012年3月机场高速公司就《成都机场高速道路维修整治工程路灯及光彩工程设计方案》向郎世宁公司发出过邀请函;2012年6月,机场高速公路公司与设计研究院就“成都机场高速道路维护工程项目高新区产权段辅道路面及交安工程和路灯工程”签订了建设工程设计合同;2012年7月,设计研究院又就前述工程中的路灯工程设计与郎世宁公司签订委托设计协议,委托郎世宁公司完成路灯工程的方案设计和施工图设计。对于上述事实,双方均予以确认。但是上述事实尚不能证明郎世宁公司主张的路灯魅影(双头)的著作权何时产生及归属。

郎世宁公司主张其对路灯魅影(双头)享有著作权是证据6至证据8及证据10。证据6为6张设计效果图,显示了一种双头路灯及一种单头路灯,但该图没有记载任何设计者及设计时间等信息。证据10为15张设计效果图,显示了两种双头路灯及一种单头路灯，该图也没有记载设计者及设计时间等信息。证据7为107张设计图纸，其排列顺序不明，部分页内容重复，其中间部分某页显示为图纸封面（路灯），封面内容有“成都机场高速道路维护工程项目施工图设计文件”“道路照明送审稿”“四川省交通运输厅公路规划勘察设计研究院”“二〇一二年五月”等字样；在其余的设计页的框图下方也标明“四川省交通运输厅公路规划勘察设计研究院”“2012.05”的字样。证据8为证据7中图纸中的一张，该图纸下方显示其为“灯杆外形图”，图纸上没有记载设计者及设计时间等信息。

上述证据中，证据6、证据8及证据10均没有任何设计者和设计时间的信息，而证据7所显示的设计者为设计研究院，并非郎世宁公司；且根据前述确认的事实，机场高速公司是2012年6月与设计研究院签订的建设工程设计合同，而后设计研究院又于2012年7月委托郎世宁公司设计路灯工程，但证据7显示的设计时间却是2012年5月，早于上述两个合同的签订时间，时间上也与郎世宁公司主张的事实存在矛盾之处，因此专利复审委员会认为，根据证据6至证据8及证据10，不足以支持郎世宁公司为相关路灯的设计者并在2012年8月完成了该路灯设计的主张。郎世宁公司还主张证据11表明2012年7月10日成都市建委召开方案审查会，机场高速辅道路灯魅影（双头）设计定稿，该定稿中路灯魅影（双头）与本专利外观设计相同，但如前所述证据11的真实性不能确认，且其中没有记载任何关于路灯设计的事实，因此该主张也不能成立。

关于其他证据，证据5为一套设计效果图，虽然该图中显示有郎世宁公司公司名称，但该图中并没有郎世宁公司主张的本专利与之冲突的设计——路灯魅影（双头），且该图也并非原始设计图纸，并且是存在郎世宁公司的电脑中的电子文档，其证明力较低，也不足以证明郎世宁公司所主张的事实。

证据12为第24730号决定，证据13、证据14为专利文献，均与郎世宁公司所主张的设计的著作权产生及归属没有关联，也不能支持郎世宁公司的主张。

证据15至证据20郎世宁公司用于证明天剑公司参与路灯相关工程，因而可以接触到相关设计，其也与郎世宁公司所主张的设计的著作权产生及归属没有关联，不能支持郎世宁公司的相关主张。

证据21郎世宁公司用于评述《专利法》第23条第1款，也与郎世宁公司所主张的设计的著作权产生及归属没有关联，不能支持郎世宁公司的相关主张。

综上所述，郎世宁公司提交的有关路灯魅影（双头）设计的证据均是其公司电脑中存储的电子文档证据,且其中没有显示郎世宁公司为设计者的相关信息,在设计时间上也存在矛盾,加之也没有其他证据可以证明郎世宁公司所主张的著作权的产生及归属的事实,因此专利复审委员会对郎世宁公司关于其在申请日前设计出与本专利相同的设计、本专利不符合《专利法》第23条第3款主张不予支持。

4. 关于《专利法》第23条第1款

证据21是证人证言及照片打印件,虽然证人就某证言出庭作证,但该证人为郎世宁公司员工,上述照片也均是保存在郎世宁公司电脑中,且电子照片的数据信息如经过修改仅从照片打印件也不会显示修改痕迹,因此上述证人证言的证明力较低。虽然证据20中也提及样灯审查的事实,但并没有明确审查的具体是什么样灯,也不能与证据21加以印证。综上,在没有其他证据支持的情况下,不足以认定证据21中显示的路灯已在本专利申请日前处于公开状态,因此郎世宁公司据此认为本专利不符合《专利法》第23条第1款的主张不能成立。

5. 鉴于郎世宁公司的主张由于其证据不充分而不能得到支持,专利复审委员会对天剑公司提交的反证不再予以评述。

综上,专利复审委员会决定:维持本专利权有效。

在原审诉讼过程中,郎世宁公司为了证明证据9的真实性提交了如下11份新证据:

新证据1:盖有成都图书馆印章的2012年11月6日出版的《成都日报》复印件,在"喜迎党的十八大,花墙道旗标语扮靓蓉城"的报道中记载:"奋力打造西部经济核心增长极,以优异成绩迎接党的十八大胜利召开""热烈庆祝中国共产党第十八次全国代表大会胜利召开"。昨日,火红的"花墙"、整齐的道旗、大气的标语,为我市的大街小巷、广场车站、建筑工地营造出了喜迎党的十八大的浓厚氛围。

新证据2:盖有成都图书馆印章的2012年11月6日出版的《成都商报》复印件,在"喜迎党的十八大,180万盆鲜花扮靓蓉城"报道中记载:天府广场、人民南路、天府大道等重要公共场所和主干道,各种喜迎十八大的标语、装扮处处可见。

新证据3:盖有成都图书馆印章的2012年11月7日出版的《成都日报》复印件,在"流光溢彩花团锦簇,蓉城更美更亮丽"报道中记载:天府广场、人民南路、天府大道等重要公共场所和主干道各种喜迎十八大的标语、装扮营造出节日般的气氛。

新证据4:盖有成都图书馆印章的2012年11月8日出版的《成都日报》复印件,在“党的十八大今日上午在京举行”报道中记载:中国共产党第十八次全国代表大会将于8日上午9时在北京人民大会堂开幕。

新证据5:盖有成都图书馆印章的2012年11月15日出版的《成都日报》复印件,其中有“中国共产党第十八次全国代表大会在京闭幕”的报道。

新证据6:中共成都市委宣传部关于商请投放迎接党的十八大公益广告的函,其中记载了,中共成都市委宣传部于2012年10月24日发函,商请成都交通投资集团有限公司在2012年11月5日至十八大结束后第二天在机场高速路段投放200组道旗公益广告(广告模板由市委宣传部提供)。

新证据7:关于签订在机场高速制作安装十八大道旗广告的合同的签批单,其中记载了,成都机场高速公路有限责任公司同意在机场高速路灯杆安装道旗宣传广告200幅,画面由市委宣传部提供。安装时间为11月5日,拆除时间为党的十八大结束后第二天。

新证据8:机场高速公路道旗灯杆广告安装维护合同,其中记载了,成都机场高速公路有限公司与金牛区鼎盛美工部于2012年11月2日签订了关于在成都机场调整两侧灯杆广告安装、拆除200组道旗的维护合同。安装、维护时间自2012年11月2日至党的十八大结束后第二天。

新证据9:确认函(附有样灯照片截图),其中显示,金牛区鼎盛美工部确认于2012年11月16日如期拆除了据2012年11月2日签订的《机场高速公路道旗灯杆广告安装维护合同》所安装的道旗灯杆广告。其中照片截图中道旗内容是“热烈庆祝中国共产党第十八次全国代表大……”“奋力打造西部经济核心增……以优异成绩迎接党的十八大……”

新证据10:成都信用网截图,其中记载了,金牛区鼎盛美工部工商登记信息。

新证据11:四川旭日司法鉴定所司法鉴定意见书,其中记载:鉴定材料为四川众兴华业市政照明工程有限公司送检的四川省成都市律政公证处公证的公证号为“(2015)川律公证内民字第5635号”光盘中的“样品照片”中共计16个数码照片文件(IMG_5208. JPG至IMG_5223. JPG)。在表1数码照片相关信息中显示,“拍照时间”介于2012年11月14日15:12至15:30,“修改时间”介于2012年11月14日15:16至15:53。对此,鉴定分析认为,横版数码照片的“拍照时间”与“修改时间”相同,而竖版数码照片的“拍照时间”比“修改时间”早30分钟左右,可能原因是竖版数码照片在拍照时以横版方式存储,在导入电脑浏览后以竖版方式存储所致。鉴定意见为:未发现对送检数码照片的画面内容及拍照时间进行修改而留下的痕迹。

经原审法院当庭勘验,专利复审委员会、天剑公司均认可(2015)川律公证内民字第5635号公证书中的光盘封存完好,以及光盘内的样灯照片文件夹内照片的修改时间显示为2012年11月14日。在庭审过程中,郎世宁公司主张除了样灯照片外,证据1至11、13、15至20可以证明本专利与其享有的在先著作权相冲突。

北京知识产权法院认为:

一、被诉决定对证据的认定是否有误

1. 关于证据1

证据1为郎世宁公司出具的成都机场高速道路维护工程项目高新区管养辅道路灯工程设计说明的复印件,该说明为郎世宁公司对成都机场高速高新区辅道路灯工程项目主要过程的介绍,属于郎世宁公司的意见陈述,根据《民事诉讼法》的相关规定,当事人的陈述属于证据形式的一种,被诉决定中关于证据1不作为证据加以考虑的表述存在瑕疵,予以纠正。但是,任何形式的证据必须查证属实,才能作为认定事实的根据。该陈述能否被采信,仍需要其他证据予以佐证。

2. 关于证据11

证据11为关于机场路综合整治工程(高新段)方案审查会的《会议纪要》复印件。尽管郎世宁公司未提交证据11的原件,该证据上也无成都市城乡建设委员会的红章,但作为参会单位的郎世宁公司获得《会议纪要》复印件是合理的,而且该附件从形式看符合公文文件形式,无明显瑕疵。证据11与证据3第1条、第2条内容能够互相对应。因此在无推翻证据的情况下,对该附件的真实性予以初步确认。但是,如前所述,该证据能否被采信,仍需要其他证据予以佐证。

二、关于郎世宁公司提交的11份新证据能否被采纳

郎世宁公司提交的11份新证据均是为了证明证据9的真实性,故其性质属于补强证据,予以接受。其中,新证据1至5是盖有成都图书馆印章的《成都日报》《成都商报》的复印件,新证据6至8系案外人提供的公函及合同,新证9、10作为证人证言及工商信息打印件,证据11为司法鉴定书。在相关内容较易核实或有一定权威性,但天剑公司未提交相反证据的情况下,对其真实性予以认可,并将结合其他证据进一步评述其是否能够达到证明目的。

三、本专利是否符合《专利法》第23条第3款的规定

在无效程序及诉讼过程中,郎世宁公司主张除了样灯照片外,证据1至证据11、证据13、证据15至证据20可以证明本专利与其享有的在先著作权相冲突。但上述证据并未形成一个完整的证据链,不能证明在本专利申请日前,郎世宁公司享有相关设计的著作权,故其关于本专利违反了《专利法》第23条第3款的主张缺乏事实和法律依据,不予支持。

四、本专利是否符合《专利法》第23条第1款的规定

根据新证据1至5的记载可知,成都市于2012年11月6日起在市内部分重要公共场所和主干道设置了关于庆祝中国共产党第十八次全国代表大会召开的道旗,内容为"奋力打造西部经济核心增长极,以优异成绩迎接党的十八大胜利召开""热烈庆祝中国共产党第十八次全国代表大会胜利召开"等。上述道旗内容与证据9、21、22中部分照片显示的道旗标语内容一致。根据新证据6至8的记载可知,中共成都市委宣传部于2012年10月24日发函,商请成都交通投资集团有限公司在2012年11月5日至16日在机场高速路段投放200组道旗公益广告,广告模板由市委宣传部提供;成都机场高速公路有限责任公司同意在机场高速路灯杆安装道旗宣传广告200幅,画面由市委宣传部提供。安装时间为11月5日,拆除时间为2012年11月16日;成都机场高速公路有限公司与金牛区鼎盛美工部于2012年11月2日签订了关于在成都机场调整两侧灯杆广告安装、拆除200根道旗的维护合同。安装、维护时间:2012年11月2日至16日。根据新证据9的记载可知,金牛区鼎盛美工部确认根据新证据6中其与成都机场高速公路有限公司签订的《机场高速公路道旗灯杆广告安装维护合同》,于2012年11月16日如期拆除了道旗灯杆广告。其中照片截图中道旗内容是"热烈庆祝中国共产党第十八次全国代表大……""奋力打造西部经济核心增……以优异成绩迎接党的十八大……"上述内容与前述证据显示的道旗标语内容一致。新证据11为四川旭日司法鉴定所司法鉴定意见书,其中记载了,未发现送检光盘内"样灯照片"中16个数码照片的画面内容及拍照时间进行修改而留下的痕迹。同时,鉴定对拍摄时间介于2012年11月14日15:16至15:53的照片中,"拍照时间"与"修改时间"不一致给出了合理解释,认为可能原因是竖版数码照片在拍照时以横版方式存储,在导入电脑浏览后以竖版方式存储所致。综合上述新证据1至9、11,结合无效阶段证据9、21、22照片中的道旗内容可以确认,上述照片的拍摄时间为2012年11月14日15时至15时30分,至迟不超过道旗拆除的2012年11月16日,早于本专利的申请日。因此,可以认定证据9、21、22照片中的路灯在本专利申请日之前已经公开,其可以作为现有设计与本专利进行比较,进而判断本专利是否符合《专利法》第23条第1款的规定。郎世宁公司的起诉理由成立,予以支持。鉴于本案系基于郎世宁公司提交的新证据对被诉决定予以撤销,故本案的案件受理费应由郎世宁公司负担。

综上所述,北京知识产权法院依照《行政诉讼法》第70条第1项、第2项之规定,判决:撤销被诉决定,专利复审委员会重新作出审查决定。

天剑公司不服原审判决,向本院提起上诉,请求撤销原审判决,维持被诉决定,其主要上诉理由是:①原审判决认定证据9、21、22照片中的路灯在本专利申请日前已经公开,属于认定事实错误,照片的拍摄时间可以更改;②四川旭日司法鉴定所以计算机软件的鉴定方式进行声像资料鉴定,不具有相应鉴定资质,司法鉴定意见书不具有证明力;③涉案照片系以偷拍的方式取得,侵害天剑公司商业秘密,不具有合法性;④本专利未违反《专利法》第23条第1款的规定。

专利复审委员会、郎世宁公司服从原审判决。

经审理查明,原审判决查明的事实属实,且有本专利授权公告文本、郎世宁公司和天剑公司提交的证据及当事人陈述等证据在案佐证,本院予以确认。

本院另查明:

2018年7月12日,经四川省工商行政管理局核准,四川天剑机械设备制造股份有限公司名称变更为四川天剑光电科技股份有限公司。

二审审理过程中,天剑公司向本院提交了(2018)川国公证字第124404号公证书,公证书显示:四川省司法厅网站(www. scsf. gov. cn)首页——司法鉴定——司法鉴定业务范围——声像资料司法鉴定栏目记载:“运用物理学和计算机学的原理和技术,对录音带、录像带、磁盘、光盘、图片等载体上记录的声音、图像信息的真实性、完整性及其所反映的情况过程进行鉴定;并对记录的声音、图像中的语言、人体、物体作出种类或同一认定。”四川省司法厅网站(www. scsf. gov. cn)首页——司法鉴定——司法鉴定业务范围——计算机司法鉴定栏目记载:“运用计算机理论和技术,对通过非法手段使计算机系统内数据的安全性、完整性或系统正常运行造成的危害行为及其程度等进行鉴定。”

四川旭日司法鉴定所出具的司法鉴定意见书附有司法鉴定许可证,许可证记载的鉴定业务范围包括计算机司法鉴定,不包括声像资料司法鉴定。

二审审理过程中,天剑公司向本院提交了天剑公司送货单和安装人员出具的《证明》一份,送货单显示发货日期为2012年11月26日。郎世宁公司对其证明力不予认可。

上述事实,有准予变更登记通知书、公证书、司法鉴定意见书、送货单、《证明》及本院询问笔录等在案为证。

本院认为:

《专利法》第23条规定:“授予专利权的外观设计,应当不属于现有设计;也没有任何单位或者个人就同样的外观设计在申请日以前向国务院专利行政部门提出过申请,并记载在申请日以后公告的专利文件中。授予专利权的外观设计与现有设计或者现有设计特征的组合相比,应当具有明显区别。授予专利权的外观设计不得与他人在申请日以前已经取得的合法权利相冲突。本法所称现有设计,是指申请日以前在国内外为公众所知的设计。”

根据当事人的主张,本案二审的争议焦点是:现有证据能否证明本专利在申请日前已经被公开。判断数码照片的画面内容是否进行过修改,通常要采用计算机技术手段。结合四川省司法厅网站的文字表述分析,计算机司法鉴定和声像资料司法鉴定的业务范围并非泾渭分明,而可能存在一定的交叉。因此,现有证据并不足以证明四川旭日司法鉴定所出具的司法鉴定意见书超出其业务范围。此外,原审法院并非仅依据该司法鉴定意见书作出判决。即使该司法鉴定意见书存在瑕疵,郎世宁公司提交的证据仍然具有明显的优势,其证据9和新证据1至9之间可相互印证,证明证据9、21、22照片中的路灯在2012年11月16日前(早于本专利申请日)已经公开。天剑公司向本院提交的送货单系其单方制作的证据,证明系证人证言且证人未出庭作证,证明力明显较低,不足以推翻原审判决认定的事实。从照片内容来看,涉案路灯安装于公路两侧,涉案照片拍摄于公共场所,不存在侵犯商业秘密的情形。天剑公司的上诉主张缺乏事实与法律依据,本院不予支持。

综上,原审判决认定事实清楚,适用法律正确,结论正确,依法应予维持。依照《行政诉讼法》第89条第1款第1项之规定,判决如下:

驳回上诉,维持原判。

一审案件受理费100元,由成都市郎世宁环境设计有限公司负担(已交纳)。二审案件受理费100元,由四川天剑光电科技股份有限公司负担(已交纳)。

本判决为终审判决。

十二、民事侵权诉讼二审裁定结果及主要理由

四川省高级人民法院民事裁定书(2017)川民终 1236 号,裁定:撤销四川省成都市中级人民法院(2014)成民初字第 854 号民事判决;驳回天剑公司的起诉。

四川省高级人民法院审理查明,2015 年 2 月 10 日,郎世宁公司就案涉专利向国家知识产权局原专利复审委员会提起无效宣告请求审查。国家知识产权局原专利复审委员会于 2016 年 1 月 15 日作出第 28014 号《无效宣告请求审理决定书》,决定:维持 ZL 2012 3056 × × × ×. 7“灯(飞机)”外观设计专利权有效。后异议人提起行政诉讼,北京知识产权法院于 2018 年 8 月 26 日作出(2016)京 73 行初 1097 号行政判决,以安装在现场的路灯样品在专利申请之前已经公开,其可以作为现有设计与案涉专利进行比对为由,撤销了国家知识产权局原专利复审委员会作出的第 28014 号无效宣告请求审查决定,并要求国家知识产权局原专利复审委员会就本案专利重新作出无效宣告请求审查决定。2019 年 2 月 25 日,北京市高级人民法院作出(2018)京行终 6219 号行政判决,维持了一审判决。

四川省高级人民法院认为,本案系侵害外观设计专利权纠纷。二审诉讼中,北京市高级人民法院作出(2018)京行终 6219 号行政判决,撤销了国家知识产权局原专利复审委员会作出的维持 ZL 2012 3056 × × × ×. 7“灯(飞机)”外观设计专利权有效的决定。依照《专利法》第 47 条第 1 款的规定,宣告无效的专利权视为自始即不存在。天剑公司的诉讼请求已丧失权利基础,其起诉应予驳回。

附:

四川省高级人民法院
民事裁定书

(2017)川民终 1236 号

上诉人(一审被告):四川众兴华业市政照明工程有限公司,住所地四川省成都市武侯区 × × × × 路 × × 号。

法定代表人:张某某,董事长。

委托诉讼代理人:黄春海,泰和泰律师事务所律师。

委托诉讼代理人:孙恩源,泰和泰律师事务所律师。

被上诉人(一审原告):四川天剑机械设备制造股份有限公司,住所地四川省成都市新都区××××路××号。

法定代表人:贺某某,董事长。

委托诉讼代理人:陈某,北京市中银(成都)律师事务所律师。

一审被告:中铁建大桥工程局集团第五工程有限公司,住所地四川省成都市新都区××××路××号。

法定代表人:王某某,董事长。

委托诉讼代理人:董某某,男,汉族,19××年×月×日出生,住四川省成都市新都区,系中铁建大桥工程局集团第五工程有限公司员工。

委托诉讼代理人:李某,北京金诚同达(成都)律师事务所律师。

上诉人四川众兴华业市政照明工程有限公司(以下简称四川众兴照明公司)因与被上诉人四川天剑机械设备制造股份有限公司(以下简称四川天剑设备公司)、一审被告中铁建大桥工程局集团第五工程有限公司(以下简称中铁建第五工程公司)侵害外观设计专利权纠纷一案,不服四川省成都市中级人民法院(2014)成民初字第854号民事判决,向本院提起上诉。本院于2017年12月26日受理后,依法组成合议庭,并于2018年1月30日公开开庭审理了本案。上诉人四川众兴照明公司的委托诉讼代理人黄春海,被上诉人四川天剑设备公司的委托诉讼代理人陈某,一审被告中铁建第五工程公司的委托诉讼代理人董某某、李某到庭参加诉讼。2018年2月1日,本院以本案须以另一案的审理结果为依据,而另一案尚未审结为由,裁定中止本案诉讼。现中止事由已消除,本案恢复审理。本案现已审理终结。

四川众兴照明公司上诉请求:撤销一审判决,发回重审,或直接改判驳回四川天剑设备公司的全部诉讼请求。事实和理由:案涉专利为抄袭、剽窃他人的在先设计成果,且案涉外观设计已于专利申请日前使用公开,属现有设计,四川众兴照明公司的行为不构成侵权。

四川天剑设备公司辩称:其是案涉专利的专利权人,在成都市知识产权局主持调解处理了双方的专利侵权纠纷后,四川众兴照明公司仍在继续实施侵权行为。一审判决认定事实清楚,请求依法驳回上诉,维持原判。

中铁建第五工程公司辩称:其作为一家工程施工企业,并不是照明灯具行业或者外观设计从业者,没有义务也不可能逐一核查灯具外观专利情况。“飞机型路灯”在整个天府新区“三纵一横”道路工程和其他工程中普遍使用，同线路的各个施工单位也都在采购，“飞机型路灯”其造型本身并不是中铁建第五工程公司能设定和改变的，中铁建第五工程公司没有侵权。请求驳回四川天剑设备公司的诉讼请求。

四川天剑设备公司向一审法院起诉请求：四川众兴照明公司停止侵权行为并销毁库存的侵权产品；中铁建第五工程公司拆除安装在四川省双流县正公路的274根侵权产品；四川众兴照明公司、中铁建第五工程公司连带赔偿四川天剑设备公司经济损失1,406,170.74元，并支付合理开支17,906元（其中公证费5830元、律师费12,000元、邮寄费76元）；四川众兴照明公司、中铁建第五工程公司在《成都商报》上刊登致歉声明、消除影响。庭审中，四川天剑设备公司将要求拆除的路灯数量调整至214根。

一审法院认定事实：

（一）案涉专利相关情况

四川天剑设备公司于2012年11月21日向国家知识产权局申请外观设计专利“灯（飞机）”，并于2013年4月24日获得授权，专利号为ZL 2012 3056××××.7。案涉专利的外观设计照片包括路灯产品的主视图、仰视图、立体图、俯视图。专利主视图、立体图、仰视图显示，专利设计的特征为：A. 产品由灯杆、两根相互存在间隙的支架、两盏灯具组成；B. 上述灯杆呈长方体柱形结构，横截面为矩形；C. 支架位于灯杆的上端，为相对于灯杆中心线竖向对称布置的两根；D. 支架为细长杆状，约灯杆的六分之一长；E. 每个灯具长度约为支架长度的四分之三，外形整体为多个三角形面和梯形面组合成的多面体；F. 上述支架和灯具左右对称状态时，整体呈飞机机翼的形状。该专利至今处于有效状态。

2014年6月29日，四川众兴照明公司就案涉专利向国家知识产权局专利复审委员会（以下简称国家专利复审委）提起无效宣告请求审查。2014年12月11日，国家专利复审委作出审查决定，维持专利权有效。

（二）被诉侵权行为的相关事实

2013年10月28日，中铁建第五工程公司与四川众兴照明公司签订《劳务施工合同》。合同约定：由四川众兴照明公司对四川省双流县正公路K8+400至K13+700范围内路灯制造安装工程进行施工；双挑路灯灯杆灯具制造安装包含原材料购买、加工、安装、调试；2013年10月28日开工，同年12月31日交工；承包价款为1,865,900元。合同附件劳务工作量综合单价清单载明：双挑路灯灯杆的数量为274套,综合单价为6600元,单价包含工费、机械使用费、材料费、税金等一切费用。四川众兴照明公司随后进行了该路段路灯灯杆灯具的制作安装工程。

2014年1月9日,四川省成都市国力公证处(以下简称国力公证处)公证员廖某、工作人员王某与申请人樊某斌来到四川省双流县正公路,对樊某斌在该公路指认的起点和终点间竖立的路灯及周边参照物进行了拍摄。公证书所附照片显示该路段为四川省双流县正公路东二段,道路两侧竖立有被控侵权路灯,路灯上的合格证上有四川众兴照明公司的名称及电话号码等内容。同年1月21日,国力公证处对上述事实作出(2014)川国公证字第20382号公证书。

2014年9月5日,国力公证处公证员张某、工作人员王梅会同申请人樊某斌来到四川省双流县正公路铁路桥附近,对樊某斌在该公路指认的起点处进行了拍照,并从起点开始清点竖立的路灯共计214根(双翼)、4根(单翼)。公证书所附照片显示该路段为四川省双流县正公路K13+700,道路两侧竖立有被控侵权路灯以及单挑路灯,路灯上的合格证上有四川众兴照明公司的名称及电话号码等内容。同年9月16日,国力公证处对上述事实作出(2014)川国公证字第25978号公证书。

上述公证书所附照片中的被控侵权路灯的外观特征可以归纳为:(1)产品由灯杆、两根相互存在间隙的支架、两盏灯具组成;(2)上述灯杆呈长方体柱形结构;(3)支架位于灯杆的上端,为相对于灯杆中心线竖向对称布置的两根;(4)支架为细长杆状;(5)每个灯具外形整体为多个三角形面和梯形面组合成的多面体;(6)上述支架和灯具左右对称状态时,整体呈飞机机翼的形状。

四川众兴照明公司、中铁建第五工程公司均认可上述路段安装的路灯与案涉专利构成近似。

2014年2月12日,四川天剑设备公司向四川众兴照明公司寄送了关于限期拆除侵犯我公司知识产权飞机型路灯的告知函,要求四川众兴照明公司于2014年2月20日前自行拆除安装于四川省双流县正公路的飞机型路灯。2014年2月20日,四川众兴照明公司回函称:其是基于客户需求履行2013年签订的合同,将库存发给原来的客户,并非于2014年1月继续销售;对于此事件深表歉意,以后的新项目不再进行飞机型路灯的生产。

(三)与本案相关的其他事实

2012年3月1日,成都机场高速公路有限责任公司向成都市郎世宁环境设计有限公司(以下简称成都郎世宁公司)发出邀请,要求成都郎世宁公司对成都机场高速道路维修整治工程的路灯及光彩工程进行设计。

同年5月10日,成都高投建设开发有限公司(以下简称成都高投公司)就该工程的路灯照明及光彩工程施工在四川招标网上发布了招标公告。

同年6月29日,成都机场高速公路有限责任公司作为发包人、四川省交通运输厅公路规划勘察设计研究院(以下简称四川勘察设计院)作为设计单位、成都高投公司作为道路产权业主,三方共同签订《建设工程设计合同》,约定由四川勘察设计院完成包括路灯等工程在内的方案设计。

同年7月6日,成都市城乡建设委员会召开了成都市机场路综合整治工程(高新段)方案审查会,成都市规划局、成都市林业和园林局、成都市城管局、成都市公安交管局、成都高新区规划建设局、成都交通投资集团有限公司、成都高投公司、成都郎世宁公司及相关设计单位参加了会议。会议议定了包含市政管线、辅道(含非机动车道)、路灯、绿化景观、周边建筑及景观改造等五个部分整治方案。其中,路灯方案按照城市快速路主干道等级设计,照明灯具采用双侧对称布置方式。

2012年7月18日,四川勘察设计院与成都郎世宁公司签订《技术合作协议》。约定:四川勘察设计院委托成都郎世宁公司完成上述工程中的路灯工程的方案设计及施工图设计工作。成都郎世宁公司将其设计的“魅影”路灯设计图交付给了四川勘察设计院,该设计图纸上载明的时间为2012年6月。四川勘察设计院将该设计图和其他工程的设计图一并交付给了成都高投公司。

2012年8月31日,成都高投公司与河南国基建设集团有限公司(以下简称河南国基公司)签订《合同协议书》。合同约定:成都高投公司作为发包人将成都市高新区机场高速路辅道整治工程施工项目发包给河南国基公司,包括路灯照明工程。成都高投公司将四川勘察设计院交付的路灯设计图纸交付给了河南国基公司。后河南国基公司委托四川天剑设备公司生产上述路段的路灯,并于2012年11月安装了路灯的样灯。2013年9月23日,该工程竣工验收。

2013年9月13日,四川天剑设备公司就四川众兴照明公司涉嫌侵犯案涉专利纠纷,向成都市知识产权局提交专利侵权纠纷处理请求。2013年11月8日,在成都市知识产权局的调解下,双方达成如下协议:四川众兴照明公司即日起停止生产、销售与四川天剑设备公司案涉专利相同或者近似的飞机型路灯;四川众兴照明公司赔偿四川天剑设备公司50,000元。同年同月12日,四川众兴照明公司向四川天剑设备公司支付了50,000元。

另查明,2013 年 12 月,四川天剑设备公司分别与中铁二局股份有限公司、中铁二十四局集团上海电务电化有限公司签订《购销合同》。合同中载明 12 米双臂飞机杆的销售单价分别为 8750 元、8500 元。

一审法院认为:四川天剑设备公司系名称为“灯(飞机)”、专利号为 ZL 2012 3056××××.7 的外观设计专利权人,该专利合法有效,应受法律保护。

(一)被控侵权路灯产品是否落入案涉外观设计专利权的保护范围

根据《专利法》第 59 条第 2 款[1]的规定,外观设计专利权的保护范围以表示在图片或者照片中的该产品的外观设计为准,简要说明可以用于解释图片或者照片所表示的该产品的外观设计。本案中,将案涉公证书中显示的被控侵权路灯产品的照片与案涉外观专利图片进行对比,两者均为灯具产品,属相同产品;从两者的外观特征上,a－h 与 A－H 分别对应并近似,二者在整体的视觉效果上无实质性差异,构成外观近似,一审法院认定被控侵权的路灯产品落入了案涉外观设计专利的保护范围。

(二)被控侵权路灯产品是否源于现有设计

庭审中,四川众兴照明公司主张被控侵权路灯产品所实施的设计属于现有设计,系成都郎世宁公司为成都机场高速道路维修整治工程而设计的,在“机场路综合整治工程(高新段)方案审查会”上、招投标公告中均公开了设计图纸,并在外观设计专利申请日前进行了样灯的安装,故四川众兴照明公司不构成侵权。一审法院认为,根据《专利法》第 23 条第 4 款的规定,本法所称现有设计,是指申请日以前在国内外为公众所知的设计。招投标公告发布的时间是 2012 年 5 月,而成都郎世宁公司交给四川勘察设计院的设计图纸上载明的时间为 2012 年 6 月,四川众兴照明公司没有证据证明成都高投公司在 2012 年 5 月前就收到了成都郎世宁公司的设计图纸,并将该设计图纸作为招投标文件的一部分对不特定的人进行了公开。“机场路综合整治工程(高新段)方案审查会”于 2012 年 7 月召开,没有证据表明成都郎世宁公司在会上公开了设计图纸,即使成都郎世宁公司在该会议上公开了设计图纸,该会的性质系方案审查内部会议,参会人员极少,包括四川众兴照明公司在内的不特定公众不可能知晓该设计,不能视为该专利设计已经被公开。关于样灯的安装时间,成都郎世宁公司提供的数码照片虽显示原始日期为 2012 年 11 月 14 日,但由于电子文档相关数据易于修改,在无

---

[1] 2020 年修订后为第 64 条第 2 款。

其他证据予以佐证的情形下,四川众兴照明公司主张样灯安装的时间早于申请日即2012年11月21日的理由不成立。综上,四川众兴照明公司以被控侵权路灯产品所实施的设计属于现有设计,其不构成侵权的理由,不予支持。

(三)民事责任的承担

根据《专利法》第11条第2款、第60条[1]规定,未经外观设计专利权人的许可,以生产经营目的制造、许诺销售、销售、进口其专利产品的,构成对专利权的侵犯。《侵权责任法》[2]第2条、第15条规定,侵害专利权的,应当承担停止侵害、赔偿损失等民事责任。四川众兴照明公司未经许可,制造并销售落入四川天剑设备公司专利号为ZL 2012 3056××××.7号外观设计专利保护范围的路灯产品,构成侵权,应当承担相应的侵权责任。中铁建第五工程公司将四川省双流县正公路路灯制造安装工程发包给四川众兴照明公司,路灯原材料的购买、加工、安装、调试均由四川众兴照明公司完成,中铁建第五工程公司并不存在以生产经营目的制造、许诺销售、销售、进口侵犯案涉专利产品的行为,故对四川天剑设备公司要求中铁建第五工程公司与四川众兴照明公司承担连带侵权责任的主张,不予支持。

关于四川天剑设备公司要求四川众兴照明公司停止侵权的主张,予以支持。但考虑到案涉工程系道路路灯工程,涉及社会公共利益,已经实际使用的侵权产品不宜予以拆除,故对四川天剑设备公司主张拆除已经实际使用的侵权产品,不予支持,但将在确定赔偿损失的责任时考虑不予拆除侵权产品的因素,酌情增加判赔金额。关于销毁库存侵权产品,因四川天剑设备公司未举证证明四川众兴照明公司存在库存产品及其数量,故对四川天剑设备公司要求销毁库存侵权产品的诉请,不予支持。

关于赔偿数额的确定。根据《专利法》第65条[3]的规定:"侵犯专利权的赔偿数额按照权利人因被侵权所受到的实际损失确定;实际损失难以确定的,可以按照侵权人因侵权所获得的利益确定。权利人的损失或者侵权人获得的利益难以确定的,参照专利许可使用费的倍数合理确定。赔偿数额还应当包括权利人为制止侵权行为所支付的合理开支。权利人的损失、侵权人获得的利益和专

---

[1] 2020年修订后为第11条第2款、第65条。

[2] 已废止,原《侵权责任法》第2条对应《民法典》第120条、第110条等条文;原《侵权责任法》第15条对应《民法典》第179条,下同。

[3] 2020年修订后为第71条。

利许可使用费均难以确定的,人民法院可以根据专利权的类型、侵权行为的性质和情节等因素,确定给予一万元以上一百万元以下的赔偿。”本案中,四川天剑设备公司举示了与其他公司签订的购销合同,以及其公司生产12米双挑飞机杆的成本计算表,以此来证明专利产品的销售单价和制造成本,并依此主张其实际损失。因四川天剑设备公司提交的成本计算表系单方制作,并无其他证据予以佐证,四川众兴照明公司对此并不认可,无法据此确定四川天剑设备公司的实际损失和四川众兴照明公司的侵权获利。综合考虑本案系侵犯外观设计专利权、侵权次数、侵权产品销售单价、使用侵权产品的数量、侵权产品不宜拆除以及四川天剑设备公司为制止侵权行为所支付的合理费用等因素,酌情确定四川众兴照明公司赔偿四川天剑设备公司经济损失及合理开支共计500,000元。四川天剑设备公司并没有证据证明四川众兴照明公司的行为给其商誉带来不良影响,故对四川天剑设备公司要求四川众兴照明公司赔礼道歉、消除影响的诉讼请求,不予支持。

据此,一审法院依照《侵权责任法》(已废止)第2条、第15条,《专利法》第11条第2款、第23条第4款、第59条第2款、第60条、第65条,《民事诉讼法》第148第1款、第2款、第3款的规定,判决:

一、判决生效之日起,四川众兴照明公司立即停止制造、销售侵犯ZL 2012 3056××××.7号外观设计专利权的路灯产品;

二、判决生效之日起10日内,四川众兴照明公司赔偿四川天剑设备公司经济损失及合理开支500,000元;

三、驳回四川天剑设备公司的其他诉讼请求。

如四川众兴照明公司未按照判决指定的期间履行上述金钱给付义务,则应当按照《民事诉讼法》第253条[1]的规定,加倍支付迟延履行期间的债务利息。本案一审案件受理费18,639.42元、保全费5000元,共计23,639.42元,由四川天剑设备公司负担8000元,四川众兴照明公司负担15,639.42元。

本院审理查明,2015年2月10日,成都郎世宁公司就案涉专利向国家专利复审委提起无效宣告请求审查。国家专利复审委于2016年1月15日作出第28014号《无效宣告请求审理决定书》,决定:维持ZL 2012 3056××××.7“灯(飞机)”外观设计专利权有效。后异议人提起行政诉讼,北京知识产权法院于2018年8月26日作出(2016)京73行初1097号行政判决,以安装在现场的路灯

[1] 2021年修正后为第260条。

样品在专利申请之前已经公开，其可以作为现有设计与案涉专利进行比对为由，撤销了国家专利复审委作出的第28014号无效宣告请求审查决定，并要求国家专利复审委就本案专利重新作出无效宣告请求审查决定。2019年2月25日，北京市高级人民法院作出(2018)京行终6219号行政判决，维持了一审判决。

本院认为，本案系侵害外观设计专利权纠纷。二审诉讼中，北京市高级人民法院作出(2018)京行终6219号行政判决，撤销了国家专利复审委作出的维持ZL 2012 3056××××.7“灯(飞机)”外观设计专利权有效的决定。依照《专利法》第47条第1款[1]的规定，宣告无效的专利权视为自始即不存在。四川天剑设备公司的诉讼请求已丧失权利基础，其起诉应予驳回。依照《民诉法解释》第330条[2]规定，裁定如下：

一、撤销四川省成都市中级人民法院(2014)成民初字第854号民事判决；

二、驳回四川天剑机械设备制造股份有限公司的起诉。

本案一审案件受理费18,639.42元，退还四川天剑机械设备制造股份有限公司，保全费5000元由四川天剑机械设备制造股份有限公司负担；二审案件受理费17,589.42元，退还四川众兴华业市政照明工程有限公司。

本裁定为终审裁定。

第四节
蚂蚁与大象之战——熔融陶瓷球发明专利侵权案

【案号】(2008)沪一中民五(知)初字第123号、(2013)成民初字第762号

一、办案经过

欧洲耐火材料公司(以下简称欧洲公司)是一家法国的老牌工业企业，隶属

---

〔1〕 2020年修订后仍为第47条第1款。
〔2〕 2022年修正后为第328条。

圣戈班集团,成立于 1665 年,2022 年最新《财富》世界 500 强排名第 252 位。欧洲耐火材料公司在工业陶瓷行业排名世界第一。

2008 年 4 月 8 日,欧洲公司向上海市第一中级人民法院提起诉讼,指控上海祥沃焊接器材有限公司、都江堰市川南特种耐火材料厂(以下简称耐火材料厂)侵犯其“熔融陶瓷球及其用途”发明专利权,诉请赔偿原告经济损失人民币 50 万元以及为制止侵权行为所支出的合理费用计 86,000 元。

耐火材料厂是一家个人独资企业,其投资人王某远接到本案应诉通知时,正忙于“5 · 12”汶川地震的抗震救灾。我们在接受王某远委托后,按惯常应诉思路,一方面向法院提交不侵权答辩,另一方面向国家知识产权局原专利复审委员会提出涉案专利的无效宣告请求。受应诉策略影响,我们在准备专利无效请求时未进行深度的现有技术文献检索,主要以权利要求关于组分比例限定不符合审查指南规定为理,认为存在权利要求不清楚的问题,应宣告无效。遗憾的是,我们在专利无效程序和民事诉讼程序中先后落败。专利被维持有效,侵权被判决成立。

但这并不是故事的结束,而是故事的开始。

因为法院判决耐火材料厂停止生产、销售侵犯原告欧洲公司享有的名称为“熔融陶瓷球及其用途”(专利号为 ZL9510 × × × × . 9)的发明专利权的产品,加之耐火材料厂在“5 · 12”汶川地震中本就受损严重,因此,王某远决定关停耐火材料厂。

本案让王某远认识到了知识产权的重要性,经过反复试验和分析研究,王某远向国家知识产权局提交了一件名为“硅酸锆陶瓷喷砂珠”的发明专利申请,并于 2010 年 12 月 8 日被国家知识产权局授予发明专利。凭借这项专利,王某远创办了雅安远创陶瓷有限责任公司,从事陶瓷精深加工,主要生产硅酸锆陶瓷喷砂珠、氧化锆陶瓷研磨介质、氧化锆陶瓷刀、氧化锆陶瓷结构件和高档耐火材料及制品。

2013 年 4 月,欧洲公司再次将诉讼矛头指向王某远的雅安远创陶瓷有限责任公司(以下简称雅安公司)。这一次,欧洲耐火材料公司向四川省成都市中级人民法院提起诉讼,认为雅安公司的产品硅酸锆陶瓷喷砂珠侵犯其“熔融陶瓷球及其用途”发明专利,索赔 2000 万元,并同时请求法院对雅安公司进行财产保全,查封该公司的土地、房屋及公司基本存款账户。在起诉的同时,欧洲公司通过其国内代理机构,针对王某远申请“硅酸锆陶瓷喷砂珠”发明专利,向专利复审委员会提起了无效宣告请求。法院受理案件后,欧洲公司向王某远的客户广发律师函,提出侵权警告,这对公司产品的销售造成了非常严重的冲击。

欧洲公司新的维权行动,把王某远逼到悬崖边上,公司危在旦夕。他在委托我们再次代理应诉时说:"2012 年度我们的销售额大约有 4000 万元,但是到了 2013 年他们提起侵权诉讼后,当年的销售额一下子跌到 200 万元。""我们企业总资产不过 2000 万元,他们一下子要求赔偿这么多,如果真要输了官司,这些年的辛苦就打水漂了。""我们只是民营小企业,而他们是法国行业巨头,这次诉讼,就像蚂蚁和大象在战斗。"

这一次应诉,我们充分吸取了第一次败诉的经验教训。王某远委托专业机构对本行业现有技术文献进行了全面深入的检索,获取了多份国外专利文件,特别是公开号为 US4106947A、US4457767A 的两份美国专利,为再次申请宣告案涉专利无效提供了新的证据,成为险中求胜的主要突破方向。随后,王某远和雅安公司分别向国家知识产权局原专利复审委员会提起了宣告欧洲耐火材料公司"熔融陶瓷球及其用途"发明专利无效的请求。同时,向法院申请中止侵权案件的审理。

2013 年 10 月,国家知识产权局原专利复审委员会作出审查决定,维持雅安公司"硅酸锆陶瓷喷砂珠"专利权有效。

2014 年 6 月,雅安公司针对欧洲公司"熔融陶瓷球及其用途"发明专利提起的无效宣告请求也传来喜讯,国家知识产权局原专利复审委员会宣告该专利权部分无效。无效的部分恰恰是本案被控落入案涉专利保护范围的技术方案。

2014 年 9 月 18 日,成都市中级人民法院判决驳回原告欧洲公司的诉讼请求。

王某远在胜诉后接受当地媒体采访时说:"其实我还是很感谢向我们公司提起专利侵权诉讼的这家企业,因为正是通过这次诉讼和之后的无效宣告程序,让我们深刻认识到知识产权对企业的作用。知识产权的保护,对于创新型企业来说,太重要了。如果你的产品具有高科技含量,高附加值,那市场就会趋利性地争夺资源,不加以保护,就有可能被别人抢去而无能为力。所以,作为企业负责人来说,尤其创新型企业的负责人,永远不要轻视专利的价值!"

正如记者刘某杰所言:"雅安远创陶瓷有限责任公司以小博大并取得成功的结果固然令人兴奋与振奋,然而,博弈过程中的曲折与艰辛除了当事人之外,旁人无法真切体会。"

这个案件，确实有很多细节值得我们去琢磨。

二、第一次交锋的败诉

双方的第一次专利侵权诉讼交锋，发生在2008年年初。原告欧洲公司向上海市第一中级人民法院提起诉讼，诉称被告耐火材料厂生产、销售的“B120陶瓷丸”（0.063～0.125mm）和“B60陶瓷丸”（0.125～0.250mm）侵犯了原告欧洲公司“熔融陶瓷球及其用途”（专利号为ZL9510××××.9）的发明专利权，请求判决其赔偿50万元人民币。

案涉发明专利为原告欧洲公司于1995年1月10日向国家知识产权局申请的名称为“熔融陶瓷球及其用途”的发明专利，1999年12月24日获得授权，专利号为ZL9510××××.9。该专利的权利要求书记载：具有下面化学组成的熔融陶瓷球，是用重量百分数表示（基于氧化物的重量计算）：40%～95%的ZrO_2和HfO_2；0.1%～10%的Y_2O_3和/或1%～15%的CeO_2，Y_2O_3和CeO_2总量占0.1%～25%；当组合物不含CeO_2时，SiO_2占组合物中的10%～45%；当组合物含CeO_2时，SiO_2占组合物的0.5%～45%。

我代理耐火材料厂提出答辩理由：被控侵权产品中含有的氧化钇、氧化铈并非耐火材料厂添加，而是原材料中自然含有，原告将原材料中氧化钇和氧化铈的通常含量纳入其专利权保护范围，限制了他人的正当权利。耐火材料厂生产的被控侵权产品并不侵犯原告的专利权，原告的赔偿请求也缺乏事实依据，故请求驳回原告的诉讼请求。

在该案诉讼期间，我们于2008年4月25日对原告的涉案专利权向国家知识产权局原专利复审委员会提出了无效宣告请求。同年9月28日，国家知识产权局原专利复审委员会作出第12397号无效宣告请求审查决定，维持9510××××.9号发明专利权有效。

上海市第一中级人民法院认为：本案所涉专利号为ZL9510××××.9的“熔融陶瓷球及其用途”的发明专利，系原告向国家知识产权局申请并获得授权，该专利目前处于法定保护期内，故应依法受到保护。任何单位或者个人未经原告许可都不得实施其专利，即不得为生产经营目的制造、使用、许诺销售、进口其专利产品，否则将构成对原告专利权的侵犯。

原告专利权利要求1的内容记载了三种技术方案，分别是：(1)具有下面化学组成的熔融陶瓷球：40～95%的ZrO_2和HfO_2，0.1%～10%的Y_2O_3，10%～45%的SiO_2；(2)具有下面化学组成的熔融陶瓷球：40%～95%的ZrO_2和HfO_2，1%～15%的CeO_2，0.5%～45%的SiO_2；(3)具有下面化学组成的熔融陶瓷球：40%～95%的ZrO_2和HfO_2，0.1%～10%的Y_2O_3，1%～15%的CeO_2，Y_2O_3和CeO_2总量占0.1%～25%，0.5%～%45%的SiO_2。

本案中，被控侵权产品的化学组分及含量的分析测试结果为：(1)B120陶瓷丸中，ZrO_2 + HfO_2为63.94%，Y_2O_3为0.11%，CeO_2为0.011%，SiO_2为30.02%；(2)B60陶瓷丸中，ZrO_2 + HfO_2为63.94%，Y_2O_3为0.13%，CeO_2为0.015%，SiO_2为29.90%。由此可见，上述产品的化学组分及其含量均落入原告专利权利要求1中的第一种技术方案的范围。原告专利权利要求1实际上限定了三种不同的技术方案，被控侵权产品中的化学组分及其含量只要落入其中任何一种技术方案中相应组分及其含量的数值范围，即落入原告专利权的保护范围。被告耐火材料厂关于上述被控侵权产品中同时含有Y_2O_3和CeO_2，应适用第三种技术方案；而根据第三种技术方案，上述被控侵权产品中的CeO_2含量未达到下限值，故不构成侵权的辩解不予采纳。

据此，上海市第一中级人民法院认为被告耐火材料厂生产、销售的"B120陶瓷丸"(0.063～0.125mm)和"B60陶瓷丸"(0.125～0.250mm)侵犯了原告欧洲公司对"熔融陶瓷球及其用途"(专利号为ZL9510××××.9)享有的发明专利权。判决被告耐火材料厂于本判决生效之日起停止生产、销售侵犯原告享有的名称为"熔融陶瓷球及其用途"(专利号为ZL9510××××.9)的发明专利权的产品；被告耐火材料厂于本判决生效之日起10日内赔偿原告经济损失及合理费用共计人民币5万元；驳回原告的其余诉讼请求。

一审判决后，欧洲公司和耐火材料厂均不服，分别提出上诉。

耐火材料厂主要上诉理由是：耐火材料厂对涉案专利提起无效宣告请求的理由是充分的。涉案专利的权利要求违反了《专利审查指南》关于组合物权利要求中组分和含量的限定的强制性规定。因此，一审法院应中止本案的审理，待该无效宣告及其行政诉讼程序有明确结论后，再作出判决。

二审上海市高级人民法院审理认为，关于涉案专利的权利要求违反了《专利审查指南》关于组合物权利要求中组分和含量的限定的强制性规定一节，经查，涉案专利的申请日是1995年1月10日。国家知识产权局依照专利法经审查后，于1999年12月24日决定授予发明专利权。2008年4月25日，上诉人耐火材料厂对涉案专利权向国家知识产权局原专利复审委员会提出了无效宣告请求。同年9月28日，国家知识产权局原专利复审委员会作出维持涉案专利有效的决定。国家知识产权局原专利复审委员会在该维持涉案专利有效的决定中，针对上诉人耐火材料厂提出的涉案专利权利要求违反了《专利审查指南》关于组合物权利要求中组分和含量的限定规定的观点进行了答复。该答复认为涉案专利的权利要求1采取的是开放式的表达方式，其中并未穷尽陶瓷球中所有的成分；其保护范围是清楚的，符合《专利法实施细则》的有关规定。因此，涉案专利具有一定程度的稳定性。上诉人耐火材料厂的此项上诉理由难以成立。二审裁定驳回耐火材料厂的上诉，维持原判。

三、扭转败局的第二次专利无效宣告

当欧洲公司发现王某远在第一次专利侵权诉讼败诉后，又在雅安市设立新公司继续进行陶瓷球的生产经营，便在四川省成都市中级人民法院提起了第二次专利侵权诉讼。

第二次的交锋，我方充分吸取了第一次失败的教训。针对欧洲公司的涉案专利，我们委托了熟悉化工领域的专家提供现有技术的检索服务，经过全面、深入的文献检索，发现了可以破坏涉案专利创造性的对比文件，遂提起了第二次专利无效宣告请求，并如愿成功部分无效了欧洲公司的涉案专利。

附：第二次无效宣告请求审查决定书

无效宣告请求审查决定书

（第23010号）

根据《专利法》第46条第1款[1]的规定，专利复审委员会对无效宣告请求人就上述专利权所提出的无效宣告请求进行了审查，现决定如下：

宣告专利权部分无效。

---

〔1〕《专利法》第46条对应《专利法》(2020年)第46条，内容改动前文已注明，下同本节。

根据《专利法》第46条第2款的规定，对本决定不服的，可以在收到本通知之日起3个月内向北京市第一中级人民法院起诉，对方当事人作为第三人参加诉讼。

一、案由

本无效请求审查决定涉及的是专利号为ZL9510××××.9、名称为“熔融陶瓷球及其用途”的发明专利权（以下简称本专利），本专利的申请日为1995年1月10日，优先权日为1994年1月11日，专利权人为欧洲耐火材料公司，授权公告日为2000年3月22日。本专利授权公告的权利要求书如下：

1. 具有下面化学组成的熔融陶瓷球，是用重量百分数表示（基于氧化物的重量计算）：

40%～95% ZrO_2 和 HfO_2；

0.1%～10% Y_2O_3和/或1%～15% CeO_2，Y_2O_3和CeO_2总量占0.1%～25%；

当组合物不含CeO_2时，SiO_2占组合物中的10%～45%；组合物含CeO_2时SiO_2占组合物的0.5%～45%。

2. 根据权利要求1的熔融陶瓷球，其中ZrO_2的百分数高于65%而ZrO_2/SiO_2比高于2。

3. 根据权利要求1的熔融陶瓷球，其特征在于它还含有其他的稀土氧化物，这些其他的氧化物的含量不超过组合物重量的10%。

4. 根据权利要求1的熔融陶瓷球，其特征在于它还含有至少一种下面的附加氧化物：

-Al_2O_3，使Al_2O_3/SiO_2的重量比为0～1.5

-Na_2O，使Na_2O/SiO_2重量比为0～0.04

-MgO，使MgO/SiO_2重量比为0～1

-CaO，使CaO/SiO_2重量比为0～1.45，而这些氧化物的总量不超过20%。

5. 根据权利要求1的熔融陶瓷球，其直径为0.1mm至4mm。

6. 根据权利要求1的熔融陶瓷球，它含Y_2O_3而不含CeO_2。

7. 权利要求1定义的熔融陶瓷球在湿介质中用作研磨介质的用途。

8. 权利要求1定义的熔融陶瓷球在湿介质中用作分散介质的用途。

针对本专利，专利复审委员会曾分别于2008年10月28日和2011年2月9日作出第12397号和第16021号无效宣告请求审查决定书，均维持本专利有效。

（一）关于4w102340号无效宣告请求

针对本专利，雅安远创陶瓷有限责任公司（以下简称第一请求人）于2013

年7月19日向专利复审委员会提出了无效宣告请求,请求宣告本专利权利要求1~8全部无效,同时提交了如下附件作为证据:

附件1.1:公开日为1978年8月15日,公开号为US4106947A的美国专利说明书,共8页;

附件1.2:公开日为1984年7月3日,公开号为US4457767A的美国专利说明书,共3页;

附件1.3:公开日为1991年10月29日,公开号为US5061665A的美国专利说明书,共4页。

第一请求人认为:权利要求1~8相对于附件1.1、1.2及公知常识的结合不具备创造性、相对于附件1.1~1.3的结合不具备创造性、相对于附件1.1、1.3及公知常识的结合不具备创造性;权利要求1~8得不到说明书支持,不符合《专利法》[1]第26条第4款的规定;权利要求1~8保护范围不清楚,不符合《专利法实施细则》第20条第1款的规定。

经形式审查合格,专利复审委员会受理了上述无效宣告请求,并于2013年7月19日向双方当事人发出无效宣告请求受理通知书,将无效宣告请求书及证据副本转给了专利权人,同时成立合议组对本案进行审查。

第一请求人于2013年8月12日补充提交了意见陈述书、附件1.1~1.3的部分中文译文,并声称提交了如下证据,但实际提交的为US4106947A、US4457767A、US5061665A的说明书的部分中文译文(共11页):

附件1.4:CN86107617号中国发明专利申请公开说明书。

第一请求人认为:权利要求1~8相对于附件1.4不具备新颖性、相对于附件1.4或其与公知常识的结合不具备创造性、相对于附件1.4分别与附件1.1、1.2、1.3的结合不具备创造性。

专利复审委员会本案合议组于2013年8月29日向专利权人发出转送文件通知书,将第一请求人于2013年8月12日提交的意见陈述书及相关文件副本转送给专利权人,并于同日向双方当事人发出口头审理通知书,定于2013年10月25日举行口头审理。

针对上述受理通知书,专利权人于2013年9月3日提交了意见陈述书,同

〔1〕本节适用的是2000年《专利法》。2020年《专利法》修订后,第26条第3款、第4款条文数未变,内容有改动,对此未在正文中作出标注,特此说明。本节下同。

时提交了如下证据:

证据 1.1:本专利授权公告文本的著录项目页、权利要求书及说明书第 1~11 页,共 14 页;

证据 1.2:专利复审委员会于 2008 年 9 月 28 日作出的第 12397 号无效宣告请求决定书,共 11 页。

专利复审委员会本案合议组于 2013 年 9 月 26 日向第一请求人发出转送文件通知书,将专利权人的上述意见陈述书及证据副本转送给第一请求人。

针对 2013 年 8 月 29 日发出的转文通知书,专利权人于 2013 年 10 月 14 日提交了意见陈述书,同时补充提交了证据 1.1 完整的授权公告文本,共 25 页。专利权人认为:结合证据 1.1、1.2,本专利权利要求 1~8 符合《专利法》及其细则的相关规定,应维持专利权有效。

口头审理如期举行,双方当事人均出席了本次口头审理。在口头审理过程中:

1. 合议组当庭将专利权人于 2013 年 10 月 14 日提交的意见陈述书及证据副本转送给第一请求人,第一请求人当庭核实签收。

2. 专利权人对附件 1.1~1.3 的真实性、公开性及中文译文准确性均没有异议;第一请求人对证据 1.1 和证据 1.2 的真实性、公开性没有异议。

3. 第一请求人明确放弃附件 1.4 作为证据使用,并明确其无效理由及证据使用方式为:

权利要求 1~8 保护范围不清楚,不符合《专利法实施细则》第 20 条第 1 款的规定;权利要求 1~8 得不到说明书支持,不符合《专利法》第 26 条第 4 款的规定;权利要求 1 相对于附件 1.1、1.2 和公知常识的结合、附件 1.1、1.2、1.3 的结合或附件 1.1、1.3 和公知常识的结合不具备创造性,权利要求 2 的附加技术特征由附件 1.1 给出了技术启示,权利要求 3 的附加技术特征是本领域的常规选择,权利要求 4 的附加技术特征被附件 1.1 公开,具体含量可根据需要进行调整,权利要求 5~8 的附加技术特征是公知常识,权利要求 2~8 不具备创造性。

(二)关于 4w102566 号无效宣告请求

针对本专利,王恩远(以下简称第二请求人)于 2013 年 10 月 28 日向专利复审委员会提出了无效宣告请求,请求宣告本专利权利要求 1~8 全部无效,同时提交了如下附件:

附件 2.1:公开日为 1993 年 1 月 5 日,公开号为 US5177040A 的美国专利说

明书及相关部分译文,共6页;

附件2.2:公开日为1984年6月28日,公开号为JP59－111976的日本公开特许公报及相关部分译文,共7页;

附件2.3:公开日为1987年7月15日,公开号为CN86107671A的中国专利申请公开说明书,共22页;

附件2.4(同附件1.1):公开日为1978年8月15日,公开号为US4106947A的美国专利说明书及相关部分译文,共9页;

附件2.5(同附件1.2):公开日为1984年7月3日,公开号为US4457767A的美国专利说明书及相关部分译文,共5页;

附件2.6(同附件1.3):公开日为1991年10月29日,公开号为US5061665A的美国专利说明书及相关部分译文,共9页;

附件2.7:本专利的授权公告文本,共25页。

第二请求人认为:本专利说明书不符合《专利法》第26条第3款的规定,权利要求1~8得不到说明书支持,不符合《专利法》第26条第4款的规定,权利要求1~8保护范围不清楚,不符合《专利法实施细则》第20条第1款的规定,权利要求1~8相对于附件2.1不具备新颖性,权利要求1~8相对于附件2.1和公知常识的结合不具备创造性,权利要求1~8相对于附件2.1分别与附件2.2~2.6的结合不具备创造性,权利要求1~8相对于附件2.2和公知常识的结合不具备创造性,权利要求1~8相对于附件2.2分别和附件2.3~2.6的结合不具备创造性,权利要求1~8相对于附件2.3不具备新颖性,权利要求1~8相对于附件2.3或其与公知常识的结合不具备创造性,权利要求1~8相对于附件2.3分别与附件2.4~2.6的结合不具备创造性,权利要求1~8相对于附件2.4、2.5及公知常识的结合不具备创造性,权利要求1~8相对于附件2.4~2.6的结合不具备创造性,权利要求1~8相对于附件2.4、2.6和公知常识的结合不具备创造性。

经形式审查合格,专利复审委员会受理了上述无效宣告请求,并于2013年11月28日向双方当事人发出无效请求受理通知书,将无效宣告请求书及证据副本转给了专利权人,同时成立合议组对本案进行审查。

针对上述受理通知书,专利权人于2014年1月3日提交了意见陈述书,认为:关于本专利不符合《专利法》第26条第3、4款的无效理由在已生效的专利复审委员会第12397号《无效宣告请求审查决定书》(下称"第12397号决定")中作出认定,因此,该无效理由属于“一事不再理”的情形;本专利权利要求 1~8 符合《专利法》及实施细则的相关规定,应予维持。

专利复审委员会本案合议组于 2014 年 1 月 23 日向第二请求人发出转送文件通知书,将专利权人提交的上述意见陈述书转送给第二请求人,并于同日向双方当事人发出口头审理通知书,定于 2014 年 3 月 3 日举行口头审理。

口头审理如期举行,双方当事人均出席了本次口头审理。在口头审理过程中:

1. 专利权人对第二请求人提交全部附件的真实性、公开性及相关中文译文准确性均没有异议。

2. 第二请求人明确其无效理由及证据使用方式为:

本专利权利要求 1~8 不符合《专利法实施细则》第 20 条第 1 款的规定。权利要求 1~8 不符合《专利法》第 26 条第 3 款的规定。权利要求 1~8 不符合《专利法》第 26 条第 4 款的规定。权利要求 1~8 相对于附件 2.1 或附件 2.3 不符合《专利法》第 22 条第 2 款的规定。权利要求 1~8 不符合《专利法》第 22 条第 3 款[1]的规定。

创造性具体评述方式为:权利要求 1 相对于附件 2.1 与公知常识的结合,附件 2.1 分别与附件 2.2~2.6 的结合,附件 2.2 与公知常识的结合,附件 2.2 分别与附件 2.3~2.6 的结合,附件 2.3 或附件 2.3 与公知常识的结合,附件 2.3 分别与附件 2.4~2.6 的结合,附件 2.4、2.5、公知常识的结合,附件 2.4~2.6 的结合,附件 2.4、2.6、公知常识的结合不具备创造性。

至此,合议组认为本案事实已经清楚,可以作出审查决定。

二、决定的理由

(一)关于审查文本

专利权人在授权公告后未对本专利权利要求书作出修改,因此,本无效请求审查决定针对的文本为本专利授权公告的权利要求书。

(二)关于法律适用

根据《施行修改后的专利法的过渡办法》,本案的审查适用 1993 年 1 月 1 日起施行的《专利法》和《专利法实施细则》。

(三)关于证据

专利权人认可附件 1.1~1.3、附件 2.1~2.6 的真实性、公开性,上述附件均

[1] 2020 年《专利法》修订后,第 22 条第 2 款、第 3 款条文数未变动,内容有改动,特说明。

为专利文献，本案合议组经审查对其真实性亦表示认可，同时由于其公开日均早于本专利申请日，因此可以作为本专利现有技术使用。

专利权人对附件1.1～1.3、附件2.1～2.2、2.4～2.6的中文译文准确性均无异议，因此，这些附件的公开内容以第一、第二请求人提交的中文译文为准。

（四）关于保护范围是否清楚

《专利法实施细则》第20条[1]第1款规定：权利要求书应当说明发明或者实用新型的技术特征，清楚、简要地表述请求保护的范围。

第一和/或第二请求人认为：

1. 权利要求1中当"ZrO_2和HfO_2"的数值范围取上限95%，其他组分的含量即使取下限，所有组分含量之和超过了100%。

2. 权利要求1中限定的"基于氧化物的重量计算"中的氧化物指代不清楚。

3. 权利要求1中的括号在一项权利要求中限定了两个范围重叠且不同的保护范围。

因此，权利要求1不清楚，不符合《专利法实施细则》第20条第1款的规定，基于同样的理由，权利要求2～8亦不符合《专利法实施细则》第20条第1款的规定。

对此，合议组认为：

1. 首先，权利要求1中包含有"含1%～15% CeO_2，SiO_2占组合物的0.5～45%"的技术方案，在该技术方案中，并不存在第一、第二请求人提及的上述情形1；其次，本领域技术人员明确知晓权利要求1中的熔融陶瓷球，是用重量百分数表示的含义在于各氧化物组分的含量总和应为100%，因此，在阅读权利要求1整体内容的基础上，本领域技术人员亦能据此确定其明确的保护范围。

2. 根据权利要求1的整体描述及本领域常识，本领域技术人员能够获知"基于氧化物的重量计算"的氧化物指代的为全部氧化物，由此，权利要求1并未由于该括号的存在而限定出两个保护范围不同的方案。

由上，第一、第二请求人认为权利要求1～8不符合《专利法实施细则》第20条第1款规定的理由不能成立。

（五）关于是否支持

《专利法》第26条第4款规定：权利要求书应当以说明书为依据，说明要求

---

[1] 第20条对应《专利法实施细则》（2010年）第19条，本节同。

专利保护的范围。

第一和/或第二请求人认为:

1. 权利要求1限定的"ZrO_2和HfO_2"概括了过宽的保护范围,在权利要求1中,并没有它们的比例关系,但说明书所有实施例都使用了仅含有不可分离的少量HfO_2的ZrO_2,本领域技术人员无法预期任意比例的"ZrO_2和HfO_2"都能解决本专利的技术问题。

2. 权利要求1限定的Y_2O_3的含量"0.1%~10%"范围过宽,本专利说明书中仅给出了"0.7%~7.5%"的实施例范围,由于Y_2O_3的含量越小,陶瓷球性能越差,因此本领域技术人员无法预期当Y_2O_3的含量为0.1%时能解决本专利的技术问题。

3. 权利要求1包含三个并列技术方案:

(ⅰ)包含0.1%~10%Y_2O_3,Y_2O_3和CeO_2总量占0.1%~25%,SiO_2占组合物中的10%~45%;

(ⅱ)包含1%~15%CeO_2,Y_2O_3和CeO_2总量占0.1%~25%,SiO_2占组合物中的10%~45%;

(ⅲ)包含0.1%~10%Y_2O_3和1%~15%CeO_2,Y_2O_3和CeO_2总量占0.1%~25%,SiO2占组合物的0.5%~45%。

在本专利说明书中仅有实施例9用于支持技术方案(ⅱ),而实施例9也仅仅给出14%CeO_2和0.5%的SiO2的情形,没有对于其数值范围的端点值和中间值给出描述;并且在该技术方案中,"1%~15%CeO_2"与"Y_2O_3和CeO_2总量占0.1%~25%"相互矛盾。

因此,权利要求1得不到说明书支持,基于相同的理由,权利要求2~8也得不到说明书支持。

对此,合议组认为:

1. 本领域技术人员已知在ZrO_2物料中,不可避免地会伴生有少量HfO_2杂质,且本专利说明书也记载了(参见说明书第4页第6段),"下面提到ZrO_2时,应该将其理解为(ZrO_2+HfO_2)"。事实上,众所周知,除ZrO_2外,ZrO_2中还存在少量的具有类似性质的不能从ZrO_2中化学分离的HfO_2。由此可见,本领域技术人员结合本专利说明书的相关记载,能够确定权利要求1中的"ZrO_2和HfO_2"指代ZrO_2物料,其中包含有少量的具有类似性质的不能从ZrO_2中化学分离的

HfO_2,而不是有意获得具有一定比例构成的 ZrO_2 和 HfO_2。

2. 在判断权利要求能否得到说明书的支持时,应当考虑说明书的全部内容,而不是仅限于具体实施方式部分的内容。本专利说明书部分记载了(参见说明书第 4 页倒数第 3 段)Y_2O_3 在陶瓷球中的作用及其含量数值范围的端值选取对陶瓷球结构和性能的影响,在此基础上,本领域技术人员可以推知含有权利要求 1 限定数值范围的 Y_2O_3 即能解决本专利的技术问题,即 0.1% 量的 Y_2O_3 也能解决本专利的技术问题,实现其发明目的。

3. 首先,根据本领域技术人员的普通技术知识和说明书中的解释,权利要求 1 的"0.1% ~10% Y_2O_3 和/或 1% ~15% CeO_2,Y_2O_3 和 CeO_2 总量占 0.1% ~25%"的含义是在 Y_2O_3 和 CeO_2 总量符合 0.1% ~25% 条件下,二者可以以一定含量单独或共同包含在熔融陶瓷球中,而技术方案(ⅱ)中的 CeO_2 并未超出该总量,因此,该技术方案中"1% ~15% CeO2"与"Y_2O_3 和 CeO_2 总量占 0.1% ~25%"并不矛盾。其次,本专利说明书部分还记载了(参见说明书第 4 页倒数第 3 段至第 5 页第 4 段)各组分在陶瓷球中的作用及其含量数值范围的端值选取对陶瓷球结构和性能的影响,在此基础上,本领域技术人员可以推知含有权利要求 1 限定数值范围的成分即能解决本专利的技术问题。

由上,第一、第二请求人认为权利要求 1 ~8 得不到说明书支持的理由不能成立。

(六)关于是否公开充分

《专利法》第 26 条第 3 款规定:说明书应当对发明或者实用新型作出清楚、完整的说明,以所属技术领域的技术人员能够实现为准。

第二请求人认为:本专利的发明目的在于降低气孔缺陷、获得密度更高的球和获得冲击强度更高、耐磨性更好的熔融陶瓷球。Y_2O_3 的含量越小,陶瓷球性能越差,而本专利并未记载当 Y_2O_3 的含量为 0.1% 时,如何实现发明目的,因此,本专利权利要求 1 ~8 的技术方案公开不充分,不符合《专利法》第 26 条第 3 款的规定。

对此,合议组认为:本专利说明书部分记载了(参见说明书第 4 页倒数第 3 段)Y_2O_3 在陶瓷球中的作用及其含量数值范围的端值选取对陶瓷球结构和性能的影响,在此基础上,本领域技术人员可以推知含有权利要求 1 限定数值范围的 Y_2O_3 即能解决本专利的技术问题,即 0.1% 量的 Y_2O_3 也能解决本专利的技术问题,实现其发明目的。

由上，第二请求人认为本专利权利要求1～8不符合《专利法》第26条第3款的理由不能成立。

（七）关于新颖性

《专利法》第22条第2款规定：新颖性，是指在申请日以前没有同样的发明或者实用新型在国内外出版物上公开发表过、在国内公开使用过或者以其他方式为公众所知，也没有同样的发明或者实用新型由他人向国务院专利行政部门提出过申请并且记载在申请日以后公布的专利申请文件中。

权利要求1要求保护一种熔融陶瓷球。

附件2.1涉及一种熔融氧化锆耐火材料，具体公开了（参见其中文译文及表2）如表2所示混合的材料在电弧炉中被熔融，其中表2的具体实施方式7中，ZrO_2为189kg，CaO为7kg，Y_2O_3为4kg。

附件2.3涉及一种透明非玻化氧化锆微球体，具体公开了（参见表1样品D）一种ZrO_2、SiO_2、Al_2O_3、Y_2O_3的摩尔比为3.00∶1.00∶0.81∶0.12的样品。

第二请求人认为：

1.权利要求1与附件2.1相比，区别仅在于其还包含一定量的SiO_2，而SiO_2来源自熔融陶瓷球的原料，并非人为添加的元素，且在熔融氧化锆陶瓷物品中加入SiO_2为本领域公知常识，因此，权利要求1相对于附件2.1不具备新颖性。在此基础上，权利要求2～8也不具备新颖性。

2.附件2.3的样品D的各元素比例落入权利要求1保护范围内，因此，权利要求1相对于附件2.3不具备新颖性。在此基础上，权利要求2～8也不具备新颖性。

对此，合议组认为：

1.附件2.1至少未公开其中包含一定量的SiO_2，而根据本专利说明书的相关记载（参见说明书第5页第2段），本专利为制备合适密度的球，在其物料中刻意添加或选取含有SiO_2原料，且其含量依据是否含有CeO_2而不同。由此可知，本专利权利要求1中的SiO_2并非由陶瓷球的其他原料的杂质等形式带入，而是一种为达到合适密度而刻意选取或添加的成分；另外，也没有证据表明附件2.1的原料中必然包含SiO_2、且其含量落入权利要求1的保护范围内。因此，权利要求1与附件2.1的技术方案相比，至少存在该区别特征。由此，第二请求人认为权利要求1相对附件2.1不具备新颖性的理由不能成立，在此基础上，其认为权利要求2～8不具备新颖性的理由也相应不能成立。

2. 根据第12397号决定的相关认定，附件2.3公开了一种氧化锆—氧化铝—氧化硅之类的材料制成的微球体陶瓷制品，该微球体采用热萃取法制得，该方法采用羧酸氧锆（如乙酸氧锆）作为陶瓷颗粒的氧化锆的母体，浓缩的乙酸氧锆溶液通过失去酸而发生胶凝，产生微珠，将微珠从萃取液中去除后进行干燥并烧成微球体。权利要求1要求保护的技术方案与附件2.3相比的差别至少在于：权利要求1中的陶瓷球是一种熔融陶瓷球，该陶瓷球是在高温下熔化陶瓷组分，形成球状滴料并固化而得到的球，附件2.3中的微球体是一种热萃取胶凝法制得的烧结陶瓷球。由于熔融陶瓷球与烧结陶瓷球二者的制备方法不同，得到的陶瓷球无论在形态、结构还是在性能上均不相同。本专利权利要求1的熔融陶瓷球由于在高温下熔化并固结，具有混合结晶相和玻璃相，从而对金属构件的腐蚀性较小，且能保持很好的研磨性能，比如力学强度、高密度、化学惰性等，其广泛地用于在湿介质中进行细磨和分散的设备和工艺中。而附件2.3中的胶凝后烧结的陶瓷球比较致密，孔隙度小，且具有良好的透射可见光射线的性能，主要用作路标材料。因此，权利要求1相对附件2.3具备新颖性。权利要求2~8均引用权利要求1，基于相同的理由，权利要求2~8也相对附件2.3具备新颖性。

由上，第二请求人认为权利要求1~8不具备新颖性的理由均不能成立。

（八）关于创造性

《专利法》第22条第3款规定：创造性，是指同申请日以前已有的技术相比，该发明有突出的实质性特点和显著的进步。

如果一项发明权利要求与最接近的现有技术相比存在区别技术特征，而该区别技术特征被另一篇现有技术公开，且解决的技术问题与在本专利中相同，则本领域技术人员有动机将该区别技术特征用于该最接近的现有技术。

权利要求1要求保护一种熔融陶瓷球，其包含如下三个并列技术方案：

（ⅰ）包含0.1%~10% Y_2O_3，SiO_2占组合物中的10%~45%；

（ⅱ）包含1%~15% CeO_2，SiO_2占组合物中的10%~45%；

（ⅲ）包含0.1%~10% Y_2O_3和1%~15% CeO_2，Y_2O_3和CeO_2总量占0.1%~25%，SiO2占组合物的0.5%~45%。

1. 关于权利要求1~8相对于附件1.1（2.4）、1.2（2.5）和公知常识的结合的创造性。

（1）关于技术方案（ⅰ）及引用该技术方案时权利要求2~8的创造性

附件1.1涉及一种用于粉碎或分散的陶瓷材料微球，并具体公开了（参见其中文译文)所述微球通过对一种合适的母粒进行熔融、转化为微球和固化的步骤而制得,所述母粒基本上以氧化物为主要成分,含有至多85wt% ZrO_2,含有SiO_2,且ZrO_2和SiO_2的重量比大于等于1.5,选择性地含有Al_2O_3,且Al_2O_3和SiO_2的重量比为0~1.5,选择性地含有Na_2O,且Na_2O和SiO_2的重量比为0~0.04,所述母粒还包含至少一种添加的氧化物,所述添加的氧化物为MgO和CaO,且MgO/SiO_2的重量比为0.03~1,CaO/SiO_2的重量比为0.03~1.45。

由于ZrO_2物料中通常包含有少量的具有类似性质的不能从中化学分离的HfO_2,因此技术方案(ⅰ)与附件1.1相比,区别技术特征在于:还包含0.1%~10% Y_2O_3(双方当事人均表示认可)。根据本专利相关记载(参见说明书第4页倒数第2~3段),该区别技术特征解决的技术问题为提高熔融陶瓷球的力学强度。

附件1.2涉及一种氧化铝氧化锆研磨料,公开了(参见其中文译文)优选采用熔融法制得,往熔融物中加入Y_2O_3的效果被认为是能够降低单斜晶系氧化锆的含量,由此减少由于相变造成的破裂,这就使产品具有高硬度;加入量使最终产品中包含有0.5% Y_2O_3。

由此可见,附件1.2公开了在熔融法制备含氧化锆陶瓷材料时,加入Y_2O_3可以影响氧化锆的相变,从而提高产品硬度,因此,本领域技术人员为解决上述技术问题,有动机将附件1.2结合至附件1.1,从而得到权利要求1的技术方案(ⅰ)。因此,该技术方案不具备创造性,不符合《专利法》第22条第3款的规定。

专利权人认为:

①附件1.2公开的是以氧化铝为主体的"氧化铝—氧化锆"熔融陶瓷球,其制备工艺、组成成分、产品结构与本专利均不同,且其中不包含SiO_2。

②根据第16021号决定,"本专利中Y_2O_3存在于晶体二氧化锆和玻璃相之间,不同于附件2中Y_2O_3固溶于氧化锆晶体中,即附件2没有公开或教导Y_2O_3对于包含玻璃相的陶瓷球晶体学结构的影响,因此附件2没有给出将区别特征(1)用于附件1的技术启示",该决定中附件1是本案附件1.2,附件2与本案附件1.2类似,揭示的是固溶于氧化铝和氧化锆晶体中的Y_2O_3没有公开和教导Y_2O_3对于包含玻璃相的陶瓷球晶体学结构的影响。

③本专利说明书第6页第5段还记载了,Y_2O_3的加入能使球中气泡减少,该作用并未被附件1.1、1.2公开。

对此,合议组认为:

①本专利与附件 1.2 均经历熔融后固化的工艺过程，且附件 1.2 也公开 Y_2O_3是对氧化锆组分起作用，由此可见，无论氧化铝—氧化锆体系，还是氧化锆—氧化硅体系，向其中添加 Y_2O_3都会影响氧化锆组分的相变及其晶相组成。

②附件 1.2 实施例 1 表格公开了最终制得的产品中包含 0.13% SiO_2。而根据本专利的相关记载（参见说明书第 3 页第 2、4 段），二氧化硅可形成玻璃相，且玻璃相所占的体积百分数明显高于引入二氧化硅所占的重量百分数。由此可见，在附件 1.2 的产品中必然存在一定量的玻璃相，即附件 1.2 实际已经公开了 Y_2O_3对包含玻璃相的陶瓷球的晶体学影响。

③附件 1.2 公开了本专利中 Y_2O_3的其中一个作用（提高力学强度），因此本领域技术人员足以有动机将其结合至附件 1.1。由此结合后的技术方案中，Y_2O_3也必然能起到减少气泡的作用。

由上，本案合议组对专利权人的上述主张不予支持。

从属权利要求 2 对权利要求 1 作了进一步限定。附件 1.2 公开了 ZrO_2和 SiO_2的重量比大于等于 1.5，而 ZrO_2/SiO_2大于 2 是本领域技术人员根据需求在附件 1.2 公开范围内的常规选择。因此，权利要求 2 也不具备创造性。

从属权利要求 3 对权利要求 1 作了进一步限定。本专利说明书第 6 页第 2 段记载了，“该氧化物从氧化钇和氧化铈中选择，任选地还结合有存在于原料之中的其他稀土氧化物”，即“其他稀土氧化物”可以是原料本身自带的杂质等成分。众所周知，氧化钇等矿物原料在制备分离时通常会有一些其余稀土氧化物残留，因此，结合对权利要求 1 的评述，权利要求 3 也不具备创造性。

从属权利要求 4 对权利要求 1 做了进一步限定。附件 1.1 已公开权利要求 4 附加技术特征各氧化物与 SiO_2的含量比例，而根据实际需求，选择这些氧化物的总量不超过 20% 是本领域技术人员的常规选择。因此，权利要求 4 不具备创造性。

权利要求 5 ~ 8 均引用权利要求 1。陶瓷球直径通常根据实际需要确定，0.1 ~ 4mm 为常规尺寸；在湿介质中用作研磨、分散均为该类陶瓷球的常规用途。因此，权利要求 5 ~ 8 也不具备创造性。

综上，权利要求 1 的技术方案（ⅰ）不具备创造性，引用该技术方案时的权利要求 2 ~ 8 也不具备创造性。

（2）关于技术方案（ⅱ）（ⅲ）及其引用该技术方案时权利要求 2 ~ 8 的创造性

权利要求 1 技术方案（ⅱ）（ⅲ）与附件 1.1 相比，区别至少在于：还包含 1% ~

15% CeO_2。

第一、第二请求人认为：Y_2O_3和 CeO_2是制造陶瓷球原材料必然带有的物质，具有一定量的 Y_2O_3和 CeO_2是本领域公知常识，且附件 1.2 已公开加入 Y_2O_3的技术内容，因此，本领域技术人员有动机得到技术方案（ⅱ）（ⅲ）权利要求 1 不具备创造性。在该基础上，权利要求 2～8 也不具备创造性。

对此，合议组认为：由前述评述可知，本专利 Y_2O_3和 CeO_2，是为解决一定技术问题而刻意加入的原料组分，并非原料本身杂质等带入，第一、第二请求人既未提供证据表明原料中必然含有 Y_2O_3和 CeO_2、且其含量落入权利要求 1 保护范围内，也未提供证据表明如何由 Y_2O_3而想到加入 CeO_2，更未提供证据表明上述特征为本领域公知常识。

因此，本案合议组对第一、第二请求人的上述主张不予接受，即第一、第二请求人认为权利要求 1 技术方案（ⅱ）（ⅱ）不具备创造性的无效理由不能成立，相应地，其认为权利要求 2～8 不具备创造性的无效理由也相应不能成立。

根据前述评述，权利要求 1 技术方案（ⅰ）不具备创造性，引用该技术方案时的权利要求 2～8 也不具备创造性，均应予以无效，由此，在以下部分的创造性评述中，对上述技术方案的无效理由不再予以评述。

2. 关于权利要求 1～8 相对于附件 1.1(2.4)、1.3(2.6)和公知常识的结合，或附件 1.1(2.4)、1.2(2.5)、1.3(2.6)结合的创造性。

权利要求 1 要求保护一种熔融陶瓷球。

附件 1.1、1.2 的公开内容参见前述评述。附件 1.3 公开了（参见中文译文第 1～4 段）一种氧化铝、氧化锆组合物烧结材料，该材料包含约 10% ～20% wt 氧化锆、约 3% ～7% wt 二氧化铈、约 15% ～25% wt 二氧化钛和剩余为氧化铝的颗粒，被成型和烧结成为一种具有优异的机械强度和抗热振性且同时具有优异硬度的改进的氧化铝—氧化锆组合烧结材料。

权利要求 1 的技术方案(ⅱ)(ⅲ)与附件 2.1 相比，区别至少在于：还包含 1% ～15% CeO_2。

第一、第二请求人认为：附件 1.3 给出了在氧化锆陶瓷球中加入二氧化铈的技术启示，权利要求 1 的技术方案（ⅱ）（ⅲ）不具备创造性。在该基础上，权利要求 2～8 也不具备创造性。

对此，合议组认为：附件 1.3 采用的为烧结法制造陶瓷球，而本专利为一种熔融陶瓷球。根据第 16021 号决定的相关认定，熔融陶瓷球与烧结陶瓷球在制备方法、陶瓷球形态、结构、性能及具体应用上均不相同,因此本领域技术人员在面对试图制备具有良好性能的熔融陶瓷球时,没有动机将附件 1.3 烧结陶瓷球中的技术特征与附件 1.1 相结合。此外,第一、第二请求人也未提供证据表明上述区别为本领域公知常识。

因此,本案合议组对第一、第二请求人的上述主张不予接受,即第一、第二请求人的该部分无效理由不能成立。

3. 关于权利要求 1～8 相对于附件 2.1 与公知常识的结合,附件 2.1 分别和附件 2.2～2.6 结合的创造性。

附件 2.1、2.3～2.6 的公开内容参见前述评述。

附件 2.2 涉及一种部分稳定化的氧化锆瓷器原料粉体,具体公开了(参见中文译文第 1～2 段、最后页表格)该原料粉体是通过将氧化锆和氧化钇分别按 mol% 计以 95∶5 的比例混合均匀而得到的。使用这些粉体,利用油压机成型为板状,并在 1650℃下烧结,制造出……的瓷器。实施例部分还公开了 SiO_2 的添加量可以为 5%。

权利要求 1 的技术方案(ⅱ)(ⅲ)与附件 2.1 相比,区别至少在于:还包含 1%～15% CeO2。

第二请求人认为:附件 2.6 公开了氧化铈的加入,本领域技术人员有动机将其与附件 2.1 相结合,在该基础上,上述技术方案(ⅱ)(ⅲ)不具备创造性。

对此,合议组认为:首先,第二请求人未提供证据表明该区别为本领域公知常识。其次,附件 2.2～2.5 均不涉及 CeO_2 的添加。尽管附件 2.6 公开了 CeO_2,但附件 2.6 采用的为烧结法制造陶瓷球,本专利为一种熔融陶瓷球,根据第 16021 号决定的相关认定,熔融陶瓷球与烧结陶瓷球在制备方法、陶瓷球形态、结构、性能及具体应用上均不相同,因此本领域技术人员在面对试图制备具有良好性能的熔融陶瓷球时,没有动机将附件 2.6 公开的烧结陶瓷球中的技术特征与附件 2.1 相结合。

由上,第二请求人的该部分无效理由不能成立。

4. 关于权利要求 1～8 相对于附件 2.2 与公知常识的结合,附件 2.2 分别和附件 2.3～2.6 结合的创造性。

附件 2.2 的公开内容参见前述评述。

权利要求 1 的技术方案(ⅱ)(ⅲ)与附件 2.2 相比,区别至少在于:陶瓷球采用熔融法制备,还包含1% ~15%的CeO_2。

第二请求人认为:附件2.6公开了氧化铈的加入,本领域技术人员有动机将其与附件2.2相结合,在该基础上,上述技术方案(ⅱ)(ⅲ)不具备创造性。

对此,合议组认为:首先,第二请求人未提供证据表明该区别为本领域公知常识。其次,附件2.3 ~2.5均不涉及CeO_2的添加。尽管附件2.6公开了CeO_2,但附件2.6采用的为烧结法制造陶瓷球,附件2.2采用的为烧结法制造板状材料,均没有公开熔融法制造陶瓷球的技术内容。而根据第12397号决定的相关认定,熔融陶瓷球与烧结陶瓷球二者的制备方法不同,得到的陶瓷球无论在形态、结构还是在性能上均不相同。由于附件2.2、2.6均未给出将上述区别应用于上述附件得到本专利权利要求1技术方案的技术启示,第二请求人也未举证证明上述区别为这一领域为解决相关问题的公知常识,因此,第二请求人的该部分无效理由不能成立。

5.关于权利要求1 ~8相对于附件2.3或附件2.3与公知常识的结合,附件2.3和附件2.4 ~2.6分别结合的创造性。

附件2.3的公开内容参见前述评述。

权利要求1的技术方案(ⅱ)(ⅲ)与附件2.3相比,区别至少在于:陶瓷球采用熔融法制备,还包含1% ~15%的CeO_2。

第二请求人认为:附件2.6公开了氧化铈的加入,本领域技术人员有动机将其与附件2.3相结合,在该基础上,上述技术方案(ⅱ)(ⅲ)不具备创造性。

对此,合议组认为:首先,第二请求人未提供证据表明该区别为本领域公知常识。其次,附件2.4 ~2.5均不涉及CeO_2的添加。尽管附件2.6公开了CeO_2,但附件2.3、2.6采用的均为烧结法制造陶瓷球,并没有公开熔融法制造陶瓷球的技术内容。而根据第12397号决定的相关认定,熔融陶瓷球与烧结陶瓷球二者的制备方法不同,得到的陶瓷球无论在形态、结构还是在性能上均不相同。由于附件2.2、2.6均未给出将上述区别应用于上述附件得到本专利权利要求1技术方案的技术启示,第二请求人也未举证证明上述区别为这一领域为解决相关问题的公知常识,因此,第二请求人的该部分无效理由不能成立。

根据上述事实和理由,本案合议组依法作出如下决定。

三、决定

宣告第95101152.9号发明权利要求1的技术方案(ⅰ)及引用该技术方案时的权利要求2 ~8无效,在权利要求1 ~8其他技术方案的基础上继续维持本专利有效。

当事人对本决定不服的，可以根据《专利法》第46条第2款的规定，自收到本决定之日起3个月内向北京市第一中级人民法院起诉。根据该款的规定，一方当事人起诉后，另一方当事人作为第三人参加诉讼。

四、第二次交锋的胜诉

四川省成都市中级人民法院经审理认为本案所涉专利号为ZL9510××××.9的“熔融陶瓷球及其用途”发明专利，系欧洲公司依法向国家知产局提出申请并获得授权。在诉讼过程中雅安公司对涉案专利提出了无效宣告请求，经国家知产局原专利复审委员会审查后，宣告ZL9510××××.9号发明权利要求1上述的技术方案(ⅰ)及引用该技术方案时的权利要求2～6无效，在权利要求1～6其他技术方案的基础上继续维持本专利有效，因此该专利除被宣告无效的技术方案(ⅰ)外，其余被部分维持有效的技术方案内容目前处于法定保护期内，故应依法受到法律保护。

欧洲公司系法兰西共和国企业法人，2012年4月11日，欧洲公司向其在中国的关联企业圣戈班公司出具授权委托书，就发生于中国境内的侵害涉案专利权行为，委托圣戈班公司全权履行欧洲公司的相关权利。欧洲公司董事长Jean-PierreFLORIS在该授权书上签字且该授权书已经过公证、认证程序，故该授权委托书合法有效。欧洲公司提交的光进实业公司企业法人营业执照(副本)、委托合同、电汇单、四川增值税专用发票、东部公证处(2012)粤莞东部第023458号公证书以及该公证书所附照片、送货单等证据，已经形成一个完整的证据链，可以证明本案所涉被控侵权产品系雅安公司生产、销售。

根据《专利法》(2008年修正)第59条第1款的规定，发明专利权的保护范围以其权利要求的内容为准。由于涉案专利权利要求1内容中记载的三个并列技术方案中的技术方案(ⅰ)及引用该技术方案时的权利要求2～6已被国家知识产权局原专利复审委员会宣告无效，而被控侵权产品的检测结果表明其应属于技术方案(ⅰ)，因此被控侵权产品的化学组分及含量并未落入耐火材料公司专利号为ZL9510××××.9的“熔融陶瓷球及其用途”发明专利的保护范围，故雅安公司生产、销售的被控侵权产品陶瓷珠B60不构成侵权，欧洲公司的主张不能成立，其诉讼请求应予以驳回。判决：驳回原告欧洲公司的诉讼请求。

附：

四川省成都市中级人民法院
民事判决书

（2013）成民初字第762号

原告：欧洲耐火材料公司。住所地：法兰西共和国库伯瓦市92400阿尔萨斯大道18号镜子大厦。

法定代表人：Jean-Pierre FLORIS，董事长。

委托代理人：张某某，四川嘉世律师事务所律师。

委托代理人：王某某，四川嘉世律师事务所律师。

被告：雅安远创陶瓷有限责任公司。住所地：四川省雅安市名山区×××××。

法定代表人：王恩远，执行董事。

委托代理人：魏常巍，泰和泰律师事务所专利代理人。

委托代理人：黄春海，泰和泰律师事务所律师。

原告欧洲耐火材料公司（以下简称耐火材料公司）与被告雅安远创陶瓷有限责任公司（以下简称雅安远创公司）侵害发明专利权纠纷一案，本院受理后，依法组成合议庭，于2014年1月14日、7月23日公开开庭进行了审理。原告耐火材料公司特别授权代理人张某某、一般授权代理人王某某，被告雅安远创公司法定代表人王恩远、特别授权代理人魏常巍、一般授权代理人黄春海到庭参加了诉讼。本案现已审理终结。

原告耐火材料公司诉称，耐火材料公司于1995年1月10日向国家知识产权局申请了名称为“熔融陶瓷球及其用途”的发明专利，2000年3月22日获得国家知产局的授权并公告，专利号为ZL9510××××.9、授权公告号为CN1050589C。2012年，耐火材料公司发现在广东省东莞市凤岗镇有商铺未经耐火材料公司许可持续、大量地销售使用了上述专利的产品。耐火材料公司委托深圳市光进实业发展有限公司（以下简称光进实业公司）在该商铺购买商品的同时购买了500公斤陶瓷球，为此，光进实业公司在2012年11月8日向雅安远创公司转账支付人民币237,500元的货款后，取得了由雅安远创公司于2012年11月20日出具的载有“出售陶瓷球500公斤、金额人民币22,500元”内容的增值税发票一份。2012年11月29日，光进实业公司依约提货，耐火材料公司同时向广东省东莞市东部公证处（以下简称东部公证处）申请证据保全公证。2012年11月29日下午，耐火材料公司委托其代理人周琪、光进实业公司工作人员与东部公证处公证人员来到位于广东省东莞市凤岗镇凤深大道旁的凤岗五金城115号商铺提货，该商铺的招牌上标有“远创陶瓷喷砂珠白刚玉喷砂氧化锆研磨珠”字样。在公证人员的监督下，周琪从该商铺提取了名为陶瓷砂的货物20袋（外包装上载明“陶瓷砂规格：0.14～0.25mm　净重：25kg　雅安远创陶瓷有限责任公司地址：四川雅安工业园区”），并取得“送货单”一张。公证人员与周琪一起将取得的20袋陶瓷砂带回东部公证处，随机打开其中一包陶瓷砂，并从打开的陶瓷砂中提取了5份样品，分装于5个塑料袋中，然后将5袋样品分别装进信封进行了封存，并分别编号为：①、②、③、④、⑤。东部公证处对该提取货物的全程进行了拍照，制作了工作笔录，并出具了（2012）粤莞东部第023458号“公证书”。2012年11月30日，耐火材料公司委托代理人为委托中国科学院上海硅酸盐研究所对上述样品进行分析测试，与东部公证处公证人员来到广东省东莞市常平镇振兴路常平邮政营业厅，在公证人员的监督下，周琪将（2012）粤莞东部第023458号“公证书”中封存的①号封存物信封（密封完好）交给常平邮政营业厅营业员，以国内特快专递方式将上述邮件寄至上海市定西路1295号，委托中国科学院上海硅酸盐研究所进行分析测试，并取得“国内特快专递邮件详情单”（EV560165439CS）及“交寄邮件收据”各一份。东部公证处对该邮寄的过程制作了工作记录，出具了（2012）粤莞东部第023535号“公证书”。中国科学院上海硅酸盐研究所无机材料分析测试中心于2012年12月24日对（EV560165439CS）特快专递中的样品进行了化学成分分析，并出具了“原子光谱定量分析测试报告”。分析结果显示：样品“熔融陶瓷球”的CeO_2含量为0.012%，Y_2O_3含量为0.12%，ZrO_2+HfO_2含量为65.76%，SiO_2含量为29.48%。耐火材料公司涉案专利的权利要求书记载的专利保护内容为：具有下面化学组成的熔融陶瓷球，是用重量百分数表示（基于氧化物的重量计算）：40%～95%的ZrO_2+HfO_2；0.1%～10%的Y_2O_3和/或1%～15%的CeO_2，Y_2O_3和CeO_2总量占0.1%～25%；当组合物不含CeO_2时，SiO_2占组合物中的10%～

45%；当组合物含 CeO_2 时，SiO_2 占组合物的 0.5% ~45%。因此，前述侵权产品的化学组分及其含量均落入耐火材料公司涉案专利的权利要求 1 中的第一种技术方案的范围。由于耐火材料公司涉案专利的权利要求 1 实际上限定了三种不同的技术方案，被控侵权产品中的化学组分及其含量只要落入其中任何一种技术方案中相应组分及其含量的数值范围，即落入耐火材料公司涉案专利权的保护范围。另经耐火材料公司查询，雅安远创公司控股股东、法定代表人王某远曾在四川省都江堰市工商行政管理局注册设立个人独资企业“都江堰市川南特种耐火材料厂”，因都江堰市川南特种耐火材料厂生产、销售的陶瓷球侵犯了耐火材料公司涉案专利权，耐火材料公司于 2008 年 4 月 8 日曾向上海市第一中级人民法院提起诉讼，上海市第一中级人民法院业已作出(2008)沪一中民五(知)初字第 123 号民事判决书，并经上海市高级人民法院终审作出(2009)沪高民三(知)终字第 137 号民事判决书，判决确认都江堰市川南特种耐火材料厂生产、销售的陶瓷球侵犯了耐火材料公司涉案专利权，责令其停止生产、销售侵权产品。现王恩远在注销了都江堰市川南特种耐火材料厂后，自 2010 年又在其控股的雅安远创公司继续生产、销售侵害耐火材料公司涉案专利权的产品，谋取非法利益，性质恶劣。耐火材料公司认为，雅安远创公司生产、销售的被控侵权产品“陶瓷砂”侵害了耐火材料公司涉案专利的专利权，给耐火材料公司造成巨大的经济损失。据此，诉请人民法院：一、请求依法确认雅安远创公司生产、销售的涉案陶瓷球产品侵害了耐火材料公司的专利权；二、请求判令雅安远创公司立即停止生产、销售涉案陶瓷球产品；三、请求判令雅安远创公司赔偿耐火材料公司经济损失(含耐火材料公司为制止侵权行为所支出的合理费用)共计人民币 2000 万元。

被告雅安远创公司辩称：一、耐火材料公司提供的公证书内容与事实不符，不具有合法性和真实性，不能作为认定事实的依据。(一)根据耐火材料公司提供的证据，本案所谓的侵权产品，应是由案外人圣戈班西普磨介(邯郸)有限公司(以下简称圣戈班公司)委托光进实业公司购买取得，委托时间为 2012 年 11 月 1 日，而耐火材料公司提供的(2012)粤莞东部第 023458 号公证书载明的公证申请人却是耐火材料公司，上述证据相互矛盾；(二)耐火材料公司为境外企业，属外国法人，(2012)粤莞东部第 023458 号公证书载明耐火材料公司委托了周琪办理该项保全公证，但并未按照《公证程序规则》的规定提供其授权委托书已经过耐火材料公司住所地的公证人(机构)公证，再由我国驻该国使(领)馆认证；

(三)根据(2012)粤莞东部第023458号公证书载明的内容,该公证涉及的事项,仅为周琪到东莞市凤岗镇凤岗五金城内某商铺提货的事实,并不包含周琪或其委托人向该商铺或向雅安远创公司购买陶瓷砂的完整过程;(四)(2012)粤莞东部第023458号公证书载明的提货时间为2012年11月29日,但其附件的送货单送货日期却是2011年11月29日,相差一年,这显然不能用笔误进行解释,只能令人更加怀疑整个所谓提取货物行为的真实性。此外,送货单上盖章的交货单位为东莞凤岗远创研磨材料经营部,该经营部并非雅安远创公司的分支机构,也非雅安远创公司的授权经销商。二、耐火材料公司对不具备合法来源的涉案产品所进行的检测,其检测结果无效,且单次的检测结果不准确。三、即使仅就耐火材料公司提交检测的涉案样品而言,该检测样品也没有侵犯耐火材料公司的专利权。四、雅安远创公司生产的陶瓷砂产品,Y_2O_3含量为0.001%,CeO_2含量为0.0007%,不论单独计量还是两者相加,均不在耐火材料公司专利权保护范围内,不构成侵权。五、雅安远创公司生产的陶瓷砂产品,是在已有技术基础上加以创新改进形成的新产品,雅安远创公司依法享有专利权,与耐火材料公司涉案专利无关。六、针对耐火材料公司涉案专利,诉讼过程中,雅安远创公司向国家知识产权局专利复审委员会(以下简称国家知产局专利复审委)提出了无效宣告请求,国家知产局专利复审委于2014年6月13日作出第23010号无效宣告请求审查决定,宣告ZL9510××××.9号发明权利要求1的技术方案(ⅰ)及引用该技术方案时的权利要求2~6无效,在权利要求1~6其他技术方案的基础上继续维持本专利有效。基于该无效宣告请求审查决定,即使涉案侵权产品系雅安远创公司生产,该产品也没有落入耐火材料公司专利权的保护范围。七、耐火材料公司主张的所谓经济损失没有依据。综上所述,雅安远创公司请求人民法院驳回耐火材料公司的诉讼请求。

经审理查明,耐火材料公司于1995年1月10日向国家知产局提出了名称为“熔融陶瓷球及其用途”、申请号为9510××××.9的发明专利,国家知产局于2000年3月22日授予其专利权并公告,专利号为ZL9510××××.9,授权公告号为CN1050589C。该专利的权利要求书载明了6项权利要求,其中权利要求1为独立权利要求,耐火材料公司主张以权利要求1(ⅰ)进行保护。该权利要求1的内容是:具有下面化学组成的熔融陶瓷球,是用重量百分数表示(基于氧化物的重量计算):40%~95%的ZrO_2+HfO_2;0.1%~10%的Y_2O_3和或

1% ~15% 的 CeO_2，Y_2O_3和 CeO_2总量占 0.1% ~25%；当组合物不含 CeO_2时，SiO_2占组合物的 10% ~45%；当组合物含 CeO_2时，SiO_2占组合物的 0.5% ~45%。2014 年6 月13 日，国家知产局专利复审委就雅安远创公司针对涉案专利提出的无效宣告请求，在作出的第 23010 号无效宣告请求审查决定中，将该权利要求1 分解为三个技术方案：（ⅰ）包含 0.1% ~10% 的 Y_2O_3，SiO_2占组合物的10% ~45%；（ⅱ）包含1% ~15% 的 CeO_2，SiO_2占组合物的 0.5% ~45%；（ⅲ）包含0.1% ~10% 的 Y_2O_3和 1% ~15% 的 CeO_2，Y_2O_3和 CeO_2总量占 0.1% ~25%，SiO_2占组合物的0.5% ~45%。并宣告 ZL9510××××.9 号发明权利要求1 的技术方案（ⅰ）及引用该技术方案时的权利要求2 ~6 无效，在权利要求1 ~6其他技术方案的基础上继续维持本专利有效。

2012 年4 月11 日，耐火材料公司向其在中国的关联企业圣戈班公司出具授权委托书，就发生于中国境内侵害涉案专利权行为，委托圣戈班公司全权履行耐火材料公司的下述权利：(1)代为聘请相关律师，包括签署代理委托合同、授权委托书和支付相关费用；(2)代为提起诉讼、收集并提交相关证据、参加审理、申请禁令和各项诉讼保全措施及其他各项为维护耐火材料公司之合法权益所需之法律程序；(3)代为向有关行政管理机关举报。该授权委托书同时载明：本授权书自2012 年4 月11 日起生效并在上述职责完全履行完毕前持续有效，除非本授权书被书面撤销。耐火材料公司董事长 Jean-Pierre FLORIS 在该授权书上签字。该授权书已经过公证、认证。

2012 年11 月1 日，圣戈班公司与光进实业公司签订了一份委托合同，该合同载明：圣戈班公司委托光进实业公司向雅安远创公司代为购买规格为 B60 的陶瓷砂共20 袋，即500 公斤。对于光进实业公司由于购买上述产品而向雅安远创公司支付的总价为人民币22,500 元的货款，双方一致同意将在今后双方之间的其他经销合同中一并结算。

2012 年11 月8 日，光进实业公司以电汇方式向雅安远创公司汇款人民币237,500 元。

2012 年11 月20 日，雅安远创公司向光进实业公司开具了一份编号为04143022 的四川增值税专用发票。该发票载明："购货单位　光进实业公司；货物或应税劳务名称　陶瓷砂；规格型号：B60；单位：公斤；数量：500；单价：38.461538462 元；金额：19,230.77 元；税率：17%；税额：3269.23 元；价税合计：22,500 元。"雅安远创公司在该发票上加盖了发票专用章。

2012年11月29日,光进实业公司依约提货,耐火材料公司同时申请东部公证处对光进实业公司现场提货的过程及行为进行证据保全公证。2012年11月29日下午,耐火材料公司的代理人周琪随同东部公证处公证员刘葱葱、公证员助理袁健超来到位于广东省东莞市凤岗镇凤深大道旁的凤岗五金城,并来到该五金城内的115号商铺,该商铺的招牌上标有"远创陶瓷喷砂珠白刚玉喷砂氧化锆研磨珠"字样。在公证员刘葱葱、公证员助理袁健超的监督下,周琪从该商铺提取了一种名为陶瓷砂的货物20袋,并取得"送货单"一张。然后公证员刘葱葱、公证员助理袁健超与周琪一起将取得的上述陶瓷砂带回东部公证处,随机打开了其中一包陶瓷砂,并从打开的陶瓷砂中提取了5份样品,分装于5个塑料袋中,然后将5袋样品分别装进信封进行了封存,并粘贴东部公证处封条,然后对上述封存样品分别编号为:①、②、③、④、⑤,提取样品后剩余的陶瓷砂均交给周琪保管。在上述过程中,东部公证处公证员助理袁健超对上述商铺周围环境及封存中的有关情况进行了拍照(拍摄照片共13张),公证员刘葱葱制作了工作笔录一份。上述内容记载于东部公证处(2012)粤莞东部第023458号公证书中。

庭审中,从东部公证处(2012)粤莞东部第023458号公证书所附拍摄的照片上可以看到,该产品的外包装上载明"陶瓷砂规格:0.14~0.25mm　净重:25kg　雅安远创陶瓷有限责任公司地址:四川雅安工业园区"。公证书所附送货单载明:客户光进名称及规格陶瓷珠B60单位公斤数量500单价及金额为空白。该送货单开具的日期为2011年11月29日,并加盖有东莞市凤岗远创研磨材料销售部印章。

2012年11月30日上午,耐火材料公司的代理人周琪来到东部公证处,申请东部公证处对其向上海市定西路1295号硅酸盐研究所3号楼502室中国科学院上海硅酸盐研究所汪正盛成寄送邮件的行为及过程进行证据保全公证。当日上午,周琪随同东部公证处公证员刘葱葱、公证员助理袁健超来到位于广东省东莞市常平镇振兴路的常平邮政营业厅,在公证员刘葱葱、公证员助理袁健超的监督下,周琪将(2012)粤莞东部第023458号公证书中的①号封存物信封(密封完好)交给常平邮政营业厅营业员,以国内特快专递方式将上述邮件寄至上海市定西路1295号硅酸盐研究所3号楼502室中国科学院上海硅酸盐研究所汪正盛成收,并取得"国内特快专递邮件详情单"(EV560165439CS)及"交寄邮件收据"各一份。公证员刘葱葱制作了工作笔录一份。上述内容记载于东部公证处(2012)粤莞东部第023535号公证书中。

2012年12月24日,中国科学院上海硅酸盐研究所无机材料分析测试中心对上述EMS(EV560165439CS)内由东部公证处封存的①号样品进行了化学成分分析,出具了加盖有中国科学院上海硅酸盐研究所测试专用章的"原子光谱定量分析测试报告"。分析结果显示:样品熔融陶瓷球的CeO_2含量为0.012%,Y_2O_3含量为0.12%,ZrO_2+HfO_2含量为65.76%,SiO_2含量为29.48%。由于该样品结果中CeO_2含量为0.012%,低于涉案专利权利要求1技术方案(ⅱ)和(ⅲ)中的CeO_2含量范围,技术方案(ⅱ)和(ⅲ)中CeO_2含量为1%~15%,因此该样品应属于权利要求1中不含Ce的技术方案(ⅰ)。

另查明,雅安远创公司现法定代表人王恩远,曾因其注册设立的个人独资企业都江堰市川南特种耐火材料厂生产、销售了侵害耐火材料公司涉案专利权的产品,而被耐火材料公司起诉至人民法院并被判决承担民事责任。

上述事实:有耐火材料公司提交的国家知产局颁发给耐火材料公司的95101152.9号专利登记簿副本;涉案专利的发明专利说明书、权利要求书、说明书;2012年4月11日耐火材料公司董事长Jean-Pierre FLORIS签字并已经过公证、认证的授权委托书、光进实业公司企业法人营业执照(副本);2012年11月1日圣戈班公司与光进实业公司签订的委托合同;2012年11月8日光进实业公司向雅安远创公司汇款人民币237,500元的电汇单;2012年11月20日雅安远创公司向光进实业公司开具的四川增值税专用发票;东部公证处(2012)粤莞东部第023458号公证书以及该公证书所附照片、送货单、公证保全的样品②(实物);东部公证处(2012)粤莞东部第023535号公证书及所附的国内特快专递邮件详情单(EV560165439CS)、交寄邮件收据;2012年12月24日中国科学院上海硅酸盐研究所出具的原子光谱定量分析测试报告;上海市高级人民法院(2009)沪高民三(知)终字第137号民事判决书、都江堰市川南特种耐火材料厂个人独资企业营业执照;雅安远创公司提交的企业法人营业执照;2014年6月13日国家知产局专利复审委作出的第23010号无效宣告请求审查决定等证据及当事人当庭陈述在案为凭。

本院认为,本案所涉专利号为ZL9510××××.9的"熔融陶瓷球及其用途"发明专利,系耐火材料公司依法向国家知产局提出申请并获得授权。在诉讼过程中雅安远创公司对涉案专利提出了无效宣告请求,经国家知产局专利复审委审查后,宣告ZL 9510××××.9号发明权利要求1上述的技术方案(ⅰ)及引用该技术方案时的权利要求2~6无效,在权利要求1~6其他技术方案的基础上继续维持本专利有效,因此该专利除被宣告无效的技术方案(ⅰ)外,其余被部分维持有效的技术方案内容目前处于法定保护期内,故应依法受到法律保护。

耐火材料公司系法兰西共和国企业法人,2012年4月11日,耐火材料公司向其在中国的关联企业圣戈班公司出具授权委托书,就发生于中国境内侵害涉案专利权行为,委托圣戈班公司全权履行耐火材料公司的相关权利。耐火材料公司董事长Jean-Pierre FLORIS在该授权书上签字且该授权书已经过公证、认证程序,故该授权委托书合法有效。耐火材料公司提交的光进实业公司企业法人营业执照(副本)、委托合同、电汇单、四川增值税专用发票、东部公证处(2012)粤莞东部第023458号公证书以及该公证书所附照片、送货单等证据,已经形成一个完整的证据链,可以证明本案所涉被控侵权产品系雅安远创公司生产、销售。

根据《中华人民共和国专利法》第五十九条第一款的规定,发明专利权的保护范围以其权利要求的内容为准。由于涉案专利权利要求1内容中记载的三个并列技术方案中的技术方案(ⅰ)及引用该技术方案时的权利要求2~6已被国家知产局专利复审委宣告无效,而被控侵权产品的检测结果表明其应属于技术方案(ⅰ),因此被控侵权产品的化学组分及含量并未落入耐火材料公司专利号为ZL9510××××.9的"熔融陶瓷球及其用途"发明专利的保护范围,故雅安远创公司生产、销售的被控侵权产品陶瓷珠B60不构成侵权,耐火材料公司的主张不能成立,其诉讼请求应予以驳回。对耐火材料公司提出的损失主张本院不作审查认定。

据此,依据《中华人民共和国专利法》(2008年)第五十九条第一款[1],《中华人民共和国民事诉讼法》(2012年)第六十四条第一款,第一百四十八条第一款、第二款、第三款[2]之规定,判决如下:

驳回原告欧洲耐火材料公司的诉讼请求。

本案案件受理费人民币142,800元,证据保全费人民币30元,财产保全费人民币5000元,共计人民币147,830元(已由原告欧洲耐火材料公司预交),由原告欧洲耐火材料公司承担。

---

〔1〕《专利法》(2008年)第59条第1款对应《专利法》(2020年)第64条第1款。

〔2〕《民事诉讼法》(2012年)第64条第1款对应《民事诉讼法》(2021年)第67条第1款;第148条对应第151条。

如不服本判决，原告欧洲耐火材料公司可在判决书送达之日起三十日内，被告雅安远创陶瓷有限责任公司可在判决书送达之日起十五日内，向本院递交上诉状，并按对方当事人的人数提交上诉状副本，上诉于四川省高级人民法院。

五、专利侵权诉讼的风险

有一种说法，律师是法律风险的预防师。在知识产权诉讼代理，特别是涉及专利侵权诉讼的代理，律师一定要有足够的风险意识。

回顾我自己的知识产权诉讼代理经历，我代理原告的案件占比其实非常少，大部分都是作为被告一方的代理律师。之所以代理原告的案件偏少，其根本原因在于，每当有专利权人就专利侵权案件向我提出咨询的时候，我首先会询问当事人其专利的稳定性，我会提示当事人诉讼的风险，避免出现败诉且专利被宣告无效的结果。例如，当事人主张权利的是实用新型专利或是外观设计专利，基于它的授权制度不需要经过实质审查，所以这两类专利的稳定性相对是比较弱的。如果授权实用新型的技术方案创造性不高，或者外观设计缺乏显著的设计特点，就很有可能会面临专利被宣告无效的局面。即使对发明专利而言，在授权阶段虽然会进行实质审查，但是受检索方式、检索条件和检索时效等因素限制，审查员检索到的现有技术文件也是有限的，不可能做到穷尽所有，因此，专利权其实是一种相对权。在侵权诉讼过程中，一定要做好专利权被无效宣告程序严苛检验的心理准备。

权利稳定性的风险是专利制度本身的特点所决定的，是专利侵权诉讼固有的法律风险，需要引起当事人及代理律师的重视。

欧洲公司发起的熔融陶瓷球发明专利侵权纠纷案就是典型代表。本案涉案专利不仅在中国获得了授权，在欧美很多国家也都有了同族专利，而且涉案专利的稳定性在前案诉讼过程中也经过了无效宣告程序的检验，两次都被维持有效。但即便如此，双方当事人的第二次侵权诉讼交锋中，因为投入检索的时间和资源不同，出现了不同的结果。

我想本案的诉讼过程以及诉讼最终的结果，使我们对专利权本身的稳定性、专利技术的创造性问题，会有更深刻的理解。

第五节
醉翁之意不在酒——廖记棒棒鸡系列案件

一、“廖记棒棒鸡”品牌甥舅之争

棒棒鸡是四川特色凉菜，主要食材是鸡肉，煮熟后用木棒将鸡肉捶松，以调料拌和食用，麻、辣、鲜、香、酸、甜、咸诸味俱全，深受群众喜爱。川渝两地市镇街巷多有制售棒棒鸡的熟食小店，生意兴隆，其中最有名的当属廖记棒棒鸡。但可能很多人都不知道，廖记棒棒鸡实际有两家不同的店，分别由不同的两家公司在经营管理。

一家是廖氏三兄弟廖某弘、廖某勇、廖某明投资经营的廖记食品连锁股份有限公司。另外一家是廖氏三兄弟的舅舅李某锋实际控制的成都良丰企业管理有限公司。两方尚在创业发展之初时，还能和平相处，各自发展。廖氏兄弟的廖记棒棒鸡在 2011 年加盟门店就超过 500 家，并在 2012 年 9 月完成改制变更为廖记食品连锁股份有限公司，意在进入资本市场。舅舅李某锋的廖记棒棒鸡一度在全国拥有直营加盟店超过 1000 家。

随着“廖记棒棒鸡”品牌知名度的提高，公司经营规模的扩大，双方围绕品牌归属的冲突日趋激烈。据不完全统计，从 2005 年到 2015 年，双方发生的各类民事侵权、商标行政确权等诉讼案件已超过 14 起。在一系列的诉讼纠纷中，廖氏三兄弟一方因手持在第 29 类死家禽、猪肉、腌腊肉、板鸭、牛肚等商品上注册的第 155××20 号“鸡图形”商标；在第 29 类肉、腌腊肉、牛肚、死家禽等商品上注册的第 194××33 号“廖技棒棒 + 图形”商标；在第 43 类住所（旅馆、供膳寄宿处）、咖啡馆、餐厅、饭店、快餐店、自助餐厅、备办宴席、鸡尾酒会服务、餐馆、汽车旅馆等服务上注册的第 397××98 号“廖记棒棒”文字商标，而居于有利的位置，但却极少主动出击发起诉讼。舅舅李某锋一方因缺乏有效的商标权而处于不利地位，但行动却更主动积极。

在这样的背景下，发生了我将要分享给读者的三起围绕“廖记棒棒鸡”的著作权侵权纠纷以及一起商标不侵权诉讼。在这四起案件中，我们代理廖氏三兄弟一方，迎接来自舅舅李某锋一方发起的新一轮诉讼攻势。

第一起案件,肖某德诉廖某勇“廖记棒棒鸡店招”侵犯其作品署名权、修改权、保护作品完整权案,本案由成都市中级人民法院立案受理,案号为(2014)成知民初字第440号。

第二起案件,肖某德诉廖某弘、廖记食品连锁股份有限公司“廖记棒棒鸡”书法作品著作权人确权案,本案由成都市高新区人民法院立案受理,案号为(2014)高新民知初字第262号。

第三起案件,肖某德诉廖某勇、廖记食品连锁股份有限公司、吴光跃“廖记棒棒鸡店招牌图案”侵犯其署名权、修改权、保护作品完整权案,本案由成都市中级人民法院立案受理,案号为(2015)成知民初字第331号。

第四起案件,成都廖记企业管理有限公司(成都良丰企业管理有限公司下属关联公司)诉廖记食品连锁股份有限公司确认其在食品销售策划、咨询等服务上使用“廖字鸡形图”“廖记棒棒鸡”标识不侵犯廖记食品连锁股份有限公司在第29类、第43类商品和服务上注册的“廖字鸡形图”“廖记棒棒”注册商标权案,本案由成都市中级人民法院受理,案号为(2015)成知民初字第1号。

这四起案件,我们代理被告均获得了胜诉。前三起著作权纠纷案件,法院均判决驳回原告诉讼请求。第四起确认商标不侵权案,在经过两次法庭审理后,原告选择了撤诉。

新一轮诉讼攻势消解后的2017年,李某锋成立了成都棒棒鸡传奇食品连锁有限公司,将其加盟门店店招和商标标识全部变更为“棒棒鸡传奇”。争议达十年之久的“廖记棒棒鸡”品牌归属纠纷,终于落下帷幕。

案件涉及的“廖记棒棒鸡”书法作品以及鸡形图美术作品,创作于1993年廖氏三兄弟初创棒棒鸡店之时,距发生该系列案件时已有20多年,加之当事人对著作权法了解有限,在当时并没有形成规范的作品委托创作或许可使用协议,导致难以收集到有利的证据材料。《著作权法》更侧重保护作者利益,除双方有明确约定外,创作作品的作者就是法定的作品著作权人。案涉的“廖记棒棒鸡”毛笔字,确为原告肖某德受托所书,不能否认。一旦法院判决“廖记棒棒鸡”书法作品的著作权归肖某德享有,而肖某德又可能是经他人授意起诉,后续就有可能动摇以该书法作品注册的“廖记棒棒”文字商标的效力,也有可能会要求现有数百家“廖记棒棒鸡”门店全面更换店招和店内装潢,后果很严重,诉讼风险很高。

我们分析,作为“廖记棒棒鸡”毛笔字的书写者,肖某德本不应有发动著作权确权和侵权系列诉讼的动机和理由,案件可能会与甥舅之间的“廖记棒棒鸡”

品牌之争有关，原告的诉讼意图或许并不在于著作权本身，其醉翁之意还是在于“廖记棒棒鸡”品牌。明确了对手的意图，应诉就有了清晰的方向。

二、三起著作权案件法院裁判理由

1. 肖某德诉廖某勇“廖记棒棒鸡店招”侵犯其作品署名权、修改权、保护作品完整权案，本案由成都市中级人民法院立案受理，案号为（2014）成知民初字第440号。

法院认为，被诉侵权的“廖记棒棒鸡店招”著作权登记行为发生时间为2004年，故本案适用2001年10月27日修订的《著作权法》。对于原告肖某德主张廖某勇登记的21－2004－F－（1112）－0138号“廖记棒棒鸡店招”作品及该行为侵犯其署名权、修改权、保护作品完整权，法院认定如下：(1)被告廖某勇对店招图样“廖记棒棒鸡店招”内容的选择和编排体现了作者的独立构思，已经形成了具有一定的智力创造高度的成果和特有表现形式，具备著作权法上的独创性，构成新作品，属于《著作权法》(2001年)第14条[1]所规定的汇编作品，著作权由汇编人廖某勇享有。肖某德关于廖某勇侵害其署名权并要求廖某勇申请撤销21－2004－F－（1112）－0138号的著作权登记的著作缺乏事实和法律依据，不予支持。(2)被告廖某勇将“廖记棒棒鸡”五字顺序由从右至左改为从左至右，是店招使用中的常见修改方式，修改情节轻微，且在肖某德创作“廖记棒棒鸡”时的认知范畴内，因此并未侵害肖某德对“廖记棒棒鸡”作品的修改权。(3)肖某德系受廖某弘委托创作店招“廖记棒棒鸡”并授权廖某弘作为店招使用，“廖记棒棒鸡店招”由不同辅助店招实现指向商品和服务来源目的的元素汇编而成，起到与其他商品和服务提供者的区别作用，并未改变肖某德创作“廖记棒棒鸡”作为店招使用指向商品和服务来源所要表达的思想情感，符合其创作目的，未侵害肖某德的保护作品完整权。(4)作品著作权登记本身是作者为防止出现著作权纠纷而留下初步证据的行为，从作品登记对外公开的内容来看，仅有关于作品及作者的基本信息，只具有初步证据的效力，并不具有诸如发表以及其他行使著作权的效力，不属于行使著作权的方式。因此，廖某勇对“廖记棒棒鸡店

[1] 2020年修正后改为第15条。

招”进行著作权登记的行为并未侵害肖某德的著作权。判决结果:法院判决驳回原告肖某德的全部诉讼请求。

2. 肖某德诉廖某弘、廖记食品连锁股份有限公司“廖记棒棒鸡”书法作品著作权人确权案,本案由成都市高新区人民法院立案受理,案号为(2014)高新民知初字第262号。

法院认为,根据原被告在庭审中的陈述,诉争“廖记棒棒鸡”美术作品创作于1993年或1997年至1998年,故本案适用1990年9月7日通过的《著作权法》。原告要求确认其基于1997年至1998年根据案外人李良峰委托创作并被二被告用于登记的“廖记棒棒鸡”作品的著作权人,对此,法院认定如下:(1)根据《著作权法》(1990年)第11条规定,著作权属于作者,本法另有规定的除外。而本案中,原告并未提交任何证据证明其于1997年至1998年根据案外人李良峰的委托创作了案涉“廖记棒棒鸡”作品。(2)上述证据《授权书》《收条》《作品登记证书》及《作品创作说明书》,能够形成证据链条并证明二被告用于登记的“廖记棒棒鸡”作品系原告肖某德于1993年根据被告廖某弘的委托创作。(3)原告肖某德作为完全民事行为能力人和具有一定知名度的书法家,应当充分知晓出具上述《授权书》及《收条》的法律意义,如其所述,其仅以被告廖某弘承诺可以让其出名就罔顾基本事实出具上述《授权书》及《收条》,不仅于常理无法解释,也显然与民事活动应当遵循的诚实信用原则相悖。综上,原告所举证据不能证明其主张享有著作权的“廖记棒棒鸡”作品就是二被告用于登记的“廖记棒棒鸡”作品[登记号:21－2007－F－(2245)－0001]。因此,原告的诉讼请求没有事实依据,本院不予支持。判决结果:法院判决驳回原告肖某德的诉讼请求。

3. 肖某德诉廖某勇、廖记食品连锁股份有限公司、吴光跃“廖记棒棒鸡店招牌图案”侵犯其署名权、修改权、保护作品完整权案,本案由成都市中级人民法院立案受理,案号为(2015)成知民初字第331号。

法院认为,廖某勇对“廖记棒棒鸡”书法作品进行字序调整并与其他元素进行组合形成“廖记棒棒鸡店招牌图案”并进行著作权登记的时间均在2001年10月27日之前,故对上述行为引起的纠纷应当适用1990年9月7日公布的《著作权法》。而廖某勇转让及廖记食品连锁股份有限公司受让“廖记棒棒鸡店招牌图案”并进行著作权登记的时间为2013年7月,对该行为引起的纠纷应当适用2010年4月1日的《著作权法》。对于原告肖某德主张廖某勇登记的21－2001－F－(0634)－0093号“廖记棒棒鸡店招牌图案”作品及转让行为侵犯其署名权、修改权、保护作品完整权，法院认定如下：（1）被告廖某勇对"廖记棒棒鸡店招牌图案"内容的选择和编排体现了作者的独立构思，已经形成了具有一定的智力创造高度的成果和特有表现形式，具备著作权法上的独创性，构成新作品，属于《著作权法》（1990年）第14条[1]所规定的编辑作品，编辑人廖某勇享有著作权。（2）肖某德并非"廖记棒棒鸡店招牌图案"作者，而是该作品中所使用的"廖记棒棒鸡"书法作品的作者，廖某勇对"廖记棒棒鸡店招牌图案"进行著作权登记的行为并非行使著作权的行为，没有侵犯肖某德的署名权。同理，廖记食品连锁股份有限公司对"廖记棒棒鸡店招牌图案"进行著作权登记未署名肖某德，不侵犯其署名权。（3）被告廖某勇将"廖记棒棒鸡"五字顺序由从右至左改为从左至右，是店招使用中的常见修改方式，修改情节轻微，且在肖某德创作"廖记棒棒鸡"时的认知范畴内，因此并未侵害肖某德对"廖记棒棒鸡"作品的修改权。（4）"廖记棒棒鸡店招牌图案"由不同辅助店招实现指向商品和服务来源目的的元素汇编而成，起到与其他商品和服务提供者的区别作用，并未改变肖某德创作"廖记棒棒鸡"作为店招使用指向商品和服务来源所要表达的思想情感，符合其创作目的，未侵害肖某德的保护作品完整权。（5）根据《著作权法》（2010年）第10条第3款之规定，著作权人转让的权利并不包括本案中肖某德主张的署名权、修改权和保护作品完整权。廖某勇转让及廖记食品连锁股份有限公司受让"廖记棒棒鸡店招牌图案"，均不包含行使本案中肖某德主张的其享有的署名权、修改权和保护作品完整权。因此，廖某勇的转让行为和廖记食品连锁股份有限公司的受让行为并未侵犯肖某德的署名权、修改权、保护作品完整权。判决结果：法院判决驳回原告肖某德的诉讼请求。

三、"廖记棒棒鸡"书法作品案的法庭辩论意见

（一）关于本案涉案书法作品的创作性质及表现形式

本案事实虽然比较简单，但从双方陈述来看，有关涉案书法作品的创作由来以及其属性、创作完成时原始载体形态等基本事实，却各持己见，相互矛盾。笔者认为，正确认定案件事实是公正判决的基础，故首先从案件基本事实提出

---

[1] 2020年修正后无此规定。

意见。

1. 本案“廖记棒棒鸡”毛笔字书法作品,属于委托创作作品,而非原告肖某德诉称的“独立创作”作品。

原告在其诉状中诉称:“本案中,‘廖记棒棒鸡’书法作品由原告独立创作完成”。笔者认为,原告在此存在刻意偷换概念、歪曲事实的意图。原告试图表达一个观点,即涉案“廖记棒棒鸡”毛笔字是其自行独立创作而成,并非受被告廖氏三兄弟委托而书写,并在诉状中故意回避其在创作该书法作品时与被告存在的联系。原告的上述主张与事实不符。

首先,本案涉案作品内容为“廖记棒棒鸡”,是被告经营的熟食店的店名。该名称显然不具有除店名之外的其他含义,不会成为书法作者自由创作时可选择的题材,故原告诉称其为独立创作,显然与日常经验法则不符。

其次,原告手书的“授权书”及“收条”,其内容足以证明该作品是基于被告的委托而创作,其作品性质应属委托作品。原告在给被告的授权书中写明,其在1993年,接受被告委托书写店招廖记棒棒记(此处“记”字应为笔误,实为“鸡”),并于同日出具收条,说明其收到被告支付的书写廖记棒棒鸡店招润笔费500元。

以上证据内容均能证明涉案毛笔字书法作品是原告受被告之托所作的委托创作作品,而非原告所称独立创作作品(或自由创作作品)。

2. 本案廖记棒棒鸡毛笔字书法作品的原始载体形态并非原告诉称的完整作品,而是由三张毛笔字组合而成。

原告在其诉状及庭审中将本案涉案的“廖记棒棒鸡”陈述为一幅具有完整形态的书法作品,这也与事实不符。笔者认为,从实事求是的角度,双方当事人均应向法庭陈述真实的案件事实,而不应作回避、歪曲或误导性的事实陈述。

根据证人杨某在成都市中级人民法院(2014)成知民初字第440号案件中的证词,本案涉案“廖记棒棒鸡”书法的原始载体形态,为三张单独的宣纸,大小不一,其中“廖记”两字在一张纸上;“鸡”字单独在一张纸上;“棒棒”有几种不同写法,在另一张纸上;载有原告姓名及书写时间的“朝德书一九九三年”落款也是单独的一张。由此可知,本案的“廖记棒棒鸡”书法作品(诉争登记作品)并非一副具有完整载体形态的书法作品,而是由被告委托杨某在原告书写的四幅毛笔字素材基础上,经选择、编排、处理而形成的。

尽管“廖记”“棒棒”“鸡”的单幅毛笔字素材因保管不善已遗失,但根据证据交换时被告出示的载有原告姓名及书写时间的“朝德书一九九三年”落款的单张宣纸原件的尺寸，对比其在登记作品中的大小比例，可以推知，如果原告主张登记作品为完整形态属实，其篇幅无疑非常庞大，远超过一张宣纸的长宽幅度，因此，其所述显然不实。涉案登记作品并非完整形态的作品，而是经拼接后形成的。

3. 本案诉争的“廖记棒棒鸡”毛笔字书法作品，与原告诉称其为案外人李某锋创作的“廖记棒棒鸡”作品并非同一作品，而是两件不同的作品。

原告在庭审中以及在其出具的情况说明中均主张，涉案“廖记棒棒鸡”书法作品是其于 1997 年、1998 年为案外人李某锋所写（个子瘦小的姓李的人）。笔者认为，原告对此的陈述，也属刻意歪曲、混淆事实的不实之词。

根据被告举出的（2014）川国公证字第 25065 号公证书所附，由李某锋实际控制的成都廖记企业管理有限公司提供给加盟门店使用的“廖记棒棒鸡”店招，其“廖记棒棒鸡”五字的书写表达方式，与本案所涉的登记号为 21－2007－F－（2245）－0001 的“廖记棒棒鸡”明显不同。也就是说，原告为李某锋所书写的“廖记棒棒鸡”与原告为被告廖某弘所书写的“廖记棒棒鸡”，虽文字内容相同，但作为书法作品，其字体、字形和书写手法不同，不是同一次创作所得成果，不是同一书法作品。

（二）关于本案涉案书法作品著作权归属

在明确了案件基本事实的基础上，我们再发表对本案法律适用方面的意见。

1. 对本案诉争登记作品 21－2007－F－（2245）－0001“廖记棒棒鸡”，其作为对原告书写的四张书法素材的演绎作品，具有独立的著作权，且其作为演绎作品的著作权应属被告所有。

事实如前所述，原告并未创作过具有完整形态的“廖记棒棒鸡”书法作品，而仅是书写过“廖记”“鸡”“棒棒”“朝德书一九九三年”等四张毛笔字素材。涉案登记作品“廖记棒棒鸡”是由被告廖某弘在原告所书写的上述四张毛笔字素材的基础上，经过拣选、排列、修饰、组合而成，具有一定的演绎创作的性质。因此涉案作品应当为经被告演绎创作后而成的演绎作品。根据《著作权法》（1990年）第 12 条及第 14 条[1]的规定，演绎作品的著作权，应属演绎作者享有。故被告廖某弘作为涉案作品的演绎作者，以著作权人的身份进行涉案作品的著作权

[1] 2020 年修正后，第 12 条改为第 13 条，第 14 条已删去。

登记行为并无不当,原告的诉讼请求不成立。

2. 即使涉案登记作品不属于演绎作品,其作者为原告,根据原告出具的《授权书》,该作品的著作权(财产权)也属于被告。

事实如前所述,本案涉案“廖记棒棒鸡”毛笔字是原告受被告委托而书写。因书写时间是在2001年10月27日全国人民代表大会常务委员会《关于修改〈中华人民共和国著作权法〉的决定》发布之前,根据法不溯及既往的基本原则,有关本案委托作品著作权归属问题的认定,应适用修改前的《著作权法》,即1990年9月7日第七届全国人民代表大会常务委员会第十五次会议通过的《著作权法》及其实施条例的规定。

根据1990年《著作权法》第17条的规定,受委托创作的作品,著作权的归属由委托人和受托人通过合同约定。合同未作明确约定或者没有订立合同的,著作权属于受托人。因此,本案“廖记棒棒鸡”毛笔字书法作品著作权归属,应根据委托方和受托方约定来认定。笔者认为,原告亲笔手书的《授权书》,具有书面委托创作合同的效力,可以作为确定作品著作权归属的依据。

根据原告亲笔手书的授权书内容,结合被告实际使用该作品的客观事实,足以认定双方约定的该委托创作作品著作权属于委托人廖某弘所有。

首先,从授权书的内容结合委托创作特定目的来分析,应认定作者依授权书已将该作品著作财产权授予了委托人廖某弘。授权书载明,“经双方协商后由书法家肖某德先生授权五个字的使用权”,此处“授权”二字,并非1991年《著作权法》规定的著作财产权行使的规范法律用语,其含义既可理解为权利转让性授予,也可理解为许可使用性的授权,故不能仅以此“授权”二字来确认该作品著作权归属,还应结合授权书其他内容和作品创作的特定目的进行综合认定。《著作权法》(1990年)第10条规定的著作权包括发表权、署名权、修改权和保护作品完整权等四项人身权,一项财产权即使用权和获得报酬权。因此,授权书中载明“授权五个字的使用权”应理解为作者将该作品著作财产权授予了被告廖某弘。至于授予的性质,根据作品委托创作的特定目的来看,委托人将其作为自己的店招使用,显然应属独占性使用,委托人自然不会希望其他同业竞争者也有取得该作品使用权的可能性,受托人也不具备保留该作品使用权的合理理由,因此,对授权书采用的“授权”概念,理解为权利转让性授予是符合该作品创作目的的。

其次,从授权书内容是否满足作品许可使用合同要件角度分析,该授权书也不属于许可使用性的授权。《著作权法》(1990 年)仅规定了著作权许可使用制度,而没有规定著作权转让制度。故如果将授权书认定为许可使用关系,则需要判断其内容是否满足著作权许可使用合同的构成要件。《著作权法》(1990 年)第 23 条、第 24 条、第 26 条规定,使用他人作品应当同著作权人订立合同或者取得许可,合同包括下列主要条款:(1)许可使用作品的方式;(2)许可使用的权利是专有使用权或者非专有使用权;(3)许可使用的范围、期间;(4)付酬标准和办法;(5)违约责任。合同的有效期限不超过 10 年。由以上法律规定可见,要构成著作权许可使用合同关系,需具备对作品许可使用方式、范围和期限的明确约定,而该授权书并未对作者授予委托人的使用权在使用方式、使用范围和期限方面进行任何限制,故其授权性质不符合许可使用合同的要求,不能将其认定为许可使用性授权。鉴于作者授予委托人廖某弘的作品著作财产权期限是无期限的,故将其授权认定为权利转让性授权是符合著作权法规定的。至于授权书中对落款的要求,则属著作人身权范畴,与著作财产权归属认定无关。

最后,从被告在获取该作品后长期实际使用过程来看,原告从未主张过著作权,也未主张过被告侵权,故应视为原告在完成委托创作后,即不享有著作权,才符合该作品实际使用的实际。被告在取得该作品使用权后,就广泛地将该作品使用在自己经营的“廖记棒棒鸡”门店店招上,且还将“廖记棒棒”和“廖记棒棒鸡”作为商标进行了注册。被告经营的廖记棒棒鸡在成都市具有非常高的知名度,也多次荣获各种荣誉称号,因此,原告没有理由不知道被告在其交付该书法作品后的实际使用方式和使用情况。如果原告诉称属实,即其在接受创作委托时,其真实意思并不是将其作品的著作权确认给被告,而是保留在原告自己手中,则原告不会放任被告多年的广泛侵权而不主张自己的权利。由此反推,原告在创作之初,实际是明知被告对该作品的使用目的和使用方式的,且原告在被告长期的实际使用作品过程中,从未主张著作权,更未主张被告的使用行为为侵权,故,可以印证原告的真实意思是将该作品著作财产权赋予了被告,被告实际使用行为符合原告授权书的意志,不属于超出授权的使用,也不存在侵权使用。只有在将授权书中的“授权”理解为权利归属性授予时,才能解释双方在作品交付后长期实际使用过程中对作品权属的真实意思。

故笔者认为,即使涉案“廖记棒棒鸡”书法作品并非演绎作品,在原告向被告出具的授权书中也明确约定了该委托创作作品的著作财产权由被告享有。且在被告及其公司将涉案作品投入广泛的商业使用长达 20 多年的时间里,原告对于被告对涉案作品著作权的使用状态和实际控制都予默认，并未提出过任何权利主张，也足以证明原告在授权书中是将涉案作品著作财产权确定为被告享有的。原告在有明确授权的情况下，还提起本案的确权诉讼，违背了基本的诚实信用原则。

（三）本案没有任何可将涉案"廖记棒棒鸡"书法作品著作权（财产权）判决给原告所有的依据、理由和必要性

众所周知，著作权法的立法目的之一是保护作者对其作品的权益，以鼓励创作。但同时我们也知道，法律的基本价值在于体现公平正义，没有任何法律会无限地强调某一方主体的利益，而损害其他主体的权益，或破坏正常的社会经济秩序。法律需要公平地对待每一个人，著作权法也是如此，所以才会规定合理使用、法定许可，以及对委托作品、合作作品、演绎作品等作品的著作权归属和行使作出特殊规定。笔者认为，本案不论站在平衡利益关系的法律价值高度，还是站在个案的事实和法律依据角度，均不能将涉案作品著作财产权判决给原告。理由如下：

1. 将涉案作品著作财产权判决给原告，将严重损害被告的权益，且不符合诉讼时效的规定。

就本案而言，本案的委托创作行为发生在 1993 年，距今已超过 23 年。在这 23 年中，被告对该作品已经形成了牢固的权利期待，本案作品著作权归属的法律状态已经稳定。更重要的是，被告将该作品作为自己的商业标志（店招、商标、有一定影响的商品和服务的特有名称），经过长期的持续使用，已经取得了非常高的知名度，是被告及其公司的重要的无形资产，具有巨大的经济价值。如果本案仅因原告在违背基本诚实信用原则的情况下提起的诉讼，就将该作品著作财产权判决给原告，从而为其下一步阻碍、损害被告对自己商业标志的使用提供依据，必将导致双方权利义务的严重失衡，破坏已经形成了 23 年之久的稳定的法律状态。

从诉讼时效的角度来看，双方的纠纷在于作品著作权归属，其诉讼时效起算点应从其出具《授权书》，造成双方对权利归属发生争议时起算，即从 1993 年 7 月起算。原告主张涉案作品著作权属于原告，则其应在作品交付后即提出，或至迟应在被告将作品注册商标时起提出，或再迟应在被告将作品登记著作权时提出，显然，无论哪一个时效起算的时间点，距其提出本案诉讼时，均已超过诉讼时效，其请求不应再得到支持。

2. 将涉案作品著作财产权判决给原告,并不能给原告带来任何实际利益。

显而易见的是,本案"廖记棒棒鸡"毛笔字作为书法作品,并不具备艺术品的收藏或欣赏价值。"廖记棒棒鸡"是作为商业标志而为公众所知,并非作为艺术品而有名。因此,如果将其著作财产权判决给原告,并不会给原告带来直接的、实际的经济利益。除非原告再将其著作财产权以高价转让给被告,或者转让给与被告存在竞争关系的其他熟食经营者。显然,原告争夺该作品著作权的利益动机是非善意的。

笔者认为,法院或法律不能成为当事人牟取不当利益的工具。本案不能支持原告的诉讼请求,以达到其违背诚实信用原则而获取不当利益的企图。

3. 将涉案作品著作财产权判决给原告,也缺乏直接的、充分的事实和法律依据。

如前所述,涉案"廖记棒棒鸡"书法作品是委托作品,双方通过授权书已对作品著作财产权归属作了明确约定。唯一存在争议的是,双方对"授权"二字的意涵有不同理解,原告在本案诉讼中认为仅是许可使用,而被告认为应属权利赋予。

根据民事诉讼法的基本证据规则,当事人有义务对其主张提供证据。本案授权书是原告亲笔所书,故对其用词的含义的分歧,不应由原告自己解释,而应按接受授权书的一方,即被告的理解来确定其含义。或者以一般人结合案件其他事实来确定该"授权"二字的含义。前文我们已经论述了应理解为权利赋予性授权的理由和依据,而原告并未提供相应证据支持其含义仅为许可使用的主张,也未提供更令人信服的理由来说明其书写授权书时,仅是许可被告使用,而自己保留了著作财产权。因此,本案即使从举证责任角度,也应判决原告承担举证不能的后果,判决涉案作品著作财产权属于被告。

至于原告在其向法庭提供的关于授权书、收条的情况说明中称,本案授权书、收条是被告在 2005 年请求原告所作,其反映的事实并非真实发生云云,显然,此说仅为原告单方陈述,不具有证据效力。本案无法否认的事实是,授权书、收条均为原告亲笔所书,且没有任何证据证明其是在受被告威胁或胁迫的情形下,违背其真实意思所出具。因此,即使该授权书、收条是事后补写,因其能代表原告的真实意思表示,故仍具备法律效力,是原告对先前委托作品授权(赋权)行为的追认,应作为本案认定案件事实的依据。

此外,笔者特别提请法庭注意,原告在其情况说明中称,"我想反正 1993 年的时候,我又没有写过关于'廖记棒棒记'和'廖记棒棒鸡'的字,给他出的内容也是不存在的事,应该没啥影响。我当时是真的被廖某弘说动了,以为他真的会让我出名,才给他写了那些假东西”。笔者认为,如果上述陈述为真,则说明原告为了自己的利益,不惜虚构事实,提供伪证,这本已足以破坏原告的诚信,使其所有陈述、提供的证据失去证明力。

结合本案其他在案证据,能证明原告在情况说明和本案诉讼中所述不实,原告称:“2005 年底的样子,廖某弘来找我,说我给他的对手出具了关于 1997 年、1998 年写的‘廖记棒棒鸡’的授权书,现在他们有纠纷,请我给他个授权,我都授权别人了,咋能又授权他呢,我就没同意。”从这段话可以得出,原告的陈述是:其仅在 1997 年或 1998 年写过“廖记棒棒鸡”,且已授权给被告的竞争对手(李某锋),换言之,原告没有在 1993 年书写过“廖记棒棒鸡”毛笔字。这个陈述在其情况说明的最后一段再次被重复,“‘廖记棒棒鸡’这幅作品是我在 1997 年、1998 年的时候写的,当时是一个个子瘦小的姓李的人,拿着一张营业执照,要我按照营业执照上的字号写‘廖记棒棒鸡’店招”。这段话的意思,是原告只在 1997 年或 1998 年为姓李的人(李某锋)写过“廖记棒棒鸡”书法。

原告亲笔所书写的该情况说明,两次明确表达了同一个意思,即原告只为李某锋书写过“廖记棒棒鸡”书法,而没有为被告廖某弘书写过“廖记棒棒鸡”。

但铁的事实是,被告廖某弘及其公司所经营的熟食店使用的“廖记棒棒鸡”店招上的毛笔字,与李某锋及其公司所经营的熟食店使用的“廖记棒棒鸡”店招上的毛笔字,根本不是同一件书法作品,不是一幅字。也就是说,本案客观事实是,原告书写过两幅不同的“廖记棒棒鸡”毛笔字,其中一幅是 1997 年或 1998 年为李某锋所写,另一幅原告不承认其曾写过,更不承认是为被告廖某弘所写。

通过以上分析,我们可以看出,原告连自己曾分别为廖某弘和李某锋书写过两幅“廖记棒棒鸡”的基本事实都敢于否认,其其他陈述,还有何可信度呢?或许原告没有说谎话,只能认为原告认为,其为被告廖某弘所书写的确实不是“廖记棒棒鸡”,而分别是“廖记”“鸡”“棒棒”“朝德书一九九三年”等四张毛笔字。除此之外,原告是没有办法自圆其说的。

由此也可说明,原告对《授权书》真实意思的反悔,也是建立在谎言的基础上的,其解释不能被法庭采信。

(四)被告作为涉案作品著作财产权的权利人,将涉案作品进行版权登记并无不当,且没有损害原告作为作者的人身权,原告关于撤销版权登记的诉讼请求也不属于法院民事案件的裁判事项,其诉请不成立

如前所述,被告廖某弘是涉案作品著作财产权的权利人,持原告出具的证明

自己享有著作财产权的授权书向版权登记机构申请版权登记，且署名的作者是原告，并未损害原告作为作者的署名权，故该登记行为并无任何不当，更不属侵权行为。

至于登记机关在登记时并未严格区别著作权、著作财产权的概念，而笼统将作品著作权人登记为被告，有失法律的严谨，但对一般公众或作品使用人而言，能区别此处登记的著作权，应属著作财产权，而未包含著作人身权，不会给原告作为作者的权益造成实际损害，因此，并无判决纠正的必要。且即使需要纠正，也应属登记机关的权限范围，不宜由法院以民事判决作出。

依据《作品自愿登记试行办法》的规定，作品著作权登记是我国各省、自治区、直辖市版权局及国家版权局所享有的一项行政职能，申请人与登记机关之间就作品著作权登记形成的法律关系，应属行政法律关系，受行政法及行政诉讼法调整，不具有民事诉讼的可诉性。原告若对本案登记事宜有异议，可以向作品登记机关申请撤销或通过行政诉讼要求作品登记机关撤销该作品登记，而不能向法院提出民事诉讼来寻求救济。

综上所述，原告因被告的竞争对手利诱，刻意歪曲事实提起本案诉讼，企图通过著作权的主张窃夺被告的商业利益，其起诉并不具有正当性。原告的诉讼请求缺乏事实基础和法律依据，且并非民事裁判的范围之内，不具有可诉性和执行性。

四、确认商标不侵权案答辩要点

（一）成都廖记食品连锁股份有限公司注册的“廖字鸡形”图形商标、“廖记棒棒”文字商标等均合法有效，其注册商标专用权应受法律保护

本案被答辩人成都廖记企业管理有限公司诉请确认不侵权的商标涉及“廖字鸡形”图形商标、“廖记棒棒”文字商标及“廖技棒棒”文字加图形商标。答辩人成都廖记食品连锁股份有限公司分别在第29类和第43类商品和服务上申请注册或通过受让取得了上述诉争商标，答辩人对本案诉争三件商标依法享有专用权。

1.“廖字鸡形”图形商标。该商标于1999年9月27日在第29类动物类食品以及日用蔬菜等商品类别上提出注册申请，于2001年4月21日核准注册，注

册号为第155××20号,核定使用的商品为死家禽、猪肉、腌腊肉、板鸭、牛肚。该商标又于2011年8月22日在第43类提供食物和饮料服务类别上提出注册申请,于2012年10月28日核准注册,注册号为第987××98号,核定使用的服务为备办宴席、餐厅、茶馆、咖啡馆、住所(旅馆、供膳寄宿处)、饭店、自助餐厅、快餐馆、流动饮食供应,为动物提供食宿,出租椅子、桌子、桌布和玻璃器皿。

2."廖技棒棒"文字加图形商标。该商标于2001年1月31日在第29类动物类食品以及日用蔬菜等商品类别上提出注册申请,于2003年4月28日核准注册,注册号为第194××33号,核定使用的商品为肉、死家禽、牛肚、腌腊肉。

3."廖记棒棒"文字商标。该商标于2004年3月23日在第43类提供食物和饮料服务类别上提出注册申请,于2011年12月14日核准注册,注册号为第397××98号,核定使用的服务为住所(旅馆、供膳寄宿处)、咖啡馆、餐厅、饭店、汽车旅馆、自助餐厅、备办宴席、鸡尾酒会服务、餐馆、快餐馆。

此外,截至本案诉讼期间,答辩人还分别在第29类和第43类商品和服务上注册或通过受让取得了以下商标,被答辩人的商业活动同时也侵犯了下述商标的专用权。

4."廖记"文字加"廖字鸡形"图形商标。该商标于2005年6月8日在第29类动物类食品以及日用蔬菜等商品类别上提出注册申请,于2014年1月21日核准注册,注册号为第470××58号的,核定使用的商品为死家禽、猪肉、腌腊肉、板鸭、牛肚、肝、腌肉、肉、香肠、肉松。

5."LIAO'S BON-BON"文字商标。该商标于2005年6月8日在第29类动物类食品以及日用蔬菜等商品类别上提出注册申请,于2008年3月7日核准注册,注册号为第470××70号,核定使用的商品为死家禽、猪肉、腌腊肉、板鸭、肝、腌肉、肉、香肠、肉松、牛肚、鱼制食品。该商标还于同日在第43类提供食物和饮料服务类别上提出注册申请,于2014年1月28日核准注册,注册号为第470××67号,核定使用的服务为住所(旅馆、供膳寄宿处)、咖啡馆、餐厅、饭店、快餐馆、自助餐厅、备办宴席、茶馆、餐馆、流动饮食供应、柜台出租。

6."LJBBJ"文字商标。该商标于2005年6月8日在第29类动物类食品以及日用蔬菜等商品类别上提出注册申请,于2008年3月7日核准注册,注册号为第470××69号,核定使用的商品为死家禽、猪肉、腌腊肉、板鸭、肝、腌肉、肉、香肠、肉松、牛肚、鱼制食品。该商标还于同日在第43类提供食物和饮料服务类别上提出注册申请,于2009年1月28日核准注册,注册号为第470××68号,核定使用的服务为咖啡馆、住所（旅馆、供膳寄宿处）、餐厅、饭店、快餐馆、自助餐厅、备办宴席、茶馆、餐馆、流动饮食供应、柜台出租。

根据《商标法》（2013年）第56条、第57条规定，注册商标的专用权，以核准注册的商标和核定使用的商品为限。未经商标注册人的许可，在同一种商品上使用与其注册商标相同的商标的；在同一种商品上使用与其注册商标近似的商标，或者在类似商品上使用与其注册商标相同或者近似的商标，容易导致混淆的；销售侵犯注册商标专用权的商品的；故意为侵犯他人商标专用权行为提供便利条件，帮助他人实施侵犯商标专用权行为的，均属侵犯注册商标专用权的侵权行为。根据《商标法》（2013年）第39条规定，注册商标的有效期为10年，自核准注册之日起计算。

据此，在本案所谓不侵权纠纷发生期间，答辩人对上述注册商标所享有的专用权均为合法有效，任何人未经答辩人许可，在同一种或类似商品和服务上使用与上述注册商标相同或近似的商标，均属侵犯答辩人注册商标专用权的侵权行为。

（二）被答辩人诉称其在第35类食品销售策划、咨询等服务使用诉争商标与事实不符，其不侵权理由不成立

被答辩人在其诉状中诉称："原告将'廖字鸡形'图形和'廖记棒棒鸡'标识用于食品销售策划、咨询等服务，属于《类似商品与服务区分表》中35类"，"而被告声称其被侵权的三个商标分别为第29类和第43类"，"与原告的服务存在巨大区别，未构成类似商品和服务"，并以此为其不侵权的理由。答辩人认为其所述与事实不符，属于故意偷换概念、混淆事实。

首先，从广义上说，提供销售策划、咨询服务，均可纳入技术服务范畴。《合同法》[1]第356条规定，技术咨询合同包括就特定技术项目提供可行性论证、技术预测、专题技术调查、分析评价报告等合同。技术服务合同是指当事人一方以技术知识为另一方解决特定技术问题所订立的合同。从概念辨析角度看，所谓策划，《哈佛企业管理全书》的定义是，策划是一种程序，在本质上是一种运用脑力的理性行为。基本上所有的策划都是关于未来的事物，也就是说，策划是针对未来要发生的事情作当前的决策。简单来说，策划就是对未来活动所作的事前计划和预先安排。所谓销售策划，也称为营销策划，是企业根据其制定的营销目

〔1〕 已废止，《民法典》无对应条款。

标,以满足消费者需求和欲望为核心,设计和规划企业产品、服务、创意、价格、渠道、促销,从而实现个人和组织的交换过程的行为。所谓咨询,具有询问、谋划、商量、磋商等意思,是由某些具有专业知识和经验、技能的人,为他人提供疑问解答、提供专业意见和建议的辅助决策活动。由以上分析可见,被答辩人诉称其仅为他人提供食品销售策划、咨询服务,需满足以下几方面的条件才能成立。第一,接受服务的对象须为食用销售行业的经营者;第二,被答辩人向该食品经营者提供服务的内容体现为智力成果;第三,被答辩人实际不参与该经营者的经营活动,并与其经营利益无关。但事实上,被答辩人与其加盟门店的合作关系,并非属于技术服务类的策划、咨询服务关系。第一,被答辩人服务的对象,并不是既有的食品销售经营者,而是拟加盟其"廖记棒棒鸡"连锁经营业务的个人,只有在被答辩人向加盟商提供了全部的技术服务、提供了经营所需的门店设计、装饰,侵权食品产品和侵权物料供应后,加盟商才得以开业经营,因此,被答辩人为他人提供的实际是帮助其开展食品销售经营业务(因加盟商开展的食品销售经营活动为侵权,故被答辩人行为构成帮助共同侵权),而非提供经营策划;第二,如前所述,被答辩人向加盟商提供的服务内容并不体现为智力成果,而是体现为直接向加盟商提供其熟食销售门店的统一店面设计、统一食品配送、统一宣传物料的供应、统一销售价格的定价,等等;第三,被答辩人和加盟门店间存在管理关系,被答辩人通过统一配送食品及宣传物料等,与加盟门店在经营利益上存在共同利益。因此,被答辩人为加盟门店提供的服务不属于所谓食品销售的策划、咨询服务。

其次,根据《最高人民法院关于审理商标民事纠纷案件适用法律若干问题的解释》(以下简称《商标案件解释》)(2002 年)第 11 条、第 12 条的规定,商标法规定的类似商品,是指在功能、用途、生产部门、销售渠道、消费对象等方面相同,或者相关公众一般认为其存在特定联系、容易造成混淆的商品。类似服务,是指在服务的目的、内容、方式、对象等方面相同,或者相关公众一般认为存在特定联系、容易造成混淆的服务。商品与服务类似,是指商品和服务之间存在特定联系,容易使相关公众混淆。认定商品或者服务是否类似,应当以相关公众对商品或者服务的一般认识综合判断;《商标注册用商品和服务国际分类表》《类似商品和服务区分表》可以作为判断类似商品或者服务的参考。因此,被答辩人以其在 35 类上使用诉争商标,不构成侵权的主张也与上述司法解释规定不符。根据上述司法解释的规定,即使被答辩人在其商业特许经营管理活动中存在为他人提供食品销售策划、咨询服务内容，只要其服务内容与答辩人商标核准使用的商品和服务存在特定联系，容易造成混淆，仍应认定为在类似商品和服务上的使用。

(三)被答辩人通过与其关联公司的分工合作，在其“廖记棒棒鸡”熟食连锁经营商业活动中大量使用与答辩人注册商标近似的标志，构成对答辩人商标专用权的侵权

1. 被答辩人从事商业活动的具体模式。

根据答辩人提供的第二组第8号证据、第9号证据可以看出，被答辩人公司实际控制人为李某锋，其明知自己不享有“廖记棒棒鸡”相关商标在熟食加工、销售和餐饮服务上的商标权，为规避商标权侵权责任，设计了复杂的关联公司结构和商业运作模式，形成了以成都良丰投资管理有限公司为母公司，由被答辩人成都廖记企业管理有限公司、成都廖记投资咨询有限公司、成都市棒棒基食品有限公司等子公司组成的“廖记棒棒鸡”熟食连锁经营商业模式，通过各公司之间的分工配合，实施长期、持续和大规模的共同商标侵权违法活动。

其中，被答辩人成都廖记企业管理有限公司成立于2004年6月30日，股东为成都良锋投资管理有限公司(现更名为成都良丰投资管理有限公司)和李某锋，法定代表人为李某锋，公司登记经营范围为企业管理；餐饮、酒店管理咨询及项目投资咨询；腌卤销售(仅限分支机构经营)。被答辩人在共同侵权商业模式中主要负责的是“廖记棒棒鸡”熟食品牌的营销推广和连锁加盟管理、熟食销售。

成都良丰投资管理有限公司成立于2008年12月24日，其股东现为郝佩玲和李某锋，法定代表人为李某锋，公司登记经营范围为项目投资；商务信息咨询；企业管理咨询；建筑装饰设计；广告设计；包装装潢设计；销售建材。该公司主要负责为侵权廖记棒棒鸡加盟门店提供门店装修、装饰设计和施工服务，也自营部分侵权门店。

被答辩人成都廖记企业管理有限公司与成都良锋投资管理有限公司作为股东，又设立了成都廖记投资咨询有限公司，该公司成立时间为2010年1月26日，法定代表人为张敏，公司登记经营范围为投资咨询(不含金融、证券、期货)，企业管理咨询，室内外装饰设计。该公司主要负责加盟门店招商和网络宣传，并作为主要的加盟协议签约主体。

成都良锋投资管理有限公司与李某荣于2011年6月30日投资设立了成都

市棒棒基食品有限公司,法定代表人为李秀荣,公司登记经营范围为加工、销售肉制品(酱卤肉制品)、调味料(半固态、固态、调味油)。该公司负责廖记棒棒鸡系列熟食产品的加工、制作和配送。

根据《商业特许经营管理条例》第 3 条的规定,商业特许经营是指拥有注册商标、企业标志、专利、专有技术等经营资源的企业,以合同形式将其拥有的经营资源许可其他经营者使用,被特许人按照合同约定在统一的经营模式下开展经营,并向特许人支付特许经营费用的经营活动。

根据本案在案证据可知,被答辩人实际从事的"廖记棒棒鸡"熟食连锁经营商业模式,属于商业特许经营模式。但被答辩人并未取得本案诉争商标的专用权,却在其商业特许经营中许可他人使用,构成对答辩人的商标侵权。

2. 被答辩人在其商业特许经营商业活动中存在在类似商品和服务上使用与答辩人注册商标近似的商业标志的行为,应与其被许可人(加盟门店)构成共同商标侵权。

根据被答辩人的母公司成都良丰投资管理有限公司在北京市第一中级人民法院(2013)一中知行初字第 1673 号案中提供的其加盟店、直营店情况的证据,可以确定,被答辩人从事的商业活动主要有负责在各地设立加盟店,签署合同并向加盟店提供侵权物料及店招,2004 年至 2013 年,被答辩人就设立了 400 多家加盟店。

被答辩人为了掩盖其在向加盟商销售家禽、肉类熟食、拌菜等商品过程中,以及帮助加盟商提供食物服务过程中制造、使用的含有侵犯答辩人商标专用权的物料、店招标识等行为,通过关联公司将其连锁加盟管理体系进行了调整,试图以偷换概念的方式将加盟店与其实际操作行为剥离开来,但根据答辩人提供的第二组第 10 ~ 12 号、第三组、第四组第 17 号证据显示,在这 10 年期间,被答辩人除了为逃避商标侵权责任将最初的《加盟经营合同》改换成了《项目策划咨询合同》外,实际的操作模式并未发生实质的变化。

根据《商标法》(2013 年)第 48 条的规定,商标的使用,是指将商标用于商品、商品包装或者容器以及商品交易文书上,或者将商标用于广告宣传、展览以及其他商业活动中,用于识别商品来源的行为。如前所述,对被答辩人的加盟门店而言,门店在其熟食加工和销售经营活动中,未经答辩人许可,擅自使用答辩人享有专用权的本案诉争商标的行为,根据《商标法》(2013 年)第 57 条第 2 项的规定,无疑构成商标侵权。被答辩人作为该商业特许经营的许可人,通过与关联公司的分工合作,直接或间接向侵权门店提供统一配送的侵权食品、侵权店招、侵权宣传印刷品、侵权包装物等行为,根据《商标法》(2013 年)第 57 条第 6 项的规定,构成帮助共同侵权。

3. 被答辩人还存在通过其自营门店和网络销售熟食的直接侵权行为。

根据答辩人的调查取证,廖记棒棒鸡小南街店、廖记棒棒鸡金河店是其自营门店,该两自营门店在加工、销售熟食的经营业务中,未经答辩人许可,使用了本案诉争商标,构成直接的商标侵权。

此外,被答辩人还开办 www. liaojisong. com,www. 4000967887. com 网站,并通过该网站销售廖记棒棒鸡熟食,在网站页面使用与答辩人“廖字鸡形图”图形商标、“廖记棒棒”文字商标、“廖记棒棒鸡”文字商标近似的标志,构成直接侵权。

被答辩人制作并为侵权加盟门店提供含有与答辩人“廖记棒棒”文字商标、“廖记棒棒鸡”文字商标近似的标志的橱窗海报;制作并为侵权加盟门店提供含有与答辩人“廖字鸡形图”图形商标、“廖记棒棒”文字商标、“廖记棒棒鸡”文字商标、“LIAO’S BON-BON”文字商标近似的标志的手提袋等。

被答辩人上述使用与答辩人注册商标近似标志的行为,均属商业性使用,且其使用在熟食的加工、销售商业活动中。答辩人的相关注册商标,核准使用在第 29 类动物类食品以及日用蔬菜等商品类别,以及第 43 类提供食物和饮料服务类别上,根据《商标案件解释》(2002 年)第 11 条的规定,与被答辩人的实际商业活动应属同一类别,或属于类似类别,被答辩人的行为构成侵权。

(四)被答辩人使用本案诉争商标标志的行为已被生效法律文书确认为侵犯商标专用权的侵权行为

早在 2006 年 4 月 7 日,原金堂工商局就对四川廖氏餐饮文化有限公司(被答辩人名称变更前的公司名)的商标侵权行为作出了成工商金堂处(2006)第 01008 号行政处罚决定,处罚决定认为:被答辩人发展销售棒棒鸡系列凉菜、卤菜的加盟店,向加盟店提供配料、商品包装袋、营业标识等,其提供的商品包装袋、营业标识上使用的“廖记棒棒鸡”,以及网站网页使用“廖记棒棒鸡”和“图形”与答辩人持有的在第 29 类商品上使用的注册商标近似。被答辩人的上述行为侵犯了答辩人的注册商标专用权。后被答辩人不服该行政处罚决定,提起行政诉讼。

该案行政诉讼经一审、二审,于 2007 年 5 月 15 日由成都市中级人民法院以

(2006)成行终字第310号《行政判决书》维持了成工商金堂处(2006)第01008号行政处罚决定。该终审判决认为,被答辩人在未经答辩人许可的情况下,在其销售的商品上使用与注册商标相近似的商标,属于侵犯注册商标专用权的行为。但纵使法院终审判决生效后,被答辩人自认的直营店以及加盟店仍然延续至今,被答辩人为了逃避侵权法律责任采取分工合作的商业模式,其行为的法律属性也不会有不同,仍属违法侵权行为,足见其侵权主观恶意严重。

第六节 从失败中学习——360名誉权侵权案

一、选择本案的理由

这个章节要分享的是进阶篇的最后一个案例,虽然本案不是严格的知识产权诉讼案件,但下面几个理由让我无法舍弃这个案件,况且,原告最初是以商业诋毁的不正当竞争案由起诉。

1. 本案是具有全国影响力的重大案件

每日经济新闻社于2013年2月26日刊登了一篇《360黑匣子之谜——奇虎360“癌”性基因大揭秘》的专题报道,报道引用实例,通过专业人员进行的技术分析,揭露了奇虎公司在其360安全卫士、360安全浏览器等产品中植入非法程序,并通过其非法程序中的后门与360云端连接,收集用户隐私等问题。报道刊发后,奇虎公司发表声明,认为报社在未经采访核实的情况下,以匿名记者引述匿名人士和360竞争对手言论的方式,污蔑360旗下多个产品的安全性,严重损害了360公司和360产品的商誉。奇虎公司为此向上海市徐汇区人民法院提起了侵权诉讼。

2. 本案应诉思路的选择需要考量的因素比一般案件更复杂

鉴于本案的影响和关注程度,本案纠纷的处理方案选择,需要考虑多方面的因素。法律因素,主要考虑报社作为新闻媒体,在涉案报道选题、调查、采访和审稿、刊发过程中有无过错,报道是否存在虚假、失实等问题;技术因素,主要考虑涉案报道对计算机安全产品及其技术问题的描述是否可靠、准确，如何验证等；经济因素，主要考虑诉讼成本与费用，以及可能的诉讼利益，既包括金钱收益，也包括传播效益；行政因素，主要考虑相关行政机关对涉案事实、技术问题的态度及介入纠纷处理的可能性等。

3. 对本案一审判决的几点质疑让我耿耿于怀

收到一审判决后，我向报社提出的几点上诉意见，也是我对一审判决的主要质疑，包括认定报社存在主观恶意缺乏事实依据，且自相矛盾；以用词尖锐和带有主观倾向认定构成侵权缺乏法律依据；完全忽略了报道对象的特性，未能合理平衡舆论监督权和企业名誉权的边界，判决缺乏公平性；判决侵权责任承担方式缺乏合理性。最可惜的是，二审判决未能对上述问题给出直接的回应。

二、360 案的法庭辩论意见

代理词

（一）关于本案适用法律问题

本案是因成都每日经济新闻报社有限公司在其开办的每日经济新闻报刊发批评 360 相关软件产品存在收集用户隐私等有损用户权益的行为，以及 360 公司存在种种不正当竞争行为的专题报道所引发。涉案的批评性专题报道，是由该报社记者自行采编，通过该报发表。很显然，本案在案由上属于典型的新闻媒体名誉权侵权案件。但本案诉讼是否成立，亦即本案媒体——每日经济新闻报社是否构成侵权，则应以本案事实为依据，以我国关于名誉权保护的法律规定，新闻媒体舆论监督权的法律规定等法律为准绳，在充分考虑公众利益与企业私权的平衡的基础上作出判断。

我们认为，本案首先应在如下两个问题上确定法律适用的标准。

1. 对具有市场支配地位的公众企业名誉权法律保护的边界问题。

本案原告主张名誉权被侵害。关于名誉权的法律保护，《民法通则》[1]第 101 条有原则性规定，该条规定，公民、法人享有名誉权，公民的人格尊严受法律保护，禁止用侮辱、诽谤等方式损害公民、法人的名誉。简言之，名誉权是公民或

〔1〕 已废止，对应《民法典》第 1024 条。

法人享有的就其自身特性所表现出来的社会价值而获得社会公正评价的权利，是人格权的重要内容。本案原告是企业，是法人机构，不具备自然人的情感、精神因素，其名誉权不同于公民名誉权，其内容应更狭窄。从学理上讲，法人名誉权，是指法人对其全部活动所产生的社会评价享有的权利，商誉是法人名誉权中的核心利益。

名誉权总体体现为一种社会评价，因此，具备动态性和因人而异的特点，这与其他人身权，比如生命权、健康权、姓名权不同，在评定民事主体名誉权是否受到侵害时，更需要考虑该主体的身份、社会知名度，以及其个人行为与社会公共利益的关联程度等各种因素的影响。

法人名誉权的保护更是如此，法人机构的属性以及其对社会影响力的强弱、知名度的大小，直接决定法人名誉权的保护力度，或其边界的宽窄。对普通公民与社会公众人物，对企业法人与政府机关法人，对一般企业与垄断性、具有市场支配力的大型企业，其名誉权的保护边界，自然不能一概而论。对不同法律主体名誉权保护的这种差别待遇，自有其逻辑基础，即不同主体对社会资源的占有程度不同，其应承担的社会义务也不同，对那些具有垄断性、市场支配地位的企业，施以比一般公众或企业更高的义务要求，对其私权领域的名誉权进行必要限制，缩窄，是符合公众利益，也具有法理基础的。这一理论也为我国名誉权侵权司法审判实践所承认，比如上海市静安区法院在范志毅诉东方体育日报一案中即依据此理论判决范志毅败诉。

本案原告无疑是具有市场支配地位、具有垄断性的大型企业，其名誉权边界自当被合理限制。

2. 新闻媒体行使舆论监督权的法律边界问题。

本案是因新闻媒体刊发批评性报道而起。毋庸讳言，我国尚无新闻法，对新闻媒体在履行舆论监督职能时的行为规范和侵权责任认定，缺少直接的、明确的法律规范。司法实践中大量涉及新闻媒体侵权的案件适用的主要法律依据集中在《最高人民法院关于审理名誉权案件若干问题的解答》(1993 年)[1]《最高人民法院关于审理名誉权案件若干问题的解释》(法释〔1998〕26 号)[2]，以及其他

〔1〕 根据《最高人民法院关于废止部分司法解释及相关规范性文件的决定》(法释〔2020〕16 号)，自 2021 年 1 月 1 日起废止，下同。

〔2〕 根据《最高人民法院关于废止部分司法解释及相关规范性文件的决定》(法释〔2020〕16 号)，自 2021 年 1 月 1 日起废止，下同。

案件的答复、意见中。关于名誉权侵权的司法解释虽然不是从新闻媒体舆论监督权与民事主体名誉权冲突角度对媒体侵权责任进行规制，但根据《最高人民法院关于审理名誉权案件若干问题的解答》第七问，因新闻报道严重失实，致他人名誉受到损害的，应按照侵害他人名誉权处理。以及《最高人民法院关于审理名誉权案件若干问题的解释》第九问，新闻单位对生产者、经营者、销售者的产品质量或者服务质量进行批评、评论，内容基本属实，没有侮辱内容的，不应当认定为侵害其名誉权等规定可见，对新闻媒体因新闻报道而产生的名誉权侵权案件，需要客观上具备事实严重失实，同时，具有侮辱性言论，才认定为侵权。从中可见，司法解释对媒体进行新闻报道还是持有一定的宽容度的。

如果从新闻侵权法理角度而言，著名的沙利文诉纽约时报案，美国联邦最高法院通过判决，确立了国际通行的新闻媒体侵权判定准则，一是公共事件或公众人物例外，对于公共事务的辩论，应当是毫无拘束、富有活力和广泛公开的。它可以是针对政府和公职官员的一些言辞激烈、语调尖刻，有时甚至令人极不愉快的尖锐抨击。二是实际恶意原则，认为除非证明媒体有实际恶意，否则失实报道的媒体也不应担负法律责任。沙利文案创立的原则后来从政府官员扩大到适用于公众人物如娱乐界大腕、体育明星、工商界大亨和学术界精英等，但不适用于普通公民。

沙利文案创立的原则对于中国的媒体实践和媒体侵权司法实践也同样重要，成为传播学界和侵权法学界共识。北京市海淀区人民法院和北京市第一中级人民法院在审理孟林茂(海龙棉织厂)诉中央电视台有关“毒毛巾”报道侵害名誉权一案判决中，就采用了沙利文案创立的媒体侵权判定准则，提出了容忍原则，判决中央电视台不构成侵权。海淀区人民法院认为，民事主体依法享有获得客观社会评价的权利。同时，法律亦保护媒体正当舆论监督和社会公众言论评价的权利。上述两种权利相冲突时，将通过司法审判予以界定，因毛巾产品与大众生活紧密相关，其安全问题涉及公众利益，孟林茂的海龙棉织厂作为生产毛巾的企业对于媒体与公众对其产品质量及安全的苛责，应予以必要的容忍。

毫无疑问，本案原告在计算机软件，特别是安全软件领域和互联网服务领域具有非常高的知名度，具备市场支配地位，个别领域具备了垄断地位。原告母公司是上市公司，其旗下软件产品和服务的用户数量高达数亿，其软件产品的性能及安全隐患，以及服务模式、经营手段等问题，无不涉及亿万用户的利益，当然应纳入公共领域，交由公众监督批评，原告对此应给予最大限度的容忍。

在我国对安全软件和互联网领域缺少法律规范的当下，媒体对此领域的持续关注和监督，有益于社会和行业整体利益。因此，我们认为，本案媒体对原告旗下软件产品和服务提出的批评报道，应当适用上述容忍原则，除非原告能证明媒体有实际恶意，否则即使报道存在失实，媒体也不应担负侵权责任。

（二）本案报社刊发涉案报道不构成名誉权侵权

根据上述分析，我们认为本案涉案报道不构成侵权。《最高人民法院关于审理名誉权案件若干问题的解答》第七问规定，是否构成侵害名誉权的责任，应当根据受害人确有名誉被损害的事实、行为人行为违法、违法行为与损害后果之间有因果关系、行为人主观上有过错来认定。因此，认定媒体名誉权侵权的构成要件，仍以一般侵权构成的违法行为，损害后果，违法行为和损害后果之间具有法律上的因果关系，行为人需要有主观过错四要件为基础。下面我们分别从这四个要件详细阐述本案不构成侵权的理由。

1. 两原告没有举证证明其名誉权存在被损害的事实。

我们认为，本案原告要证明自己的名誉遭到了损害，首先需要证明自己对涉案报道批评的软件产品具有人格利益，涉案报道所批评的不正当竞争行为能确定指向为自己。但直到现在，我们并没有发现两原告完成了这一方面的举证。

第一，本案涉案报道主要是针对360安全浏览器、360安全卫士等软件产品存在后门、收集用户隐私等问题质疑与批判，以及对360涉及的不正当竞争行为提出的揭露与批评，全文除在“北京市工商局、北京市工商局西城分局共同约见了北京奇虎科技有限公司负责人，对其利用‘360安全卫士’在浏览器领域实施不正当竞争行为予以行政告诫”这部分明确点名了原告北京奇虎科技有限公司外，其余报道内容均未明确指向两原告中的任何一个或同时指向两原告。根据原告自己的举证，360旗下产品采取了著作权与经营权分离的运作模式，这就不仅使得两原告，即北京奇虎科技有限公司与奇智软件（北京）有限公司对涉案360安全浏览器、360安全卫士等软件产品的权属不清，人格利益归属难以确定，更使得公众无法建立360软件产品与特定公司之间的评价（商誉）的对应关系。也就是说，涉案报道并不针对特定的民事主体，本案在法律上就不存在所谓的受害人。

第二，名誉权属于人格权，法人名誉权亦然。人格权具有专属性，不能转让，也无法共享。涉案报道直接针对产品，而非直接针对企业主体，在两原告不能区分各自对相关涉案产品的人格利益归属的情况下，以共同诉讼方式主张人格权，显然缺乏法律依据。至于两原告作为共同原告起诉的其他不正当竞争案件,因共同的经营利益存在是具有法律和事实依据的,故其不正当竞争案件可以成立,但共同的经营利益并不能等同于共同的人格利益,否则,任何360产品的经销商都可以在本案中主张名誉权损害,这显然是不符合名誉权法律理论的。

对两原告作为共同原告提起本案诉讼存在的主体不当问题,我们在答辩状中已经提出,原告至今也未能提供更合理的说明,也未提出相应证据证明其在名誉权上存在共有关系(人格权的共有应当是无效的,除非是基于继承人对死者的名誉维护权利)。

第三,两原告的举证也无法说明其存在实际的共同名誉权损害。原告作为法人,其名誉权要素不同于自然人,主要体现为商业信誉,消费者的评价。原告并没有举证证明其商誉在涉案报道刊发后存在明显的评价降低。至于消费者评价方面,原告试图以所谓软件卸载统计来证明消费者受报道的影响,但一方面,这些统计数据并不具有客观真实性,缺乏证明力;另一方面,即使报道对卸载有影响,其影响范围也极其有限,事实上360用户的保有量仍维持在原有水平,有波动也属正常,这从360的市场价值和股市表现就可以证明,否则,如果360用户数量大幅下降的话,必然反映到市场表现,如股票价格等,事实上,360的这些指标均无明显变化,甚至是变得更好。故从这些方面看,本案原告所谓名誉权损害并不存在。

2. 两原告也没有举证证明报社存在违法行为。

通过我们对本案媒体舆论监督权边界问题的分析,根据《最高人民法院关于审理名誉权案件若干问题的解答》和《最高人民法院关于审理名誉权案件若干问题的解释》两个司法解释的规定,本案报社要构成侵权,在客观上应具有捏造、虚构事实,使用侮辱性语言的行为方可认定。原告显然没有证据证明涉案报道所反映的事实为报社捏造、虚构,全篇报道也没有使用明显的侮辱性词汇。

首先,在涉案报道反映的事实方面,全篇报道主要是360相关软件存在的技术问题和360公司存在的不正当竞争两个方面。在360软件技术问题方面,有2010年12月31日360服务器泄密141万条用户数据事件;360对用户个人信息涉嫌暗箱操作即黑匣子问题;有360后门问题(360安全浏览器ExtSmartWiz组件为程序后门)等。在不正当竞争行为方面,主要涉及360对百度安全插件打“网友差评”标签事件;民诉8连败;360对全新安装的Windows 7评分为0分;360伪装微软补丁;360绿色网站认证存在不严谨;360产品在苹果商店下架事件;国家版权局表态360搜索抓取百度快照不适用“避风港原则”;原北京市工商局约谈奇虎等事实。纵观涉案报道所提及的全部事实,无论是技术方面,还是不正当竞争方面,每一件,每一条,都能从公开渠道查询到若干早为公众知悉的消息出处,没有一条为报社自行杜撰、虚构、捏造。相应的证据,我们作为被告已经分别举出并经过刚才庭审质证。正如原告所说,涉案报道“实际是对360所有负面报道的综合汇总”,这一评价至少在事实依据方面,已经承认不存在原告捏造、虚构的问题。问题在于,这些所谓负面信息因何而来。如果360软件产品没有这样的客观技术现象或360公司不存在这样的不正当竞争行为,又何来如此多的负面信息持续不绝地在公众中传播呢?

我们认为,涉案报道所涉及的全部事实,均源于其他信息源,有源于其他媒体的公开报道、源于政府机关的行政执法活动、源于专业机构的测试证明、源于行业内部其他企业的批评质疑、源于独立的网络用户的披露等,在报社采编刊发之前,已为公众所知。特别是国家工商行政管理总局于2013年7月8日公布了九类典型网络商品交易违法行为,其中第五个“恶意诋毁,损害竞争对手的商业信誉、商品声誉”的典型行为,即不指名批评北京奇虎科技有限公司。国家工商行政管理总局在文件中称,2007年起,北京某某科技有限公司利用其在安全软件方面所占有的优势地位,在未进行第三方权威测试证明的前提下,采用多种方式,公开宣布其多家竞争对手的产品存在安全隐患,捏造虚假事实或扭曲、隐瞒竞争对手产品的真实情况,误导限制用户自主选择不同的服务,严重损害了竞争对手的商业信誉和商品声誉。具体采用方式为三大类:第一大类为主观拦截竞争对手产品的默认设置与安装,第二大类为诱导卸载,第三大类为影响使用。国家工商行政管理总局披露的上述问题,与涉案报道是吻合的。由此可见,涉案报道关于360公司存在的不正当竞争行为具有事实依据,并已为行政机关查证属实。报社对涉案题材的采编、刊发行为,是正当履行媒体监督职能的行为,不具有违法性。报道所涉及事实均有出处,有依据,基本属实,故不能认定为违法侵权行为。

其次,在涉案报道引述的评论用词方面,较为尖锐、严厉的用词有“癌性基因”“黑匣子”“盗取”“癌性扩张”“粗暴侵犯”“毒瘤”等。无疑,这些词语或许较为激烈,但显然还达不到司法解释中侮辱的程度。所谓侮辱,按词义理解,是以欺侮羞辱方式使他人蒙受耻辱的行为,侮辱所使用的言辞应是具有强烈攻击性、含义不洁的词汇。本案涉案报道使用的这些词语,确属较为尖锐、严厉,但基本上仍属于对相应事实或问题进行正常批评的范围内,且这些用词也是转述相应新闻来源方的评论用词,并非报社所作评论。鉴于涉案报道批评的对象是有影响力,具有市场支配地位的企业,对其进行的监督批评攸关亿万公众利益,理应给予媒体更大的言论空间,因此,这些尖锐、严厉的用词应在法律的容忍范围内,没有触犯法律边界。

据此,我们认为,本案在客观行为方面,涉案报道所涉及事实均有出处,报社采编、刊发过程符合相应媒体规范,并无捏造、虚构事实的违法行为,报道用词也不涉及侮辱性词汇,故本案报社不存在违法行为。

3. 原告同样没有证明其所谓名誉损失与涉案报道之间存在因果关系。

本案有一个不可忽视的背景,即早在报社刊发涉案报道前,有关360软件产品存在问题的批评和质疑,在互联网和公众媒体中就早已存在,并非涉案报道首次提出了360存在的问题,也不是被告报社首先通过大众传播媒介传播了对360提出的相关批评和质疑。因此,即使假设这些所谓负面信息对360公司存在名誉贬损的结果,显然将其归咎于被告也是错误的。先无论互联网上随处可见的普通用户对360软件问题提出的质疑、批评,有专家也较深入、全面地剖析了360软件存在的问题,他们的批评,通过互联网早已为公众熟知,也就是说,360公司不佳的公司声誉或形象,早已因他人的批评而造成,不能将360产品声誉不佳的责任简单归责到被告身上。

其中,独立调查员从2009年开始就通过其博客和微博等信息媒介持续地披露360软件的问题,在行业内引起了广泛关注和产生了普遍影响。他也是本案涉案报道的重要信息来源之一。方舟子自2012年10月9日起,就在互联网上公开提出“360侵犯隐私,安全浏览器不安全”;“360的做法与流氓软件有何区别”;“360能随意控制客户端,把网友当肉鸡”;“360安全卫士无法卸载?比3721还流氓”等质疑和批评。此事件被媒体称为“方舟子大战360”,成为当年互联网领域的热点事件之一。该事件的发展与本案一样,360方面也攻击方舟子是受其竞争对手百度收买,对其进行抹黑。但就在前些时间,2013年12月19日,北京市海淀区人民法院对百度公司起诉周鸿祎、奇虎公司侵犯名誉权案及诉谭晓生侵犯名誉权两案作出判决,判决周鸿祎、谭晓生及奇虎360公司对百度公司构成名誉权侵权。

从以上事实不难看出,360公司因其产品和公司经营方式等问题,本来就负面新闻缠身,声誉不佳,与本案涉案报道并无直接因果关系。

另外,关于原告名誉损失与涉案报道之间因果关系的问题,从举证责任分配角度,原告也需要证明这样一个事实,即原告在涉案报道刊发前,其名誉本为良好,没有与涉案报道相同或类似的负面信息存在,而在涉案报道刊发后,其围绕360安全浏览器、安全卫士等产品性能问题才被广泛关注,相关商誉才遭到损毁的事实。显然,到目前为止,原告对此没有任何举证,相反,被告的举证却能充分证明,360相关软件产品及其经营行为的负面信息,在涉案报道刊发前就已经沸沸扬扬了,因此,原告不能将其负面信息的责任归咎到在后的涉案报道上来。

4. 报社不存在主观过错,原告不能举证证明报社存在"实际恶意"。

本案原告一直试图指控报社是受其竞争对手指使,故意刊发损害其名誉的负面信息,这一思路与其应对方舟子的批评完全一致。事实上,报社是基于公众利益,为保护公众知情权,行使舆论监督职责而关注,报道涉案360软件存在的问题,无任何故意侵权意图,更与其竞争对手无关。原告对此提出的指控,注定会遭到如百度公司对其提起的诉讼一样的结果。

本案通过被告举证,也能充分证明报社不存在过失。报社在对涉案报道的采编过程中,对其中涉及的专业技术问题,除了向主要信息来源独立调查员采访核实外,还向IDF实验室、业内资深的专业人员李铁军、计算机软件领域专家学者如石文昌等作了采访、咨询,整个采编过程遵守了媒体规范,履行了媒体审慎查证的义务,在确信相关技术问题是真实存在的情况下才发表;对360公司存在的不正当竞争行为,也广泛查证了不同信息来源,基本上做到了件件有出处,事事有依据。因此,本案即使在个别问题上存在偏差,也不能认定报社在主观上就属于故意或重大过失,不应承担侵权责任。

(三)上海经闻文化传播有限公司作为网络服务提供者,不承担本案侵权责任

审判长、审判员,我们代理的是被告上海经闻文化传播有限公司,原告并未说明我们的当事人与报社之间对本案侵权行为应承担何种法律责任。很显然,涉案报道是报社依据其新闻采编和出版经营权而自主采编、刊发,上海经闻文化传播有限公司是报社投资开办的独立法人机构,在法律上,两者权利义务是相互独立的。上海经闻文化传播有限公司并未参与涉案报道的采编,而只是通过自己开办的网站转载了涉案报道,两者的行为显然是有区别的。

本案报社作为国家新闻出版管理部门核准成立的媒体,其采编、刊发的新闻报道,自有其可信赖度。上海经闻文化传播有限公司基于这种信任,通过网站转载涉案报道,应属正当,不应承担侵权责任。

(四)原告所谓经济损失完全不实

原告并无名誉权损失,自然也就没有经济损失。

本案涉案报道客观上影响面不大,对被答辩人并未造成实质性的负面影响。无论从报道后360相关软件的装机数量,还是其股票价格走势,都无明显的变化。即使有小波动,也属于正常的市场现象,以更长周期的数据观察,都属正常,与涉案报道的影响无关。因此,被答辩人缺乏相应证据支持其损失主张。

至于原告举出的所谓媒体宣传费用,是其一贯的宣传推广手段,并非因报道而形成,更与报道影响无关。所谓股价问题,从实际情况看,当日波动是大盘影响,非因报道影响,其后更不受报道影响,持续上涨,目前更达到高位,可见,所谓商誉损失是不存在的。

综上,我们认为,新闻媒体作为我国的社会监督主要力量,应当在一定程度上享有自由报道权,不应过分要求新闻媒体报道准确无误。基于我国国情,舆论监督在社会生活中一直发挥着至关重要的作用,尤其是在社会民生和市场经济秩序方面。因此,我们应当支持和鼓励新闻媒体充分、有效地发挥舆论监督作用。而本案涉案报道总体是属实的,报社本身没有任何捏造、虚构事实的行为,报道使用的评论性用语,也不属于侮辱性言辞,不应被视为侵权行为。

第三章　结业篇

第一节

行业技术争议——中光防雷产品发明专利侵权案

一、案件背景

四川中光防雷科技股份有限公司是以制造销售雷电防护产品为主业的高科技上市公司。深圳市海鹏信电子股份有限公司的主要产品有电源防雷模块和电源防雷箱系列产品、天馈防雷器系列产品、信号和网络防雷器产品、半导体放电管系列产品、通信电源及通信配套器件系列产品；客户有国内各大电信运营商，如中国移动、中国联通，还有各大电信设备制造商，如华为技术、中兴通讯、普天，其产品和客户与中光防雷公司具有较高重叠性。

中光防雷公司指控海鹏信公司生产的 M1S385 - 25I(2P)、M1S385 - 25I(3P)、M1S385 - 25I(4P)、M1S385V80A100Ⅱ(1P + N)、M1S385V80A100Ⅱ(3P + N)、M1S320 - 25I(2P)、HFLQ220 - 4/20、HFLQ220 - 6/30 八个型号的电源防雷器产品侵犯了中光防雷公司“高效层叠式石墨放电隙装置”发明专利权，要求其停止侵权并赔偿经济损失。

海鹏信公司对中光防雷公司的案涉发明专利两次提出无效宣告申请，但均未成功。

本案最大的争议在于对案涉专利权利要求 1 中“π 形连接电容组中各电容

的电容值均按照下式选择：$C = In/2\pi fV$，式中：In 为 π 形连接电容组中电容上的感应放电电流，$In = I/N$，I 为 π 形连接电容组总电流，N 为 π 形连接电容组电容个数，f 为雷电波频率，V 为 π 形连接电容组中电容上的额定电压，K 为安全系数，$K \geq 1$”这个技术特征的理解问题。在最高人民法院二审期间，合议庭也对这个电容值选择公式产生了疑问，要求我们就公式的性质、技术原理、技术作用进行说明。

可以想象，对代理律师而言，要把这个技术问题向法庭讲述清楚，会是多么艰巨的挑战。我本人持有专利代理师资格证，但是我对这个领域的技术并不懂。我的搭档李劲涛律师本科和研究生学习的都是电子专业，能理解案涉专利的技术方案，但是要把这个公式的技术原理特别是在防雷技术领域的应用技术效果说清楚，也没有十足把握。

为准确阐述案涉专利关键技术特征——电容值选择公式的技术疑问，我方申请原深圳市防雷技术有限公司总工程师郭亚平老师作为专家辅助人出庭，他用通俗易懂的语言，对这个艰深的技术问题作了详细说明，取得了良好的效果。最高人民法院在判决中将其表述为“郭亚平发表意见称，涉案专利电容选择公式参数物理意义清楚，是一个可以对电容值确定一个大致范围的经验公式，然后通过实验数据再确定最优参数”。对于上述意见，法院在认定技术事实时予以参考。

最高人民法院最终二审维持了一审侵权成立的判决，并提出本案所涉的三个法律问题：

1. 鉴定意见与视为当事人陈述的专家辅助人意见的区别。

2. 各项权利要求分别构成确定专利权保护范围的独立单元。

3. 产品发明中利用公式限定参数选择的技术特征的认定。

对上述问题，最高人民法院在判决书附表中给出了以下裁判观点：

1. 当事人单方委托有关机构出具的《司法鉴定意见书》，可以视为当事人的陈述，即具有专门知识的人就技术专业问题提出的意见。当事人陈述、当事人单方委托的专家辅助人的意见是合议庭认定技术事实的参考意见之一。当事人充分的、含有专家辅助人专门知识的意见陈述有助于合议庭全面查清技术事实。合议庭应当综合参考在案证据对技术事实进行独立的判断和认定。

2. 独立权利要求和从属权利要求各自独立构成完整的技术方案，分别限定了专利权的保护范围。每一项权利要求是限定专利权保护范围的独立单元，人民法院应当依据单独的权利要求记载的全部技术特征确定专利权的保护范围。

3. 关于电容值按照公式“$C = In/2\pi fVK$”选择，该公式是一个经验公式，所涉及的参数 K、f、V、I 在权利要求书和说明书中均有明确的定义，均存在一定的取值范围，对于电容值的相关参数的测试数值符合公式的数量关系，就表明电容值的选择符合该技术特征的限定。

事后复盘，我认为专家辅助人在本案二审中发挥了重要作用，特别是相较对方当事人委托的专家辅助人，我方委托的郭亚平老师在语言表达、技术理解、权威性方面，都更胜一筹。说他是二审顺利进行的功臣也不为过。

因此，我选择将本案作为结业篇的第一个案例，是基于此类案件涉及的技术问题，通常都会比较复杂和艰深，代理律师或当事人需要借助该领域的专家来协助，才能更准确地向法庭阐述清楚技术要点和难点。选择专家辅助人，不仅需要看他在本技术领域的专业水平和资历威望，更需要他有良好的沟通能力和语言表达能力，特别是能将晦涩难懂的技术术语转化为通俗易懂的语言的能力，这是容易被忽视，但却是有效发挥专家辅助人作用的不可或缺的关键能力。

二、本案诉讼请求及事实理由

（一）诉讼请求

1. 判令被告深圳市海鹏信电子股份有限公司立即停止制造、使用、销售、许诺销售落入原告名称为高效层叠式石墨放电隙装置、专利号为 ZL 2007 1004 × × × ×. 9 的发明专利保护范围的电源防雷器产品[M1S385 - 25I(2P)、M1S385 - 25I(3P)、M1S385 - 25I(4P)、M1S385V80A100 Ⅱ(1P + N)、M1S385V80A100 Ⅱ(3P + N)、M1S320 - 25I(2P)、HFLQ220 - 4/20、HFLQ220 - 6/30 八个型号]，删除其企业网站(网站域名：http://www. hpxin. com)中对侵权产品的所有宣传信息，并销毁所有库存侵权产品；

2. 判令被告加恩公司立即停止销售落入原告名称为高效层叠式石墨放电隙装置、专利号为 ZL 2007 1004 × × × ×. 9 的发明专利保护范围的上述侵权电源防雷器产品；

3. 判令被告深圳市海鹏信电子股份有限公司赔偿原告经济损失 500 万元，合理支出 30 万元，两项合计 530 万元。

（二）事实与理由

原告前身为四川中光防雷科技有限公司，成立于2004年，是由已故的我国著名防雷专家王德言教授创建，以雷电防护产品的研发、制造、销售，以及防雷工程的设计、施工为主产业的专业型高新科技企业，是我国雷电防护领域规模最大、实力最强的企业，现公司股份已在深圳证券交易所创业板上市。

原告自成立以来，投入了大量的资金和科研人员，经过持续多年的研究和反复试验，于2007年开发出了一种选用石墨作为放电电极材料，石墨放电隙的石墨电极之间放置绝缘环状垫片，各石墨放电隙层叠式组装的新型防雷产品，并于2007年4月29日向国家知识产权局（以下简称国知局）申请了名称为“高效层叠式石墨放电隙装置”的发明专利（以下简称该专利），国知局于2009年8月19日公告授予原告发明专利权，专利号为ZL 2007 1004××××.9，保护期限至2027年4月29日。

原告以该发明为基础生产制造的防雷器产品推出市场后，取得了巨大成功，专利产品经营业绩是原告经营业绩的主要组成部分。2010年1月，成都市人民政府四部门联合认定该专利的产品为“成都市自主创新产品”；2010年3月，成都市人民政府就该专利授予原告“专利金奖”；2015年1月，四川省人民政府就该专利授予原告“四川省专利奖二等奖”的殊荣。

2016年年初，原告发现被告海鹏信公司存在制造、销售、通过其企业网站许诺销售与原告专利产品具有相同功能和技术特征的多款型号的电源防雷器产品的行为。为此，原告将被告海鹏信公司生产销售的HPXIN牌M1S385－25I（4P）型电源防雷器委托北京智慧知识产权司法鉴定中心进行鉴定。经该鉴定机构鉴定，被告生产销售的型号为M1S385－25I（4P）的电源防雷器产品技术特征，与涉案发明专利权利要求1中的“一种高效层叠式石墨放电隙装置，包括N+1个放电隙、N个电容值相同的电容构成的π形连接电容组（1），所述N≥1，各放电隙串联连接”“其中，第一个放电隙F与火线连接，最末一个放电隙F接地，π形连接电容组中各电容的一端与两放电间隙之间的导电件连接，另一端接地”“放电隙为石墨放电隙，石墨放电隙的石墨电极片（6）之间放置绝缘环状垫片（9），各石墨放电隙层叠式组装”“π形连接电容组中各电容的电容值均按照下式选择：$C=In/2\pi fV$，式中：In为π形连接电容组中电容上的感应放电电流，$In=I/N$，I为π形连接电容组总电流，N为π形连接电容组电容个数，f为雷电波频率，V为π形连接电容组中电容上的额定电压，K为安全系数，K≥1”。

四个技术特征中第一、第三、第四个技术特征相同，与第二个技术特征等同，因此，被告海鹏信公司生产销售的 HPXIN 牌 M1S385－25I(4P) 型电源防雷器包含有与原告发明专利权利要求 1 记载的全部相同或等同技术特征。此外，该产品的技术特征还包含了原告发明专利权利要求 2、6、9、10 记载的全部相同或等同技术特征。由此可见，被告海鹏信公司生产销售的 M1S385－25I(4P) 型电源防雷器落入了原告发明专利权利要求 1、2、6、9、10 的保护范围，构成侵权。

同时，原告还发现被告加恩公司存在销售被告海鹏信公司侵权产品的行为。为此，原告决定对被告海鹏信公司生产、被告加恩公司销售的存在石墨放电隙特征的电涌保护器进行证据收集，分别于 2018 年 2 月 12 日、3 月 30 日、12 月 14 日，经公证证据保全，向被告加恩公司购买了由被告海鹏信公司生产销售的涉案侵权的 HPXIN 牌 M1S385－25I(2P)、M1S385－25I(3P)、M1S385－25I(4P)、M1S385V80A100Ⅱ(1P＋N)、M1S385V80A100Ⅱ(3P＋N)、M1S320－25I(2P)、HFLQ220－4/20、HFLQ220－6/30 八个型号的电源防雷器产品。经原告组织公司技术人员分析，认为该 8 个型号的产品技术特征一致，均落入了原告发明专利权利要求 1、2、6、9、10 的保护范围，构成侵权。其中，M1S385V80A100Ⅱ(1P＋N)、M1S385V80A100Ⅱ(3P＋N) 型电源防雷器是在 M1S385－25I(4P) 型电源防雷器的单体上增加了其他元器件，具有《最高人民法院关于审理侵犯专利权纠纷案件应用法律若干问题的解释》(以下简称《专利侵权司法解释》) 第 12 条规定的，将侵犯发明专利权的产品作为零部件，制造另一产品的侵权使用行为。

三、最高人民法院二审代理意见

(一) 被诉侵权产品落入了涉案专利权利要求 1 的保护范围

1. 被诉侵权产品所使用的 π 型连接电容组中各电容值相同。

根据本案两份司法鉴定意见书的记载，被诉侵权产品使用的 π 型连接电容组中各电容的电容值，是在 1KHz/10KHz 的频率输入信号下测得，该测量方法属于电子工程领域的实验室标准测量方法，其结果科学、准确。同时，众所周知，受材料和工艺的限制，即便是最为精密的电子器件，也客观上必然存在一定的误差。本案中，被诉侵权产品并非精密级电子器件，其各电容器的实测电容值的最大误差或散差范围也仅在5% ~10%之间,符合二级或以上级别电容的国家标准,必然属于电容设计值或标称值相同的电容器件。在此基础上,由于被诉侵权产品的电容器件上没有任何标识,因而采用各电容器实测电容值的算术平均值作为其电容值也符合数学和技术规范。

因此,被诉侵权产品所使用的π型连接电容组中各电容值相同。

2. 被诉侵权产品火线、地线及零线的连接关系技术特征与涉案专利权利要求1的对应技术特征等同。

一方面,任何具有电气专业基础知识的普通技术人员均知晓,火线、地线、零线在回路中并不当然指代绝对零(低)电势和高电势,其本质上是指串联回路两端的相对高低电势,可根据实际应用甚至设计或分析需要人为定义。

另一方面,就本案而言,雷电信号本身就分为正负两种极性且不受人为控制,对于石墨间隙对称串联电路,其正负极性是人为定义且无实质区别,无论什么极性的雷电信号从石墨间隙串联电路的哪端冲击输入,最终产生的效果均为导通各石墨间隙、通流雷电信号从而保护系统电路,这属于雷电防护领域的一般性常识。而防雷电路的火线等接口或接线标识,是对应的系统电路接口,起到标识、指引以及防止与系统电路错接的作用。

因此,无论如何定义火线、地线及零线接口,对于石墨间隙串联电路而言均无实质区别,因而被诉侵权产品火线、地线及零线的连接关系技术特征与涉案专利权利要求1的对应技术特征等同。

3. 被诉侵权产品的电容取值技术特征与涉案专利权利要求1对应的电容值选择技术特征相同。

(1)涉案专利电容选择公式的基本原理。

低压供电(系统电压)防雷电路要求在雷击时具有大通流能力及低限制电压,其关键技术在于使用点火电容,即本案中的π型连接电容改变石墨串联间隙的放电方式,使其适用于低压供电系统,其中,电容值的选择既要考虑电容感应电流(点火电流)的安全性,又要兼顾电路残压效应。由于受雷电信号宽频特性、石墨间隙瞬态非线性空气放电效应及电容的瞬态非线性频率响应的共同影响,石墨间隙电路的工作原理及电路动作响应过程极其复杂,并非简单的电容性阻抗分压电路,因而直至目前,行业中也未见成熟的电容值计算公式或推导方法。涉案专利所载电容值选择公式,是被上诉人在相关产品研发过程中,经过大量科学实验及理论分析所得出的具有实用性和可操作性的电容值选择方法,以电容感应电流、雷电频率及点火限制电压等几个关键参数构建了具有实际物理意义的数学关系表达式，同时引入了安全系数 K，限制了电容值的取值范围，可以起到平衡电容安全性和残压效应的实际作用。

（2）电容感应电流的基本特征及原理。

电容感应电流是 π 型连接电容响应雷电频率信号产生的感应电流，该电流通过电容在石墨电极处产生不高于限制电压的放电电压（点火电压），使下一级石墨间隙击穿导通。同时，由于 π 型连接电容均为小电容，且石墨间隙一旦导通即成为信号通路，因而电容的有效感应电流也为小电流（高压过流会击穿损坏电容器件导致防雷电路失效）。

（3）安全系数 K 的基本原理。

如上所述，在选择电容值时，需要在低限制电压、低感应电流和残压值之间取得平衡（trade-off），因此，被上诉人在电容值选择公式中引入安全系数 K 作为补偿参数，该参数并非电容击穿安全系数。根据前述基本原理，在选择电容值的过程中，使用的是较小的有效感应电流，即涉案专利所载 In 进行实验，由此得出的安全系数 K 值也同样为较小值，如涉案专利说明书所载。但是，在使用标准雷电信号进行测试时，由于标准雷电信号具有较宽的频谱和能量分布，而电容提供点火电压的有效响应频率则集中在低频部分，因而电容的实际感应电流受非有效频率段的雷电信号，特别是高频信号影响，呈现高电流值（这也符合电容高通频率特性）。事实上，电容在有效频率范围内产生的小感应电流已使石墨间隙导通，因而非有效频率段产生的电容感应电流与实际电路工作无关，更加不会作为电容值选择参数。在此情况下，因电流测量仪器无法单独区分测量有效电容感应电流，其实测感应电流值必然为包括非有效感应电流的较大电流值，由此导致计算出的安全系数 K 的绝对数值较大且随雷电信号变化。

（4）上诉人提交的电容值计算方法错误，无法得出正确电容值。

首先，上诉人对于涉案专利及被诉侵权产品的技术方案的基本原理和常识性概念存在根本性的认识错误，包括但不限于以下几点：

①上诉人认为雷电信号为静电脉冲信号，但实际上雷电信号为宽频电磁波信号，具有较宽的频谱及能量分布，这一点上诉人提交的《标准雷电波形的频谱分析及其应用》也有详细的解释和说明，可见，在输入信号的性质都认识错误的情况下，上诉人不可能正确理解涉案专利及被诉侵权产品的技术方案；

②上诉人认为电容值选取公式与频率参数无关，然而，众所周知，电容是频

率响应器件,其阻抗值为 1/jωC,其中,ω=2πf 为角频率,在 dc 直流信号下电容呈断路(高通特性),可见,上诉人根本不具有基本电学常识;

③上诉人将石墨间隙和 π 型连接电容作为简单的电容分压电路处理,根本没有考虑雷电信号特性、石墨间隙放电响应以及电容的工作原理,对石墨间隙防雷电路的基本原理存在根本性的认识错误;

④上诉人以电容击穿安全系数、OBO 技术方案中的安全系数甚至汉语词典所载的适用于土木、机械工程的安全系数解释涉案专利中的安全系数 K,然而,上述三种安全系数之间完全没有任何关联性,与涉案专利中的安全系数 K 的基本概念、原理也完全不同,其中,电容击穿安全系数与试验电压和平均击穿电压相关,OBO 的安全系数取值启示与涉案专利的技术方案完全相反,汉语词典的相关解释与涉案专利的技术领域完全无关。

其次,就上诉人提交的计算原理来看,上诉人是基于简单分压电路原理、采用静态电容时域基础计算公式,完全不适用于具有 π 型连接电容组的石墨间隙串联雷电保护电路,无法得出正确的电容取值。其中,计算原理第 9 点记载的放电原理存在根本性错误,而第 11 点记载的电容取值范围计算公式,甚至仅数学推导过程就不成立,明显属于拼凑、编造。

再次,上诉人提交的实验验证过程,不仅基于前述错误的理论计算,而且也没有体现出任何实验设计、修正过程和依据,明显为根据最终结果反向拼凑实验过程。

最后,上诉人在本案一审以及二审前两次开庭询问的过程中,均未提交上述计算原理和实验验证过程,这显然不符合常理,因而其真实性存疑。

(5)应当合理推定上诉人利用涉案专利权利要求 1 所载电容选择公式制造了被诉侵权产品。

首先,被上诉人提交的两份司法鉴定意见书已经明确给出被诉侵权产品的电容取值符合涉案专利权利要求 1 中电容值选择的技术特征。在此基础上,由于被诉侵权产品的其他相关技术特征也均与涉案专利权利要求 1 的对应技术特征相同或等同,因而在无相反证据的情况下,应当合理推定被诉侵权产品采用了涉案专利的电容选择方法。

其次,被上诉人确已穷尽合理手段证明被诉侵权产品使用了涉案专利的电容选择方法,已尽到合理举证义务,而上诉人不能证明其采用了不同于涉案专利的电容值选择方法,应承担相应的举证责任,推定其使用了涉案专利技术方案。

最后，上诉人对于涉案专利及被诉侵权产品的技术方案的基本概念及原理认识错误，不具备研发、制造相关产品的能力，且被诉侵权产品与被上诉人的在先专利产品实质相同（包括电容值参数），明显存在仿制专利产品的行为。据此，也应当认定上诉人至少间接使用了涉案专利的技术方案。

由此可见，被诉侵权产品的电容取值技术特征与涉案专利权利要求 1 对应的电容值选择技术特征相同。

综上所述，被诉侵权产品完全落入了涉案专利权利要求 1 的保护范围。

（二）上诉人的现有技术抗辩理由不成立

我们认为，首先，作为现有技术抗辩的技术方案应当是一项技术方案，上诉人提交的多项现有技术证据不能同时作为认定被诉侵权产品是否属于现有技术的依据。另外，上诉人在本案开庭审理的过程中已确认将其提交的 OBO 公司论文及 OBO 公司的产品作为现有技术抗辩的依据，因此，在上述人没有提交任何比对或分析意见说明上述 OBO 公司的论文与 OBO 公司的防雷产品完全相同的情况下，不能认定二者属于同一技术方案，也不能同时将两者组合作为现有技术抗辩的依据。

并且，就 OBO 公司的论文而言，该论文并未记载被诉侵权产品的全部与涉案专利相关的技术特征，仅根据该论文也无法制造出被诉侵权产品，且上诉人也没有提交任何比对分析意见。

其次，就 OBO 公司产品而言，第一，由于上诉人没有提交任何比对分析意见，因而无法认定该产品与被诉侵权产品相同或实质相同。第二，仅根据产品外观及被上诉人对该产品了解的信息可见，OBO 公司的产品和被诉侵权产品相比，OBO 公司的产品体积为被诉侵权产品体积的两倍，导致产品的能量密度这一关键技术参数相差巨大，对技术的要求存在本质区别；同时，二者的石墨间隙数量以及产品结构也明显不同。可见，OBO 公司的产品与被诉侵权产品属于完全不同的产品。

最后，国家知识产权局作出的第 42539 号和第 46045 号两份无效宣告请求审查决定书也已明确指出，涉案专利的全部权利要求相对于上诉人提交的现有技术抗辩证据具备新颖性及创造性，从侧面再次证明上诉人的现有技术抗辩证据不能起到免除侵权责任的证明效力。

因此，上诉人的现有技术抗辩理由不成立。

附:

最高人民法院民事判决书

(2020)最高法知民终329号

上诉人(原审被告):深圳市海鹏信电子股份有限公司。住所地:广东省深圳市××××区。

法定代表人:陈某,该公司董事长。

委托诉讼代理人:谭宗成,广东深宏盾律师事务所律师。

委托诉讼代理人:崔小平,广东知明律师事务所律师。

被上诉人(原审原告):四川中光防雷科技股份有限公司。住所地:四川省成都市高新区××××。

法定代表人:王某某,该公司董事长。

委托诉讼代理人:黄春海,泰和泰律师事务所律师。

委托诉讼代理人:李劲涛,泰和泰律师事务所律师。

原审被告:成都加恩科技有限公司。住所地:四川省成都市成华区。

法定代表人:吴某某,该公司执行董事。

委托诉讼代理人:杜勇,四川经纬通律师事务所律师。

上诉人深圳市海鹏信电子股份有限公司(以下简称海鹏信公司)因与被上诉人四川中光防雷科技股份有限公司(以下简称中光公司)、原审被告成都加恩科技有限公司(以下简称加恩公司)侵害发明专利权纠纷一案,不服四川省成都市中级人民法院于2019年10月31日作出的(2019)川01民初103号民事判决,向本院提起上诉。本院于2020年4月9日立案后,依法组成合议庭,于2020年11月24日公开开庭审理了本案,上诉人海鹏信公司委托诉讼代理人谭宗成、崔小平,被上诉人中光公司委托诉讼代理人黄春海、李劲涛,到庭参加诉讼。原审被告加恩公司经传票传唤无正当理由拒不到庭参加诉讼,本院依法缺席审理。本案现已审理终结。

海鹏信公司上诉请求:1. 撤销原审判决第一、二、三项;2. 依法改判海鹏信公司被诉侵权产品没有落入专利号ZL 2007 1004××××.9、名称为“高效层叠式石墨放电隙装置”发明专利权(以下简称涉案专利)的保护范围,海鹏信公司未侵害中光公司的专利权,不承担赔偿责任。事实和理由:

(一)涉案专利的权利要求1关于电容值选取公式 $C = I/2\pi fVK$ 的技术特征是一个关于电容值选取的方法特征,在原审中光公司提供的书面鉴定意见中,其鉴定方法是通过被诉侵权产品测试的实验数据,代入上述公式,反推出安全系数K的取值大于1。该鉴定方法存在逻辑错误,被诉侵权产品的电容值并不是通过涉案专利的方法获取。被诉侵权产品不包括电容值选取的方法特征,未落入涉案专利权保护范围。原审法院将中光公司的举证责任转移到海鹏信公司有误。

(二)原审法院仅仅以海鹏信公司提交的现有技术证据没有在公开出版物上发表,就否定其提交的现有技术的合法性,是对《专利法》(2000年)的错误解释和适用。被诉侵权产品与现有技术披露的避雷器产品相比,与涉案专利对应的技术特征已经全部被该现有技术文件披露。

(三)原审法院在没有任何证据支持的情况下判赔数额过高。被诉侵权产品的市场售价并不高,替代和升级产品较多,海鹏信公司的市场占有率低。没有任何证据和事实支持原审法院应该按照酌定赔偿的最高额标准来判决海鹏信公司承担相关责任。原审判赔明显过高。

(四)中光公司主张保护的权利要求为1、2、6、9、10,原审法院只评价了四个技术方案,遗漏中光公司的诉讼请求。

中光公司辩称:(一)中光公司提交的两份《司法鉴定意见书》通过实验数据,测试出被诉侵权产品对电容值的选择符合涉案专利的公式 $C = In/2\pi fVK$,即被诉侵权产品对电容值的选择与涉案专利使用的方法相同。中光公司已经充分举证证明了被诉侵权产品具备该方法特征,故被诉侵权产品落入涉案专利保护范围。(二)海鹏信公司提交的"OBO公司索斯特发表的论文及其译文"的复制件不属于公开出版物,形式上不符合要求。从内容上来看,海鹏信公司提供了多份对比文献结合作为现有技术抗辩,不符合法律规定。经原审法院释明后,海鹏信公司选择了一份对比文献,但该对比文献仅介绍了该领域的部分技术原理,并没有公开涉案专利的全部技术特征。国家知识产权局于2019年11月28日作出的第42539号《无效宣告审查决定书》,维持专利权有效,也能佐证海鹏信公司的现有技术抗辩不能成立。(三)海鹏信公司认为原审法院遗漏请求是不恰当的,中光公司在原审中请求比较多,指控侵权产品型号较多,中光公司做了部分撤销,但不认为原审裁判有遗漏问题。请求驳回上诉。

加恩公司未到庭,但提交书面意见称:原审判决针对加恩公司的判决事实清楚,适用法律正确。加恩公司销售的被诉侵权产品均源自海鹏信公司,目前已经停止对被诉侵权产品的销售。原审法院事实认定清楚,法律适用正确,请求维持原审判决,驳回上诉。

中光公司向原审法院提起诉讼,原审法院于2019年1月3日立案受理。中光公司起诉请求:1. 海鹏信公司立即停止制造、使用、销售、许诺销售落入涉案专利权利要求1、2、6、9、10保护范围的下列电源防雷器产品:M1S385－25I(2P)、M1S385－25I(3P)、M1S385－25I(4P)、M1S385V80A100Ⅱ(1P＋N)、M1S385V80A100Ⅱ(3P＋N)、M1S320－25I(2P)、HFLQ220－4/20和HFLQ220－6/30(以下分别简称被诉侵权产品一至八),删除www. hpxin. com(以下简称被诉侵权网站)上关于上述被诉侵权产品的宣传信息,并销毁所有库存被诉侵权产品;2. 加恩公司立即停止销售上述被诉侵权产品;3. 海鹏信公司赔偿中光公司经济损失500万元及合理开支30万元。

海鹏信公司辩称:无法确认被诉侵权产品系其售出,被诉侵权产品技术方案没有落入涉案专利的保护范围,且属于现有技术。

加恩公司辩称:其所销售的被诉侵权产品源于海鹏信公司,加恩公司主观上并无过错,目前已暂停销售。

原审法院认定事实:

(一)关于涉案专利权的情况

2007年4月29日,中光公司就"高效层叠式石墨放电隙装置"的发明向国家知识产权局申请专利。2009年8月19日,中光公司获得授权,专利号为ZL 2007 1004××××.9,即涉案专利权,目前处于有效状态。

本案中,中光公司主张以权利要求1、2、6、9、10作为划定专利保护范围的基础。其中,权利要求1为独立权利要求;权利要求2从属于权利要求1;权利要求6从属于权利要求1或2;权利要求9从属于权利要求1或2;权利要求10从属于权利要求9。《最高人民法院关于审理侵犯专利权纠纷案件应用法律若干问题的解释》(以下简称专利侵权司法解释)第一条第二款规定:"权利人主张以从属权利要求确定专利权保护范围的,人民法院应当以该从属权利要求记载的附加技术特征及其引用的权利要求记载的技术特征,确定专利权的保护范围。"根据上述规定的精神,按照用最多的技术特征来确定保护范围的思路,上述权利要求可构成技术方案一,即1、2、6;技术方案二,即1、2、9、10;技术方案三,即1、6;技术方案四,即1、9、10。以技术特征相对较多的技术方案一、二为例,其中:

技术方案一可以分解为以下技术特征:(1)一种高效层叠式石墨放电隙装置;(2)所述装置包括N+1个放电隙、N个电容值相同的电容构成的π形连接电容组,其中N≥1;(3)所述放电隙串联连接;(4)其中,第一个放电隙F1与火线连接,最末一个放电隙FN+1接地;(5)所述π形连接电容组中各电容的一端与两放电隙之间的导电件连接,另一端接地;(6)所述放电隙为石墨放电隙;(7)所述石墨放电隙的石墨电极片之间放置绝缘环状垫片;(8)所述石墨放电隙层叠式组装;(9)所述π形连接电容组中各电容的电容值均按照C=In/2πfVK选择,其中:In为π形连接电容组中电容上的感应放电电流,In=I/N,I为π形连接电容组总电流,N为π形连接电容组电容个数,f为雷电波频率,V为π形连接电容组中电容上的额定电压,K为安全系数,K≥1;(10)所述石墨放电隙两石墨电极片之间的间距为0.22~0.70毫米;(11)所述各石墨放电隙是间距相同的等放电隙;(12)所述石墨放电隙的石墨电极片与所述π连接电容组中的电容之间的连接件呈针状或弧状。

技术方案二可以分解为以下技术特征:(1)一种高效层叠式石墨放电隙装置;(2)所述装置包括N+1个放电隙、N个电容值相同的电容构成的π形连接电容组,其中N≥1;(3)所述放电隙串联连接;(4)其中,第一个放电隙F1与火线连接,最末一个放电隙FN+1接地;(5)所述π形连接电容组中各电容的一端与两放电隙之间的导电件连接,另一端接地;(6)所述放电隙为石墨放电隙;(7)所述石墨放电隙的石墨电极片之间放置绝缘环状垫片;(8)所述石墨放电隙层叠式组装;(9)所述π形连接电容组中各电容的电容值均按照C=In/2πfVK选择,其中:In为π形连接电容组中电容上的感应放电电流,In=I/N,I为π形连接电容组总电流,N为π形连接电容组电容个数,f为雷电波频率,V为π形连接电容组中电容上的额定电压,K为安全系数,K≥1;(10)所述石墨放电隙两石墨电极片之间的间距为0.22~0.70毫米;(11)所述各石墨放电隙是间距相同的等放电隙;(12)所述石墨放电隙的石墨电极片为正方形或圆形或腰形;(13)所述石墨放电隙的石墨电极之间放置的绝缘环状垫片为正方形环或圆环或腰形环。

涉案专利说明书载明:“上述装置中,石墨放电隙的两石墨电极片之间的间距为0.22~0.70毫米,且各石墨放电隙是间距相同的等放电隙,两石墨电极片之间放置的绝缘环状垫片的厚度与两石墨电极片之间的间距相匹配”“石墨电极之间放置的绝缘环状垫片可保证石墨电极的间距一致,防止石墨电极间放电电弧的外泄”“按照本发明提供的电容值选择公式，一旦确定装置的V（可选择较低的限制电压），选择比较小（安全）电容放电电流In，根据雷电测试波形估算出频率f，即可计算出π形连接电容组中各电容的值，因而，该公式的操作性强，并适用于在8/20μs、10/350μs、1.2/50μs等雷电波形冲击下使用。”

（二）关于被诉侵权行为的情况

海鹏信公司在其官网的“产品中心”页面对被诉侵权产品一至五的外观、特点、结构尺寸以及技术参数等方面进行展示和介绍。海鹏信公司还在其产品手册中对被诉侵权产品一至五的外观、用途、特点及规格作了介绍。

2018年2月12日、3月30日、12月14日，中光公司在加恩公司处分别购买到了由海鹏信公司制造的被诉侵权产品一、二、三、四、五、六、七、八。

（三）关于被诉侵权产品的情况

1. 关于被诉侵权产品八

2019年4月26日，北京京洲科技知识产权司法鉴定中心（以下简称鉴定中心）出具京洲科技司鉴中心(2019)知鉴字第012号《司法鉴定意见书》，载明：

(1)鉴定事项、资质、材料、方法等程序事项

“鉴定委托方”为中光公司；“鉴定受托方”为鉴定中心；“受托方鉴定资质”为“中华人民共和国司法鉴定许可证”（机构名称：鉴定中心；许可证号：110010132；有效期限：2017年9月20日至2022年9月19日）；“委托方于2019年1月11日向本中心发出了鉴定委托书，委托鉴定其提供的公证购买的型号为HFLQ220－6/30的电源防雷模块[公证书编号：(2018)川成证经字第35327号]的技术特征与专利号为ZL 2007 1004××××.9的发明专利的权利要求1的技术特征是否相同或等同”；委托方提交的鉴定材料为涉案专利说明书、公证取得的“型号为HFLQ220－6/30的电源防雷模块”及说明书；“鉴定组于2019年3月19日对委托方提供的电源防雷模块进行拆解和勘验，取得勘验报告一份；鉴定组于2019年3月20日委托中国泰尔实验室对委托方提供的电源防雷模块进行检测，取得检验报告一份（报告编号：B19X20330）；鉴定组于2019年4月9日委托北京市理化分析测试中心对委托方提供的电源防雷模块中的电极片进行检验，取得检验报告一份（报告编号：190409－MXC－001）”。

(2)被诉侵权产品技术特征的确定

被诉侵权产品八由L－N、N－PE两组石墨放电隙串联组成，“采用叠层石墨间隙技术”；鉴定组选用N－PE部分为例，该部分包含C8、C9、C10、C10（背

面)、C11、C12、C14 七个电容;经检测,N－PE 部分的电容连接方式是 π 形连接;以 1kHz 和 10kHz 两种测试频率分别对上述七个电容进行检测,得到结果是:1.03nF、1.11nF、1.10nF、1.07nF、1.05nF、1.01nF、465.72pF;1.01nF、1.09nF、1.08nF、1.04nF、1.03nF、992.11pF、461.99pF,故 C8、C9、C10、C10(背面)、C12、C11 的电容值基本相同,C14 的电容值较小;N－PE 石墨放电隙由石墨片 10 至 18 共八个放电隙串联组成;若不考虑电容 C14 及对应的由石墨片 17 至 18 组成的放电隙(经检测,改造对 N－PE 部分的电气性能未造成影响),剩下的 C8、C9、C10、C10(背面)、C12、C11 六个电容的电容值基本相同并构成 π 型连接电容组,由石墨片 10 至 17 形成的七个放电隙串联连接,每个电容通过金属导电件穿过黑色塑胶支架与石墨片接触,每个金属导电件位于两个相邻的石墨放电隙之间;为验证上述六个电容的电容值是否符合 C＝In/2πfVK 这样一个选择公式,鉴定组将用 1kHz 测试频率得到的上述六个电容的电容值的平均数 1.06nF 确定为 C,I 采用特定的电流波形,即 8/20μs30KA 和 10/350μs6KA,并"外接导线"和利用电流表测量流经导线的电流,分别得到"正极性 404A、负极性 480A""负极性 222A";N 为电容组中电容个数,即六个;f 为雷电波频率,通过将上述电流波形中的半峰值时间,即 20μs、350μs 乘以 2,得到电流波形的周期,即 40μs、700μs,再分别计算出各自的雷电波频率,即 25kHz 和 1.4kHz;V 采用被诉侵权产品说明书所记载的最大限制电压即 2500V,上述参数分别代入公式 C＝In/2πfVK 计算得到的 K 分别为正极性 162、负极性 192 和负极性 1588。

通过上述检测和分析,被诉侵权产品八具有以下技术特征:A. 一种高效层叠式石墨放电隙装置;B. 该装置包含有八个放电隙、七个电容,其中六个电容的电容值相同并构成 π 形连接电容组;C. 所述放电隙串联连接;D. 上述 N－PE 部分放电隙中,一端放电隙接地,另一端放电隙与 L－N 部分放电隙串联,并与零线连接;E. 上述 π 形连接电容组中各电容的一端与两放电隙之间的金属导电件连接,另一端接零线;F. 上述放电隙为石墨放电隙;G. 上述石墨放电隙的石墨电极片之间放置绝缘环状垫片;H. 上述各石墨放电隙层叠式组装;I. 上述 π 形连接电容组中各电容的电容值均按照公式 C＝In/2πfVK 选择。

原审庭审中,双方对被诉侵权产品八予以拆卸、测量。根据测量,绝缘环状垫片为正方形,分为白色、棕色两种;白色绝缘环状垫片厚度的测量情况为:第一片第一测 0.29 毫米、第二次 0.29 毫米、第三次 0.31 毫米,第二片第一测 0.30 毫米、第二测 0.30 毫米、第三测 0.30 毫米,第三片第一测 0.30 毫米、第二测

0.30毫米；棕色绝缘环状垫片厚度测试情况为：0.25毫米、0.24毫米、0.23毫米。石墨电极片与电容之间的连接件呈L形。

通过上述测量，被诉侵权产品八具有以下技术特征：J.所述石墨放电隙两石墨电极片之间的间距为0.22毫米至0.70毫米，除棕色环状垫片所间隔的放电隙外；K.所述各石墨放电隙是间距相同的等放电隙；L.所述石墨放电隙的石墨电极片与所述π连接电容组中的电容之间的连接件呈L形。

同时，被诉侵权产品八还具有以下技术特征：M.所述石墨放电隙的石墨电极片为正方形；N.所述石墨放电隙的石墨电极之间放置的绝缘环状垫片为正方形环。

2.关于被诉侵权产品七

原审庭审中，中光公司提供了关于被诉侵权产品七、被诉侵权产品八的情况说明，其中展示了两款产品的外观图及拆解图，并注明：被诉侵权产品七、被诉侵权产品八"分别采用了相同的石墨间隙部件，具有相同的石墨电极、绝缘垫片以及PCB板（包括电容器件），石墨间隙与PCB板的机械电气组合方式相同"；被诉侵权产品七具有"遥信端口"，被诉侵权产品八"无遥信端口"。上述图片能够与原审法院当庭组织拆解的情况相印证。

另外，根据产品说明书的记载，被诉侵权产品七与被诉侵权产品八在防护原理图上前者比后者多了"遥信告警接口"的结构，其余部分相同。

3.关于被诉侵权产品三

2016年11月21日，北京智慧知识产权司法鉴定中心（以下简称鉴定中心2）出具智慧司法鉴定中心（2014）知鉴字第20号《司法鉴定意见书》，其载明：

（1）鉴定事项、资质、材料、方法等程序事项

"委托人"为中光公司；鉴定资质为《司法鉴定许可证》（机构名称：鉴定中心2；许可证号：110003078；有效期限：2014年1月8日至2019年1月7日）；委托鉴定事项：深圳市海鹏信电子股份有限公司销售的HPXIN牌M1S385－25I（4P）型电源防雷器是否包含有申请号为20071004××××.9的发明专利权利要求1、2、6、9和10记载的技术特征；委托方提交的鉴定材料为涉案专利文本和被诉侵权产品三2组（每组均独立包装，每个包装内含有1组用铆钉铆合连接的4个相同的防雷器单体及1份产品说明书）。经检视，2组防雷器外包装均完好，其铆合结构及每个防雷器单体外壳均完整。另外，该《司法鉴定意见书》所展示的产品图片与中光公司提交的被诉侵权产品三实物在外观及标注上均一致；受鉴定

中心2的委托,中国泰尔实验室于2016年10月24日对被诉侵权产品三进行了检测实验,并于2016年10月31日向鉴定中心2出具了编号为B16X20805的检验报告,鉴定中心2见证了上述检测实验;受鉴定中心2的委托,国家石墨产品质量监督检验中心于2016年10月31日对“防雷器中使用的电极片材质进行了分析”,并于2016年11月2日向鉴定中心2出具了编号为GSW2016-10-09的检验报告。

(2)被诉侵权产品技术特征的确定

两组防雷器中包含有八个防雷器单体;在国标GB18802.1-2011中,使用A/Bμs的形式对雷电波形进行标注,其中B为半峰值时间,“在防雷设备的实际测试中,通常采用1.2/50μs电压波形、8/20μs电流波形和10/350μs电流波形”“只能对防雷器进行电路改造才能测量权利要求中记载的π形连接电容组总电流”“通过记录并对比防雷器电路改造前后的响应值,以此作为判定防雷器电路改造前后电气性能是否改变的标准,采用8/20μs电流波形和10/350μs电流波形来作为输入,记录流经防雷器π形连接电容组的总电流,以此作为判定防雷器是否采用专利权利要求中记载的电容值选择公式的标准”“在进行电路改造前,1.2/50μs波形正负冲击十次的响应值为1.74Kv至1.94Kv之间。进行电路改造后,1.2/50μs波形正负冲击十次的响应值为1.80Kv至1.86Kv之间。由于电路改造后的响应值波动区间小于电路改造前的响应值波动区间,因此可视为电路改造没有对防雷器的电气性能造成改变”“使用1KHz和10KHz档位对防雷器电路中的电容值进行测量,电容器的电容值均为1.04nF至1.39nF之间……防雷器中所使用的电容测量值的算术平均值为1.08nF”“电容C1-C10的左端与防雷器的L/N端连通,右端均未连通,因此,电容C1-C10的连接方式为π形连接”“防雷器……共使用了十个电容,十二片电极片,电极片之间通过绝缘垫片产生了十一个放电隙”“防雷器电极片1与3形成的放电隙为第一个放电隙,该放电隙通过电极片与PCB板中的L/N焊点及图6中标记的防雷器A点连通,在防雷器单体外壳中,将A点标记为L1、L2、L3或N;电极片10与电极片12形成的放电隙为最后一个放电隙,该放电隙通过电极片与PCB板中的N/PE焊点及图6中标记的防雷器B点连通,在防雷器单体外壳中,将B点均标记为PE”“在供电电路中,通常以‘L’表示火线,以‘N’表示零线,以‘PE’表示地线”“1个防雷器单体中……π形连接电容组中各电容的一端与两放电隙之间的导电件连接,另一端接零线”“石墨报告表明,防雷器中所使用的电极片材质石墨化度为85%。同时,说明书概述部分记载,'该产品……内部采用触发回路的多层石墨间隙'""由检视可知,防雷器的电极片之间为层叠式组装,且在电极片之间使用了环状垫片。经万用表测试,该环状垫片为绝缘材质""对防雷器进行8/20μs电流波形的冲击时,流经防雷器π形电容组的电流强度为正极性时的540A和负极性时的496A。对防雷器进行10/350μs电流波形的冲击时,流经防雷器π形电容组的电流强度为负极性时的247A""防雷器标称的额定电压为2500伏""采用2倍半峰值时间作为波形的周期,以此计算雷电频率。按照此方式计算,8/20μs电流波形的周期为40μs,频率为25KHz;10/350μs电流波形的周期为700μs,频率为1.4KHz";将上述参数带入公式"C = In/2πfVK"进行计算,可分别得到K为正极性121和负极性117(8/20μs电流波形)、1040(10/350μs)的结果;"经过测量,11个放电隙垫片的厚度在0.31毫米至0.35毫米之间……其算术平均值为0.33毫米……其误差为间距算术平均值的6%。因此,可认为各石墨放电隙为间距等同的等放电隙""对比图11与图12内容可得,图11中的仰视图中连接件的形状与图12相同,且专利说明书中将图12所示的连接件形状定义为针状。因此,防雷器石墨放电隙的石墨电极片与π形连接电容组中的电容之间的连接件呈针状""拆解防雷器中固定石墨电极片的螺栓后,可见防雷器中的石墨电极片……为切角矩形""拆解防雷器中固定石墨电极片的螺栓后,可见防雷器中的环状垫片……为切角矩形"。

通过上述检测和分析,被诉侵权产品三的防雷器单体有以下技术特征:

A. 一种高效层叠式石墨放电隙装置;B. 该装置包含有十一个放电隙、十个电容值相同的电容构成的π形连接电容组;C. 所述放电隙串联连接;D. 上述放电隙中,第一个放电隙与火线或零线连接,最末一个放电隙接地;E. 上述π形连接电容组中各电容的一端与两放电隙之间的电极片连接,另一端接火线或零线;F. 上述放电隙为石墨放电隙;G. 上述石墨放电隙的石墨电极片之间放置绝缘环状垫片;H. 上述各石墨放电隙层叠式组装;I. 上述π形连接电容组中各电容的电容值均按照公式C = In/2πfVK选择;J. 所述石墨放电隙两石墨电极片之间的间距为0.33毫米;K. 所述各石墨放电隙是间距相同的等放电隙;L. 所述石墨放电隙的石墨电极片与所述π连接电容组中的电容之间的连接件呈针状。

同时,被诉侵权产品三的防雷器单体还具有以下技术特征:M. 所述石墨放电隙的石墨电极片为切角矩形;N. 所述石墨放电隙的石墨电极之间放置的绝缘环状垫片为切角矩形。

4. 关于被诉侵权产品一、二

被诉侵权产品一、二具有与被诉侵权产品三相同的防雷器单体，只是数量分别为2个、3个。

5. 关于被诉侵权产品四、五、六

原审庭审后，中光公司撤回了关于被诉侵权产品四、五、六的相关主张。

（四）关于现有技术的情况

本案中，海鹏信公司为证明被诉侵权产品三、八源于现有技术，举示了一份“OBO公司索斯特发表的论文及其译文”的复印件，该论文源于网络搜索，原文为英文。

海鹏信公司提供了上述文件的译文，其上载明：“脉冲功率应用国际会议盖尔森基兴，2001年3月29日至30日”；标题为“使用火花隙避雷器保护低功率电源免受自然雷电的脉冲功率的损害”“在本文中，将展示一种新的碳技术。碳技术的应用避免了现有火花隙的一些缺点，因此显示出更好的性能。成功的关键是新材料的应用和电弧中断原则”“为了避免现有解决方案的缺点，主要关注的是封闭火花隙，其具有减少老化以及高持续电流中断能力……为了实现每个火花隙的恒定的击穿电压，必须找到没有金属电极的解决方案。石墨作为电极材料为阳极和阴极提供了优异的压降、热传导以及汽化性能”。文件的其余文字主要介绍了相关测试过程以及技术原理。文件所附图5为“具有电容分级的多个火花隙”的结构图，其中标示了“电容分级”“石墨电极”“电极之间密封腔中的火花”“聚四氟乙烯绝缘盘”，但没有具体尺寸；附图6、附图7、附图8为三种避雷器产品的外观。

原审法院认为，《专利法》第十一条第一款规定：“发明和实用新型专利权被授予后，除本法另有规定的以外，任何单位或者个人未经专利权人许可，都不得实施其专利，即不得为生产经营目的制造、使用、许诺销售、销售、进口其专利产品，或者使用其专利方法以及使用、许诺销售、销售、进口依照该专利方法直接获得的产品。”现有证据显示，海鹏信公司制造、销售，加恩公司销售了被诉侵权产品一至八，海鹏信公司还实施了许诺销售被诉侵权产品一至五的行为。因此，根据上述规定，要判断海鹏信公司、加恩公司是否构成侵权，以及中光公司的诉讼请求能否得到支持，取决于上述被诉侵权产品是否落入涉案专利的保护范围。

（一）被诉侵权产品是否落入涉案专利的保护范围

1. 被诉侵权产品八

将被诉侵权产品八与涉案专利的权利要求1、2、6，即技术方案一相比，可以看出：a与A、c与C、f－i与F－I分别对应并相同；j与J对应并相同；l与L对应并等同。

将被诉侵权产品八与涉案专利的权利要求1、2、9、10，即技术方案二相比，可以看出：a与A、c与C、f－i与F－I分别对应并相同；j与J对应并相同；l与L、m与M分别对应并相同。

就技术特征b与B而言，B为“该装置包含有8个放电隙、7个电容，其中6个电容的电容值相同并构成π形连接电容组”，其中包含了电容值相同且构成π形连接电容组的六个电容，以及对应的七个放电隙，与b的“所述装置包括N＋1个放电隙、N个电容值相同的电容构成的π形连接电容组，其中N≥1”的内容相对应。虽然相较于b，B中增加了一个电容值不同的电容以及对应的放电隙，但该放电隙与其余放电隙串联在一起且位于一端；同时，经鉴定中心检验，去掉该组电容和放电隙并进行“外接导线”改造，对剩余的七个放电隙以及六个电容值相同的电容构成的π形连接电容组的电气性能均不构成影响。因此，B实际构成对b的覆盖。

就技术特征d与D而言，虽然技术特征D表现为一端放电隙接地、另一端放电隙接零线，但该技术特征仅为《司法鉴定书》对N－PE部分放电隙特征的归纳。实际上，该部分放电隙是与L－N部分最后一个放电隙串联，而L－N部分第一个放电隙是与火线相连，通过两部分放电隙的电压是一个由高到低的连贯过程。因此，d与D构成等同特征。

就技术特征e与E而言，两者的区别在于前者接地后者接零线，但无论是接地或接零线，二者对地电压为零或接近于零，且均起到保护用电设备的作用，构成等同替换。

就技术特征k与K而言，涉案专利说明书载明：“各石墨放电隙是间距相同的等放电隙，两石墨电极片之间放置的绝缘环状垫片的厚度与两石墨电极片之间的间距相匹配”“石墨电极之间放置的绝缘环状垫片可保证石墨电极的间距一致，防止石墨电极间放电电弧外泄。”按此逻辑，在没有相反证据的情况下，由于被诉侵权产品八所使用的棕色绝缘垫片的厚度明显不同于白色绝缘垫片，且相关《司法鉴定意见书》没有对此进行评述，故可推断出被诉侵权产品八的放电隙并非完全相同;同时,根据涉案专利说明书对于相同间距作用的强调,技术特征k与K也不构成等同特征。

需要指出的是,涉案专利技术特征i强调"电容值均按照 $C = In/2\pi fVK$ 选择"及"K≥1",同时涉案专利说明书进一步给出如下解释:"按照本发明提供的电容值选择公式,一旦确定装置的V(可选择较低的限制电压),选择比较小(安全)电容放电电流In,根据雷电测试波形估算出f,即可计算出π形连接电容组中各电容的值,因而,该公式的操作性强,并适用于在8/20μs、10/350μs、1.2/50μs等雷电波形冲击下使用。"因此,在上述公式中,除要求K必须大于等于一,π为常数,以及强调用常规的8/20μs、10/350μs、1.2/50μs等雷电波形估算f外,其余参数均可以根据设备的实际情况酌情确定。换言之,上述公式在满足K和f特定要求的情况下,根据对V、In值的不同选择为电容值C确定相应的值。在关于被诉侵权产品八的《司法鉴定意见书》中,鉴定中心直接选用常规雷电波形,即8/20μs、10/350μs估算出f的值,满足了上述公式关于f的要求。另外,鉴定中心将检测出的C、In值以及产品说明书记载的最大限制电压作为V值代入上述公式,得出的K值均大于一,满足了公式关于K值的要求。因此,在海鹏信公司未能证明相关电容值的确定方式且仅表明系其根据经验和实验得出的情况下,原审法院认为i与I相同。

综上,被诉侵权产品八没有落入技术方案一的保护范围,但落入技术方案三、四的保护范围。

2. 被诉侵权产品七

由于被诉侵权产品七具有与被诉侵权产品八相同的结构,故被诉侵权产品七也落入技术方案三、四的保护范围。

3. 被诉侵权产品三

将被诉侵权产品三与涉案专利的权利要求1、2、6,即技术方案一相比,可以看出:a－d与A－D分别对应并相同,e与E对应并等同,f－l与F－L分别对应并相同。

将被诉侵权产品三与涉案专利的权利要求1、2、9、10,即技术方案二相比,可以看出:a－d与A－D分别对应并相同,e与E对应并等同,f－k与F－K分别对应并相同,l－m与L－M分别对应并等同。

需要指出的是,就技术特征e与E的比较而言,π形连接的电容组不连接电极片的一端无论连接火线还是地线,均采用了"电容与其同级的放电隙两端形成一个钳位压降”的技术手段，达到了“逐级降低冲击电压，保护电路”的技术目的。因此，e与E构成等同特征。

综上，被诉侵权产品三分别落入了技术方案一、二、三、四的保护范围。

4. 被诉侵权产品一、二

由于被诉侵权产品一、二具有与被诉侵权产品三相同的防雷器单体，故同样落入了技术方案一、二、三、四的保护范围。

(二)被诉侵权产品是否源于现有技术

《最高人民法院关于审理侵犯专利权纠纷案件应用法律若干问题的解释(二)》第二十二条规定：“对于被诉侵权人主张的现有技术抗辩或者现有设计抗辩，人民法院应当依照专利申请日时施行的专利法界定现有技术或者现有设计。”由于涉案专利的申请日为2007年4月29日，故本案应依照2000年修正的专利法来界定现有技术。《专利法》(2000年)第二十二条第二款规定：“新颖性，是指在申请日以前没有同样的发明或者实用新型在国内外出版物上公开发表过、在国内公开使用过或者以其他方式为公众所知，也没有同样的发明或者实用新型由他人向国务院专利行政部门提出过申请并且记载在申请日以后公布的专利申请文件中。”

本案中，海鹏信公司为证明被诉侵权产品三、八源于现有技术，举示了一份“OBO公司索斯特发表的论文及其译文”的复印件，该论文源于网络搜索，原文为英文。因此，从形式上讲，海鹏信公司所举示的文献并不符合上述规定的要求。从内容上讲，该文献关注的重点在于应用“一种新的碳技术”，以“避免现有火花隙的一些缺点”，比如，其提到“为了实现每个火花隙的恒定的击穿电压，必须找到没有金属电极的解决方案。石墨作为电极材料为阳极和阴极提供了优异的压降、热传导以及汽化性能”，而文献的其余文字主要介绍了相关测试过程以及技术原理。因此，该文献并没有完整披露与涉案专利对应的全部技术特征。

综上，原审法院对海鹏信公司的现有技术抗辩不予支持。

(三)民事责任的承担

《侵权责任法》第二条、第十五条[1]规定，侵害专利权等民事权益，应当承担停止侵害、赔偿损失等民事责任。根据该规定，原审法院在海鹏信公司、加恩

---

〔1〕 已废止，原《侵权责任法》第2条对应《民法典》第120条、第110条等条文；原《侵权责任法》第15条对应《民法典》第179条，下同。

公司已经构成专利侵权的情况下,对中光公司关于停止侵害、赔偿损失的诉讼请求予以支持。

就赔偿损失而言,《专利法》(2008 年)第六十五条规定:“侵犯专利权的赔偿数额按照权利人因被侵权所受到的实际损失确定;实际损失难以确定的,可以按照侵权人因侵权所获得的利益确定。权利人的损失或者侵权人获得的利益难以确定的,参照该专利许可使用费的倍数合理确定。赔偿数额还应当包括权利人为制止侵权行为所支付的合理开支。权利人的损失、侵权人获得的利益和专利许可使用费均难以确定的,人民法院可以根据专利权的类型、侵权行为的性质和情节等因素,确定给予一万元以上一百万元以下的赔偿。”根据上述规定,由于中光公司未能证明其侵权损失或对方的侵权获益,在无专利许可使用费可资参照的情况下,原审法院根据涉案专利权的类型、被诉侵权产品的种类、海鹏信公司的侵权行为性质等因素,并考虑中光公司为本案诉讼所采取的公证、鉴定等维权手段,综合确定海鹏信公司应承担包括合理开支在内的赔偿责任为 100 万元。

另外,中光公司还请求删除被控网站上对被诉侵权产品的宣传信息,但其在庭审中已承认涉及被诉侵权产品的网页已经删除,故对该项请求不予支持。对于销毁库存产品的请求,由于中光公司未证明被诉侵权产品的库存情况,原审法院不予支持。

本案中,海鹏信公司还申请原审法院调取某案外公司的检测报告等档案资料以及产品样品,但其同时提交了该案外公司部分检测报告。因此,原审法院无法得出被申请调取的证据属于海鹏信公司客观上无法取得的范围的结论。另外,海鹏信公司附随提交的检测报告等材料,也未能显示或部分显示出与涉案专利对应的技术特征,换言之,海鹏信公司的上述取证申请,没有初步证据支撑。因此,原审法院对海鹏信公司的取证申请不予准许。

原审法院判决:(一)自判决生效之日起,海鹏信公司立即停止制造、许诺销售、销售落入专利号为 ZL 2007 1004 × × × ×.9、名称为“高效层叠式石墨放电隙装置”的发明专利保护范围的产品;(二)自判决生效之日起,加恩公司立即停止销售落入专利号为 ZL 2007 1004 × × × ×.9、名称为“高效层叠式石墨放电隙装置”的发明专利保护范围的产品;(三)自判决生效之日起 15 日内,海鹏信公司赔偿中光公司经济损失及合理开支共计 100 万元;(四)驳回中光公司的其他诉讼请求。如海鹏信公司未按判决指定的期间履行上述赔偿义务,应当按照

《民事诉讼法》第二百五十三条[1]的规定,加倍支付迟延履行期间的债务利息。案件受理费48,900元,由中光公司承担18,000元,由海鹏信公司承担30,000元,加恩公司承担900元。

本院二审期间,海鹏信公司为证明其主张,向本院提交了如下证据:

证据1:德国OBO公司在2002年以前在深圳市发布的MC50-B产品应用技术指南。证明目的:被控侵权产品与MC50-B结构基本一致。

证据2:人民网新闻。证明目的:深圳市固定电话于2002年6月29日零时升位为8位。

证据3:《中国防雷杂志》2004年第4期页面。证明目的:MC50-B产品在《中国防雷杂志》2004年第4期投放的商业广告。

证据4:MC50-B产品销售发票。证明目的:MC50-B产品在2004年已经公开销售。

证据5:《电子器件导论》。证明目的:电容器的K值范围在1~3为公知常识。

证据6:ZL0210××××.4公开文本。证明目的:电容器安全系数应该是乘以一个≥1的系数。

证据7:ZL 2017 2004××××.1授权公告文本。证明目的:电容器安全系数应该是乘以一个≥1的系数。

证据8:《无效宣告请求受理通知书》及请求书。证明目的:海鹏信公司已经针对涉案专利以不符合《专利法》第26条第3款及第4款的规定为由提出无效宣告。

证据9:北京知识产权法院行政案件受理通知书及行政起诉状。证明目的:海鹏信公司已经针对涉案专利的第42539号无效决定提起行政诉讼。

证据10:德国OBO公司MC50-B产品实物。证明目的:被控侵权产品与MC50-B结构基本一致。

证据11:无效宣告请求口头审理通知书。证明目的:涉案专利在无效宣告审理程序中。

证据12:现代汉语词典。证明目的:关于安全系数的解释。

证据13:论文《标准雷电波形的频谱分析及其应用》。证明目的:关于雷电

---

[1] 2021年修正后改为第260条。

波的频谱常用分析方法。

中光公司的质证意见：无法确定证据1的来源和时间，因为资料没有公开，不具备作为现有技术的证明材料；认可证据2的真实性、合法性，但无关联性；对证据3同第1、2份证据的质证意见；不予认可证据4真实性，因为我国对增值税发票的管理是从1994开始，当时是人工开具，在2008年8月才开始在北京市西城区等部分企业试用机打发票，2008年10月陆续推行专用发票。海鹏信公司将证据5作为无效证据提供过，属于公知常识，起不到证明作用；证据6不支持其证明目的；证据7不能作为现有技术证据；综上，证据1到8不支持其证明目的。证据9，认可其合法性、真实性、关联性；证据10没有证明力；对于补充的证据11、12、13，认可其真实性、合法性，但不具备关联性。

本院认证意见：证据1、2、3、4、10没有形成一个完整的证据链条证明MC50－B产品的技术方案公开时间先于涉案专利申请日，而且，海鹏信公司也没有证明被诉侵权产品与该技术方案的全部技术特征相同或者无实质性差异，本院对此不予采纳。证据5、6、7、12、13没有关联性，本院不予采纳。证据8、9、11具备合法性、真实性，能够证明涉案专利权效力状态的相关事实，本院予以采纳。

中光公司、加恩公司二审中未提交新证据。

原审法院查明的事实基本属实，本院予以确认。

本院另查明：

（一）关于涉案专利权的状态。国家知识产权局于2020年9月7日作出第46045号《无效宣告请求审查决定书》，维持涉案专利权有效。该《决定书》认为，电容值计算公式所涉及的参数K、f、V、I在权利要求书和说明书中均有明确的定义，均存在一定的取值范围，本领域普通技术人员可以根据公式在一定范围内在实际应用中选取数值。

（二）关于被诉侵权产品。中光公司和海鹏信公司在二审庭审中同意以被诉侵权产品三和八的技术方案为代表与涉案专利权利要求1技术方案进行对比，来确定被诉侵权技术方案是否落入专利权的保护范围。海鹏信公司认可中光公司单方送检产品和原审判决认定的公证书中被诉侵权产品的型号一致。

（三）关于专家辅助人意见。二审庭审中，中光公司申请现已退休的深圳市防雷技术有限公司原总工程师郭亚平、北京京洲科技知识产权司法鉴定中心副主任王凯、原北京智慧知识产权司法鉴定中心现北京北新智诚知识产权代理有限公司工作人员赵郁军作为专家辅助人出庭，海鹏信公司申请深圳金质科技有限公司总经理金志虎作为专家辅助人出庭，就涉案争议的技术问题等发表了意见。经法庭允许，中光公司和海鹏信公司分别对部分专家辅助人进行了询问。郭亚平发表意见称，涉案专利电容选择公式参数物理意义清楚，是一个可以对电容值确定一个大致范围的经验公式，然后通过实验数据再确定最优参数。金志虎发表意见称，涉案专利电容选择公式中雷电波频率是不确定的，行业在确定这种防雷产品的电容的时候，根据产品的电路、性能、体积、成本等进行选择，具体计算根据常见的工具书中的资料，应该用经验选择范围，根据实验进行确定。王凯发表意见称，涉案鉴定报告中鉴定的产品是公证购买的被诉侵权产品，鉴定方法是根据国家标准规定的实验方法进行等。赵郁军发表意见称，智慧鉴定报告上22页中显示报告上写的检验电容是四个，随机抽取的时候应该是抽取了五个，应该是笔误。对于上述意见，本院将在认定技术事实时予以参考。

本院认为，根据当事人的诉辩意见及案件事实，本案在二审阶段的主要争议焦点为：（一）被诉侵权产品是否落入涉案专利权保护范围；（二）海鹏信公司现有技术抗辩是否成立；（三）如构成侵权，如何承担民事责任。

一、关于被诉侵权产品是否落入涉案专利权保护范围

（一）关于涉案专利权保护范围的确定

原审中，中光公司主张以权利要求1、2、6、9、10作为划定专利保护范围的基础。原审判决按照用最多的技术特征来确定保护范围的思路，将中光公司主张的权利要求划分为技术方案一，即1、2、6；技术方案二，即1、2、9、10；技术方案三，即1、6；技术方案四，即1、9、10。以技术特征相对较多的技术方案一、二为例确定专利权的保护范围。《专利法》（2008年）第五十九条[1]第一款规定，发明或者实用新型专利权的保护范围以其权利要求的内容为准，说明书及附图可以用于解释权利要求的内容。《专利法实施细则》第二十条规定，权利要求书应当有独立权利要求，也可以有从属权利要求。独立权利要求应当从整体上反映发明或者实用新型的技术方案，记载解决技术问题的必要技术特征。从属权利要求应当用附加的技术特征，对引用的权利要求作进一步限定。《专利侵权司法解释》第一条第二款规定，权利人主张以从属权利要求确定专利权保护范围的，人民法院应当以该从属权利要求记载的附加技术特征及其引用的权利要求记载的技术特征，确定专利权的保护范围。依据上述法律、行政法规和司法解释，独

---

[1] 2020年修订后第59条改为第64条。

立权利要求和从属权利要求各自独立构成完整的技术方案,分别限定了专利权的保护范围。每一项权利要求是限定专利权保护范围的独立单元,人民法院应当依据单独的权利要求记载的全部技术特征确定专利权的保护范围。原审法院将多项权利要求混合确定专利权的保护范围,明显有误,本院予以纠正。

二审庭审中,中光公司明确主张以涉案专利权利要求1确定专利权的保护范围。权利要求1记载的技术方案可以分解为如下A、B、C、D四个技术特征:

A. 石墨放电隙装置,包括N+1个放电隙、N个电容值相同的电容构成π形连接电容组(1);

B. 各放电隙串联连接,其中,第一个放电隙F1与火线连接,最末一个放电隙FN+1接地,π形连接电容组中各电容的一端与两放电隙之间的导电件连接,另一端接地;

C. 放电隙为石墨放电隙,石墨放电隙的石墨电极片之间放置绝缘环状垫片,各石墨放电隙层叠式组装;

D. π形连接电容组中各电容的电容值均按照下式选择:

C = In/2πfVK

式中:In为π形连接电容组中电容上的感应放电电流,In = I/N,

I为π形连接电容组总电流,

N为π形连接电容组电容个数,

f为雷电波频率,

V为π形连接电容组中电容上的额定电压,

K为安全系数,K≥1。

关于"电容值相同的电容"中的电容是市场通用产品,电容的测量值为一定误差范围内的数值。关于"第一个放电隙F1与火线连接,最末一个放电隙FN+1接地"解释,根据说明书记载,N+1个放电隙是"间距相同的等放电隙","第一个"和"最末一个"没有电势差方向上的限定。关于电容值按照公式"C = In/2πfVK"选择,该公式是一个经验公式,所涉及的参数K、f、V、I在权利要求书和说明书中均有明确的定义,均存在一定的取值范围,对于电容值的相关参数的测试数值符合公式的数量关系,就表明电容值的选择符合该技术特征的限定。

(二)关于对《司法鉴定意见书》的认定

原审判决认为中光公司提交的《司法鉴定意见书》是鉴定意见。《民事诉讼法》第七十六条[1]第一款规定:“当事人可以就查明事实的专门性问题向人民法院申请鉴定。当事人申请鉴定的,由双方当事人协商确定具备资格的鉴定人;协商不成的,由人民法院指定。”本案中,中光公司提交的《司法鉴定意见书》未经上述程序,不属于法律意义上的鉴定意见。本案《司法鉴定意见书》是当事人单方委托有关机构出具的意见,可以视为当事人陈述。认定被诉侵权产品是否落入涉案专利权的保护范围属于司法判断权,当事人陈述是合议庭认定技术事实的参考意见之一。当事人充分的、含有专家辅助人专门知识的意见陈述有助于合议庭全面查清技术事实,合议庭应当综合在案证据对技术事实进行独立的判断和认定。原审法院关于该项问题适用法律有误,本院予以纠正。

(三)关于被诉侵权产品技术特征与涉案专利权利要求1全部技术特征的比对问题

二审庭审中,对于中光公司主张的涉嫌侵权的五个型号的产品,海鹏信公司认可是其生产、销售,中光公司与海鹏信公司同意仅以被诉侵权产品三及以八进行技术比对。将被诉侵权产品技术方案分解后,各方争议的技术特征对应涉案专利权利要求1技术特征A、技术特征B、技术特征D。各方对技术特征C相同无争议。

《专利侵权司法解释》第七条规定,人民法院判定被诉侵权技术方案是否落入专利权的保护范围,应当审查权利人主张的权利要求所记载的全部技术特征。被诉侵权技术方案包含与权利要求记载的全部技术特征相同或者等同的技术特征的,人民法院应当认定其落入专利权的保护范围;被诉侵权技术方案的技术特征与权利要求记载的全部技术特征相比,缺少权利要求记载的一个以上的技术特征,或者有一个以上技术特征不相同也不等同的,人民法院应当认定其没有落入专利权的保护范围。

关于技术特征A:“石墨放电隙装置,包括N+1个放电隙、N个电容值相同的电容构成π形连接电容组(1)”;海鹏信公司认为,从泰尔检验报告载明的电容值来看,检材是在1.04nF至1.39nF之间,数据差别大,电容存在明显不同。中光公司认为,包括N个数值相同的电容是被诉侵权产品的技术特征,而任何测量过程中均有正常的测量偏差或者误差。测量误差和实际采用N个数值相同的电容是两个概念。被诉侵权产品和涉案专利对应的产品的电容均采购于公

[1] 2021年修正后第76条改为第79条。

开市场,电容作为组件被装配到被诉侵权产品之前数值已经确定,因此测量的误差不影响电容数值相同的认定。关于HFLQ220-6/30型号产品(被诉侵权产品八),被诉侵权产品八具有六个电容值相同的电容,两端还增加电容值较小的C14。涉案专利和被诉侵权产品技术方案工作时,各个电容独立发生储存电能和放电的作用,涉案专利说明书的背景技术记载,现有技术关于电容的选择公式存在的技术问题是,"均压电容的定值或者取值范围的不确定性"。电容在工作时,具有"平稳放电作用",没有雷击时,击穿电压和放电电容击穿电压值远大于工频电压,此时石墨间隙不工作。当雷击时,第一级石墨间隙被击穿,因第一级感应电容的平稳放电作用,使其第一级放电电压不是太高,但是足以击穿第二级石墨放电间隙。以此类推,雷电瞬间依次击穿以后石墨放电间隙,但间隙总的限制电压被控制在较低的数值,根据上述工作原理,可得知,电容值较小的C14没有使雷击时电流的击穿和放电作用发生变化,并不影响被诉侵权产品中其他等值电容作用的发挥。由于被诉侵权产品存在C2到C13六个电容值相同的电容,其电容连接方式、技术手段、技术功能及效果与涉案专利对应技术特征相同。被诉侵权产品三和八的对应技术特征与涉案专利权利要求1技术特征A构成相同技术特征。

关于技术特征B:"各放电隙串联连接,其中,第一个放电隙F1与火线连接,最末一个放电隙FN+1接地,π形连接电容组中各电容的一端与两放电隙之间的导电件连接,另一端接地";由于N+1个放电隙是对间距相同的等放电隙进行排列,雷电击穿放电隙装置时,随机在装置两端形成电势差,也就在地线或零线与火线之间形成电势差,根据涉案专利说明书附图标注"N(PE)"可知,接地和接零是可替换的技术用语,用语的差别不影响两者相同效果的实现。对于本领域技术人员来说,无须创造性劳动,就能够以基本相同的技术手段,实现相同的技术功能及效果,被诉侵权产品三和八中对应技术特征与涉案专利权利要求1中的技术特征B构成等同的技术特征。

关于技术特征D,中光公司向法院提交相关实验报告陈述,经测量被诉侵权产品的有关数据,其参数的数量关系符合涉案专利权利要求1关于电容值选取公式的技术特征。应由海鹏信公司举证证明被诉侵权产品的有关参数选取的技术手段与对应技术特征不同,或者利用其他不同的技术手段获得类似的电容值。海鹏信公司认为该公式不符合公知常识,业内通常采用的方法是通过工具测量市面上的同类产品的电容值结合自身经验来确定产品的电容值,不需要通过涉案专利的电容值选择公式进行选择。但是海鹏信公司没有提出证据证明与该公式矛盾的公知常识证据。海鹏信公司主张即使被诉侵权产品的参数符合公式亦不能证明海鹏信公司使用了这一公式。因涉案专利权有效,涉案专利技术特征D是经验公式,限定了各个参数取值的数量关系,进一步的精确数值可以在满足该数量关系的前提下通过测试验证选择符合需要的数值。海鹏信公司未提出证据证明被诉侵权产品的参数选择不符合该公式数量关系,故本院对其主张不予支持。中光公司的测试报告检验了被诉侵权产品相关参数的数量关系符合技术特征D,被诉侵权产品三和八中相应的技术特征与涉案专利权利要求1技术特征D相同。

综上,被诉侵权技术方案包含与权利要求1记载的全部技术特征相同或者等同的技术特征,其落入专利权的保护范围。原审法院关于争议技术特征的技术事实认定具有瑕疵,本院予以纠正,但关于被诉侵权技术方案落入涉案专利权的保护范围的结论并无不当。海鹏信公司关于被诉侵权产品未落入涉案专利权保护范围的上诉理由不成立。

二、关于海鹏信公司现有技术抗辩是否成立

《专利法》(2008年)第22条第5款规定,本法所称现有技术,是指申请日以前在国内外为公众所知的技术。第六十二条[1]规定,在专利侵权纠纷中,被诉侵权人有证据证明其实施的技术或者设计属于现有技术或者现有设计的,不构成侵犯专利权。《专利侵权司法解释》第十四条第一款规定,被诉落入专利权保护范围的全部技术特征,与一项现有技术方案中的相应技术特征相同或者无实质性差异的,人民法院应当认定被诉侵权人实施的技术属于《专利法》第六十二条规定的现有技术。

本案中,海鹏信公司主张的现有技术为索斯特发表的论文及其译文及二审补充提交了OBO公司MC50B产品,海鹏信公司主张该两份证据指向的为一个技术方案,但是并没有完整的证据链条证明论文所述技术方案和MC50B产品为同一技术方案,因此也不能证明MC50B产品技术方案的公开日期早于涉案专利权的申请日。海鹏信公司主张将其作为现有技术抗辩,是因为电容值基本接近。但是海鹏信公司自认该现有技术方案均未公开电容值符合涉案电容值选择公式这一技术特征。因此。被诉落入专利权保护范围的被诉侵权产品的全部

---

〔1〕 2020年修订后第62条改为第67条。

技术特征与该现有技术的特征也不构成相同或者无实质差异。海鹏信公司未能证明被诉侵权产品与一项现有技术方案中的相应技术特征相同或者无实质性差异,故海鹏信公司现有技术抗辩不成立,原审认定海鹏信公司现有技术抗辩不成立并无不当。

三、关于如何承担民事责任

《专利法》(2008 年)第六十五条规定:"侵犯专利权的赔偿数额按照权利人因被侵权所受到的实际损失确定;实际损失难以确定的,可以按照侵权人因侵权所获得的利益确定。权利人的损失或者侵权人获得的利益难以确定的,参照该专利许可使用费的倍数合理确定。赔偿数额还应当包括权利人为制止侵权行为所支付的合理开支。权利人的损失、侵权人获得的利益和专利许可使用费均难以确定的,人民法院可以根据专利权的类型、侵权行为的性质和情节等因素,确定给予一万元以上一百万元以下的赔偿。"

本案中,中光公司未能证明其实际损失、被诉侵权人侵权获益及专利许可使用费情况,原审法院根据涉案专利权的类型、被诉侵权产品的种类、海鹏信公司的侵权行为性质等因素,并考虑中光公司为本案诉讼所采取的维权手段,综合确定海鹏信公司应承担包括合理开支在内的赔偿责任为 100 万元。中光公司为制止侵权行为支出的合理费用包括律师费 160,000 元、公证费 7500 元、单方委托鉴定费 76,200 元、购买被诉侵权产品支出 106,100 元,参考相关费用的市场价格、单方委托的情况等,酌定合理开支 200,000 元。被诉侵权行为发生时双方都是被诉侵权产品相关市场的重要供应商。综合考虑上述因素,原审法院认定海鹏信公司赔偿中光公司经济损失以及为制止侵权行为的合理支出共计 1,000,000 元,并无明显不当,本院予以维持。对海鹏信公司的该项上诉请求本院不予支持。

中光公司在二审中明确主张以权利要求 1 为准确定涉案专利权的保护范围,放弃以其他权利要求为基础的主张,故本院对海鹏信公司关于原审法院遗漏诉讼请求的主张不再审查。

综上所述,海鹏信公司的上诉请求不成立。原审判决的瑕疵,本院已予以纠正。但原审判决认定事实基本清楚,裁判结果无误,本院予以维持。依照《中华人民共和国专利法》(2008 年)第二十二条第五款、第五十九条第一款、第六十二条、第六十五条,《中华人民共和国专利法实施细则》第二十条,《最高人民法院关于审理侵犯专利权纠纷案件应用法律若干问题的解释》第一条第二款、第七条、第十四条第一款,《最高人民法院关于审理侵犯专利权纠纷案件应用法律若干问题的解释(二)》第二十二条,《中华人民共和国民事诉讼法》第七十六条[1]第一款、第一百七十条[2]第一款第一项,《最高人民法院关于适用〈中华人民共和国民事诉讼法〉的解释》第三百三十四条[3]之规定,判决如下:

驳回上诉,维持原判。

二审案件受理费13,800元,由深圳市海鹏信电子股份有限公司负担。

本判决为终审判决。

第二节

什么是有效竞争——虾米音乐曲库盗链不正当竞争案

一、案件背景

本案是网络音乐行业高度关注的案件。

本案涉及数字内容聚合平台的竞争规则。一审法院判决驳回咪咕音乐有限公司的全部诉讼请求。二审法院认为:(1)数字音乐服务提供商耗费大量的时间、精力、财力建立的海量、优质的曲库是维护其市场地位、保持竞争优势的重要因素,其对该曲库享有竞争利益。(2)具有竞争关系的其他数字音乐服务提供商未经许可,以盗链等技术手段向自己的用户免费提供同行业竞争对手曲库中的歌曲,不正当地获得竞争优势,抢夺交易机会,损害了同行业竞争对手的合法权益,扰乱了公平市场竞争秩序,构成不正当竞争。

二、本案诉讼请求及事实理由

(一)原告咪咕音乐有限公司诉讼请求

1. 判令被告淘宝(中国)软件有限公司立即停止对原告的不正当竞争行为,

---

[1] 2021年修正后第76条改为第79条。
[2] 2021年修正后第170条改为第177条。
[3] 2022年修正后第334条改为第332条。

删除、屏蔽盗链的全部原告曲库歌曲；

2. 判令被告在其“虾米音乐”App（安卓版、苹果版及其网站）首页或者人民法院指定的媒体向原告公开致歉，消除不良影响；

3. 判令被告支付原告经济损失人民币15,000,000元；

4. 判令被告支付包含律师费、调查费、公证费等在内的维权合理开支人民币30万元。

（二）事实和理由

原告是中国移动集团咪咕文化科技有限公司旗下专业提供互联网音乐服务的公司，开发并运营国内知名的互联网音乐App“咪咕音乐”。秉持重视版权、尊重每一位音乐人的理念，原告与超过1500家唱片公司、6000位音乐家合作，每年斥巨资采购正版音乐内容以丰富咪咕音乐的曲库，目前曲库拥有正版音乐内容超过400万首。正是得益于大量优质的音乐作品内容，大量用户选择使用原告的咪咕音乐产品，原告也因此获得原文化部[1]颁发的首批“网络音乐创新示范单位”、四川省首批“文化旗舰单位”等荣誉称号。丰富的曲库内容是咪咕音乐较为核心的资产及竞争力来源之一。

不同于原告以合法合规的方式累积竞争优势，被告正以不正当手段进行恶性竞争。经原告核查并公证证实，被告所开发并运营的“虾米音乐”App（安卓版、苹果版）针对自身曲库所缺少的内容，通过网络爬虫等技术手段抓取咪咕音乐的歌曲播放URL和歌曲页面URL，编辑到其“虾米音乐”（安卓版、苹果版）的曲库数据中，用户在手机端的App页面点击该歌曲信息时，会在手机屏幕显示含有咪咕音乐标识、网站名称、歌曲专辑封面、歌手照片等信息的页面（该页面为咪咕音乐歌曲页面URL的运行结果）。当用户点击该歌曲播放或下载操作时，App使用歌曲播放URL从咪咕音乐服务器中下载歌曲的流媒体数据，进行播放或下载mp3文件。用户的操作均在“虾米音乐”App应用内即可完成。根据第三方调查公司查证的数据显示，咪咕音乐曲库中有超过18万首歌曲被被告以上述方式盗链，提供网络用户试听和下载。

原告认为，“咪咕音乐”与“虾米音乐”作为同业产品，具有明显的竞争关系。被告盗链原告曲库的行为，妨害原告正常向用户提供服务，分流了原告的潜在用户，使得原告本应获得的利益落空。同时，被告在盗链歌曲时使用原告的标识、

---

〔1〕 2018年机构改革后为文化和旅游部，下同。

名称,使用户误以为原告与被告存在合作关系,对用户产生误导,给原告带来不良影响。被告的行为违背了诚信原则及公认的商业道德,性质恶劣。被告的行为已给原告带来重大损失。

三、关于竞争秩序损害的代理意见

(一)损害或扰乱市场竞争秩序的构成要件问题

我们认为,从《反不正当竞争法》的立法体例以及司法实践来看,为法律所规制的不正当竞争行为,主要由该法第二章列举的七大类具体不正当竞争行为构成,当被诉行为不能适用第二章规定的具体不正当竞争行为时,当事人可以主张以该法第 2 条的原则性规定为规制被诉不正当竞争行为的依据,即第 2 条原则性条款在某些特定案件中,可以作为裁判不正当竞争行为的直接法律依据。

对法有明文规定的具体不正当竞争行为的构成要件,应以相关法条的规定为准,只要被诉不正当竞争行为在行为表现上符合第二章某一条款的具体规定,则可以径直认定该行为构成不正当竞争,而无须再论证该行为是否构成扰乱或损害市场竞争秩序。

对适用第 2 条原则性条款的不正当竞争行为,则需要从被诉行为是否扰乱市场竞争秩序,是否损害其他经营者或者消费者的合法权益这两个行为表现来进行分析判断。虽然《反不正当竞争法》以及相关司法解释对何为扰乱或损害市场竞争秩序并无明确解释,但我们认为,市场竞争秩序可以理解为在一定经济条件下,通过市场机制的自然作用,在经营者、消费者和相关利益主体之间形成的一种符合市场道德规范,正当且合理的商业模式,并由此商业模式建立起来的各利益主体之间的经济关系。

因此,分析判断适用第 2 条原则性条款的不正当竞争行为是否扰乱或损害了市场竞争秩序,就可以从该行为是否破坏了现有的商业模式、被破坏的商业模式是否正当且合理,由被破坏的商业模式建立起来的各方利益关系是否符合市场规律,是否有利于市场的发育和发展,被诉行为是否具有正当性,即其是否构建出了新的、更合理的、更有助于市场竞争和发展的新商业模式,从这样几个维度对被诉行为是否属于不正当竞争行为进行分析判断,从而作出公正的裁判。

(二)本案被诉曲库盗链行为是否构成《反不正当竞争法》第2条规制的不正当竞争行为

针对本案被诉的曲库盗链行为,因该行为不符合《反不正当竞争法》第二章规定的任何一类具体不正当竞争行为的构成要件,且因被盗链曲库的投资建设和管理运营者——原告咪咕音乐公司也难以通过著作权侵权来寻求法律救济,故本案具备适用《反不正当竞争法》第2条原则性条款对被诉行为进行规制的必要性。

如前所述,要分析判断本案被诉曲库盗链行为是否构成不正当竞争行为,首先需要确定该行为是否扰乱或损害了市场竞争秩序。

1. 被诉行为是否破坏了现有的商业模式

本案竞争领域涉及互联网音乐服务。现有的互联网音乐服务商业模式通常涉及三方利益主体,分别是代表音乐著作权人的音乐内容供应商(传统唱片公司、独立音乐人、音乐版权代理公司、音乐版权运营商等),网络音乐服务商(网络音乐平台及其投资建设、维护运营的音乐网站,音乐App等),网络音乐用户(音乐内容的消费者)。音乐内容供应商将其音乐提供给网络音乐服务商,并获取相应的版权许可使用费或后续的收益分成款项。网络音乐服务商将若干音乐内容供应商提供的海量音乐内容汇集在一起,开发建设相应的曲库,并通过其架设的音乐网站、音乐App向网络音乐用户提供音乐的在线试听、下载、分享等服务,并通过向用户收取付费下载、订购会员,或向广告商收取网络广告费用等方式获取经营收益。网络音乐用户通过在音乐网站注册或下载其音乐App成为平台的用户,并通过网络音乐服务商提供的各项服务,满足了相应的音乐消费。

由上述典型的网络音乐商业模式结构来看,代表音乐创作者(权利人)的音乐内容供应商CP与开展网络音乐服务的服务商(平台)及网络音乐消费者(用户)之间,构成了较为稳定的三者利益关系,这也是目前网络音乐服务市场较为常见的正当商业模式。

本案被诉行为是在上述三者利益结构之外,加入了设链平台这样一个新的利益主体,形成了四方结构。但因设链平台是未经代表音乐创作者(权利人)的音乐内容供应商CP的许可,也未经被设链的网络音乐服务商(平台)的许可而擅自设链行为,因此,设链平台并未参与正常网络音乐商业模式下的利益(收益)分配,即其既不需要承担相应的商业成本,也不会为原模式下的三方结构贡献相应的商业收益。由此可见,被诉行为破坏了现有的网络音乐商业模式。

2. 被破坏的现有商业模式是否正当且合理

前述网络音乐现有商业模式是在互联网技术发展背景下,经过音乐市场的长期发展建立起来的,符合正常的市场规律,有利于网络音乐市场的发育和发展,且已为《著作权法》及《信息网络传播权保护条例》等所认可,也应当被竞争法所支持和保护。

音乐作为文化产品对于人类生活的重要意义不言而喻。在互联网时代之前,音乐的商业化主要通过现场演出以及音乐唱片制作发行来推动。在唱片时代,音乐的商业模式也存在三方结构,即音乐创作权利人的代表(主要是唱片公司),音乐市场经营者利益的代表(主要是音像制品的发行商),以及音乐消费者。唱片公司制作了音乐录音录像制品,需要通过发行商在市场销售给消费者,从而实现从音乐产品到商品的转化。唱片时代音乐市场的不正当竞争行为主要体现在盗版市场对正版市场的冲击。互联网时代来临后,音乐产品从唱片演变为数字音乐文档,其主要的发行和传播媒介,也从音像制品变为在线音乐。但音乐市场的三方结构不变,只是各自身份和在市场中扮演的角色更多地体现了网络的特点而已。互联网消除了有形唱片市场的壁垒,因此,代表权利人的主体更加多样,形成了形形色色的音乐内容供应商 CP 群体。而集中海量音乐内容的网络音乐平台,在经历大浪淘沙式的市场选择以及网络音乐正版化的洗涤之后,已经逐步固化,呈现了较为集中化的趋势。音乐消费者一侧的演变主要发生在消费习惯和消费模式上。

简而言之,在唱片时代,音乐市场中的主导力量是唱片公司。在网络时代,音乐市场的主导力量是网络音乐平台。这两个时代音乐市场商业模式都以三角结构为特点,符合市场的基本价值规律,具有合理性和正当性。

3. 被诉行为是否具有正当性

考察本案被诉曲库盗链行为是否具有正当性,即其是否构建出了新的、更合理的、更有助于市场竞争和发展的新商业模式,对判定其是否应当被法律所禁止具有决定性的作用。

对此,我们认为:

第一,未经权利人许可,通过设链方式使用他人音乐作品及录音制品的行为,在著作权法领域是具有侵权性的,且在国家版权局组织网络音乐服务商进行行业规范的活动中,也为行业所公认,即网络音乐服务商应秉持先授权、后使用的原则,使用他人音乐作品。

第二,他人曲库是否采用技术手段对盗链行为进行主动防范,并非判断盗链是否具有不正当性的考虑因素。原告曲库即使未采用主动防链技术,也并不意味着未经许可的链接行为就具有正当性。其逻辑就如同即使房门虚掩,也并不意味着人人都可以随意进出他人房屋,并顺手牵羊取走别人房屋内的物品。不侵害他人利益是行为人的基本原则和法律底线,而不能要求被损害利益的主体要负担提高注意防护的义务。

第三,本案的曲库盗链行为本质上是利用竞争对手的曲库资源为自己的经营活动服务,是明显的损人利己的行为,不具有任何正当性。

第四,本案的曲库盗链行为在技术上、商业模式上、价值传递上,都没有体现任何进步意义。技术方面,被诉行为只是将他人曲库内歌曲播放 URL 设置在自己的页面中,使得用户可以在直接点击后通过被设链的歌曲服务器为其提供在线播放服务,这样的设链技术是互联网链接技术的简单使用,并没有形成新的技术进步或贡献。商业模式方面,本案的曲库设链行为,并没有从网络音乐三方利益主体权利义务关系或利益分配关系方面给出新的模式或新的分配结构,没有创设出新的商业模式,优化三者的利益关系,从而有利于网络音乐行业的发展。在价值传递方面,本案曲库设链行为,对音乐权利人的价值发现和保障、对被链接曲库建设者和经营者,对音乐消费者,都没有提供更多的价值,对行业或产业也没有产生新的价值。因而,本案被诉曲库盗链行为不具有正当性和值得鼓励和支持的价值。

第五,从本案被诉曲库盗链行为是否能代表本行业未来发展趋势这个角度来分析,该行为也不具有这方面的正面价值。如前所述,音乐产业经过了唱片时代,目前尚在网络音乐的时代。随着以区块链技术为代表的去中心化网络技术的发展和成熟,未来的网络音乐产业不排除会有新的商业模式出现,比如,以原始权利人(数字音乐制作者或独立音乐人)直接在基于区块链技术的网络发布其数字音乐制品,并对该数字音乐制品的每一次传播和使用进行记账,结算分配收益等以权利人为主导的新的音乐商业模式。但无论如何,这些新商业模式都与本案被诉的曲库盗链行为无关,因为本案的曲库盗链行为并不具备对被链音乐的实时记账和有偿传播,确保权利人利益的技术措施。

综上,我们认为,本案被诉曲库盗链行为不具有技术上的进步性,也没有创设新的有利于行业发展的商业模式,更无助于对音乐权利人合法权益的保护。其本质是损人利己,使用他人的经营资源为自己的经营活动服务,破坏了现行的正常的商业模式，损害了网络音乐行业的竞争秩序，损害了竞争对手的合法权益，因此，应被认定为违反《反不正当竞争法》第 2 条的不正当竞争行为。

四、二审结案报告

2022 年 4 月 8 日，四川省高级人民法院就贵公司与淘宝（中国）软件有限公司、杭州阿里巴巴音乐科技有限公司盗链咪咕音乐曲库不正当竞争纠纷上诉一案［（2021）川知民终 2116 号］，向我们送达了二审终审判决，认定被上诉人的行为构成不正当竞争，判决撤销了成都市中级人民法院作出的一审判决，改判两被上诉人淘宝（中国）软件有限公司和杭州阿里巴巴音乐科技有限公司向贵公司赔偿经济损失及合理开支共计 150 万元。

该判决是《最高人民法院关于适用〈中华人民共和国反不正当竞争法〉若干问题的解释》（以下简称《反不正当竞争法解释》）施行后，人民法院适用该司法解释判决的第一起不正当竞争案件〔1〕。

本案自 2019 年 5 月 17 日在成都市中级人民法院知识产权法庭提起诉讼后，历经管辖异议及管辖异议裁定上诉、一审判决驳回贵公司全部诉讼请求、二审改判等重重波折，前后历时近 3 年。现终审判决已下，当事人之间的纠纷已告完结。胜诉虽来之不易，但回顾和总结案件的成败点滴，对于公司后续应对日趋激烈的市场竞争，维护公司合法权益，更有意义。为此，我们将本案的简要诉讼历程和一审、二审要点作一书面总结。

（一）本案简要诉讼历程

1. 案件缘起

2019 年年初，咪咕音乐有限公司运营支撑方北京卡拉卡尔公司在日常监测中，发现虾米音乐 App 存在盗链咪咕音乐曲库歌曲的情形，并经爬取数据后，确认盗链歌曲数量达 18 万首之多，因而向公司通报了该信息。相关歌曲的权利人，比如成都纵横世代文化传播有限公司、海蝶（天津）文化传播有限公司，也书面致函咪咕音乐有限公司，要求公司维护行业秩序，制止虾米音乐盗链咪咕音乐曲库侵权行为。

---

〔1〕《最高人民法院关于适用〈中华人民共和国反不正当竞争法〉若干问题的解释》（法释〔2022〕9 号），于 2022 年 3 月 16 日发布，2022 年 3 月 20 日起施行。

2. 诉前证据固定及交涉情况

2019 年 4 月 8 日，公司法律共享中心就虾米音乐盗链行为进行第一次取证，并向虾米音乐发送了下线函，要求停止侵权、立即下架全部盗链作品。虾米音乐收到公司下线函后，仅下架了部分周杰伦歌曲，其余大量侵权链接均未下架。鉴于案件涉及侵权歌曲数量巨大，如果按一般网络侵权取证模式进行取证，“取证所需时间约 300 个工作日（30 人同时取证约 10 个工作日），取证费用公证费约 60 万元、人工费约 150 万元”，即使“采取 2000 首重点歌曲随机抽样相结合的方式进行取证……取证人数 12 人、取证设备 12 台……预计产生公证费约 10 万元，人工成本约 50 万元”，取证耗时过长，取证维权成本过高，不具有可行性。

同时，因咪咕音乐有限公司并不具备案涉 18 万首歌曲的独家授权，故本案也难以通过著作权侵权之诉来处理。综合权衡后，本案确定了诉盗链曲库、擅自使用咪咕音乐公司有一定影响力的 H5 网页，构成不正当竞争的诉讼方案。并据此方案完成了 18 万首歌曲数据提取公证以及抽样取证公证。

3. 一审诉讼情况

2019 年 5 月 17 日，本案由成都市中级人民法院知识产权法庭正式立案。被告提出管辖异议后，于 2019 年 8 月 20 日被法院裁定驳回。被告不服管辖异议裁定提出上诉，四川省高级人民法院于 2020 年 5 月 26 日作出管辖异议终审裁定，驳回上诉，维持原裁定。

管辖确定后，本案先后于 2020 年 11 月 17 日、2021 年 3 月 19 日、2021 年 3 月 22 日在成都中院知产庭先后进行了三次开庭审理。其间，应法庭要求，我们三次向法庭提供了相关盗链曲库数量取证和验证方法、咪咕音乐业务模式以及本案被告行为所涉损害竞争秩序构成《反不正当竞争法》第 2 条不正当竞争行为等三份书面说明和意见。

2021 年 9 月 1 日，一审法院通过邮政快递送达了一审判决。判决认为虾米音乐的行为不构成不正当竞争，驳回了贵公司的全部诉讼请求。

4. 二审诉讼情况

2021 年 9 月 15 日，本案提起上诉。2021 年 12 月 22 日，本案二审在四川省高级人民法院互联网法庭进行开庭审理。

本案二审庭审中，我方委托了中国政法大学商学院副教授许恒博士作为专家辅助人，通过远程视频出庭发表了专家意见。

二审庭审结束后，我们向法庭提交了专家出具的书面论证意见，并根据法庭要求提供了《关于虾米音乐不正当竞争案二审法庭询问问题的说明》及书面代理词。

2022 年 3 月 28 日,四川省高级人民法院作出本案二审判决,于 2022 年 4 月 8 日送达。判决撤销原判,改判被告行为构成不正当竞争,赔偿咪咕音乐公司经济损失及合理开支共计 150 万元。一审、二审诉讼费由被告方承担 20 万元。

(二)一审判决要点

1. 一审判决认定的基本事实

咪咕音乐有限公司以上亿元的代价引进音乐版权、当事人及其他同业的宣传文案或其他报道中对其曲库大小的凸显,均在表明曲库对音乐服务的竞争价值。因此,经营者对作为其经营资源的曲库,享有一定的竞争利益。咪咕音乐有限公司以公证方式所做抽样取证,尽管……但足以表明其(被告)确实未经许可而针对咪咕音乐有限公司的曲库进行设链。该设链行为实质上是将杭州阿里巴巴音乐科技有限公司获取部分歌曲、完善曲库的成本转移给了咪咕音乐有限公司,并降低听众因曲库差异而成为咪咕音乐有限公司用户的可能性,在一定程度上损害了咪咕音乐有限公司基于曲库的竞争力。

从以上一审判决认定的事实来看,一审法院确认了咪咕音乐有限公司对自己曲库具有竞争利益,同时,认定了被告实施了未经许可的盗链行为,且该盗链行为对咪咕音乐有限公司造成了一定程度的损害。

2. 一审判决的逻辑思路

一审判决咪咕音乐有限公司败诉,其逻辑思路从判决书第 12 页的论述来分析,可以简单归纳为:

(1)以被控行为是否会减少交易成本,推定有效竞争,认定被控行为是否具有不正当性。

(2)允许设链,虽然降低曲库竞争价值,但能促进技术创新、升级服务,并能降低交易成本,增进消费者福利。或者虽然不能降低交易成本,但能增进消费者福利,推动新的合作竞争。

(3)只有在允许设链会大幅增加交易成本的情况下,才会产生破坏有效竞争秩序的后果。现有证据不能证明允许设链会大幅增加交易成本,所以不能认定允许设链会破坏有效竞争秩序。

(4)《反不正当竞争法》不是保护既有利益格局。网络竞争行为有一定损害,但能加剧竞争、增强创新时,如果该行为不能证明将增加交易成本、降低交易效率、减少社会福利,就不一定需要认定为不正当竞争行为。

(5)同时,被控行为是可控的,可以通过技术和商业手段预防和填补损失。

(6)"网络音乐先授权、后使用原则"尚不构成公认的商业道德。

(7)使用H5页面是设链行为的结果,不是独立行为,且不会产生混淆。

(8)设链行为加重咪咕服务器负担是对同一行为重复评价。

3. 一审判决的主要错误

首先,判断被控行为是否具有不正当性,不能仅限于分析其对交易成本和推定有效竞争的影响两个狭隘的方面。交易成本是在合法、正当经营过程中,依照价值规律形成的正常成本,低于正常成本进行经营活动本身即是不正当竞争行为的一种,所以不能以一味降低成本来判断经营行为的合理性。所谓一个行为是否会推动有效竞争,这也是虚假命题。所有经营行为都存在竞争,竞争行为是有效还是无效,不属于法律判断问题,法律判断应仅限于竞争行为是否符合法律规定。合法的竞争行为首先是不违法行为,对曲库歌曲的设链,存在违反著作权法的问题,本身就存在明显的违法性,建立在违法行为上的竞争,无论如何不会产生有效竞争的价值,也谈不上合法竞争。所以,本案一审判决的逻辑前提就是错误的。

其次,本案被控设链行为是否会带来技术创新、是否会减少交易成本、是否会增加社会福利,这些论断都是不确定的,一审判决并没有给出明确的论据来论证被控设链行为必然会带来上述正面有价值的竞争结果。以损害他人合法权益来降低交易成本,提升社会福利,并不符合法治思维。

最后,H5页面设链行为与曲库歌曲音源设链,是两个行为,互不相关,不是行为和结果的关系,法庭对此认定存在事实错误。曲库歌曲设链的对象是存储在咪咕音乐有限公司服务器中的歌曲音源文件,而H5页面设链的对象是歌曲的网页地址。即使单独评价被告使用咪咕音乐公司H5页面的行为,也足以造成消费者误认虾米音乐与咪咕音乐存在合作或授权关系,从而造成消费者的混淆,构成不正当竞争。

(三)二审判决确定的要点

1. 关于《反不正当竞争法》第2条的适用

四川省高级人民法院认为,本案中淘宝(中国)软件有限公司、杭州阿里巴巴音乐科技有限公司针对咪咕音乐有限公司曲库歌曲音源文件网络地址(URL)的设链使用行为,不属于《反不正当竞争法》第二章规定的不正当竞争行为,亦不属于违反《著作权法》规定的情形。《反不正当竞争法解释》第1条规定,经营者扰乱市场竞争秩序,损害其他经营者或者消费者合法权益,且属于违反《反不正当竞争法》第二章及《专利法》《商标法》《著作权法》等规定之外情形的,人民法院可以适用《反不正当竞争法》第 2 条予以认定。因此,本案应依照《反不正当竞争法》第 2 条的规定对被诉行为予以评价。

2. 关于曲库盗链行为是否构成不正当竞争

四川省高级人民法院认为,咪咕音乐有限公司和杭州阿里巴巴音乐科技有限公司都是数字音乐网络服务的提供者,二者之间存在竞争关系。对数字音乐网络服务平台而言,海量、优质的音乐资源是维护其市场地位、保持竞争优势的首要因素。咪咕音乐有限公司通过投入巨资从音乐作品权利人处购买音乐版权,构建自己的曲库,以此吸引用户,从而在用户、音乐作品权利人、广告商、第三方增值服务提供商等市场主体之间搭建平台并从中盈利。因此,咪咕音乐有限公司对自己的曲库享有竞争利益,其合法权益应受法律保护。对数字音乐行业而言,“先授权后使用”是普遍遵循的原则,数字音乐网络服务平台应先获得授权后使用。作为同业经营者,淘宝(中国)软件有限公司、杭州阿里巴巴音乐科技有限公司对数字音乐行业的商业模式和盈利方式应该清楚,亦应予以遵循。其未经许可在经营的虾米音乐 App 上针对咪咕音乐有限公司曲库歌曲音源文件网络地址(URL)进行设链,以第三方歌曲播放方式向虾米音乐 App 的用户免费提供咪咕音乐有限公司曲库的歌曲,实质上是通过技术手段免费使用咪咕音乐有限公司曲库中的歌曲、将本应由自己承担的扩大曲库的成本转移给了咪咕音乐有限公司,不正当地获得竞争优势,导致一些消费者无须成为咪咕音乐有限公司的用户即可享受咪咕音乐有限公司提供的相关服务,降低了咪咕音乐有限公司吸引用户、留住用户可能获得的商业利益,违背了诚实信用原则和公认的商业道德,损害了咪咕音乐有限公司的利益,其主观过错明显。淘宝(中国)软件有限公司、杭州阿里巴巴音乐科技有限公司的行为不具有正当性,构成不正当竞争。

四川省高级人民法院同时认为,若放任被诉设链行为的存在,允许在不付出成本的情况下,不正当地利用他人曲库牟取自己的商业利益,将导致数字音乐网络服务平台不愿更多投入曲库的构建,打造规模和特色,一旦吸引用户流量的音乐资源不足,单纯的技术创新、服务升级如无源之水,因此,这种不正当竞争行为最终损害的必然是社会公众的利益。一审法院认为该行为不属于不正当竞争行为的认定错误,应予以纠正。

3. 关于H5页面的混淆行为

四川省高级人民法院认为,《反不正当竞争法》第6条规定:"经营者不得实施下列混淆行为,引人误认为是他人商品或者与他人存在特定联系……(三)擅自使用他人有一定影响的域名主体部分、网站名称、网页……"本案中,(2019)川律公证经内民字第17692号、第17690号公证书的内容显示,虾米音乐App在播放被链接歌曲时,呈现了来自咪咕音乐有限公司的涉案H5页面。在虾米音乐App搜索歌曲时,对不属于阿里音乐公司曲库的歌曲,在该歌曲名称旁均以加框方式标有"第三方"文字,点击该第三方歌曲进入涉案H5页面,在该页面上方以突出的方式显示了"咪咕音乐"标识。因此,虾米音乐App以设链方式进入H5页面实属设链行为之后果,且该页面系在虾米音乐App内以搜索、跳转的方式出现,用户通常能够识别其链接属性,一般不会产生主体、来源的混淆。从庭后沟通信息来看,作出该判定主要还是基于一个行为不应重复给予法律评价的因素。至于技术妨碍,我们在庭审时已放弃不再主张。

(四)案件的经验总结

如前所述,本案历经波折才取得最终的胜诉。回顾案件办理过程,有如下几点是值得总结的。

1. 诉讼方案需经谨慎分析,这是最终赢得诉讼的基础

任何法律纠纷都有其复杂性和特殊性,需要根据个案具体情况准确分析其法律关系,选择最适合个案纠纷解决的诉讼方案。在新兴的互联网行业发生的不正当竞争纠纷更是如此,难以通过简单的类案对比来决定案件的诉讼策略。从二审判决内容可见,本案最初的诉讼方案选择是正确的。

2. 客观看待诉讼的不利结果,勇于坚持正确的观点

诉讼总会有胜利的一方,也会有失败的一方。决定诉讼胜败的因素有很多,关键因素自然是法律关系的准确主张和法律事实的举证能力。但对于新型案件、事实认定存在较大争议的案件、法律理解和适用存在严重分歧的案件,影响诉讼结果的往往是事先未曾注意的细节或偶然因素。因此,对诉讼案件应设定合理的预期,尽最大努力去争取最好结果。即使出现预料之外的不利结果,如果确信该结果是错误的,则应该坚持上诉,通过上诉纠正错误的判决。

3. 紧密的团队协作是案件取得理想结果的有力保障

本案最终胜诉,除需要感谢公司各位领导的坚定支持外,更需要感谢公司法律共享中心、业务部门各位同人给予的紧密协作。共享中心在上诉准备过程中,以及

二审庭审前后,除从法律专业角度提出对案件事实和法律问题的建议意见外,在协调业务部门提供技术方面的支持,在落实专家证人的选聘等关键环节,都发挥了重要的作用。没有团队的协作和共同努力,案件的不利结果恐也难以扭转。

(五)相关建议

1.建议公司组建相关领域的专家智囊团,为公司经营过程中遇到的新问题提供专业支持

在本案二审过程中,我方聘请的专家证人发挥了较明显的作用。专家就案件所涉专业技术问题提出的观点意见,相比当事人陈述或代理律师发表的意见,更容易引起法庭的注意和思考。本案二审合议庭就是在认真听取了专家意见后,通过向省内、行业内相关专家进行咨询印证,从而形成了法庭对相关专业问题的内心确信,纠正了一审判决提出的错误理论。因此,公司可以考虑结合自己的行业特点,在相关专业领域选聘部分专家学者,组建与公司有较密切联系的专家智囊团,就公司业务发展过程中以及处理纠纷过程中需要解决的专业问题,获取专业意见的支持。

2.建议公司更积极参与行业内的专业研讨活动,建立与司法、行政、行业组织之间的互动关系

从我们了解的信息来看,本案一审、二审的承办法官,在知识产权领域都具有较高的声望,针对理论方面尚无定论的新型案件,以及较为复杂专业的疑难案件,法官也会选择与熟悉的行业内专家或专业人士进行交流、探讨。因此,公司今后可以更多地主动参与甚至主办一些专业研讨活动,建立与各地司法、行政机关及行业组织的沟通互动渠道,这将有助于提高公司在面对复杂疑难案件时的应对处理能力。

附一:

民事上诉状

上诉人(原审原告):咪咕音乐有限公司

地址:中国(四川)自由贸易试验区成都市高新区××××号×座×层

法定代表人:廖某　董事长

被上诉人(原审被告):淘宝(中国)软件有限公司

地址:浙江省杭州市余杭区××××路×××号×幢

法定代表人:张某董　事长兼总经理

被上诉人(原审被告):杭州阿里巴巴音乐科技有限公司

地址:浙江省杭州市余杭区××××路×××号×幢

法定代表人:朱某某　执行董事经理

上诉人因与被上诉人淘宝(中国)软件有限公司、杭州阿里巴巴音乐科技有限公司不正当竞争纠纷一案,不服成都市中级人民法院于2021年8月27日作出,于2021年9月1日送达的(2019)川01民初3398号民事判决,认为该判决存在认定事实不清、适用法律错误、判决结果严重损害了网络音乐服务行业公认的商业道德等问题,现依法提起上诉。

上诉请求:

1. 判决撤销成都市中级人民法院(2019)川01民初3398号《民事判决书》;

2. 判令被上诉人在人民法院指定的媒体上向上诉人公开致歉,消除不良影响;

3. 判令被上诉人赔偿上诉人经济损失人民币1500万元以及为制止其不正当竞争行为支出的合理开支30万元,共计1530万元(大写:壹仟伍佰叁拾万元整)。

事实和理由:

1. 本案被诉曲库歌曲盗链行为、H5页面混淆行为、其他技术妨碍行为,均符合《反不正当竞争法》规定的相关不正当竞争行为构成要件,依法应被判定为不正当竞争行为,一审判决认为上述行为不构成不正当竞争是错误的。

上诉人在本案中主张被上诉人存在三种不正当竞争行为,分别是针对曲库歌曲音源文件网络地址(URL)的设链使用行为、使用H5页面的混淆行为,以及其他技术妨碍行为,上述行为均对上诉人的合法权益造成了损害,破坏了正常的市场竞争秩序。

首先,关于曲库歌曲音源文件网络地址(URL)的设链使用行为,一审判决已认定咪咕音乐有限公司对被设链的作为其经营资源的曲库享有一定的竞争利益,被上诉人存在未经许可而针对咪咕音乐有限公司的曲库进行设链,且该设链行为"实质上是将阿里音乐公司获取部分歌曲、完善曲库的成本转移给了咪咕音乐公司,并降低听众因曲库差异而成为咪咕音乐公司用户的可能性,在一定程度上损害了咪咕音乐公司基于曲库的竞争力",亦即一审判决从事实认定上支持了上诉人的主张,却通过无法自洽的逻辑推理认为损害上诉人竞争利益的行为不构成不正当竞争。

其次,关于使用H5页面的混淆行为,是指被上诉人通过对上诉人具有明显区别性的咪咕音乐H5页面URL进行链接的方式,将H5页面代码嵌入其虾米音乐App中,并将咪咕音乐的H5页面进行展示,导致网络用户误认为双方存在相互授权或其他合作关系,构成《反不正当竞争法》第6条第3项规定的混淆不正当竞争行为。一审判决认为该H5页面设链行为与曲库歌曲设链行为为同一行为,H5页面的展示是曲库歌曲设链行为的结果,进而认为不应对其进行重复评价,该认定与事实不符,是一审判决对音源文件和网页代码理解存在不足和错误造成的。

最后,关于其他技术妨碍行为,被上诉人对咪咕音乐曲库歌曲音源文件网络地址(URL)设链的行为,在经营关系或竞争关系层面,产生了曲库替代和服务替代的双重作用。在技术层面,该行为也无疑加重了咪咕音乐曲库服务器软硬件系统的运行负担,客观上会影响咪咕音乐为自己用户提供正常的网络服务的质量,妨碍咪咕音乐为自己用户提供正常的网络音乐服务,构成《反不正当竞争法》第12条第2款第4项规定的其他技术妨碍不正当竞争行为。

2. 一审判决对《反不正当竞争法》第2条的理解和法律适用,以及判决推理逻辑存在明显错误。

本案的核心争议在于被上诉人对咪咕音乐曲库歌曲音源文件网络地址(URL)进行设链的行为是否构成《反不正当竞争法》第2条规定的不正当竞争行为。一审判决认为,《反不正当竞争法》的立法宗旨是鼓励和保护公平竞争,更重视对竞争机制的保护,而非某一竞争主体的具体利益。很明显,一审法院将上诉人的竞争利益和市场竞争机制对立起来,认为被诉行为虽然损害了上诉人的竞争利益,但却符合市场整体竞争利益,由此得出结论,被诉行为损害了其他经营者的合法权益,但却未扰乱市场竞争秩序。一审法院的上述认识,与《反不正当竞争法》立法宗旨和最高人民法院通过司法判例确立的法律解释是不符的。

最高人民法院早在2009年的"海带配额"不正当竞争案[(2009)民申字第1065号]中,就对适用《反不正当竞争法》第2条认定不正当竞争行为的裁判标准给出了明确的意见,并为各地法院在后续类似案件裁判时采用(如大众点评诉百度案)。最高人民法院认为,适用《反不正当竞争法》第2条的原则规定认定构成不正当竞争应当同时具备以下条件:一是法律对该种竞争行为未作出特别规定,二是其他经营者的合法权益确因该竞争行为而受到了实际损害,三是该种竞争行为因确属违反诚实信用原则和公认的商业道德而具有不正当性或者说可责性。对于竞争行为尤其是不属于《反不正当竞争法》第二章列举规定的行为的正当性,应当以该行为是否违反了诚实信用原则和公认的商业道德作为基本判断标准。在《反不正当竞争法》中,诚实信用原则主要体现为公认的商业道德。商业道德所体现的是一种商业伦理,是交易参与者共同和普遍认可的行为标准,应按照特定商业领域中市场交易参与者即经济人的伦理标准来加以评判。最高人民法院还认为,在正常情况下能够合理预期获得的商业机会,可以成为法律特别是《反不正当竞争法》所保护的法益。但基于商业机会的开放性和不确定性,只有当竞争对手不遵循诚实信用原则和违反公认的商业道德,通过不正当手段攫取他人可以合理预期获得的商业机会时,才为《反不正当竞争法》所禁止。以上才是对《反不正当竞争法》立法宗旨以及第 2 条的正确理解。显然,一审法院将具体竞争利益与整体市场秩序对立的观点是与上述解释相悖的,整体市场秩序正是建立在合法的竞争利益均受到平等保护的基础之上的,通过损害个体利益实现维护整体利益的观点和逻辑都是不成立的。

根据最高人民法院的上述解释,本案被诉对曲库音源文件的设链行为构成《反不正当竞争法》第 2 条规定的不正当竞争行为。首先,被诉盗链曲库的竞争行为涉及对数据库或网络经营者的数据资源的保护问题,目前没有其他法律予以明确规范,难以通过除《反不正当竞争法》之外的其他法律进行处理。其次,上诉人的合法权益因该竞争行为而受到了实际损害,遭受损害的合法权益一是上诉人对自己曲库的控制支配权和经济利益被损害。二是上诉人作为网络音乐服务经营者所享有的公平竞争权利也遭到被上诉人行为的损害。再次,被上诉人竞争行为明显违反了诚实信用原则和公认的商业道德,具有不正当性或者说可责性。被上诉人属于网络音乐服务提供者,故对其服务内容——受著作权法保护的音乐作品的版权来源,就应当承担合法取得版权授权的法定义务,应当依照《著作权法》及《信息网络传播权保护条例》第 2 条的规定,取得权利人许可,并支付报酬,这是网络音乐行业内公认的商业道德准则。网络音乐行业内"先授权、后使用"的基本原则也是公认行业准则。2015 年 7 月 15 日,包括被上诉人阿里音乐(虾米音乐)在内的国内多家网络音乐服务商共同签署了《网络音乐版权保护自律宣言》,严格遵守"先授权、后使用"的基本原则,不传播未经权利人授权的网络音乐。由此可见,被上诉人行为违反诚实信用原则和公认的商业道德的性质是明显的。最后,被上诉人通过不正当手段攫取上诉人可以合理预期获得的商业机会。网络音乐服务经营者曲库的差异性,决定了部分用户选择的取向。上诉人在本案中主张18万首歌曲,属被上诉人曲库缺少的歌曲,这足以影响部分用户在上诉人产品和被上诉人产品间的取舍选择。本案被上诉人通过设链使用的方式,消除了这个曲库歌曲差异,导致部分用户本来可能会因被上诉人的缺歌而选择上诉人产品,因为被上诉人的设链使用,其对这部分歌曲的获取需求已经得到满足,从而放弃选择上诉人产品。这一结果,就属于被上诉人攫取了原上诉人可以合理预期获得的增加部分用户的商业机会。

综上,依照最高人民法院对《反不正当竞争法》第2条确定的裁判标准,本案被诉的曲库歌曲设链行为构成了不正当竞争,一审法院错误解释、错误理解《反不正当竞争法》第2条的规定,并运用错误的逻辑推理,得出的判决结果自然是错误的。

3. 一审判决认为被诉曲库设链行为将带来降低交易成本,加剧竞争以及提升公众福利的结果,是缺乏事实依据的,也不符合市场机制和经济规律,因而其判决的基础并不存在。

一审判决依据的所谓被诉行为带来的正面效果并不是真实存在的事实,也不是通过严密的逻辑推理推导出来的事实,而是一审法院的主观期望,不具有任何事实依据,也不符合市场规律。因而一审判决关于该结果事实的认定或推论是不成立的。相反,被诉曲库设链方式会破坏有序竞争秩序,会鼓励音乐服务商在未与其他经营者、版权人进行协商沟通、达成协议的情况下,互相恣意设链,免费使用他人曲库,从而扰乱市场竞争秩序,不会再有音乐服务商愿意购买歌曲版权,歌曲创作者的收入将降低,歌曲的创作将减少,从而起到阻碍创作,导致消费者权益受损和公众福祉的损害。这才是被诉行为被允许后会发生的结果。

4. 一审判决要求经营者通过技术手段对自己曲库进行保护,避免被盗链,存在错误归因和是非颠倒的错误。

本案曲库歌曲被盗链的原因是被上诉人未经许可的擅自设链行为,而不是上诉人对此未采取技术防范措施。权利人通过技术措施加强对自己曲库的保护,是行使权利,而不能将其作为权利人的义务,更加不能因当事人未采取足够有效的技术措施,而免除擅自设链使用人的法律责任。须知,处在他人控制下的曲库歌曲资源,并非社会的公共资源,不是其他经营者可以自由获取和自由使用的。

5. 一审判决将颠覆现行的信息网络传播权保护制度，严重损害网络音乐服务市场的正常竞争秩序。

简单来说，一审判决确立了这样一个规则，即作为网络音乐服务经营者，对其因未取得音乐著作权人合法授权而不能使用的歌曲，可以通过对其他经营者曲库歌曲音源以及相应的网页进行设链的方式，在自己的网页或 App 中向用户提供歌曲试听服务，这样的行为是被允许的。进一步推导，网络音乐服务经营者可以不需要建立自己的曲库，仅仅通过对其他经营者的现有曲库进行设链，就可以开展网络音乐的传播经营服务。

如果按照一审判决确立的上述经营规则，现行《信息网络传播权保护条例》第 2 条规定的，任何组织或者个人将他人的作品、表演、录音录像制品通过信息网络向公众提供，应当取得权利人许可，并支付报酬的制度，将形同虚设，颠覆现行的信息网络传播权保护制度，严重损害网络音乐服务市场的正常竞争秩序。

综合上述理由，上诉人认为一审判决存在明显的错误，现依据《民事诉讼法》(2017 年)第 164 条的规定，提起上诉，请二审法院依法改判。

此致

四川省高级人民法院

上诉人：咪咕音乐有限公司

二〇二一年九月八日

附二：

四川省高级人民法院
民事判决书

(2021)川知民终 2216 号

上诉人(原审原告)：咪咕音乐有限公司，住所地中国(四川)自由贸易试验区成都市高新区××××号×座×层。

法定代表人：廖某，总经理。

委托诉讼代理人：黄春海，泰和泰律师事务所律师。

委托诉讼代理人：罗娟，泰和泰律师事务所律师。

被上诉人(原审被告)：淘宝(中国)软件有限公司，住所地浙江省杭州市余杭区××××路×××号×幢。

法定代表人:张某,董事长兼总经理。

委托诉讼代理人:唐某,北京市恒德律师事务所律师。

委托诉讼代理人:艾某,北京市恒德律师事务所律师。

被上诉人(原审被告):杭州阿里巴巴音乐科技有限公司,住所地浙江省杭州市余杭区××××路×××号×幢。

法定代表人:朱某某,执行董事兼经理。

委托诉讼代理人:唐某,北京市恒德律师事务所律师。

委托诉讼代理人:艾某,北京市恒德律师事务所律师。

上诉人咪咕音乐有限公司(以下简称咪咕音乐公司)因与被上诉人淘宝(中国)软件有限公司(以下简称淘宝公司)、杭州阿里巴巴音乐科技有限公司(以下简称阿里音乐公司)不正当竞争纠纷一案,不服四川省成都市中级人民法院(2019)川01民初3398号民事判决,向本院提起上诉。本院于2021年12月6日立案后,依法组成合议庭,并于2021年12月22日公开开庭进行了审理。上诉人咪咕音乐公司的委托诉讼代理人黄春海、罗娟,被上诉人淘宝公司及阿里音乐公司的共同委托诉讼代理人唐某、艾某到庭参加诉讼。本案现已审理终结。

咪咕音乐公司上诉请求:1. 依法撤销一审判决;2. 判令淘宝公司、阿里音乐公司在人民法院指定的媒体向咪咕音乐公司公开道歉,消除不良影响;3. 判令淘宝公司、阿里音乐公司赔偿咪咕音乐公司经济损失1500万元及合理开支30万元,共计1530万元。事实和理由:1. 淘宝公司、阿里音乐公司针对咪咕音乐公司曲库歌曲音源文件网络地址(URL)的设链使用行为、使用H5页面的混淆行为,以及其他技术妨碍行为,损害了咪咕音乐公司的合法权益,依法应被认定为不正当竞争行为,一审判决认为不构成不正当竞争是错误的。2. 一审判决错误理解和适用《反不正当竞争法》第2条,认为被诉行为未扰乱市场竞争秩序,与立法宗旨和最高人民法院生效裁判确立的规则相悖。3. 一审判决认为被诉设链行为将带来降低交易成本、加剧竞争以及提升公众福利的结果,既缺乏事实依据,也不符合市场机制和经济规律。4. 一审判决要求经营者通过技术手段对自己曲库进行保护,避免被盗链,存在不当归因和是非颠倒的错误。5. 一审判决颠覆现行信息网络传播权保护制度,严重损害数字音乐网络服务市场的正常竞争秩序。

淘宝公司、阿里音乐公司辩称,其提供的是搜索引擎服务,用户可以感知到相关歌曲源于咪咕音乐公司的曲库,不会造成混淆,且能够给咪咕音乐公司带来一定的利益,被诉行为并未违反商业道德和法律规定,不属于不正当竞争行为。一审判决认定事实清楚、适用法律正确,应予维持;咪咕音乐公司的上诉请求不成立,请求予以驳回。

咪咕音乐公司向四川省成都市中级人民法院起诉请求:(1)判令淘宝公司、阿里音乐公司在人民法院指定的媒体上向咪咕音乐公司公开道歉,消除不良影响;(2)判令淘宝公司、阿里音乐公司支付咪咕音乐公司经济损失1500万元;(3)判令淘宝公司、阿里音乐公司支付包含律师费、调查费、公证费等在内的维权合理开支30万元。

一审法院认定以下事实:

一、涉案主体及相关情况

咪咕音乐公司成立于2014年12月12日,经营范围包括音乐创作、数据处理及存储服务、增值电信业务经营、互联网出版、经营演出及经纪业务、音像制品制作、广播电视节目制作经营等。2016年10月18日,咪咕音乐公司取得网络出版服务许可证,许可证号为(总)网出证(川)字第003号,出版平台为migu. cn,业务范围为出版与中国境内已正式出版的音乐类出版物内容相一致的数字化作品,有效期自2016年6月28日至2021年6月27日。2016年5月6日,咪咕音乐公司经四川省文化厅许可取得网络文化经营许可证,编号为川网文(2016)1264－048号,网站域名为migu. cn,经营范围为利用信息网络经营音乐娱乐产品,有效期自2016年5月6日至2019年5月5日。2016年6月28日,咪咕音乐公司取得增值电信业务经营许可证,业务种类为第二类增值电信业务中的信息服务业务(仅限互联网信息服务),业务覆盖范围(服务项目)为含文化,不含信息即时交互服务、信息搜索查询服务。2016年1月27日,咪咕音乐公司取得"咪咕音乐播放器软件(以下简称咪咕音乐)V4. 2. 2. 2. 0"软件(以下简称咪咕音乐App)的计算机软件著作权登记证书,登记号为2016SR01××××。

阿里音乐公司成立于2016年3月17日,经营范围包括电信增值业务、互联网文化、音像制品制作、经营性互联网文化服务等。2018年4月9日,阿里音乐公司取得网络文化经营许可证,网站域名为xiami. com,经营范围为利用信息网络经营音乐娱乐产品。淘宝公司成立于2004年12月7日,经营范围包括研究、开发计算机软件、硬件,网络技术产品,多媒体产品等。淘宝公司为虾米音乐App的开发者。

二、被诉不正当竞争行为事实及相关情况

2019年4月12日、13日,咪咕音乐公司委托代理人以公证方式对拷贝电子数据和提取网络数据进行保全。在位于四川省成都市武侯区天府软件园C区C10栋8楼的北京卡拉卡尔科技股份有限公司成都办事处，复制了一份名为“t”的Excel文档，该表格共记录了184,108行URL信息，每行均包含歌曲编号、歌曲名称、表演者编号、专辑编号、专辑名称、URL地址信息，其中URL地址信息以h5.nf.migu.cn/app/v3/p/share/song/index.html? id =“数值”的统一方式记录，其“数值”部分记录的数字基本不同。咪咕音乐公司委托代理人在四川省成都市律政公证处办公室使用Iphone和华为手机分别下载虾米音乐App，打开虾米音乐App完成网络设置、同意虾米隐私政策后，虾米音乐App页面自上而下呈现搜索框，乐库、推荐、视频、看点等栏目标签，必听歌单，发现、我的音乐、播放、音乐圈、个人中心等页面标签。在搜索框内输入“陈粒　望穿”，点击搜索按钮后显示搜索结果页面；该页面自上而下显示“已经为你找到2首相关歌曲”及两首歌曲，分别为“望穿　陈粒－玩”“望穿(Live)陈粒－我是歌手第三季”；在该两首歌曲名称下方，均以加框方式标有“第三方”文字。点击上述歌曲进入播放页面；播放页面自上而下显示“咪咕音乐”标识和“打开”按钮、图片及“望穿”歌曲的歌词、“下载歌曲”按钮、播放图标。在搜索框内输入“薛之谦”，点击搜索按钮后显示搜索结果页面；该页面自上而下显示“已经为你找到498首相关歌曲”及多页歌曲。其中，在“演员Live”“丑八怪”歌曲名称后方，以加框方式标有“第三方”文字；点击上述歌曲“丑八怪”进入播放页面，播放页面除歌曲名称、歌词、图片外，与上述“望穿　陈粒－玩”的播放页面相同。四川省成都市律政公证处为上述公证保全出具了(2019)川律公证经内民字第17692号公证书。

2019年4月17日，咪咕音乐公司委托代理人以公证保全方式，使用由四川省成都市律政公证处保管的前述华为手机，在手机上卸载并重新下载虾米音乐App，在虾米音乐App首页点击搜索框，进入“热门搜索”页面，分别点击页面内的“五月天”“歌颂者”“一曲相思”“像我这样的人”“抖音”“十七岁”“只是太爱你”“魔鬼中的天使”“往后余生”九个关键词，进入搜索结果页面，该批页面自上而下显示“已经为你找到××××首相关歌曲”及多页歌单，其中“××××”处的数值分别为1000+、21、191、378、849、416、44、66、147；歌单中被标有“第三方”文字的歌曲数量分别为1、2、0、7、2、4、2、1、3首。点击前述标有“第三方”文字的歌曲开始播放，除歌曲名称、图片外，该播放页面的布局、标识内容均与前份公证书中的“望穿　陈粒－玩”的播放页面相同。四川省成都市律政公证处为上述公证保全出具了(2019)川律公证经内民字第17690号公证书。

三、其他事实

2017年、2018年，咪咕音乐公司先后与海蝶（天津）文化传播有限公司、北京星光灿烂科技服务有限公司、亚洲华纳（北京）音乐娱乐咨询有限公司、正东音乐娱乐咨询（北京）有限公司签订为期一年半至三年的数字音乐版权引入业务合作框架合同，海蝶（天津）文化传播有限公司等音乐作品、制品权利人将其所有的音乐作品、制品的信息网络传播权普通许可给咪咕音乐公司使用，咪咕音乐公司有权通过其音乐门户网站（migu. cn、music. 10086. cn）及各类客户端软件等，将被许可使用的作品、制品应用于彩铃、在线视听、下载等；合作期间，咪咕音乐公司为海蝶（天津）文化传播有限公司等音乐作品、制品权利人分配登录中央音乐内容管理平台CP编码，合同终止后咪咕音乐公司将收回CP编码并重新分配；双方采用"保底+分成"的结算方式，其中咪咕音乐公司需分别向各许可人支付保底含税××万元、××万元、××万元、××万元，如果合同期内各许可人实际累计产生的收入大于上述合同款项，则从超出当月就超出部分，按照相应合同约定的不同CP代码对应的"结算模式"进行结算。2017年、2018年，海蝶（天津）文化传播有限公司、北京星光灿烂科技服务有限公司、亚洲华纳（北京）音乐娱乐咨询有限公司、正东音乐娱乐咨询（北京）有限公司分别向咪咕音乐公司发出付款通知书，要求咪咕音乐公司支付数字音乐版权引入业务合作框架合同项下的版权费。咪咕音乐公司将前述主体出具的版权费发票留存为财务凭证。

2017年9月5日，中国传媒大学音乐与录音艺术学院发布《中国数字音乐市场发展报告》。该报告载明：2016年我国互联网音乐用户规模高达5.03亿人，较上年增长0.1%，增速放缓；整个数字音乐（以数字形式进行制作、存储、复制、传输的非物质形态音乐，可分为下载音乐和流媒体音乐）产值高达143.26亿元，其中，流媒体音乐（在网络传输数字音乐的同时，无须终端用户获取全部文件并可持续接收并聆听的音乐服务）增长30.6%；虾米音乐曲库总数900万首；主要营收仍来自广告，多数平台广告收益占总收益的50%以上，付费订阅模式逐渐被接受，与2012年相比，音乐付费用户上涨了113%；对网民进行抽样调查发现，音乐App成为用户最重要的聆听渠道。

2020年7月22日，央广网发布《虾米音乐曲库突破3000万 用技术创新为数字音乐发展护航》。该文提到"虾米音乐受邀参加本次大会的音乐创新科技论坛，介绍了业务最新动态……虾米音乐产品及用户运营负责人龙吉表示……未来，虾米音乐将在3000万曲库的基础上不断拓展优质内容……"

2021年1月5日,虾米音乐App停止账号注册、会员充值、虾币充值、专辑购买等服务;2021年2月5日,虾米音乐App停止歌曲试听、下载、评论等所有音乐内容消费场景;2021年3月5日,虾米音乐App断开登录、停止运营、关闭服务器。

一审法院认为,咪咕音乐App、虾米音乐App均系移动互联网应用程序,能根据用户的指令通过网络远程调用曲库(服务器)中的数据,在客户端上播放、下载音乐。鉴于曲库中的歌曲动辄以百万为单位,为便于用户检选,该软件均集成了音乐搜索、热搜或热门歌曲推荐功能。咪咕音乐公司、阿里音乐公司发行前述软件,据此提供数字音乐网络服务,并获取商业利益。咪咕音乐公司、阿里音乐公司的前述商业活动,包括被诉行为及其冲突属于竞争行为的范畴,可以由《反不正当竞争法》进行调整。同时,咪咕音乐公司、阿里音乐公司均为数字音乐网络服务的提供者,且处于同一市场中,咪咕音乐公司因二者间的竞争关系而成为本案适格诉讼主体。

包括咪咕音乐公司、阿里音乐公司在内的数字音乐网络服务提供商,以许可方式从权利人处购买音乐内容,再以网络为媒介向消费者销售前述音乐服务。当交易频繁发生,广告商、增值服务提供商也将加入商业模式之中。案涉商业行为,其实质是数字音乐网络服务提供商以各自的音乐App为载体,搭建了消费者、音乐内容提供商、广告商(咪咕音乐App包含有增值服务提供商)等多方利益主体共同参与的交易平台,即数字音乐网络服务提供商向音乐内容提供商购买音乐,构建曲库,以丰富的音乐内容、免费试听等方式吸引消费者加入平台;消费者以支付时间乃至金钱的方式收听音乐;广告商、增值服务提供商支付对价换取消费者支付的时间、注意力,发布广告、提供服务;数字音乐网络服务提供商基于其在消费者、广告商、增值服务提供商处获取的收入,填补其购买音乐内容等成本并获取利润。在这个循环往复的交易过程中,曲库串联了音乐内容的消费端与提供端。拥有一定歌曲基数的曲库并不断扩容,是数字音乐网络服务平台吸引、留存消费者,持续运营、参与竞争的一项重要元素。本案中,咪咕音乐公司以上亿元的代价引进音乐版权、当事人及其他同业的宣传文案或有关报道中对其曲库大小的突显,均表明曲库对音乐服务的竞争价值。因此,经营者对作为其经营资源的曲库,享有一定的竞争利益。

本案中,咪咕音乐公司以公证方式所做抽样取证,尽管不能直接证明或推论阿里音乐公司的具体设链数量,但足以表明其确实未经许可而针对咪咕音乐公司的曲库进行设链。该设链行为实质上是将阿里音乐公司获取部分歌曲、完善曲库的成本转移给了咪咕音乐公司,并降低听众因曲库差异而成为咪咕音乐公司用户可能性,在一定程度上损害了咪咕音乐公司基于曲库的竞争力。但该致损行为是否构成不正当竞争,还需结合《反不正当竞争法》的具体规定进行综合判断。该法的第一条、第二条,非常明确地宣示该法的立法宗旨为“鼓励和保护公平竞争”,要求在认定不正当竞争行为时,既要考量其对其他经营者合法权益乃至消费者利益是否致损,更要分析其是否扰乱市场竞争秩序。因此,《反不正当竞争法》更为重视对竞争机制的保护,而非对某一竞争主体具体利益的保护,并为此规定了综合权衡多项法益的正当性判断方法。

鉴于阿里音乐公司的设链行为并不符合《反不正当竞争法》第十二条所作假定,故有必要按照《反不正当竞争法》第二条的指引,利用法益权衡的方法,在被诉行为被禁止或被容忍的情况下,分析经营者、消费者、著作权人以及涉案双边市场其他参与主体市场行为及其利益的变化情况,动态判断禁止或不禁止的处置是否会减少交易成本,推动有效竞争,并据此认定被诉行为是否具有不正当性。

在对涉诉行为不加禁止的情况下,数字音乐网络服务提供商可链接其他数字音乐网络服务提供商曲库,以此替代寻找数字音乐内容提供商并获取许可的曲库组建方式。该种方式有可能导致不同服务提供商的曲库内容趋同,降低曲库的竞争价值,促使服务提供商间的竞争从曲库投入进一步转向内容之外的技术创新、服务升级;曲库建设方式的转变还会减少经营者的前期曲库建设负担,降低市场进入门槛,致使经营者数量增加,竞争加剧,从而增进消费者福利。在允许以设链方式提供数字音乐网络服务的情况下,势必有利于数字音乐的跟踪技术、收费技术创新,以维护数字音乐内容提供商的合法利益,激励创作。如果数字音乐网络服务提供商获取内容的搜寻成本、谈判成本相较于禁止设链情况下的同类交易成本更低;跟踪技术、收费技术已经存在或创新难度不高,与之相对应的内容许可模式、收费模式的变革能够降低各方的履行成本,或抵销搜寻、谈判等成本的增长。那么,在最优的情况下,允许设链将降低该市场的交易成本,推动有效竞争;在次优的情况下,交易成本虽未降低,但其对消费者福利的提升,助推经营者、数字音乐内容提供商以及广告商等第三方开发新资源的合作竞争,依然是有效的。因此,只有在允许设链会大幅增加交易成本的情况下,才会产生破坏有效竞争秩序的后果。由于双方在本案中均未对搜寻成本、谈判成本的变化情况进行论证,也未对技术变革、许可和收费模式创新的可行性及其对履行成本的影响进行证明和论证,且该问题也非基于常识、经验所能判断。因此,一审法院结合当事人现有主张和证据尚无法准确判断被诉竞争行为是否会破坏有效的竞争秩序。

数字音乐网络服务作为互联网领域的新业态,本身就属于新兴的竞争领域,技术及商业模式的颠覆式创新层出不穷,原有的经营方式、利益格局不断被打破、再造。对于该市场竞争行为的规制,《反不正当竞争法》更应着眼于市场竞争机制的保护而非原有利益格局的维护。某种互联网竞争行为具有一定损害,但又能加剧竞争、增强创新时,如果不能认定该种行为将增加交易成本、降低交易效率、减损社会福利,则司法不一定当然认定该行为具有不正当性。被诉行为即属于此种情形。除此之外,我们还可以注意到其危害并非不可控,基于爬虫协议设置等低成本技术手段可以制止、预防,通过谈判等市场手段也可以填补许可费的损失。鉴于被诉行为极有可能降低市场门槛,增强竞争,且该行为可由市场手段予以调整,故在无法确认该行为的存在和附随的市场变化将明显增加交易成本、降低效率的情况下,一审法院不认定其属于不正当竞争行为,并对咪咕音乐公司的此项主张不予支持,对阿里音乐公司的相反主张予以支持。另外,咪咕音乐公司还基于商业道德论证了该行为的不正当性。对此,一审法院认为,商业道德成为判断标准,须以公认为前提,它是基于过往的类型化分析、提炼,互联网领域的非传统商业模式及其竞争方式尚缺乏足够的历史沉淀,相关规则难以成为公认的商业道德;咪咕音乐公司所主张的道德标准,其实质在于设定准入门槛、维护已有的市场格局,其并不当然具备维护动态竞争秩序的价值。故咪咕音乐公司的此项主张,一审法院不予支持。

虾米音乐 App 在播放前述设链歌曲时,其播放界面完全呈现了咪咕音乐公司的 H5 页面。咪咕音乐公司据此主张该行为属于导致混淆的不正当竞争行为。就设链行为而言,终端读取、运行的数据必然是被链接的数据,虾米音乐 App 运行前述未被调整的 H5 页面实属设链行为之后果。咪咕音乐公司关于使用 H5 页面的行为构成混淆行为的主张,系人为分割被诉行为,并将行为与结果分别主张,实无必要。况且该页面系在虾米音乐 App 内以搜索、跳转的方式出现,消费者通常能够识别其链接属性,不会产生主体、来源的混淆。对咪咕音乐公司的此项主张,一审法院不予支持。咪咕音乐公司还主张被诉行为在技术层面干扰了网络服务资源的合理配置,加大其服务器的运行负担,构成《反不正当竞争法》第十二条规定的网络妨碍行为，该项主张也涉及对同一行为的重复评价。除此之外，该损害可能，在对设链行为损害分析中已予以考量，无另行评价之必要，一审法院对其主张不予支持。

综上，阿里音乐公司的行为不构成不正当竞争，一审法院对双方争议的其余焦点问题以及淘宝公司的行为均不再审查、评价。

据此，依照《反不正当竞争法》第一条、第二条、第六条、第十二条，《民事诉讼法》(2017 年)第一百四十八条[1]第一款、第二款、第三款规定，四川省成都市中级人民法院作出(2019)川 01 民初 3398 号民事判决：驳回咪咕音乐公司的全部诉讼请求。一审案件受理费 113,600 元，由咪咕音乐公司负担。

本案二审期间，当事人均未提交新的证据材料。

本院对一审法院查明的案件基本事实予以确认。

本院认为，综合各方当事人的诉辩主张及理由，本案二审的争议焦点是：(1)淘宝公司、阿里音乐公司的被诉行为是否构成不正当竞争。(2)如果构成不正当竞争，淘宝公司、阿里音乐公司应该承担的法律责任。

一、关于淘宝公司、阿里音乐公司的被诉行为是否构成不正当竞争

咪咕音乐公司上诉称，淘宝公司、阿里音乐公司针对咪咕音乐公司曲库歌曲音源文件网络地址(URL)的设链使用行为属于《反不正当竞争法》第二条规制的不正当竞争行为。本院认为，《反不正当竞争法》第二条规定："经营者在生产经营活动中，应当遵循自愿、平等、公平、诚信的原则，遵守法律和商业道德。本法所称的不正当竞争行为，是指经营者在生产经营活动中，违反本法规定，扰乱市场竞争秩序，损害其他经营者或者消费者的合法权益的行为。本法所称的经营者，是指从事商品生产、经营或者提供服务(以下所称商品包括服务)的自然人、法人和非法人组织。"本案中，淘宝公司、阿里音乐公司针对咪咕音乐公司曲库歌曲音源文件网络地址(URL)的设链使用行为，不属于《反不正当竞争法》第二章规定的不正当竞争行为，亦不属于违反《著作权法》规定的情形。《最高人民法院关于适用〈中华人民共和国反不正当竞争法〉若干问题的解释》第一条规定："经营者扰乱市场竞争秩序，损害其他经营者或者消费者合法权益，且属于违反反不正当竞争法第二章及专利法、商标法、著作权法等规定之外情形的，人民法院可以适用反不正当竞争法第二条予以认定。"因此，本案有必要依照《反

[1] 2021 年修正后第 148 条改为第 151 条。

不正当竞争法》第二条的规定对被诉行为予以评价。

本院认为,咪咕音乐公司和阿里音乐公司都是数字音乐网络服务的提供者,二者之间存在竞争关系。对数字音乐网络服务平台而言,海量、优质的音乐资源是维护其市场地位、保持竞争优势的首要因素。咪咕音乐公司通过投入巨资从音乐作品权利人处购买音乐版权,构建自己的曲库,以此吸引用户,从而在用户、音乐作品权利人、广告商、第三方增值服务提供商等市场主体之间搭建平台并从中盈利。因此,咪咕音乐公司对自己的曲库享有竞争利益,其合法权益应受法律保护。对数字音乐行业而言,"先授权后使用"是普遍遵循的原则,数字音乐网络服务平台应先获得授权后使用。作为同业经营者,淘宝公司、阿里音乐公司对数字音乐行业的商业模式和盈利方式应该清楚,亦应予以遵循。其未经许可在经营的虾米音乐 App 上针对咪咕音乐公司曲库歌曲音源文件网络地址(URL)进行设链,以第三方歌曲播放方式向虾米音乐 App 的用户免费提供咪咕音乐公司曲库的歌曲,实质上是通过技术手段免费使用咪咕音乐公司曲库中的歌曲、将本应由自己承担的扩大曲库的成本转移给了咪咕音乐公司,不正当地获得竞争优势,导致一些消费者无须成为咪咕音乐公司的用户即可享受咪咕音乐公司提供的相关服务,降低了咪咕音乐公司吸引用户、留住用户可能获得的商业利益,违背了诚实信用原则和公认的商业道德,损害了咪咕音乐公司的利益,其主观过错明显,淘宝公司、阿里音乐公司的行为不具有正当性,构成不正当竞争。本院同时认为,若放任被诉设链行为的存在,允许在不付出成本的情况下,不正当地利用他人曲库牟取自己的商业利益,将导致数字音乐网络服务平台不愿更多投入曲库的构建,打造规模和特色,一旦吸引用户流量的音乐资源不足,单纯的技术创新、服务升级如无源之水,因此,这种不正当竞争行为最终损害的必然是社会公众的利益。一审法院认为该行为不属于不正当竞争行为的认定错误,本院予以纠正。咪咕音乐公司的该项上诉理由成立,本院予以支持。

咪咕音乐公司上诉称,淘宝公司、阿里音乐公司在虾米音乐 App 上使用 H5 页面的行为属于《反不正当竞争法》第六条第三项规定的不正当竞争行为。本院认为,《反不正当竞争法》第六条规定:"经营者不得实施下列混淆行为,引人误认为是他人商品或者与他人存在特定联系……(三)擅自使用他人有一定影响的域名主体部分、网站名称、网页等……"本案中,(2019)川律公证经内民字第 17692 号、第 17690 号公证书的内容显示,虾米音乐 App 在播放被链接歌曲时,呈现了来自咪咕音乐公司的涉案 H5 页面。在虾米音乐 App 搜索歌曲时,对不属于阿里音乐公司曲库的歌曲,在该歌曲名称旁均以加框方式标有“第三方”文字,点击该第三方歌曲进入涉案H5页面,在该页面上方以突出的方式显示了“咪咕音乐”标识。因此,虾米音乐App以设链方式进入H5页面实属设链行为之后果,且该页面系在虾米音乐App内以搜索、跳转的方式出现,用户通常能够识别其链接属性,一般不会产生主体、来源的混淆,咪咕音乐公司也没有提供相应证据支持自己的主张。咪咕音乐公司的该项上诉理由不能成立,本院不予支持。

咪咕音乐公司上诉称,淘宝公司、阿里音乐公司实施的其他技术妨碍行为构成不正当竞争。本院认为,咪咕音乐公司所称的其他技术妨碍行为事实上是被诉设链行为的后果,其亦未提供证据证明存在独立于被诉设链行为之外的其他技术妨碍行为。故其该项上诉理由,无事实和法律依据,本院不予支持。

二、关于淘宝公司、阿里音乐公司应该承担的法律责任

本院认为,《民法典》自2021年1月1日起实施。但依据《最高人民法院关于适用〈中华人民共和国民法典〉时间效力的若干规定》第一条第三款规定:“民法典施行前的法律事实持续至民法典施行后,该法律事实引起的民事纠纷案件,适用民法典的规定,但是法律、司法解释另有规定的除外。”本案中,虾米音乐App于2021年2月5日停止歌曲试听、下载、评论等所有音乐内容消费场景,于2021年3月5日断开登录、停止运营、关闭服务器。但本案中,淘宝公司、阿里音乐公司并未提交证据证明在此之前已停止被诉行为。因此,本案应当适用《民法典》。

《反不正当竞争法》第17条第1款规定:“经营者违反本法规定,给他人造成损害的,应当依法承担民事责任。”《民法典》第179条、第1168条规定:“承担民事责任的方式主要有……(八)赔偿损失……(十)消除影响、恢复名誉;(十一)赔礼道歉。法律规定惩罚性赔偿的,依照其规定。本条规定的承担民事责任的方式,可以单独适用,也可以合并适用。”“二人以上共同实施侵权行为,造成他人损害的,应当承担连带责任。”本案中,淘宝公司为虾米音乐App的开发者,阿里音乐公司为虾米音乐App的经营者,二者共同实施了被诉不正当竞争行为,依法应当承担连带责任。咪咕音乐公司上诉请求判令淘宝公司、阿里音乐公司在人民法院指定的媒体向咪咕音乐公司公开道歉,消除不良影响。本院认为,咪咕音乐公司并未举证证明被诉行为对其商业信誉、商品声誉造成不利影响,故对其该项上诉请求不予支持。

关于赔偿损失。咪咕音乐公司上诉请求判令淘宝公司、阿里音乐公司赔偿咪咕音乐公司经济损失1500万元及合理开支30万元,共计1530万元。本院认为,《反不正当竞争法》第十七条第三款、第四款规定:“因不正当竞争行为受到损害的经营者的赔偿数额,按照其因被侵权所受到的实际损失确定;实际损失难以计算的,按照侵权人因侵权所获得的利益确定。经营者恶意实施侵犯商业秘密行为,情节严重的,可以在按照上述方法确定数额的一倍以上五倍以下确定赔偿数额。赔偿数额还应当包括经营者为制止侵权行为所支付的合理开支。”“权利人因被侵权所受到的实际损失、侵权人因侵权所获得的利益难以确定的,由人民法院根据侵权行为的情节判决给予权利人五百万元以下的赔偿。”本案中,咪咕音乐公司并未举证证明其因被侵权受到的实际损失以及侵权人因侵权所获得的利益,即本案实际损失和侵权获利均难以确定。但双方认可,咪咕音乐公司为制止侵权行为支付的律师费为72,121元。因此,本院综合考虑淘宝公司、阿里音乐公司侵权行为的性质、主观过错、危害后果等情节和咪咕音乐公司为制止侵权聘请律师参加诉讼并由此所支出的律师费、公证费等合理开支,酌情确定淘宝公司、阿里音乐公司赔偿咪咕音乐公司经济损失及合理开支共计150万元。

综上所述,咪咕音乐公司的上诉请求部分成立。本院依照《反不正当竞争法》第二条,第六条第三项,第十七条第一款、第三款、第四款,《最高人民法院关于适用〈中华人民共和国反不正当竞争法〉若干问题的解释》第一条,《民法典》第一百七十九条、第一千一百六十八条,《最高人民法院关于适用〈中华人民共和国民法典〉时间效力的若干规定》第一条第三款,《中华人民共和国民事诉讼法》第一百七十七条第一款第二项规定,判决如下:

一、撤销四川省成都市中级人民法院(2019)川01民初3398号民事判决;

二、淘宝(中国)软件有限公司、杭州阿里巴巴音乐科技有限公司于本判决生效之日起10日内,赔偿咪咕音乐有限公司经济损失及合理开支共计150万元;

三、驳回咪咕音乐有限公司的其他诉讼请求。

如未按本判决指定的期间履行上述给付金钱义务,应当依照《民事诉讼法》第260条规定,加倍支付迟延履行期间的债务利息。

一审案件受理费113,600元,由淘宝(中国)软件有限公司、杭州阿里巴巴音乐科技有限公司负担100,000元,咪咕音乐有限公司负担13,600元。二审案件受理费113,600元,由淘宝(中国)软件有限公司、杭州阿里巴巴音乐科技有限公司负担100,000元，咪咕音乐有限公司负担13,600元。

本判决为终审判决。

第三节
未结之商业秘密刑案

一、案情简介

本书最后与大家分享的是一起侵犯技术秘密罪刑事辩护案件。我是在案件由检察院向法院提起公诉后，法庭确定庭前会议时间前，接受被告周某某的委托，加入该案辩护律师团队为其提供辩护。

本案受害单位XLS公司认为，被告周某某于2012年接受XLS公司委托，为XLS公司研制生产一种半自动机器设备，得以了解和掌握了该机器的关键技术，且根据双方合同约定，周某某研发的相关技术成果知识产权属于XLS公司所有。后周某某发现该技术具有较好的市场前景，遂与杜某另行合资成立了一家公司，使用XLS公司的技术秘密，为其竞争对手设计制造了具有相同功能的机器设备，获取非法利益，损害了XLS公司的合法权益，故向其住所地公安机关报案，请求立案侦查。

本案事实并不复杂，但在案涉技术信息是否构成技术秘密、公诉机关作为指控证据的非公知技术鉴定意见和同一性鉴定意见是否具有证据合法性等问题上，存在极大争议。一审法院极为重视本案审理，七人组成合议庭，并聘请了两名技术调查官协助庭审。本案一审程序一共经历了两次庭前会议、三次开庭审理。每一次的庭前会议和庭审，控辩双方交锋之激烈，是我执业20多年来极少经历的。

从第一次庭前会议开始，我针对该次庭前会议或庭审可能会涉及的主要问题，有针对性地进行了书面阐述，以辩护意见的方式提交给了合议庭，前后共形成了5份辩护意见，总计4万余字。

本案两名被告和四位辩护律师均提出无罪辩护的意见，主要理由是XLS公司主张的技术秘密均不成立。XLS 公司主张 A 至 I 共九个秘点，一审法院认定其中三个秘点成立，判决两名被告构成侵犯商业秘密罪，各判处有期徒刑 2 年 6 个月，缓刑 3 年。被告不服，向上级法院提起上诉。二审法院以一审判决程序违法，可能影响公正审判为由，裁定撤销一审判决，指令其他法院重新审理本案。

在本书出版之时，本案重审尚未启动。

从案例分析和学习的角度，本案较有价值，因为案件尚在审理过程中，故凡涉及具体案情和技术信息的内容，都已隐名处理。希望辩护意见中提出的问题能引起读者的思考。读者也可通过本案一窥当前知识产权刑事保护存在的典型争议问题。

二、辩护意见一：技术秘密刑事案件的法律适用

笔者认为，参与诉讼的各方当事人对案件所涉法律规范要有大致相同的理解，是诉讼能有效推进的基础。如果控辩双方在基本法律理解上或认识上完全无法形成共同的对话基础，那案件就不可能会有高质量的庭审和辩论，案件裁判结果也就很难令人信服。

在本案第一次庭前会议中，合议庭已经注意到控方在秘点描述及秘点与载体对应关系等方面存在一些问题，并要求其进行必要的补充说明。辩护人也注意到本案控方提供的鉴定意见，存在以专利法中新颖性概念替代技术秘密案件非公知性概念等问题。这些现象都说明，控方在技术秘密案件的法律理解和适用问题上，是存在一定的偏差或误区的。虽然说技术秘密案件以及专利案件对于不具有专业技术背景的诉讼参与人，可能确实会存在一定的技术理解困难，但案件终究也是法律适用问题，在正确理解和适用相关法律规范的基础上，同样可以由非专业技术出身的法官作出正确的裁判。

基于以上考虑，辩护人现拟就本案所涉技术秘密的法律适用问题，先提出我方的看法与意见，敬请合议庭参考。

（一）技术秘密法律规范的核心

1.《反不正当竞争法》规定的技术秘密构成要件

《反不正当竞争法》第 9 条第 4 款规定，本法所称的商业秘密，是指不为公众所知悉、具有商业价值并经权利人采取相应保密措施的技术信息、经营信息等商

业信息。据此，一项技术信息属于商业秘密（技术秘密）的基本前提条件是其具有"不为公众所知悉""具有商业价值"以及"经权利人采取相应保密措施"三大法定构成要件，即商业秘密的非公知性、价值性和保密性。

（1）技术秘密的非公知性

非公知性是商业秘密最本质的基本属性以及最重要的构成要件，技术秘密因其非公知性而与一般的公知技术信息相区分，是技术秘密具有价值和受法律保护的前提。

《最高人民法院关于审理不正当竞争民事案件应用法律若干问题的解释》（2007 年）（以下简称《不正当竞争案件解释》，现已废止）第 9 条规定："有关信息不为其所属领域的相关人员普遍知悉和容易获得，应当认定为反不正当竞争法第十条第三款规定的'不为公众所知悉'。具有下列情形之一的，可以认定有关信息不构成不为公众所知悉：（一）该信息为其所属技术或者经济领域的人的一般常识或者行业惯例；（二）该信息仅涉及产品的尺寸、结构、材料、部件的简单组合等内容，进入市场后相关公众通过观察产品即可直接获得；（三）该信息已经在公开出版物或者其他媒体上公开披露；（四）该信息已通过公开的报告会、展览等方式公开；（五）该信息从其他公开渠道可以获得；（六）该信息无需付出一定的代价而容易获得。"

可见，非公知性是指有关信息不为其所属领域的相关人员普遍知悉和容易获得，上述最高人民法院司法解释的规定列举了不构成"不为公众所知悉"的六种情形，即判断非公知性的基本依据。值得注意的是，仅第 2 项至第 4 项属于相关信息被直接公开的情形，其余三项则涉及信息的获取途径和难易度，而不必然被直观公开。具体而言，第 1 项是指相关信息属于公知常识的情形；第 5 项是指相关信息虽暂未直接公开，但存在公众获取该信息的途径；第 6 项则主要考虑信息获取的难易度，以及获取信息所需付出的代价等（包括技术性和非技术性代价，如可通过简单研发或购买方式取得等）。

由此可见，判断技术信息是否具有非公知性，不能仅以该信息未被直接公开作为其不具有非公知性的唯一依据，还应当综合考虑信息的内容、性质以及可能的获取途径及难易度。

（2）技术秘密的价值性

《不正当竞争案件解释》（2007 年）第 10 条规定，有关信息具有现实的或者潜在的商业价值，能为权利人带来竞争优势的，应当认定为《反不正当竞争法》

第10条第3款规定的“能为权利人带来经济利益、具有实用性”。

该司法解释的规定明确了价值性的判断标准,即并非只要具有商业价值、能带来利益就可认定相关信息具有《反不正当竞争法》意义上的价值性,而是其应当具有相当的、“能带来竞争优势”的价值,这也是商业秘密受法律保护的根本法益之一。

对于技术信息而言,其具有的商业价值本质上源于技术的进步和创新,也就是说,技术秘密是因其技术层面的进步和创新而给权利人带来相当的商业上的价值和竞争优势,也因此受到法律的保护。反之,没有技术进步和创新的技术信息,客观上就难以产生相应的商业价值,也因此不会产生商业秘密受法律保护的法益。因此,技术秘密应当具有相当的客观价值,其价值性源自技术本身而不单纯以当事人的意志而决定。

(3)技术秘密的保密性

技术秘密应当经权利人采取相应的保密措施,即技术信息因保密而成为技术秘密,是相关信息构成秘密的前提。

《不正当竞争案件解释》(2007年)第11条规定:“权利人为防止信息泄漏所采取的与其商业价值等具体情况相适应的合理保护措施,应当认定为反不正当竞争法第十条第三款规定的‘保密措施’。人民法院应当根据所涉信息载体的特性、权利人保密的意愿、保密措施的可识别程度、他人通过正当方式获得的难易程度等因素,认定权利人是否采取了保密措施。具有下列情形之一,在正常情况下足以防止涉密信息泄漏的,应当认定权利人采取了保密措施:(一)限定涉密信息的知悉范围,只对必须知悉的相关人员告知其内容;(二)对于涉密信息载体采取加锁等防范措施;(三)在涉密信息的载体上标有保密标志;(四)对于涉密信息采用密码或者代码等;(五)签订保密协议;(六)对于涉密的机器、厂房、车间等场所限制来访者或者提出保密要求;(七)确保信息秘密的其他合理措施。”

该司法解释规定了商业秘密保密性的判断规范并列举了多项具体的保密措施。总体而言,保密措施应当与具体的技术秘密相适应且具有相当的合理性,在综合考虑信息载体的特性、权利人保密的意愿、保密措施的可识别程度、他人通过正当方式获得的难易程度等因素的前提下,以能够保证在正常情况下足以防止特定的技术秘密泄露为判断标准和依据。

综上所述,技术秘密应当是未公开和/或难以获得,具有因技术的进步、创新而产生的相当的商业价值，同时因保密而在正常情况下难以泄露的技术信息。

2. 技术秘密符合法定条件的证据

技术秘密本质上是一种信息，需要以符合法律规范的形式明确、具体地固定并呈现，才能作为商业秘密的客体受到法律保护。《不正当竞争案件解释》(2007 年)第 14 条规定，当事人指称他人侵犯其商业秘密的，应当对其拥有的商业秘密符合法定条件、对方当事人的信息与其商业秘密相同或者实质相同以及对方当事人采取不正当手段的事实负举证责任。其中，商业秘密符合法定条件的证据，包括商业秘密的载体、具体内容、商业价值和对该项商业秘密所采取的具体保密措施等。根据上述规定可见，除证明技术秘密具有一定的商业价值和已被采取合理保密措施的相关证据以外，还有两项证明技术秘密符合法定条件的重要证据及关键要素，即技术秘密的载体和具体内容。

(1) 技术秘密的载体

技术秘密是一种无形的信息，权利人要对特定的技术秘密主张权利，必须首先将其固定于有形载体，使其具体化、明确化以及得以复制，同时，应当通过有形的载体确定技术信息的形成时间、权利归属、涉及的信息内容范围等权利基本要素。可见，载体不仅用于承载技术信息，还是认定技术秘密的基础，具有重要的法律意义。

具体而言，第一，一项权利必须存在且有效才得以成立并主张。对于技术秘密而言，需要首先确定其形成的时间。因此，技术秘密的载体，应当载有和/或能够真实反映出技术信息形成的时间，并以此为依据确定技术秘密的存续期间，即权利人可主张权利的期间。

第二，权利人应当证明其拥有所主张的技术秘密，即技术秘密的归属。因此，技术秘密的载体，应当载有和/或真实反映出相关信息的权利归属，即权利人的权利来源和依据。

第三，无形的信息需要依附于有形的载体，权利人主张的技术秘密应当清晰、明确地固定在载体上并呈现。技术秘密载体上所承载的技术信息应当有清晰的范围，所有的具体技术秘密均应来自且不超出载体所记载的信息范围，即载体是技术秘密的根本依据。

此外，无形的技术信息需要通过有形的载体保存、取得以及复制传播。对技术秘密的保密措施，本质上是对承载技术秘密的载体施加的保密措施，防止技术秘密通过载体泄露。因此,技术秘密载体的形式和特性也直接影响对技术秘密的保密措施的认定。

可见,载体是技术秘密权利期间、权利归属以及内容范围的基本依据。如果技术秘密载体本身的形式及承载的内容不清楚明确或存在瑕疵,甚至其真实性存疑,则基于该载体的所有技术秘密均不能成立。

(2)技术秘密的具体内容

对任何一项法律权利的主张,都应当有具体明确的权利内容、范围和边界。对于技术秘密而言,在司法实践中技术秘密的具体表现形式为技术秘密点,即通常所称的秘点,而清晰明确的秘密点正是界定技术秘密权利内容、权利范围以及权利边界的基础和前提。在涉及技术秘密案件的审理中,在具有承载技术秘密的合法载体的基础上,首先需要明确的就是权利人主张的秘点的具体内容,这是正确审理、裁判案件的基本前提。

结合技术秘密的法定构成要件来看,技术秘密应当限定在确定的载体所固定的技术信息中属于非公知信息且具有相当价值的部分,而不应由权利人根据自己的意愿随意主张。因此,技术秘密的秘点应当仅包括技术内容,其范围应当合理,技术内容应当具体、清晰、明确,技术性表述应当严谨规范,并与所属领域内的公知技术部分予以区分。同时,权利人还应当明确所主张的秘点构成技术秘密的理由。

此外,鉴于秘点的规范性要求以及对于案件审判的重要性,在审判过程中应允许被告及其辩护人对控方主张的秘点提出合理的质疑,包括但不限于要求排除其中包含的非技术信息、公知信息、超出载体记载范围的内容以及其他不能体现技术核心内容和价值的信息等,并通过质证或庭审程序对秘点进行规范并最终确定。

(3)技术秘密的商业价值

如前所述,技术秘密的商业价值源自技术的改进和创新,其所带来的竞争优势也来自技术层面的优势。因此,仅凭可以获得利益为依据,完全不足以证明技术秘密的商业价值,应当从技术本身的进步和创新、与竞争对手的比对以及最终反映出的市场竞争力(如市场份额)等多个方面,对技术秘密具有的能够产生竞争优势的商业价值进行充分证明。

(4)技术秘密的具体保密措施

保密措施是否合理应综合考虑信息载体的特性、权利人保密的意愿、保密措施的可识别程度、他人通过正当方式获得的难易程度等因素。以机械图纸所记载的技术信息为例，保密措施至少应当包括图纸的保密标识、图纸的保密存放以及对查阅和使用图纸人员的保密监管等。

（二）关于技术秘密权与专利权的关系问题

商业秘密与专利相比，其权利类型、属性、构成要件、法律规范等均不相同，分属于两个完全不同的基本概念，应当严格予以区分。因此，对技术秘密的理解、解释和法律适用，均应依据《反不正当竞争法》及相关司法解释的规制进行，不应与专利的法律规范及基本概念相互混淆，这是正确审理技术秘密案件的前提条件。

1. 技术秘密与专利的相似点

技术秘密与专利的实体内容均为技术方案，都应当规范严谨地对技术方案进行表述。由于专利文件的撰写有成熟、详细的规范，因而对于技术秘密的表述，可以参考专利文件的撰写规范，以期能以严谨的法律语言表达技术内容。

一方面，专利技术方案通过说明书进行清楚、完整的说明，同时对专利的范围作出限定；技术秘密的全部信息内容由载体承载，其所涉及的全部技术信息内容的范围也以载体为限，因而，对于文书、图纸类载体，可以参照专利说明书的形式和规范撰写，有助于理解技术秘密的全部内容。

另一方面，专利权的范围和边界依据权利要求确定，权利要求的表述必须清楚且得到说明书的支持，同时应当包括实现该技术方案的必要技术特征；技术秘密的权利范围和边界则由秘点确定，秘点的表述也要求清晰、具体，体现出技术秘密的核心内容，同时不超出载体承载的信息内容的范围。因此，虽然不能直接适用权利要求的法律规范对秘点进行评价，但秘点的归纳和表述可以参照权利要求的撰写规范，这样有助于准确认定技术秘密的权利范围和边界。

此外，专利因技术的进步和创新对科学技术和社会经济的促进作用而获得法律的保护；技术秘密因技术的进步和创新带来商业上的价值而受到法律保护，可见，二者的法益从根本上都源于对现有的技术所作出的贡献。

2. 技术秘密与专利的差异

（1）适用的法律规范不同

技术秘密属于商业秘密，由《反不正当竞争法》规定并受其调整，最高人民法院就审理不正当竞争民事案件的相关规范颁布了《不正当竞争案件解释》（2007 年）。专利法律体系则由多层级法律规范共同构成，主要包括《专利法》

《专利法实施细则》以及《专利审查指南》等。

(2)构成要件(授权条件)不同

如前所述,技术秘密的法定构成要件为非公知性、价值性及保密性,而专利的授权条件则为新颖性、创造性及实用性。这里需要特别阐述的是非公知性与新颖性和/或创造性、价值性与创造性的异同。

①非公知性与新颖性和/或创造性的关系:《专利法》(2008 年)第 22 条第 2 款规定,新颖性,是指该发明或者实用新型不属于现有技术;第 5 款规定,本法所称现有技术,是指申请日以前在国内外为公众所知的技术。根据《专利审查指南》的规定,专利法意义上的新颖性为绝对新颖性,具体是指如果专利的一项权利要求的技术方案与现有技术的一项技术方案相比,二者适用相同的技术领域,解决相同的技术问题,采用相同的技术方案,并具有相同的预期效果,则认为权利要求的技术方案与现有技术的技术方案实质相同,权利要求的技术方案不具备新颖性。同时,在通过技术方案的比对判断新颖性时,应当严格适用单独对比原则,即应当将专利的各项权利要求分别与每一项现有技术的相关技术内容单独地进行比较,不得将其与几项现有技术内容的组合,或者与一份对比文件中的多项技术方案的组合进行对比。

《专利法》(2008 年)第 22 条第 3 款规定,创造性,是指与现有技术相比,该发明具有突出的实质性特点和显著的进步,该实用新型具有实质性特点和进步。根据《专利审查指南》的规定,发明专利有突出的实质性特点,是指对所属技术领域的技术人员来说,发明相对于现有技术是非显而易见的,如果发明是所属技术领域的技术人员在现有技术的基础上仅仅通过合乎逻辑的分析、推理或者有限的试验可以得到的,则该发明是显而易见的,也就不具备突出的实质性特点;发明专利有显著的进步,是指发明与现有技术相比能够产生有益的技术效果,例如,克服了现有技术中存在的缺点和不足,或者为解决某一技术问题提供了一种不同构思的技术方案,或者代表某种新的技术发展趋势等。同时,对创造性的判断,不再适用单独对比原则,而是将一份或者多份现有技术中的不同的技术内容组合在一起对要保护的技术方案进行评价。

如前所述,非公知性是指有关信息不为其所属领域的相关人员普遍知悉和容易获得。与专利的新颖性相比,非公知性显然不属于绝对新颖性的范畴,与专利的新颖性具有完全不同的内涵和本质的区别,二者的判断方法和标准也截然不同。不具备新颖性的技术信息属于现有技术的范畴,因而当然也不具有非公知性；然而，具有新颖性的技术信息，仅代表其按照新颖性的判断规则，未与单独一项技术方案构成实质相同，但并不当然具有非公知性。例如，《不正当竞争案件解释》(2007 年)规定的“该信息为其所属技术或者经济领域的人的一般常识或者行业惯例”的情形，则属于创造性评价中“公知常识”或者“本领域的技术人员常用技术手段”的范畴；“该信息无需付出一定的代价而容易获得”的情形，则部分属于创造性评价中“相对于现有技术的组合具有显而易见性”的范畴；而“该信息从其他公开渠道可以获得”的情形，在专利可授权性评价中则难以涉及。

由此可见，非公知性的含义和判断标准不同于新颖性、创造性或其组合，不能将新颖性和/或创造性的概念与非公知性等同，更不能采用新颖性和创造性的标准评价技术信息的非公知性。在此基础上，鉴于在专利领域存在成熟的以法律视角分析技术问题的规范，因而在对具体技术信息进行分析判断时，可以在合理范围内借鉴。

②价值性与创造性的关系：如前所述，技术秘密的价值性源自技术本身的创新和进步，而技术的创新和进步又最终反映在为权利人带来的竞争优势和商业价值上。从这个角度来看，技术秘密的价值性含有对技术本身创造性的评价，即与现有的技术相比，存在非显而易见的区别和相当的有益效果，从而产生价值和受保护的法益。

(3)保护期限不同

专利权的保护期限有明确的法律规定。《专利法》(2008 年)第 39 条[1]规定，发明专利申请经实质审查没有发现驳回理由的，由国务院专利行政部门作出授予发明专利权的决定，发给发明专利证书，同时予以登记和公告。发明专利权自公告之日起生效。第 42 条规定，发明专利权的期限为 20 年，实用新型专利权和外观设计专利权的期限为 10 年，均自申请日起计算。据此，专利权自授权公告之日起生效，保护期限自申请日起算，视专利类型的不同分别为 20 年和 10 年。

对于技术秘密而言，《反不正当竞争法》并未对商业秘密的保护期限作出任何规定。根据民事权利的基本原理，商业秘密受保护的期限应当限制在权利人对商业秘密拥有合法有效的权利以及商业秘密形成并有效存续的期间之内，即

[1] 2020 年修订后仍对应为第 39 条和第 42 条，但第 42 条中外观设计专利权的期限为 15 年。

自商业秘密形成并符合法定条件之日起，自商业秘密因被公开等灭失或者权利人丧失权利之日止。

由此可见，专利权的保护期限确定，且其申请日及公告授权日具有公示效力，而技术秘密的保护期限并不确定，需要经过质证及庭审程序查明。

（三）本案控方在主张技术秘密方面存在的问题

基于前文对技术秘密法律规范及适用问题的分析和理解，现就本案控方在主张技术秘密方面存在的问题作一简要阐述。

1. 作为技术秘密的基础证据的载体存在根本性问题

本案控方主张的技术秘密的载体，为XLS公司提供的一系列FY机的机械制图图纸，秘点A－I也是基于上述图纸所载信息内容归纳的，因此，上述图纸属于控方主张技术秘密的基础证据。然而，经详细查阅相关图纸内容后发现，作为技术秘密载体的图纸至少存在以下两个根本性问题。

（1）图纸载体存在严重的真实性问题

根据XLS公司提交的《“××××××××××××机”商业技术秘密载体和秘点内容的说明》记载，其技术秘密的载体为“××××××××××××机”的结构设计图纸、加工图纸、工艺技术要求文件等系列图纸，图纸所载商业秘密由XLS公司研发，形成时间为2010年1月至2015年12月。

现以B秘点为例，对秘点载体的真实问题作如下说明。根据B秘点的记载，其载体为编号“A2”的图纸，包括秘点技术特征“×××××××××”“××××××××××”以及“××××××××”。

然而，第一，编号“A2”的图纸共计两幅，其署名均为“成都YH智能设备科技有限公司”而非XLS公司的全称或简称。在无其他证据证明的情况下，图纸及其所载的技术信息是否归属于XLS公司，以及是否如XLS公司所主张的由其研发这一基本事实的真实性存疑。

第二，A2图纸均未注明绘制日期。经查，成都YH工业制造有限公司于2018年7月18日将其名称变更为“成都YH智能设备科技有限公司”。据此，在无相反证据证明的情况下，可以推定A2图纸至少绘制于2018年7月18日之后，与XLS公司主张的商业秘密形成于2010年1月至2015年12月相矛盾。

第三，XLS公司提交的图纸中有两幅图号分别为“LGWP－07－03”（名称：××××图纸）和“LGWP－07－04”（名称：×××××××图纸）、署名均为“成都 YH 智能设备科技有限公司”的图纸，其中，前者注明的绘制时间为“2018/1/22”，后者注明的绘制时间为“2018/1/24”，均早于“成都 YH 智能设备科技有限公司”名称变更日期。显而易见，在无其他证据证明的情况下，上述两幅图纸的绘制日期与署名相互矛盾，导致整个图纸的真实性存疑。

另外需要说明的是，XLS 公司主张的载体图纸，除编号 A5 的图纸署名为“成都 YH 工业制造有限公司”以外，其余图纸均署名为“成都 YH 智能设备科技有限公司”或未署名，也未注明绘制时间，因此，基于与 B 秘点相同或类似的理由，整体来看，XLS 公司主张的作为技术秘密载体的图纸真实性存在严重问题，无法作为其技术秘密的权利依据。

(2)无法确定涉案技术秘密的形成时间及相应的权利保护期间

如上述分析，作为秘点载体的图纸绘制时间不明且存在无法解释的矛盾，因而本案秘点形成时间无法确定，导致技术秘密的保护期限无法确定，因此，有关 XLS 公司技术秘密的主张缺少最基本的法律依据。

2. 秘点的归纳和表述存在严重问题

控方对秘点 A－I 的归纳和表述均不规范，主要表现在未完全区分剥离公知技术信息及非技术信息内容，未准确表述构成各秘点的核心技术特征，未明确界定各秘点的权利边界。以下以 D 秘点为例，简要说明本案秘点归纳和表述的主要问题。

D 秘点原始表述如下：(略)。

对于 D 秘点的各项内容，“××××××××”的表述属于对可直观得出的功能及效果的描述；而“×××××××××××××”的表述则属于对作为技术信息载体的图纸的概括性描述，无具体明确的技术内容。因此，以上内容均不属于技术信息，不应纳入 D 秘点的范围。

此外，对于 D 秘点的其余内容，中国专利公开文件 CN10×××××74A 公开了一种×××××机。

由此可见，D 秘点的内容均属于非技术信息或者公知信息，当然也不具有任何体现技术价值的核心技术信息，不符合技术秘密应当具有非公知性和价值性的法定条件，显然不应当纳入技术秘密的秘点范围。

以上仅以 D 秘点为例说明本案秘点存在的主要问题，为准确认定技术秘密的权利范围和边界，必须对所有秘点进行梳理分析，最终以符合法律规范的秘点作为案件审理的依据。

以上几点辩护意见，仅是在庭前会议阶段，就本案审理首先需要查明或解决的技术秘密法律适用问题、技术秘密内容确认问题、技术秘密基本证据审查等问题提出的初步意见，目的是有助于合议庭顺利推进案件审理。随着案件审理的进程，辩护人将再针对本案鉴定意见存在的问题、技术对比问题、诉讼程序等问题分别提出辩护意见。

三、辩护意见二：关于涉案秘点的确认、保护范围和权利边界等

针对本案所涉技术秘密的秘点归纳、确认，以及对案涉技术信息保护范围的理解，技术秘密权利边界划定、被控侵权产品是否落入涉案技术秘密权利边界等问题，辩护人提出如下书面辩护意见，以供合议庭参考。

（一）关于涉案技术秘密秘点的确认问题

1. 控辩双方争议及简要分析

秘点确认问题本属基础的法律理解和适用问题，但在本案中却存在尖锐的分歧，无法达成共识。

辩护人意见，是以《反不正当竞争法》、最高人民法院司法解释、江苏省高级人民法院审理指导意见、全国律协规范等为法律规范，参照《专利法》及《专利审查指南》等法律法规形成的成熟的技术规范，对涉案秘点进行梳理，剥离出控方现主张秘点中含有的非技术信息及公知技术信息，将余下能体现技术进步且能被载体支持的区别技术特征作为受保护的秘点，以便确定准确的技术秘密内容，划定公正合理的保护范围，有利于案件审理。

但 XLS 公司不接受上述意见，认为应以其主张的秘点内容为准。且在第一次庭前会议后，对原起诉及鉴定秘点进行了重新归纳，要求以新归纳表述的秘点为准。但 XLS 公司并未提供其主张的法律依据及技术规范依据。其具体秘点主张详见×××表。

对于双方的上述不同意见，辩护人认为我方的主张具有法律依据，且明确说明了所依据的法律规范内容。以专利法成熟的技术规范要求来表达技术秘密信息，也属于司法实践公认的可行方法，具有合理性。而 XLS 公司坚持以其主张的秘点内容来确定涉案技术秘密的保护范围，则缺乏相应的法律依据，理由不足，不应被支持。

2. 以两种不同主张确认的秘点内容比较

在剥离非技术内容及公知技术信息后，能在在案技术秘密载体上体现出来的涉案技术秘密秘点，与起诉依据的鉴定意见及XLS公司重新归纳的秘点列表如下：（略）。

由上表可见，以辩护人意见梳理后的秘点技术特征极其有限，而起诉依据的秘点内容庞杂，新归纳秘点更涉及多种技术方案的组合，将构成多种不同的技术方案，使其主张的技术秘密保护范围无限扩大。显然，采纳辩护人意见确认秘点是更合理的。

（二）两种秘点分别形成的受保护的技术信息范围及权利边界

（以下内容略）。

四、辩护意见三：本案基本事实及鉴定意见书存在的问题

鉴于本案商业秘密载体的真实性明显存疑，作为定案依据的《四川HP司法鉴定所鉴定意见书》（川H〔2019〕知鉴字第25号）和《四川HP司法鉴定所鉴定意见书》（川H〔2019〕知鉴字第26号）（以下简称第25号鉴定意见和第26号鉴定意见）存在明显错误，故为帮助法庭顺利推进案件的审理，有助于案件最终能得到公正裁判，本辩护人拟分别就前述问题提出书面的辩护意见，以供合议庭及时参考。

（一）本案秘点A－I的载体、权利归属、来源以及形成时间的真实性存疑

技术信息的载体是确定技术秘密权利存续期间、权利归属以及权利内容范围的基本依据。因此，如载体本身的形式和承载的内容不清楚明确或存在瑕疵，甚至真实性存疑，则基于该载体的所有技术秘密均无法成立。

本案中，控方以XLS公司提交的《“××××××××机”商业技术秘密载体和秘点内容的说明》（以下简称《秘点说明》）作为认定本案基本事实的依据，第25号鉴定意见书及第26号鉴定意见书也以此作为鉴定材料和认定秘点内容的基本依据。该《秘点说明》描述了本案秘点A－I的具体内容，以随附的“××××××××机”结构设计图纸、加工图纸、工艺技术要求文件等系列图纸作为秘点载体，同时注明前述图纸所载商业秘密由XLS公司研发，形成时间为2010年1月至2015年12月。

然而,前述秘点的图纸载体存在严重的真实性问题,简要概述如下:

1. 图纸权属及来源存疑

《秘点说明》所载图纸中,除标记为“A6”的电气图纸署名为“××××公司”外,其余图纸均署名为“成都 YH 智能设备科技有限公司”“成都 YH 工业制造有限公司”或者无署名。经查,“××××公司”并不存在。

可见,《秘点说明》所载图纸的所有人并非 XLS 公司,图纸权属及来源存疑,因而图纸所载技术内容是否由 XLS 公司研发并归 XLS 公司所有这一基本事实明显存疑。

2. 图纸形成时间存疑

《秘点说明》所载图纸中绝大部分图纸未载明绘制日期。同时,经查,成都 YH 工业制造有限公司设立于 2016 年 11 月 2 日,并于 2018 年 7 月 18 日将其名称变更为“成都 YH 智能设备科技有限公司”。据此,至少可以推定未载明绘制时间的图纸中,署名为“成都 YH 工业制造有限公司”的图纸的形成时间不早于 2016 年 11 月 2 日,署名为“成都 YH 智能设备科技有限公司”的图纸的形成时间不早于 2018 年 7 月 18 日,这明显与《秘点说明》所注明的秘点形成时间为“2010 年 1 月至 2015 年 12 月期间”相互矛盾。

可见,《秘点说明》所载图纸的形成时间存疑,因而本案技术秘密形成时间这一基本事实也存疑。

3. 图纸记载信息相互矛盾

《秘点说明》所载图纸中部分图纸所载信息存在矛盾。以图号为“LGWP－07－03”和图号为“LGWP－07－04”的图纸为例,两份图纸署名均为“成都 YH 智能设备科技有限公司”,其中,前者所载的绘制时间为“2018/1/22”,后者所载的绘制时间为“2018/1/24”,均早于“成都 YH 智能设备科技有限公司”名称变更日期,即 2018 年 7 月 18 日。

可见,图纸的绘制日期与图纸署名明显存在根本性矛盾,因而《秘点说明》所载图纸不真实,存在伪造证据的嫌疑。

4. 部分秘点信息得不到图纸载体的支持

秘点 A－I 的技术信息无法完全由《秘点说明》所载的图纸得出。以 B 秘点为例,B 秘点载明其载体为编号“A2”的图纸,包括秘点技术特征“×××××××××”“××××××××”以及“×××××”。然而,编号为“A2”的图纸并未绘制有关上述三个秘点技术特征的内容。

可见，秘点 A－I 的部分技术信息缺乏载体的支持，因而秘点内容的真实性存疑。

综上所述，作为本案基本事实依据的秘点载体内容、信息缺失或相互矛盾，其真实性及来源明显存疑，不能作为认定本案秘点 A－I 成立这一基本事实的依据。

（二）作为本案定案依据的鉴定意见书不具有合法性

《刑诉法解释》（2012 年）第 84 条规定："对鉴定意见应当着重审查以下内容：（一）鉴定机构和鉴定人是否具有法定资质……（三）检材的来源、取得、保管、送检是否符合法律、有关规定，与相关提取笔录、扣押物品清单等记载的内容是否相符，检材是否充足、可靠……（五）鉴定程序是否符合法律、有关规定……"第85 条规定："鉴定意见具有下列情形之一的，不得作为定案的根据……（二）鉴定人不具备法定资质，不具有相关专业技术或者职称，或者违反回避规定的；（三）送检材料、样本来源不明，或者因污染不具备鉴定条件的……（五）鉴定程序违反规定的……"

第一，如前所述，作为本案基本事实依据的秘点载体真实性及来源存疑，而第 25 号鉴定意见书及第 26 号鉴定意见书均以该秘点载体作为鉴定材料和认定事实的依据，因而所作出的鉴定意见明显缺乏基本事实依据。

第二，根据《司法鉴定程序通则》第 14 条第 1 款规定："司法鉴定机构应当对委托鉴定事项、鉴定材料等进行审查。对属于本机构司法鉴定业务范围，鉴定用途合法，提供的鉴定材料能够满足鉴定需要的，应当受理。"第 15 条规定："具有下列情形之一的鉴定委托，司法鉴定机构不得受理……（二）发现鉴定材料不真实、不完整、不充分或者取得方式不合法的……"显而易见地，四川 HP 司法鉴定所根本没有对作为鉴定材料的秘点载体进行审查，或者，在审查后发现鉴定材料不真实的情况下仍然接受委托，严重违反了前述鉴定程序的规定。

第三，第 26 号鉴定意见的委托鉴定事项为"对 XLS 公司的××××装置技术特征与广东 YF 公司的×××××系统装置技术特征的同一性进行鉴定"，而商业秘密的同一性鉴定应是将被控侵权方的技术与技术秘密的秘点进行一一对比。显然第 26 号鉴定意见所载的委托鉴定事项与同一性鉴定无关，存在根本性错误。根据《司法鉴定程序通则》第 14 条规定，司法鉴定机构应当对委托鉴定事项、鉴定材料等进行审查。显然，四川 HP 司法鉴定所根本没有对上述错误的委托鉴定事项进行审查及要求委托人作出必要的补正，或者在审查后发现委托鉴定事项错误的情况下仍然受理,严重违反了前述鉴定程序的规定。

此外,第25号鉴定意见的鉴定人为:(1)潘YM,高级工程师,专利代理人(电子),执业类别:知识产权鉴定;(2)刘KQ,副研究员,专利代理人(遥控遥测),执业类别:知识产权鉴定。第26号鉴定意见的鉴定人为:(1)王ZR,高级工程师,产品质量检验员,执业范围:机动车司法鉴定、产品质量司法鉴定;(2)张Y,产品质量检验员,执业范围:产品质量司法鉴定;(3)潘YM,高级工程师,专利代理人(电子),执业类别:知识产权鉴定;(4)刘KQ,副研究员,专利代理人(遥控遥测),执业类别:知识产权鉴定。显而易见地,本案秘点A-I主要涉及机械相关的技术领域,而上述鉴定人无一具有机械领域的技术背景,不具有相关专业技术,同时,鉴定人张Y还不具有相关职称。可见,本案鉴定意见书的鉴定人均不符合《刑诉法解释》(2012年)的规定,不具有就本案秘点A-I作出司法鉴定意见的资质和法定条件。

综上所述,作为本案定案依据的鉴定意见书所依据的检材真实性及来源存疑,鉴定程序违反有关规定,鉴定人不具有相关资质及法定条件,鉴定意见不具有合法性,因而不应作为定案依据予以采信。

(三)第25号鉴定意见的法律适用、基本事实依据及鉴定过程、方法错误

1.鉴定意见的法律适用存在根本性错误

第25号鉴定意见书对秘点A-I作非公知性鉴定的法律依据是《专利法》。然而,技术秘密属于商业秘密,由《反不正当竞争法》规范和受其调整,最高人民法院就审理不正当竞争民事案件的相关规范颁布了《不正当竞争案件解释》(2007年)。专利法律体系则由多层级法律规范共同构成,主要包括《专利法》《专利法实施细则》《专利审查指南》以及相关司法解释等。可见,二者属于完全不同类型的知识产权,所适用的法律规范完全不同。

2.鉴定意见的基本事实依据错误

鉴定意见书认为涉案秘点A-I的内容在2015年12月31日之前是不为公众所知悉的技术信息,鉴定依据为国家知识产权局G19××××6号《授权专利检索报告》和四川省科学技术信息研究所2019×××××1219号《科技查新报告》。

(1)关于国家知识产权局G19××××6号《授权专利检索报告》

《授权专利检索报告》认为:"本检索项目涉及国家知识产权局于2019年3月15日授权公告的名称为××××××××机的ZL 2016 ××××××.9号

发明专利(以下简称本专利)……委托方提供的 A－I 秘点为本专利中权利要求 1 的从属权利要求。……由于秘点 A－I 从属于权利要求 1,秘点 A－I 也具备《中华人民共和国专利法》第二十二条第二款规定的新颖性。”

经查:

①专利号为“ZL 2016 ××××××.9”号发明专利的发明名称为“一种×××××机”而非“××××××××××机”;

②该专利授权文本所载独立权利要求 1 的文字记载范围与秘点 A－I 的内容不具有对应关系也不一致,以“ZL 2016 ××××××.9”号发明专利作为检索对象明显不当;

③秘点 A－I 与该专利授权文本所载权利要求 1 之间无任何从属关系。

此外,《授权专利检索报告》的比对分析过程不具有规范性和严谨性,未对相关技术特征进行一一对比,也未明确指出独立权利要求 1 以及秘点 A－I 中的哪些技术特征没有公开。

由此可见,《授权专利检索报告》仅评价了检索对象的新颖性,检索和评价对象也并非本案秘点 A－I,且报告存在错误和不规范的情形。因此,《授权专利检索报告》不能作为鉴定秘点 A－I 的非公知性的依据。

(2)关于四川省科学技术信息研究所 2019××××××1219 号《科技查新报告》

首先,《科技查新报告》的检索范围仅限于四川省科学技术信息研究所自行选择的数据库和核心期刊的国内中文文献,且最终所引用的对比文件均为中文专利文献,未达到充分检索的标准,显然不能充分反映公知技术,因而基于该检索结果的检索结论存在严重偏差。

其次,《科技查新报告》的比对分析过程不具有规范性和严谨性,不符合技术特征一一对比的基本要求,也未明确指出秘点 A－I 中不属于公知技术的内容。

由此可见,作为鉴定依据的《科技查新报告》对公知技术的检索未达到完全检索的要求,比对分析不规范、不严谨,查新结论明显存在偏差。因此,《科技查新报告》不能作为鉴定秘点 A－I 的非公知性的依据。

3. 鉴定过程和方法存在根本性错误

《不正当竞争案件解释》(2007 年)第 9 条规定:“有关信息不为其所属领域的相关人员普遍知悉和容易获得,应当认定为反不正当竞争法第十条第三款规定的‘不为公众所知悉’。具有下列情形之一的,可以认定有关信息不构成不为公众所知悉:(一)该信息为其所属技术或者经济领域的人的一般常识或者行业惯例;(二)该信息仅涉及产品的尺寸、结构、材料、部件的简单组合等内容,进入市场后相关公众通过观察产品即可直接获得;(三)该信息已经在公开出版物或者其他媒体上公开披露;(四)该信息已通过公开的报告会、展览等方式公开;(五)该信息从其他公开渠道可以获得;(六)该信息无需付出一定的代价而容易获得。”依据该条规定,技术信息只有同时排除上述六种情形,才能被认定为不为公众所知悉,只要符合任何一种情形,便不具有非公知性。可见,判断技术信息是否具有非公知性,不能仅以该信息未被直接公开作为其不具有非公知性的唯一依据,还应当综合考虑信息的内容、性质以及可能的获取途径及难易度。在此基础上,对于非公知性的鉴定,查新检索也仅是整个非公知性鉴定过程中的一个环节,但绝非唯一环节,还需对前述各种情形进行分析和判断。

第25号鉴定意见所依据的《授权专利检索报告》和《科技查新报告》仅针对上述司法解释中第3项规定的公开出版物进行检索,其中,《授权专利检索报告》仅评价了检索对象的新颖性,评价方式采用的是《专利审查指南》规定的单一对比原则(新颖性并非非公知性);而《科技查新报告》的评价方式也明显参照了新颖性的评价方式,同样采用的是单一对比原则。可见,除前文已经指出的问题以外,《授权专利检索报告》和《科技查新报告》的检索结果仅涉及公开出版物一项,检索结论也仅涉及检索对象是否具有新颖性或者参照新颖性是否存在公开文献的报道,完全没有检索和/或评价上述司法解释所规定的“其他媒体”和另外五种情形,检索结论也未对检索对象是否具有非公知性作出任何评价。

综上所述,第25号鉴定意见直接引用上述《授权专利检索报告》和《科技查新报告》的检索结论,未经其他检索和分析,就作出秘点A-I具有非公知性的结论,鉴定过程和程序存在严重缺失,鉴定方法存在严重错误,导致鉴定意见具有根本性错误。

《刑诉法解释》(2012年)第84条规定:“对鉴定意见应当着重审查以下内容……(六)鉴定的过程和方法是否符合相关专业的规范要求……”第85条规定:“鉴定意见具有下列情形之一的,不得作为定案的根据……(六)鉴定过程和方法不符合相关专业的规范要求的……”据此,由于第25号鉴定意见的法律适用、基本事实依据以及鉴定过程和方法均存在根本性错误,因此,不应作为本案定案依据予以采信。

（四）第 26 号鉴定意见的法律适用及鉴定过程、方法错误

1. 鉴定意见的法律适用存在根本性错误

第 26 号鉴定意见对秘点 A－I 与被控设备是否具有同一性作出鉴定意见的法律依据是《专利法》及《最高人民法院关于审理专利纠纷案件适用法律问题的若干规定》。然而，技术秘密属于商业秘密，由《反不正当竞争法》规范并受其调整，最高人民法院就审理不正当竞争民事案件的相关规范颁布了《不正当竞争案件解释》（2007 年）。专利法律体系则由多层级法律规范共同构成，主要包括《专利法》《专利法实施细则》《专利审查指南》以及相关司法解释等。可见，二者属于完全不同类型的知识产权，所适用的法律规范完全不同。

2. 鉴定过程和方法存在根本性错误

（1）鉴定依据错误

第 26 号鉴定意见所采用的鉴定依据是《最高人民法院关于审理专利纠纷案件适用法律问题的若干规定》（2015 年）第 17 条[1]，该条规定："等同特征，是指与所记载的技术特征以基本相同的手段，实现基本相同的功能，达到基本相同的效果，并且本领域普通技术人员在被诉侵权行为发生时无需经过创造性劳动就能够联想到的特征。"然而，第 26 号鉴定意见实际上是以"技术方案中的技术特征为同一领域中以基本相同的手段，实现基本相同的功能，达到基本相同的效果"作为判定同一性的基本原则。显然，除适用专利法律规范错误外，该基本原则还刻意规避了上述司法解释所规定的"并且本领域普通技术人员在被诉侵权行为发生时无需经过创造性劳动就能够联想到"这一重要要件，使技术特征在比对时更加容易被认定为等同，导致同一性的比对结果即便是依照专利法律规范也存在明显的错误和偏向性。

（2）鉴定过程和鉴定方法错误

第 26 号鉴定意见采用的鉴定方法为：①委托方提供本次鉴定的设计图纸不能显示零部件间的配合精度，比对实物为改进型更新后的产品，故本次同一性鉴定主要针对机器的设计原理、整体及零部件结构的技术特征、实现功能进行对比；②将 XLS 公司"×××××××××机"的秘点 A－I 的技术特征与被控侵权设备对应部位的技术特征进行比对分析；③为了量化差异与相同的程度，采用计算相似度的方法，分别将设备各系统部件按照原理、结构、功能分级，按照自主创

[1] 2020 年修正后第 17 条改为第 13 条。

新程度和实际功能重要程度确定权重系数，利用权重系数计算出相似度。

对于上述鉴定方法：

首先，如前所述，同一性鉴定应为将技术信息秘点与被控侵权方的技术进行一一对比，而“针对机器的设计原理、整体及零部件结构的技术特征、实现功能进行对比”显然与同一性鉴定无关，不符合同一性鉴定的基本方法和规范。

其次，鉴定意见中未见将秘点 A－I 的各项技术特征与被控侵权设备对应部分的技术特征进行一一比对的内容，违反了同一性比对的基本原则，其比对结果也完全不具有说服力和正当性。

再次，鉴定意见中实际用于比对的秘点内容也与秘点 A－I 所记载的内容不相吻合，鉴定意见对原始的秘点文字表述进行了改动、添加了大量的内容，扭曲比对对象的基本事实，严重违背的最基本的鉴定规范。

以 I 秘点为例，I 秘点的原始表述为：(略)。

显而易见，鉴定意见在原始秘点描述的基础上，罔顾基本事实，凭空任意增加了大量的信息内容，使得实际用于比对的秘点内容与原始秘点内容完全不同，既未遵循最基本的鉴定规范，还涉嫌伪造证据。

最后，鉴定意见对图纸所载“×工位”××机和被控侵权设备各组成部分的划分、分级以及各部分自主创新程度和实际功能重要程度的权重系数的设置，均凭鉴定人单方面主观意愿决定，没有任何事实及法律依据，不具有合理性和说服力。由此得出的“技术特征的综合相似度约为 0.7656”以及“二者基本相同”的结论，全凭主观捏造，没有任何意义。

3. 具体比对结论存在明显错误和主观捏造嫌疑

(1)关于 A 秘点的比对结论

鉴定意见指出，“×工位”××机与 A 秘点存在如下三个差异点：①××与秘点 A 不同，但该区别是为了满足设备的形状尺寸的不同设计，均解决了固定××××的问题；②“×工位”××机皮带选用的规格与秘点 A 不同，但该区别是为满足×××之间的不同距离，均解决了×××××动力传动的问题；③“×工位”××机固定××××与秘点 A 不同，是为了满足×××尺寸的不同设计，但解决了固定××的问题。上述差异点的技术特征，均以基本相同的技术手段，实现基本相同的功能，达到基本相同的效果，并且是本领域普通技术人员容易想到的，因此，“×工位”××机的技术特征与 A 秘点的技术特征相等同。

(2)(略)。

(3)(略)。

此外,如上所述,I 秘点的比对内容事实上并未出现在原始秘点描述中。

《刑诉法解释》(2012 年)第 84 条规定:“对鉴定意见应当着重审查以下内容……(六)鉴定的过程和方法是否符合相关专业的规范要求……”第 85 条规定:“鉴定意见具有下列情形之一的,不得作为定案的根据……(六)鉴定过程和方法不符合相关专业的规范要求的……”据此,由于第 26 号鉴定意见的法律适用、鉴定过程和方法以及具体比对结论均存在根本性错误,因此,绝对不应作为本案定案依据予以采信。

五、辩护意见四:关于被告是否实施了侵犯技术秘密犯罪行为

本案经过持续深入的法庭审理,侦查机关、公诉机关、受害单位在指控本案被告犯罪方面存在的若干错误和问题,已经得到了较为充分和全面的质疑。概括来说,包括秘点主张不符合技术规范、秘点内容不明确;秘点技术信息缺乏相应的载体支持;秘点技术信息不具备非公知性;被控侵权产品与秘点技术信息不具备同一性;指控两份鉴定意见存在严重合法性问题,不能作为证据使用;关键证据 84 张图纸不真实、涉及伪造证据问题;侦查机关办案程序违法;等等。

现在,我再从被告是否存在刑法禁止的犯罪行为角度,提出如下辩护意见,希望能得到法庭的采纳。

(一)被告周某某没有实施被控犯罪行为

公诉机关指控被告构成犯罪依据的是《刑法》(2017 年)第 219 条,其中被告周某某适用的是本条第 1 款第 3 项,即违反约定或者违反权利人有关保守商业秘密的要求,披露、使用或者允许他人使用其所掌握的商业秘密的;被告杜某适用的是本条第 2 款,即明知或者应知前款所列行为,获取、使用或者披露他人的商业秘密的,以侵犯商业秘密论。

从法律解释的角度来看,本条第 1 款第 3 项包含了三种具体的商业秘密侵权行为表现:(1)违反约定或者违反权利人有关保守商业秘密的要求,披露其所掌握的商业秘密;(2)违反约定或者违反权利人有关保守商业秘密的要求,使用

其所掌握的商业秘密;(3)违反约定或者违反权利人有关保守商业秘密的要求,允许他人使用其所掌握的商业秘密。

第一种,披露其所掌握的商业秘密侵权行为中的“披露”,从语义来说,意思是发表、发布、表露[1],显然是指将信息公之于众的意思。从法律概念来说,使用披露这一概念最频繁的是金融证券方面的法律法规,如《上市公司信息披露管理办法》、《上海证券交易所关于落实非许可类并购重组事项信息披露相关工作的通知》(已废止);在行政管理领域,也有很多使用披露这一概念的法律法规,如《四川省行政机关征集与披露企业信用信息管理办法》(已废止)、《湖北省行政机关归集和披露企业信用信息试行办法》,等等。毫无疑问,无论从语义上,还是法律概念上,披露行为都是指将信息公之于众的行为。

第二种,使用其掌握的商业秘密侵权行为中的“使用”,是指掌握商业秘密的人本人将其掌握的商业秘密使用于其自己的商业活动中的行为。《刑法》(2017 年)第 219 条的法律规范是严谨的,具有周延性的,针对各类侵犯商业秘密的行为都进行了规制。本条第 1 款第 1 项,规制的是商业秘密的不法获取行为,针对以盗窃、利诱、胁迫等不正当手段获取他人商业秘密的侵权行为,该类侵权行为不需要侵权人有实际使用商业秘密的行为,只要其以不正当手段获取了商业秘密即构成侵权。本条第 1 款第 2 项,规制的是不法获取商业秘密的披露和使用行为,是针对不法获取商业秘密的二次侵害的。本条第 1 款第 3 项,规制的是合法掌握商业秘密的人的侵权行为,其侵权性表现在披露和使用上。结合本条的其他犯罪构成要件看,这里的使用,是指侵权性使用,即直接将商业秘密使用于商业活动并以此获取商业利益,或对权利人造成了严重损失。非侵权性使用商业秘密的行为,比如,以商业秘密进行科研、课堂教学、反向工程等,不属于本条规制的侵权使用行为。

第三种,允许他人使用其所掌握的商业秘密侵权行为,主要是从使用商业秘密主体上,与第二种情形作了区分,即掌握商业秘密的人本身不使用,而是允许第三人使用。这里第三人的使用,显然也应当是商业性的侵权使用,非侵权性的使用也不构成本项规定的违法犯罪。

从本案基本事实来看,在不考虑受害单位秘点主张是否成立,以及被控侵权

---

[1] 中国社会科学院语言研究所词典编辑室编:《现代汉语词典》(第 7 版),商务印书馆 2016 年版,第 991 页。

产品与秘点技术信息是否具有同一性的前提下，被告周某某的涉案行为，是将其掌握的技术信息（X 工位机三维设计图及 X 工位机实物），用于与 BW 公司相关技术人员共同进行分析、研究、改进，从而设计出被控侵权的 X 工位机这样一个行为。被告杜某的涉案行为，是参与了对周某某提供的 X 工位机三维设计图及 X 工位机实物进行分析、研究、改进，从而设计出被控侵权的 X 工位机的行为。至于在周某某、杜某等设计出被控侵权的 X 工位机后，对 X 工位机的生产、制造和销售，则是 BW 公司的行为，而非周某某和杜某的个人行为。

因此，本案中被告周某某并未实施公诉机关指控的侵犯《刑法》（2017 年）第 219 条第 1 款第 3 项的犯罪行为，即违反约定或者违反权利人有关保守商业秘密的要求，披露、使用或者允许他人使用其所掌握的商业秘密的行为。本案没有任何证据证明案涉秘点技术信息被公开了。被告周某某个人没有直接使用 X 工位机技术生产制造 X 工位机用于对外销售。HW 公司使用 X 工位机技术生产制造 X 工位机，是基于和 XLS 公司的合同，故不存在违法侵权问题。BW 公司同样没有使用 X 工位机技术生产制造 X 工位机设备，用于对外销售获取非法利益，BW 公司使用的是在技术上与 X 工位机技术存在明显差异的 X 工位机技术，生产制造 X 工位机供应给广东 YF 公司。不论 X 工位机中包含了多少 X 工位机的技术，都不能把其认定为《刑法》（2017 年）第 219 条第 1 款第 3 项、第 2 款规定的使用行为，因为使用 X 工位技术，永远不可能制造出 X 工位机产品！

（二）反向工程研究以及技术改进行为不属于侵权行为，更不是犯罪行为

在科学技术领域，国家坚持在保护知识产权的基础上，鼓励技术进步和创新创造。《科学技术进步法》（2007 年）第 3 条、第 38 条[1]规定，国家保障科学技术研究开发的自由，鼓励科学探索和技术创新，保护科学技术人员的合法权益。国家依法保护企业研究开发所取得的知识产权。众所周知，人类社会科学技术的发展，历次技术进步和技术革命，都是建立在人类共同的科学知识和技术成果之上的，没有凭空而来的创新。技术创新，一定是在对现有技术的充分理解、吸收和改进上才能形成的。对于技术创新活动中，使用现有技术，特别是使用受《专利法》《反不正当竞争法》等法律保护的现有技术进行学习、研究、改进，法律都明确规定为不构成侵权，这是充分保障科学技术研究开发自由，鼓励科学探索

---

〔1〕 2021 年修订后第 3 条改为第 8 条，第 38 条改为第 45 条。

和技术创新的必然要求。

第一,《合同法》第329条[1]规定,非法垄断技术、妨碍技术进步或者侵害他人技术成果的技术合同无效。这就扫清了以合同约定来限制和排斥对现有技术进行改进的障碍。

第二,《专利法》(2008年)第69条[2]规定,专为科学研究和实验而使用有关专利的,不视为侵犯专利权。这就为以他人专利技术作为技术改进的背景技术建立了坚实的法律保护屏障。至于由此形成的新的技术成果(改进专利),如果完全覆盖了所使用的他人专利技术,《专利法》(2008年)第51条给出了处理办法,"一项取得专利权的发明或者实用新型比前已经取得专利权的发明或者实用新型具有显著经济意义的重大技术进步,其实施又有赖于前一发明或者实用新型的实施的,国务院专利行政部门根据后一专利权人的申请,可以给予实施前一发明或者实用新型的强制许可"。由此条的法理可知,知识产权的专有性,应当受限于鼓励技术进步的更高价值追求。即为了推动技术进步,对于改进专利,应当同样给予专利保护,且可以通过国家干预,准许其使用他人在先的专利技术。

第三,《不正当竞争案件解释》(2007年)第12条明确规定:"通过自行开发研制或者反向工程等方式获得的商业秘密,不认定为反不正当竞争法第十条第(一)、(二)项规定的侵犯商业秘密行为。前款所称'反向工程',是指通过技术手段对从公开渠道取得的产品进行拆卸、测绘、分析等而获得该产品的有关技术信息。当事人以不正当手段知悉了他人的商业秘密之后,又以反向工程为由主张获取行为合法的,不予支持。"关于反向工程不构成侵权的理由,最高人民法院副院长曹建明在全国法院知识产权审判工作座谈会上的讲话《全面加强知识产权审判工作为建设创新型国家和构建和谐社会提供强有力的司法保障》(2007年1月18日)中指出,鉴于商业秘密是通过权利人自己保护的方式而存在的权利,权利人并不具有排他的独占权,《不正当竞争案件解释》规定,通过自行研发和反向工程获取他人商业秘密的行为,不构成侵权。由此可见利用反向工程,对他人技术的分析研究,具有正当性。虽然最高人民法院的司法解释是针

---

〔1〕 已废止,对应《民法典》第850条,下同。

〔2〕 2020年修订后第69条改为第75条,第51条改为第56条、

对《反不正当竞争法》第10条第1项、第2项规定的侵犯商业秘密行为[1]，并未明确将第三种侵权行为“违反约定或者违反权利人有关保守商业秘密的要求，披露、使用或者允许他人使用其所掌握的商业秘密”。明确纳入其中，但其间的逻辑是非常清楚的：对于第一、二种非法手段获取他人商业秘密而言，手段的正当性是评价该行为是否应被法律禁止的依据，盗窃、利诱、胁迫等行为不具有正当性，故应被明确禁止。而通过反向工程进行研究，是技术研发的常用手段和可行方式，具有正当合理性，故不应以其未经权利人同意而纳入侵权范畴。因为第三种商业秘密侵权是合法掌握他人商业秘密，故在合法掌握的前提下，不存在获得商业秘密的手段正当性评价问题，自然无须纳入司法解释第12条的例外范围。至于基于第三种合法掌握他人技术秘密，并在此基础上进行的分析、研究和改进的行为，则属于前述《科学技术进步法》保障的科研自由范畴问题了，如果双方通过合同限制或禁止了一方的改进权利，则该约定违反了《合同法》第329条规定，属妨碍技术进步的约定，应为无效约定，对当事人不产生法律约束力。

由以上分析可见，本案周某某以及杜某对涉案技术信息的使用（无论其是否构成技术秘密，也不论其权属属于谁），是属于对合法掌握的技术信息的分析、研究、改进性质的使用，这类使用行为具有正当性和合理性，不属于侵权行为，更不属于《刑法》规定的犯罪行为。

（三）改进后的X工位机与XLS主张的X工位机不具有技术上的相同性，因此，X工位机不存在“使用”X工位机技术的问题

关于技术秘密侵权判定中对技术信息“使用”的理解问题，以及对被控侵权产品与权利人主张技术秘密的技术信息相同性及实质相同性对比方法和标准问题，目前的法律法规及司法解释确实不够清晰和明确。但是，最高人民法院于2020年6月10日发布了《最高人民法院关于审理侵犯商业秘密纠纷民事案件应用法律若干问题的解释（征求意见稿）》（以下简称《征求意见稿》）[2]，对以上

[1] 《反不正当竞争法》（1993年）第10条规定：“经营者不得采用下列手段侵犯商业秘密：（一）以盗窃、利诱、胁迫或者其他不正当手段获取权利人的商业秘密；（二）披露、使用或者允许他人使用以前项手段获取的权利人的商业秘密……”

[2] 2020年9月12日，《最高人民法院关于审理侵犯商业秘密民事案件适用法律若干问题的规定》正式实施，《最高人民法院关于审理侵犯商业秘密纠纷民事案件应用法律若干问题的解释（征求意见稿）》第15条改为第9条，第14条改为第13条。

问题给出了较为明确的意见,可以在本案中参照适用。

《征求意见稿》第15条规定:“将商业秘密直接或者经修改后用于生产经营活动或者根据商业秘密调整有关生产经营活动的,人民法院应当认定属于反不正当竞争法第九条所称的使用商业秘密。”由该条规定可知,技术秘密案件中的“使用”,应以直接使用为原则,且是直接使用于生产经营活动,而非使用于技术分析、研究和改进或反向工程等研发活动。对于简单的修改,应认定为使用。显然,经过较为复杂的技术创新改进,再将经改进后的技术使用于生产经营活动,明显不属于该条规定的侵权使用。

《征求意见稿》第14条规定:“被诉侵权信息与权利人所主张的商业秘密不存在实质性区别,且对商业秘密的使用没有实质性影响的,人民法院可以认定被诉侵权信息与商业秘密属于反不正当竞争法第三十二条第二款所称的实质上相同。人民法院认定是否实质上相同时,应当综合考虑下列因素:(一)被诉侵权信息与商业秘密的异同程度;(二)所属领域的相关人员在被诉侵权行为发生时是否容易想到该区别点;(三)公有领域中与商业秘密相关信息的情况;(四)需要考虑的其他因素。”由本条规定可见,在技术秘密相同或实质上相同的比较判定上,不应简单按照专利法的侵权比对原则进行,而应重点考察被诉侵权信息与商业秘密的相同部分、差异部分,并在此基础上,考虑相同部分中的公有领域中与商业秘密相关信息的情况,差异部分中所属领域的相关人员在被诉侵权行为发生时是否容易想到该区别点等,综合判定。

就本案而言,因为XLS公司主张技术秘密的X工位机和被控侵权的X工位机都申请了专利,根据《专利法》(2008年)第26条、《专利法实施细则》第20条的规定,申请发明或者实用新型专利的,应当提交请求书、说明书及其摘要和权利要求书等文件。说明书应当对发明或者实用新型作出清楚、完整的说明,以所属技术领域的技术人员能够实现为准。权利要求书应当有独立权利要求,也可以有从属权利要求。独立权利要求应当从整体上反映发明或者实用新型的技术方案,记载解决技术问题的必要技术特征。从属权利要求应当用附加的技术特征,对引用的权利要求作进一步限定。因此,要比较XLS公司主张技术秘密的X工位机和被控侵权的X工位机是否具有技术上的相同性或实质上的相同,可以先进行两个产品各自独立权利要求的比对,按上述司法解释意见稿给出的方法,把两个专利的独立权利要求中技术特征相同的部分、差异的部分罗列出来,并在此基础上,考虑相同技术特征中的公有领域的技术情况,差异技术特征部分中是否属于所属领域的相关人员不容易想到的技术手段,从而得出两个产品是否具有技术上的相同性或实质上的相同性。也就是说,按照 X 工位专利文件披露的技术方案实施,是否能生产出 X 工位机产品,或者按照 X 工位机专利文件所披露的技术方案,是否能生产出 X 工位机产品。如果能,那么被告改进的技术与 XLS 公司主张的技术不具有实质差异,可以认定为侵权使用。如果不能,则说明被告改进的技术与 XLS 公司主张的技术具有实质差异,使用 X 工位机技术进行生产制造 X 工位机,不属于侵权使用 X 工位技术。

鉴于本案公诉机关提供的非公知性鉴定意见和同一性鉴定意见存在严重的法律问题,不能作为认定案件事实的依据,且公诉机关又无理拒绝认可辩方提供的鉴定意见,故建议可由参与本案庭审的技术调查官,依照上述原则和办法,先对 X 工位机和被控侵权的 X 工位机是否具有技术上的相同性或实质上的相同,进行初步的技术分析,给出认定意见,再视结果,确定本案是否需要由法院重新委托鉴定。

事实上,根据简单的常识判断,X 工位机和被控侵权的 X 工位机是明显不具有技术上的相同性或实质上的相同性的。也就是说,被告周某某并未实施《刑法》(2017 年)第 219 条第 1 款第 3 项规定的使用或者允许他人使用其所掌握的商业秘密的犯罪行为。

六、一审复庭陈述的辩护要点

(一)关于对无罪证据的补充调查问题

我国《刑事诉讼法》第 2 条确定的刑事诉讼法的任务,是保证准确、及时地查明犯罪事实,正确应用法律,惩罚犯罪分子,保障无罪的人不受刑事追究。《刑事诉讼法》第 52 条、第 115 条明确规定,审判人员、检察人员、侦查人员必须依照法定程序,收集能够证实犯罪嫌疑人、被告人有罪或者无罪、犯罪情节轻重的各种证据。必须保证一切与案件有关或者了解案情的公民,有客观地充分地提供证据的条件,除特殊情况外,可以吸收他们协助调查。公安机关对已经立案的刑事案件,应当进行侦查,收集、调取犯罪嫌疑人有罪或者无罪、罪轻或者罪重的证据材料。

由此可见,我们的公安机关、检察机关在刑事诉讼活动中,不应该只是行使单一的指控职能,不能把证据的收集方向和范围局限在对被告不利的证据方面,还应该重点关注那些能够证明被告无罪或罪轻的证据,一并进行调查收集,并提交法院作为审理依据。只有这样,才能防止冤假错案,才能真正实现法律追求的公平正义。

2019 年 9 月 1 日庭审结束后,检察机关申请重新补充调查。我们认为,检察机关应当承担无罪证据的调查和收集职责。当影响定案的关键争议事实出现了相互矛盾的证据时,特别是作为控方核心指控证据的鉴定意见确实存在无法忽视的严重问题时(作为鉴定基础的图纸真实性问题、鉴定人员缺乏本领域技术能力问题、鉴定人员超鉴定资质范围问题,鉴定适用的法律问题、鉴定方法的问题,等等),检察机关面对辩方提出的新的鉴定意见,就应该保持审慎,利用补充调查的机会,对该鉴定意见的可靠性进行调查分析。

但是难以理解,本次复庭,检察机关补充收集的证据,并没有针对这些能证明被告无罪的新鉴定意见的证据。那么,究竟我们提出的鉴定意见是正确的,还是错误的?还是说检察机关仍然拒绝对这两份鉴定意见进行质证?如果说上次开庭,检察机关没有充分的时间对辩方鉴定意见进行分析研究,难以进行质证尚可理解。那么在庭审结束后近 4 个月,检察机关在补充调查期间,是有充分时间和条件围绕这两份鉴定意见进行调查取证的。本次复庭再以时间为理由拒绝质证,就无法理解了。

(二)关于 XB 鉴定意见的问题

如果检察机关希望以 XB 知识产权鉴定所的鉴定意见为支持指控的证据,那么我们必须指出 XB 鉴定存在的问题。

第一,XB 鉴定所或者说鉴定所的负责人,也就是检察机关补充证据中的两位鉴定专家证人张某和林某某,在本案中地位比较特殊、复杂。在案卷第 13 卷第 30 页至第 88 页,有一份 XLS 公司竞争关系专利分析报告。这个报告是以四川 MJ 律师事务所名义提供给 XLS 公司的,报告执笔人是林某某律师,联系人是张某律师。但在接受调查时,其身份又变成了 XB 鉴定所的鉴定人了。

第二,XB 鉴定所和证人张某、林某某,对本案所涉产品及技术有较全面的分析,了解比较深入,且明确知道 XLS 公司所谓核心技术存在的严重问题,难以得到法律保护。在专利分析报告中,林某某对 XLS 公司专利质量评价很低,认为“专利撰写的保护范围太小,导致很多专利就是一张废纸,很多没有相应保护价值”。并且认为 XLS 公司涉及侵犯广东 YF 专利权的情形。XLS 公司还存在产品在前、专利在后等多种问题。

第三,XB 鉴定所的多份鉴定意见,并未被采纳作为本案起诉证据。其中,作为提请批准逮捕依据的 XB 知鉴(2017)密鉴字第×××号××××工艺信息非公知鉴定意见,以及 XB 知鉴(2017)他鉴字第×××号×××××装置与广东 YF 技术特征同一性鉴定意见在原案卷卷 3 中,但未在起诉时作为起诉证据。在卷 8 中还有 XB 知鉴(2017)密鉴字第××××号××××装置非公知鉴定意见,以及 XB 知鉴(2017)技鉴字第×××××号技术特征与广东 YF 的××××工位×××装置技术特征同一性鉴定意见。在本次补充调查中,检察机关提交了两份鉴定意见的所谓底稿。

第四,XB 鉴定人根本不具备本领域技术能力,不具备专利和技术秘密的鉴定资质和能力。XB 鉴定所在本案中提供的所有鉴定意见,署名都是汪某某和陈某某,这两名鉴定人都不是从事机械或电子技术方面的技术专家,不具备专利和技术秘密的法律知识。其中,汪某某是从事图书出版发行的专业人员,陈某某疑似新闻采编行业的专业人员,这样技术背景的鉴定人,进行涉及机械技术的技术秘密以及产品技术特征同一性的鉴定,其专业性和可靠性,如何保证?

第五,XB 鉴定都不是针对本案 XLS 公司主张的技术秘密内容的鉴定,无论是非公知性鉴定,还是同一性鉴定,都与本案争议的技术秘密信息无关。

第六,XB 鉴定涉及的相关专利,在专利无效宣告程序中都被宣告无效了。也就是说,这些涉及专利的所谓 XLS 公司技术,最终被判定不具备专利保护所需要的新颖性及创造性要求,从自始就不受法律保护,也就是说其技术属于公知技术。这个结果,更加有力地证明了 XB 鉴定意见的荒谬性和不可靠性。

综上,我们认为补充调查提供的证据完全不能消除庭审中对原指控证据,特别是鉴定意见的质疑,反而使公诉机关的指控逻辑和依据更加不能自圆其说。本案应当宣告被告无罪。

七、二审庭前会议陈述的辩护要点

(一)一审判决的问题及被告上诉的主要理由

我们认为,本案一审判决存在太多问题,但最主要的问题表现在如下几个方面:

一是在审理程序方面,存在违反知识产权案件三合一管辖的规定,违规管辖问题；违反证据规则，对明显存在伪造嫌疑的关键书证——秘点载体图纸的真实性不予审查问题；以及对证明涉案秘点非公知性、被控侵权产品与涉案技术秘密构成实质相同的关键证据——两份 HP 司法鉴定所出具的鉴定意见存在的明显不符合司法鉴定规则的违法问题不予审查等三个具体程序违法问题。这些程序上的违法审判行为，直接导致了案件审理失去公正性，案件事实也难以准确查明，更加难以正确适用法律，对案件作出公正审判。

二是在案件事实方面，存在秘点审查不清，认定秘点与当事人主张不符，秘点载体缺失等问题。在秘点是否符合法定条件（非公知性、价值性和保密性），被控侵权产品对应技术特征是否与秘点构成实质相同等基础事实认定上，也存在事实不清，证据不充分的问题。

三是在适用法律方面，存在以专利新颖性标准替代技术秘密非公知性标准的问题；在同一性认定方面，存在缺乏法律依据，脱离涉案秘点的具体技术信息，以抽象技术原理、功能进行比对，扩大了秘点保护范围的问题。

以上问题，仅是一审判决所有问题中，我们认为和最终判决结果直接相关的部分，一审判决尚有其他诸多程序上、事实认定上、法律适用上的问题，我们暂不展开。

（二）二审应当重点审理和正面回应的问题

基于以上问题，为了实现本案二审的规范审理和公正裁判，我们请求二审合议庭在二审中，对以下问题应当进行重点审查并给予明确的裁判回应：

（1）法院能否对当事人主张的秘点内容擅自进行修改，并以修改后的秘点作为裁判依据的问题；

（2）本案受害单位主张秘点所依据的载体（84 张图纸）是否存在不真实问题，是否应当追究伪造证据法律责任问题；

（3）涉及技术秘密的司法鉴定，其鉴定人员是否需要具备相应的技术专业资质问题，对缺乏相应技术专业资质的鉴定人作出的鉴定意见，能否作为证据使用问题；

（4）最高人民法院关于知识产权审判三合一的规定是否对基层法院受理和审判知识产权案件具有普遍约束力问题。

（三）具体意见及理由

1. 审理程序方面

（1）违反知识产权案件三合一管辖规定违规管辖问题。

知识产权刑事、民事、行政诉讼实行三合一审理制度，在最高人民法院相关司法文件中早有规定，是当前全国法院都应遵循的知识产权类案件确定管辖的基本制度。如果说公诉人以公安部、最高人民检察院并无相应规定，因此，本案公诉由 PZ 市检察院向 PZ 市法院提起尚还有一定的依据，那么 PZ 市法院在受理案件后，也应主动将案件移送到有知识产权案件管辖权的其他法院或申请由上一级法院审理。这也是辩方在一审庭前会议中，以及书面辩护意见中反复提出和申请过的事项。显然，一审法院明知自己并无知识产权案件的管辖权而径行审理本案，存在违反管辖规定的问题。

(2)违反证据规则，对明显存在伪造嫌疑的关键书证——秘点载体图纸的真实性不予审查问题。

《刑事诉讼法》(2012 年)第 54 条第 4 款规定，凡是伪造证据、隐匿证据或者毁灭证据的，无论属于何方，必须受法律追究；第 50 条第 3 款规定，证据必须经过查证属实，才能作为定案的根据。《人民法院办理刑事案件第一审普通程序法庭调查规程(试行)》第 51 条规定，对于控辩双方提出的事实证据争议，法庭应当当庭进行审查，经审查后作出处理的，应当当庭说明理由，并在裁判文书中写明；需要庭后评议作出处理的，应当在裁判文书中说明理由。

本案受害单位主张其技术秘密所依据的载体，是 84 张机械图纸(证据卷第 12 卷第 101 页载体和秘点的说明)。对这一组关键证据，我方反复提出其属于伪造证据，具体理由详见一审辩护词以及辩护证据(YH 公司登记信息)。但一审法院对此视而不见，置若罔闻。在一审判决第 14 页第 11 行，一审法院以“这些图纸不是涉案技术信息的原始载体”为理由，认定其不具备证据合法性，不能用以支持控方主张的秘点。显然，一审法院对这部分证据合法性的认定是避重就轻，掩盖了这些证据的伪造问题，而不仅仅是形成时间问题。

(3)两份 HP 司法鉴定所出具的鉴定意见不符合司法鉴定规则的问题。

《全国人民代表大会常务委员会关于司法鉴定管理问题的决定》对司法鉴定的定义是，司法鉴定指在诉讼活动中鉴定人运用科学技术或者专门知识对诉讼涉及的专门性问题进行鉴别和判断并提供鉴定意见的活动。具备下列条件之一的人员，可以申请登记从事司法鉴定业务：①具有与所申请从事的司法鉴定业务相关的高级专业技术职称；②具有与所申请从事的司法鉴定业务相关的专业执业资格或者高等院校相关专业本科以上学历，从事相关工作五年以上；③具有与所申请从事的司法鉴定业务相关工作十年以上经历，具有较强的专业技能。由以上规定可见，司法鉴定人员需要是相关待鉴定事项的技术领域的专业人员，且需要具有较深厚的专业技术能力和本领域丰富的工作经验。

《刑诉法解释》第97条规定："对鉴定意见应当着重审查以下内容：(一)鉴定机构和鉴定人是否具有法定资质……(六)鉴定的过程和方法是否符合相关专业的规范要求……"第98条规定："鉴定意见具有下列情形之一的，不得作为定案的根据：(一)鉴定机构不具备法定资质，或者鉴定事项超出该鉴定机构业务范围、技术条件的；(二)鉴定人不具备法定资质，不具有相关专业技术或者职称，或者违反回避规定的……"

本案HP两份司法鉴定意见(第25号、第26号)(证据卷第13卷第30页)是本案指控证据的核心证据，是本案刑事程序启动和推进的基础证据。但是，这两份鉴定意见的鉴定人，无一具备本案所涉机械技术领域的技术专业知识，鉴定人员的技术资质不符合全国人大以及刑事诉讼法司法解释规定的鉴定资质条件，其鉴定意见是缺乏科学性的，也不能作为定案依据。

本案第25号鉴定意见的鉴定人为：①潘YM，高级工程师，专利代理人(电子)，执业类别：知识产权鉴定；②刘KQ，副研究员，专利代理人(遥控遥测)，执业类别：知识产权鉴定。第26号鉴定意见的鉴定人为：①王ZR，高级工程师，产品质量检验员，执业范围：机动车司法鉴定、产品质量司法鉴定；②张Y，产品质量检验员，执业范围：产品质量司法鉴定；③潘YM，高级工程师，专利代理人(电子)，执业类别：知识产权鉴定；④刘KQ，副研究员，专利代理人(遥控遥测)，执业类别：知识产权鉴定。本案秘点A－I主要涉及机械相关的技术领域，而上述鉴定人无一具有机械领域的技术背景，不具有相关专业技术，同时，鉴定人张Y还不具有相关职称。可见，本案鉴定意见书的鉴定人均不符合刑诉解释的规定，不具有就本案秘点A－I作出司法鉴定意见的资质和法定条件。

2. 案件事实方面

(1)秘点审查不清。

技术秘密是一项私权，应以权利人主张的技术信息为依据确定其受法律保护的范围。本案受害单位主张的技术秘密，体现在《载体和秘点的说明》(证据卷第12卷第101页)中。受害单位归纳和主张的技术信息本身是不清楚的，既包含了大量的非技术信息，如功能描述等，也含杂了工艺方法、产品结构、数值特征等不同类型的技术信息，且未对其主张的技术信息中与公知技术的区别作出明确的说明。这些问题都导致本案秘点技术内容不清楚，辩护人难以展开有效的公知技术检索和提出有针对性的抗辩。

需要说明的是，一审判决 P12 – 13 归纳的秘点 A – I，与受害单位在载体和秘点的说明主张的秘点也是存在差异的。

(2)认定秘点与当事人主张不符。

一审判决在第 34 页第二段，认定了三个秘点 ABG，简单对比法院认定秘点的技术信息与受害单位在载体和秘点的说明主张秘点的技术信息，以及在一审判决 P12 – 13 归纳的秘点 A – I 所描述的技术信息，三者均不相同。也就是说，本案先后存在三种不同的秘点主张。第一种，是受害单位自己归纳主张的秘点，其包含技术信息也是最多的，最为杂乱的；第二种，是法院在审理过程中，对第一种秘点技术信息进行规范过后，表达较为规范的技术信息；第三种，是法院在判决中认定构成技术秘密的技术信息，其所含技术信息是最少的。

我们认为，秘点的归纳和固定，首先应该是在权利人提起权利主张之时就应当完成的，且在诉讼过程中是不应该允许修改的。其次，秘点的归纳和主张，应该是权利人的权利和义务，法院应当以权利人主张的秘点内容为依据，依法审查其主张是否符合法律规定，从而决定是否将对其进行法律保护，而不应由法院代替权利人进行秘点的归纳和确定。

此外，需要强调的是，一审判决确定的三个新秘点，是在判决书送达后，被告及辩护人才第一次了解到技术归纳和主张内容。一审法院自行确定秘点，径行判决的做法，也剥夺了被告的辩护权，在程序上也是严重违法的。

(3)秘点载体缺失问题。

如前所述，受害单位主张秘点所依据的 84 张图纸证据合法性被排除后，本案就已失去了秘点赖以存在的载体证据了。一审法院在判决第 23 页倒数第 3 行，以 2013 年 9 月 12 日 HL 发送过 ZYG 的电子邮件中的图纸作为本案秘点的载体。但是，这一所谓载体也是不成立的。

首先，这一载体证据并非公诉机关向法庭提交的公诉证据，而是受害单位以公证取证形式，直接向法庭提交的证据，并不具备刑事诉讼中犯罪指控证据的效力。

其次，该邮件中并不存在图纸，而是一个 3D 模型文件，该文件是否与判决认定秘点技术信息具有对应关系，是不清楚的。

再次，该 3D 模型文件并非相关技术的原始载体或来源，且其技术来源和技术归属是不明确的。

最后，以该 3D 模型文件作为一审判决认定秘点的载体，也是在判决书送达后被告以及辩护人才了解的，一审法院同样以此剥夺了被告的辩护权。

(4)秘点是否符合法定条件(非公知性、价值性和保密性)问题。

一审判决认定的新三个秘点，是在排除了受害单位主张秘点以及其载体的合法性，以及未直接采信 HP 25 号非公知性司法鉴定的基础径行归纳认定的秘点的基础上。因此，对于判决认定的三个秘点，其是否具有非公知性，是否具有相应的价值，受害单位对三个新秘点是否采取了适当的保密措施，是需要进行分别审查和认定的案件基本事实。

从一审判决的认定论述过程来看，其逻辑是混乱的。一审判决从第 29 ~ 33 页在对受害单位主张秘点是否为公众知悉进行逐项分析认定时，已经大量地否定了 HP 25 号非公知性司法鉴定的鉴定意见，法院认定其中多数的技术信息是通过不同的方式已公开或本身就是属于公知常识和惯用技术手段(例如，第 31 页倒数第 11 行认定开口 × ×度为常规技术手段，第 32 页第 3 行认为秘点 C 技术特征属于部件的简单组合，是所属技术领域常规使用手段)，这一认定事实上就已经否定了 HP 25 号鉴定意见以及所谓查新报告的可靠性。但在其论述将保留下来的 ABG 剩余技术信息作为新秘点时，又是在没有进行任何现有技术检索，以及对这些技术信息是否具有区别于现有技术的独特技术效果等进行客观分析的情况下，以这些不可靠的查新报告以及鉴定意见为依据，认定该部分技术信息为未公开，不属于为公众知悉的技术信息，这里是存在自相矛盾的。

(5)被控侵权产品对应技术特征是否与秘点构成实质相同等基础事实认定上，存在事实不清，证据不充分的问题。

理由同上，一审判决是在排除了 HP 26 号同一性鉴定意见的基础上，直接认定被控侵权产品对应技术特征与其新认定三个秘点构成实质相同，且其认定实质性相同，是从相应部件的技术原理、功能对比等抽象角度对比给出的结论，而不是立足于具体技术特征的比对。相反，在具体技术特征比对上，一审判决明确认定被控侵权产品对应技术特征与其新认定三个秘点技术特征是存在差异的。详见判决书第 38 ~ 41 页，在对比具体技术特征时，描述了两者的差异。

3. 适用法律方面

(1)以专利新颖性标准替代技术秘密非公知性标准的问题。

特别是在涉及数值的技术特征的保护范围的划定方面，一审判决在认定上述以数值特征区别于现有技术的秘点构成不为公众知悉时，是以数值未被公开为依据。但在进行同一性判断时,又不将数值特征作为对秘点的限定,从而将秘点的保护范围进行了扩大。这是属于对技术秘密法律保护规则适用上的错误做法。

(2)在同一性认定方面,脱离涉案秘点的具体技术信息,以抽象技术原理、功能进行比对,扩大了秘点保护范围。

一审判决第38页倒数第4行,一审法院在进行同一性判断时,认为“不仅需要对比每个孤立的技术特征,还应将每个技术特征置于秘点所在的整体技术方案进行考虑,然后根据被诉侵权信息与商业秘密的异同程度、被诉侵权信息与商业秘密的用途、适用方式、目的、效果是否具有实质性的差异综合认定”。这里提出的综合认定虽有一定的理论依据和合理性,但是一审法院在具体适用时,却忽视了综合认定的基础——需要以具体技术特征比对为基础,也就是说,具体技术特征是确定技术秘密受保护的权利范围和边界的划分依据,采用综合认定标准,也不能无限度扩大秘点的权利边界。特别是在秘点技术信息仅仅以细微差别或具体的数值区别于公知技术的情况下,更加不能以综合认定为理由,扩大技术秘密的保护范围。

后记：不应该停止思考

希望前面章节中分享的案例能给有志于从事知识产权诉讼业务的青年律师带来一些帮助。随着国家越来越重视知识产权保护，我相信一定会有更多的律师加入知识产权诉讼律师的行列。在此，我将对知识产权诉讼未来的发展趋势分享给读者。

当前知识产权司法保护有如下特点，一是巨额侵权赔偿案频出，二是惩罚性赔偿威力初显，三是热点案件频频爆出，四是新型疑难案件不断出现。

展望未来，知识产权司法保护可能会有以下几方面的新趋势和新课题，需要引起知识产权律师的重视。

1. 知识产权刑事保护案件的持续增长将对法院三审合一制度的推进和落实带来重大挑战

近年来，随着公安机关持续开展“昆仑行动”等打击侵犯知识产权犯罪专项行动，侵犯知识产权犯罪案件数量逐年递增。知识产权法庭是民事案件审判庭，而刑事案件与民事案件在起诉条件、审理程序、裁判标准等方面都存在显著差异。因此，知识产权案件三合一审理对法庭的全面性要求明显提高。此外，知识产权刑事案件，特别是技术秘密类案件，因法律规范较粗略，专业技术性也强，侦查机关往往是依靠鉴定意见定案，但鉴定机构又存在超范围鉴定、无资质无专业背景鉴定的乱象，导致此类案件问题丛生。

2. 在网络平台经济领域试行知识产权合规不起诉制度，重塑知识产权刑事、行政、民事保护的合理边界和转换衔接机制

2021 年 6 月 3 日，最高人民检察院等 9 家单位联合发布了《关于建立涉案

企业合规第三方监督评估机制的指导意见（试行）》，引入了合规不起诉（暂缓起诉）制度。在知识产权领域，特别是网络平台经济领域，平台经营者的知识产权审查注意义务也具有较强的合规属性，可以探索在网络平台经济领域试行知识产权合规不起诉制度。对知识产权侵权纠纷，也可尝试充分发挥我国多元管理和纠纷解决的制度优势，建立民事调解优先、民事诉讼为主、行政保护为辅、刑事保护兜底的知识产权纠纷解决机制。

3. 新型网络竞争纠纷案件将会增多，数据不正当竞争将成为多发纠纷类型

我国互联网竞争目前已经进入开放平台模式下的生态竞争阶段，数据成为网络平台提升企业核心价值的重要驱动力。当前，数据竞争日益激烈，数据不正当竞争纠纷呈爆发之势，以数据不当获取、不当使用以及数据质量瑕疵等不正当竞争类型为主。在数据竞争相关制度供给不足的情况下，司法实践主要通过个案明确数据竞争规则。在认定数据不正当竞争时，应从更宏观的角度理解数据竞争关系，应赋予对数据收集整理付出诚实劳动的竞争者数据竞争性权益，数据的获取和使用应获得授权许可并且不能对其他竞争者的产品形成实质性替代。

4. 人工智能、算法推荐、元宇宙等新技术和新行业的出现和发展将同步发生知识产权纠纷

新技术发展与知识产权制度相互影响，在著作权领域，人工智能、算法推荐等新技术影响作品的创作以及信息传播方式，人工智能技术的发展引发 AI 是否享有著作权，著作权行使主体是谁等著作权根本制度思考；算法推送改变了以往信息分发投送的方式，每个个体收获的信息内容不同，以致存在“千人千面”的特点，然而个体收到的信息是否属于信息网络传播权规制的范围，使用算法推荐的平台能否因为自己使用信息推送技术豁免在信息传播领域中的注意义务和著作权责任，这些问题都值得我们深入思考。

5. 专利领域的侵权纠纷将出现更多的标准必要专利，专利技术的竞争将成为影响企业发展的重要竞争要素

作为企业创新的高层级目标，标准制定是赢得行业话语权的持续追求，而大量专利或者说标准必要专利的获取是实现此类追求的必由之路。中国企业在创新发展的过程中，可取的发展方式是将技术创新成果以专利等多种形式予以保护，强化标准必要专利的储备，同时积极参与标准制定的过程之中，将自身拥有的基础专利纳入不同层级的标准体系中，避免在与国际巨头等强力竞争者的竞争之中处于不利地位。此外，企业应当合理运用规则，遵从“公平、合理及无歧

视”原则的同时积极进行标准必要专利的普通许可、交叉许可，实现行业内技术共享，通过许可与被许可、交叉许可等方式来共享知识产权，共同推动行业的快速发展。

6. 跨境知识产权保护需求将显著增加

国内知识产权发展过程中面临“引进来”和“走出去”的问题，随着中国制造2.0版本的实施，越来越多的中国企业走出国门，“走出去”的跨境贸易额不断增大，跨国知识产权争议不断增加，涉外知识产权业务将成为新的发展机遇。

虽然说律师职业的实务性特点很强，但律师同样需要具备一定的理论研究能力，才能应对现实生活中发生的各种新法律问题。如果仔细去思考，你就会发现，我们承办的各类诉讼案件，无论案件标的是大是小，法律关系是简是繁，其间总会有一些问题需要我们去解答。在法庭上，总会有对方当事人或代理律师或法官问一些你完全没有想到、没有准备的问题，也总会有一些意想不到的观点会在辩论中突然出现。

律师职业是干到老学到老的职业，更需不断地思考。我希望年轻律师在执业过程中不管遇到什么问题和困难，都不应该停止独立思考。

致　谢

感谢我的同事李鹏律师、黄琳律师(万达天府 1 号著作权侵权案),吴茜律师、江宗芩律师(青春旋律冰淇淋外观设计专利侵权案),沈志君律师(远洋商标权侵权及不正当竞争案),伍姝倩律师、孙恩源律师(飞机灯外观设计专利侵权案),刘静律师、马璐瑶律师(廖记棒棒鸡系列案件),谭蕾律师(360 名誉权侵权案),李劲涛律师(中光防雷产品发明专利侵权案),罗娟律师(虾米音乐曲库盗链不正当竞争案),以及各位参与案件处理的团队助理律师。他们在选入本书的案件中与我合作无间,没有他们的专业能力和协作精神,这些案件难以取得满意的诉讼结果。